Detlev Lindau-Bank, Klemens Walter (Hg.)

Pferdebasiertes Personalmanagement

D1722392

Handbuch Management

Band 1

LIT

Detlev Lindau-Bank, Klemens Walter (Hg.)

Pferdebasiertes Personalmanagement

Innovatives Lernen, das berührt

LIT

Umschlagbild: © 2014 Marvin Walter – Lichtbilder | All rights reserved

Gedruckt auf alterungsbeständigem Werkdruckpapier entsprechend
ANSI Z3948   DIN ISO 9706

Bibliografische Information der Deutschen Nationalbibliothek
Die Deutsche Nationalbibliothek verzeichnet diese Publikation in der
Deutschen Nationalbibliografie; detaillierte bibliografische Daten sind
im Internet über http://dnb.d-nb.de abrufbar.

ISBN 978-3-643-12924-6

© LIT VERLAG Dr. W. Hopf Berlin 2015
Verlagskontakt:
Fresnostr. 2   D-48159 Münster
Tel. +49 (0) 2 51-62 03 20   Fax +49 (0) 2 51-23 19 72
E-Mail: lit@lit-verlag.de   http://www.lit-verlag.de

Auslieferung:
Deutschland: LIT Verlag Fresnostr. 2, D-48159 Münster
Tel. +49 (0) 2 51-620 32 22, Fax +49 (0) 2 51-922 60 99, E-Mail: vertrieb@lit-verlag.de
Österreich: Medienlogistik Pichler-ÖBZ, E-Mail: mlo@medien-logistik.at
E-Books sind erhältlich unter www.litwebshop.de

Inhalt

i

Inhalt

Wirksamkeit in Führungs- und Arbeitsbeziehnungen

Aus dem Stegreif – Persönlichkeit mit Persönlichkeit begegnen

Detlev Lindau-Bank & Klemens Walter

Geschichten über pferdebasierte Interventionen in der Personalentwicklung

Wir haben bekannte und aktive Personalentwicklerinnen und –entwickler gebeten, über ihre Arbeit mit pferdegestützten Interventionen zu schreiben. Wir hatten an ein Buch gedacht, das systematisch und wissenschaftlich den Mehrwert pferdebasierter Personalentwicklung nachvollziehbar darstellt, die methodische Vorgehensweise verdeutlicht und die dahinterliegenden Theorien, Annahmen und Modelle erklärt. Die spontanen Antworten und eingereichten Beiträge gingen aber weit darüber hinaus. Alle Beiträge enthielten auch Geschichten, Erinnerungen, Erlebnisse – immer subjektiv, autobiografisch und trotzdem wahr.

Erst diese Erzählungen aus dem Stegreif machen den Nutzwert des Buches aus, das die Qualität der Arbeit veranschaulicht und damit als Argumentationshilfe für pferdegestützte Interventionen in der Personalentwicklung dient. Denn Stegreifgeschichten sind in der geisteswissenschaftlichen Forschung eine anerkannte Methode, um Strukturen und Muster hinter dem Handeln der Erzählenden zu erkennen.

Storytelling ist ein Merkmal von Professionalität. „Über deine Geschichten müsste man ein Buch schreiben", so oder so ähnlich, haben wir Kommentare gehört, wenn über pferdegestützte Personalentwicklung erzählt wird. Dieses Wagnis sind die Autorinnen und Autoren des Buches eingegangen. Die Geschichten sind einfach, emotional, überraschend und authentisch. Die Geschichten machen unsere Arbeit konkret, zeigen, was uns wirklich wichtig ist und verdeutlichen, welchen Mehrwert die Nutzer solcher pferdebasierten Angebote haben.

Stegreifgeschichten sind spontan. Warum erzählt Jemand eine Geschichte so und nicht anders? Weil er die Geschichte nur so und nicht anders erzählen kann. Die spontane Geschichte ist Ausdruck von Überzeugungen, die im Laufe langjähriger Erfahrung und Auseinandersetzung mit dem Thema gewonnen wurde. Nicht zuletzt stellt der Steg-reif, also der Steigbügel, eine wunderschöne Beziehung zu denen her, die zentral für unsere Arbeit stehen: die Pferde.

Die Autorinnen und Autoren dieses Buches liefern mit Fallbeispielen, mit Kunden als Mitautoren, mit Fabeln, wissenschaftlichen Zugängen, theoretischen Inputs, Konzepten und Systematiken ein Kaleidoskop, das die Vielfalt pferdegestützter Interventionen zeigt. Sie sind erfahrene Anbieter pferdegestützter Personalentwicklung und unterstützen den Bundes- und Fachverband EQPferd, der im Jahr 2010, mit dem Ziel verbindliche Qualitätsstandards zu formulieren, seine Arbeit aufgenommen hat. Die in diesem Buch versammelten Autorinnen und Autoren ...

– haben eine einschlägige Ausbildung und sind zusätzlich Autodidakten, weil professionelle pferdegestützte Intervention, Expertise und Ausbildung in verschiedenen Feldern verlangt,
– arbeiten in der Regel im Team zusammen, um eine qualitativ hochwertige Dienstleistung anzubieten,
– haben sich in Beratung, Personalauswahl, Führungstrainings, Coaching, Therapie, intensiver Supervision oder ähnlichen Formaten mit sich selbst auseinandergesetzt und bleiben lebenslang auf der Reise,
– nutzen ihre Qualifikationen und umfassenden Erfahrungen in der Personalentwicklung, um auch in der Arbeit ohne Pferd die notwendige Intensität und Tiefe der Lernprozesse ihrer Kunden gewährleisten zu können,
– haben Muster und Seminarkonzepte als authentische Reflexions- und Projektionsflächen entwickelt. Dies setzt hohes Bewusstheit voraus, um die eigenen Ressourcen und Defizite ehrlich zu betrachten und zu benennen. Das Erkennen der Verschiedenheit der Erlebniswelten hilft, die eigenen Potentiale zu nutzen und weiter zu entwickeln und Defizite als Herausforderung und Wegweiser für weiteres Lernen zu sehen.

Darüber hinaus sehen die Autorinnen und Autoren dieses Buches in dem Einsatz von Pferden einen zusätzlichen Wert, der sich in der Qualität, in der Effizienz und in der Art und Weise der angeregten und begleiteten Lernprozesse der Kunden zeigt. Die Begegnung mit dem Pferd macht eigene blinde Flecken erfahrbar und hilft, diese zu bearbeiten. *Die Arbeit mit Pferden* löst immer Emotionen aus. Deshalb muss stets damit gerechnet werden, dass in Coachingprozessen, Beratungen und Trainings unerwartete Eigenreaktionen ausgelöst werden können. Die in diesem Buch versammelten Autorinnen und Autoren sind den Umgang mit Emotionen gewöhnt und somit in der Lage, angemessen und unterstützend zu agieren, wenn beim Kunden Emotionen sichtbar, spürbar oder auch unterdrückt werden. Indem Emotionen Platz bekommen, sein dürfen und als zum Leben und Lernen gehörend gewürdigt werden; indem über Emotionen nicht weggeredet wird, sondern die Emotionen mit dem Kunden ausgehalten, benannt und besprechbar gemacht werden, ohne dabei sich oder den Kunden in den Emotionen zu „verlieren", wird in pferdegestützten Trainings Sicherheit vermittelt und gezeigt, dass der Weg aus den negativen und die Leistung einschränkenden Emotionen möglich und gangbar ist. Indem eigene ausgelöste Emotionen sein dürfen, zugelassen und in angemessener Form ausgesprochen werden können, wird zugleich die Souveränität professionellen Handelns erhalten und gefördert.

Die notwendige Balance von Nähe einerseits, die das Spüren und Zulassen von Emotionen unterstützt, sowie andererseits ausreichender Distanz für professionelle Begleitung und Intervention, indem stets die Grenze des Kunden gewahrt wird, wird durch den Einsatz der Pferde sicher gestellt, weil Pferde als Projektionsfläche und Erfahrungsfeld dienen.

Die Begegnung mit dem Pferd ruft erwartete aber auch unerwartete Themen des Kunden auf den Plan. Dies hängt von der Persönlichkeit des Menschen, aber auch von der Persönlichkeit des Pferdes ab. Es macht einen Unterschied, ob man mit jungen, ängstlichen, dressierten oder an Menschen wenig gewöhnten Pferden, Hengsten, Leittieren oder den Menschen zugewandten Pferden arbeitet. Nicht nur die Dynamik der Begegnung ändert sich, sondern auch die Wahrnehmung der Menschen, je nach dem, was sie erwarten. Aber immer gibt es Anlass, über die eigene professionelle Persönlichkeit zu reflektieren und einen Transfer in den Arbeitsalltag zu leisten.

Unsere Anbieter pferdegestützter PE-Maßnahmen sind sich darüber bewusst, dass das Aufgreifen genau dieser Themen und der in der Situation entstehenden Wahrnehmungen der zusätzliche Gewinn sind und bringen deshalb die notwendige Flexibilität, Sensibilität und Prozessorientierung mit, um damit umgehen und Lernprozesse fördern zu können. Lernen wird als Herausforderung gesehen, unbequeme, irritierende, erweiternde Fragen zu suchen, zu finden und zu stellen. Lernen, das nicht reproduziert, sondern Neues konstruiert, Gewohntes verwirft. Dementsprechend sehen Anbieter pferdegestützter PE-Maßnahmen ihre Rolle als Rahmengeber und Eröffner von Räumen für eigene und selbstgestaltete Erfahrungen. Die notwendigen und hilfreichen Erklärungen von Theorien und Erklärungsmodellen sind im Rahmen von pferdegestützten Interventionen weit entfernt von monologisierenden Erläuterungen oder gar Belehrungen. Sie sind geformt vom Wissen des Nichtwissens und getrieben von dem Willen, die Zuhörenden in einen Dialog einzubinden und sie zu veranlassen, sich mit den wichtigen Themen selbst auseinander zu setzen, sie zu hinterfragen und zu durchdringen. Viel mehr noch: das Pferd gibt Anlass, den Berater, Coach oder Trainer selbst zu hinterfragen, sich mit ihm auseinander zu setzen und damit eigene Ideen zu entwickeln.

Insoweit sind die Pferde und die Trainer als Irritationsagenten zu sehen, die an Mustern, eingefahrenen Denkschemata, Glaubenssätzen und scheinbar festgezurrten Überzeugungen rütteln, sie in Frage stellen und ins Wanken bringen ohne gleich neue Konzepte und Patentrezepte anzubieten, sondern im Gegenteil: einzig mit dem Ziel, Bewegung ins Spiel zu bringen, Räume zu öffnen – eben zu irritieren, um Neues zu ermöglichen, ja, geradezu die Suche nach Alternativen herauszufordern. Mit Pferden lernen heißt, professionellen Persönlichkeiten eine Begegnung mit Persönlichkeiten zu ermöglichen.

Vor dem Hintergrund kontroverser Diskussionen über die Seriosität und Wirksamkeit pferdebasierter Personalentwicklung haben einige Anbieter, zu denen auch die Autorinnen und Autoren gehören, im Jahr 2009 den Arbeitskreis *EQPferd* ins Leben gerufen. Ziel des Arbeitskreises „EQPferd" ist die Weiterentwicklung der Qualitätskriterien und Standards für pferdegestützte Personalentwicklungsmaßnahmen, Trainingskonzepte und Fortbildungen sowie die wissenschaftliche Evaluation, Systematisierung und Entwicklung pferdegestützter Interventionen im Personalmanagement.

Der Arbeitskreis EQPferd hat sich 2014 mittlerweile als unabhängiger Bundes- und Fachverband gegründet, der die Interessen von Anbietern und Kunden vertritt. EQPferd trägt zur Weiterentwicklung der Methode, zur Qualitätsentwicklung und zum Wissenstransfer bei durch halbjährlich stattfindende Fachtagungen, Qualifizierungsmaßnahmen, einem Gütesiegel und nicht zuletzt durch die intensive Zusammenarbeit in Regional- und themenspezifischen Arbeitsgruppen. EQPferd stellt Anbietern Ressourcen wie Versicherungspakete, Musterverträge und Arbeitssicherheitsrichtlinien zur Verfügung.

Nach den Standards der EQPferd sollten Trainer und Anbieter erstens eine ausgewiesene Kompetenz für Personalmanagement (Personalentwicklungs-, Fortbildungserfahrung etc.) sowie Pferdeerfahrung haben. Bezogen auf Personalmanagement verfügen sie über eine abgeschlossene akademische Ausbildung mit mindestens 3 Jahren praktischer Berufserfahrung als Führungskraft oder als Personal- bzw. Organisationsentwickler oder eine Berufsausbildung mit mindestens 5 Jahren praktischer Berufserfahrung als Führungskraft, Personal- oder Organisationsentwickler.

Die Trainer und Anbieter verfügen zweitens über Steuerungskompetenzen bezüglich der Lernprozesse im Bereich pferdegestützter Trainingsmaßnahmen und Fortbildungen. Sie verfügen über Methodenkompetenzen im Bereich der Gruppenarbeit, Didaktik, die u.a. nachgewiesen werden kann durch Ausbildung, Fortbildungen oder praktische Erfahrung im Bereich Coaching, Supervision, Beratung und beruflicher Erwachsenenbildung. Sie sorgen für den Transfer des in den praktischen Übungsaufgaben Erlebten in den beruflichen Alltag.

Drittens verfügen die Trainer und Anbieter über Fachkompetenz im Hinblick auf Pferdehaltung-, -umgang und -kommunikation. Diese können u.a. nachgewiesen werden durch einen FN Sachkundenachweis, eine Pferdewirt- oder Reitlehrerausbildung oder mehrere Jahre Erfahrung im Umgang mit Pferden.

Deutlich wird, dass dieses Kompetenzportfolio in der Regel nicht durch eine Person gewährleistet werden kann. Bei vielen pferdegestützten Interventionen arbeiten daher Trainerteams zusammen, in denen die Teammitglieder über die unterschiedlichen geforderten Kompetenzen verfügen.

Überblick über die Beiträge in diesem Buch

Um die Wechselwirkungen zwischen pferdegestützten Interventionen und Unternehmen zu verdeutlichen, beschäftigen sich die Beiträge im ersten Abschnitt des Buches mehr mit Fragen und Anforderungen sowie der Sicht des interessierten Kunden. Was hat ein Unternehmen davon, Mitarbeiter durch pferdegestützte Maßnahmen zu qualifizieren und fortzubilden? Worum geht es da eigentlich? Warum ist der Einsatz des Pferdes ein Mehrwert gegenüber anderen Angeboten? Woran kann man die Qualität der Angebote erkennen?

Fabelhaft entführt TANJA THOMAS in ihrem Beitrag *Und was, wenn Herr Pferd sprechen könnte?* in den Alltag einer Personalentwicklungsabteilung. Eine scheinbar ganz profane Auftragsklärung setzt die lebendige Kraft von Metaphern als Chance sondergleichen für Veränderungsvorhaben in Szene- gerade in Gesellschaft eines Pferdes.

BERND OSTERHAMMEL (*Pferdegestützte Personalentwicklung und Unternehmenserfolg*) beschreibt seinen Weg zu einem erfolgreichen Unternehmer als Reflexionsprozess, der hilfreich von seinem Leben mit Pferden unterstützt wurde.

SUNITA MITTER zeigt nicht nur einen Zertifizierungsprozess für ein Angebot auf, das zunächst erst einmal Skepsis hervorruft (*Sie können doch wohl kein Pferd Iso-zertifizieren*), sondern zeigt ebenso die Eckpunkte der Qualitätsentwicklung pferdegestützter Personalentwicklung. Hier werden die Standards und die Stellschrauben deutlich, die ein qualitativ hochwertiges Angebot in der pferdegestützten Personalentwicklung sicher stellen.

ILKA HEMPEL geht ebenfalls auf die Skepsis von Unternehmern und Personalentwicklern (*Das Leben ist kein Ponyhof – oder doch?*) gegenüber pferdegestützten Personalentwicklungsmaßnahmen ein. Diese sind zum einen grundsätzlicher Natur, weil der Transfer von Gelerntem in den Unternehmensalltag für Unternehmen und Organisationen an erster Stelle steht. Zum anderen spezieller Natur, weil pferdegestützte Fortbildungen noch neu sind. Dass Erleben auch zu Erkennen führt, macht der Beitrag deutlich.

MONIKA KNAUER UND KLEMENS WALTER beleuchten in ihrem grundlegenden Beitrag *Pferdegestützte Intervention in der Personalentwicklung* die Glieder der Wertschöpfungskette, an deren Ende sich der besondere Kundennutzen zeigt, mit der speziellen Betrachtungsweise und Brille von Berater und Coach. Sie verdeutlichen das unvergleichliche Resultat des Entwicklungsverlaufes, wenn Pferde mitwirken, gewiss keine skurrile Idee, vielmehr eine innovative Methode.

Eingebettet in einen spannenden Praxisbericht über ein Führungstraining für die Volksbank Vechta eG *Pferdegestützte Personalentwicklung für eine nachhaltige Unternehmenskultur* legen BARBARA KOLZAREK UND

ANDREA WINKEL anschaulich dar, wie Entfaltung des Einzelnen, Entwicklung im Team und Ausformung der Unternehmenskultur ineinandergreifen. Verblüffend zeigen sich die zusätzlichen Bedeutungen für alle diese Parameter dank der Mitwirkung der Vierbeiner in diesen Kontexten.

Vor dem Hintergrund eines weiteren Praxisberichtes verdeutlicht BEATE BLANKENBURG (*Auf's richtige Pferd setzen*) die beispiellosen Möglichkeiten, im Personalauswahlverfahren auf die pferdegestützte Diagnostik zu setzen. Aufschlussreiche Resultate untermauern den Wert pferdegestützter Intervention für bedeutsame Personalentscheidungen.

Abschließend diskutieren OLIVER HEITZE UND SWANETTE KUNTZE die Ergebnisse einer Zusammenarbeit zwischen Personalleiter eines Klinikums und Anbieter pferdegestützter Personalentwicklung unter dem Titel *Der „Mehr-Pferd" für den Kunden.*

Die Beiträge im zweiten Abschnitt des Buches stellen die pferdegestützten Interventionen im Zusammenhang mit Mitarbeitern als Individuen und deren professionelle Persönlichkeitsentwicklung in den Mittelpunkt. Vor dem Hintergrund überwiegend humanistischer Konzepte über Kommunikation, menschliche Entwicklung und Persönlichkeitsförderung wird gezeigt, wie Pferde die Selbstverwirklichungstendenzen von Menschen unterstützen.

IRENE HEINEN UND KATHARINA VON LINGEN stellen mit den Antreiberdynamiken nicht nur einen grundlegenden Baustein der Transaktionsanalyse vor, sondern veranschaulichen auch die Umsetzung dieses Konzepts in einem personenzentrierten und pferdegestützten Coaching. Dabei wird deutlich, dass ein erwartbares Resultat entsteht, nämlich die Veränderung von Verhalten und Kommunikation. Gleichzeitig heben die Autorinnen hervor, dass der Prozess Unvorhergesehens hervorbringt (*Was hat mich denn da geritten – Verhaltens- Kommunikationsmuster erkennen und verändern*), nämlich die richtige Intervention zur rechten Zeit. Diese punktgenaue und auch schnelle Intervention gelingt mit Pferden als Verstärker der Empathie von Trainern und Coaches besser.

BEATE GRÖCHENIG nimmt einen Coaching-Prozess zum Anlass, die Wahrnehmungsprozesse eines Klienten zu veranschaulichen. *Vertrauen führt in Freiheit* ist ihre Grundannahme. Dabei macht die Autorin deutlich, dass es zwischen guter Absicht einer pferdegestützten Intervention und erwarteter Wirkung immer der Überlegungen der Trainerin bedarf, welche Schritte zum Erfolg führen. Sie schildert lebendig und konkret, wie der

Einsatz der Transaktionsanalyse durch den Einsatz von Pferden erlebbar wird und die Spiele der Erwachsenen einen anderen Verlauf nehmen.

VERENA NEUSE lässt in ihrem Beitrag *Führen mit Herz, Hirn und Haltung* einen Teilnehmer die Wirkung von pferdegestützten Führungstrainings zusammenfassen: „Als Kopfmensch gekommen, als Bauchmensch gegangen". Authentische Menschen bringen Denken, Fühlen und Handeln in Einklang.

CHRISTINE ERDSIECK empfiehlt eine *Rosskur für das Gesundheitswesen*. Persönliche Erlebnisse, die mit gefühlten Erfahrungen einhergehen, leisten einen nachhaltigen Transfer in das reale Leben und in den beruflichen Alltag von Führungskräften in der Pflege, so ihre Annahme.

IRMA BONEKAMP erhält von einem ihrer Seminarteilnehmer die Empfehlung, *Nimm das Pferd doch mit ins Boot*. Sie verdeutlicht an zwei Praxisbeispielen ihr pferdebasiertes Beratungskonzept zum Thema „Work-Life-Balance" und warum die Empfehlung nur konsequent ist.

JOACHIM UND SIEGLINDE BENDER berufen sich in ihren pferdegestützten Trainings auf das Selbstwirksamkeitskonzept von Badura. *Mentale Barrieren überwinden* ist vergleichsweise leicht, wenn man die eigenen Begrenzungen kennt. Doch was ist mit den unbekannten mentalen Barrieren? Pferde können diese mentalen Barrieren sichtbar machen und damit können diese überwunden werden.

REGINA RODRIGUEZ MEGALJERO UND STEFFI WAGNER arbeiten mit dem Konzept des Neurolinguistischen Programmierens (NLP). NLP vereint verschiedene wirksame ziel- und lösungsorientierte Konzepte der Kommunikation und Beratung. In ihrem Beitrag *Da bringen mich keine zehn Pferde hin* zeigen die Autorinnen, dass die Effizienz von NLP-Interventionen durch die Begegnung mit dem Pferd gesteigert werden können.

Die im dritten Abschnitt folgenden Beiträge beschäftigen sich mit Personalentwicklung als Wirkungsgefüge von Unternehmenskultur, Teamprozessen, Führung und Entwicklung einer professionellen Persönlichkeit.

Moderne Personalpolitik verfolgt Nachhaltigkeitsstrategien und setzt Akzente bei der Förderung emotionaler Intelligenz. Die Autoren BLANKENBURG UND FISCHER zeigen auf, dass im Personalmanagement mehr Führung durch Emotionen möglich ist, und verdeutlichen anhand eines Praxisbeispiels den Zusammenhang von pferdebasiertem systemischen Coaching und der Bildung von emotionalen Kompetenzen. Eine lohnenswerte

Investition für den nachhaltigen Unternehmenserfolg, denn so entsteht der *ROE (Return on Emotions)*, der Unternehmenserfolg und -kultur nachhaltig zu leben erlaubt.

DANIELA KAMINSKI behauptet *Pferde können nur systemisch* und macht auf die System-Umwelt-Differenz aufmerksam. Das Pferd als lebendes, biologisches System unterscheidet sich von der Umwelt und muss sich darauf einstellen, Futter finden, Gefahren antizipieren. Soweit noch einfach, aber sie betrachtet die Pferde auch als Persönlichkeiten im sozialen System, also als Adressaten für Kommunikation, die sie als offen, gefühlvoll und intuitiv charakterisiert. Und das hat Folgen für die Menschen, die systemisch betrachtet auch Kommunikationsadressaten sind.

Die Arbeit mit Teams von Spezialkräften aus dem Bereich Sicherheit ist bestimmt von reibungslosen Abläufen, Klarheit, Hierarchie und der Fähigkeit, Entscheidungen treffen zu können – manchmal auch einsame Entscheidungen. KARSTEN EBELING und CHRISTOF WIETHOLD betiteln ihren Beitrag mit *Alles Hengste* und zeigen, wie Hochleistungsteams Neues über Rangkämpfe, das Gesetz des Stärkeren, Dominanz und Hierarchiekonflikte lernen.

GRIT MEYER bietet anschließend einen auf den ersten Blick völlig gegensätzlichen Beitrag an. Wer genauer hinschaut, weiß, dass *Vertrauen statt Dominanz in Arbeitsbeziehungen* für Qualität und Zufriedenheit sorgt. Dies ist das Fazit ihrer Erfahrungen mit Pferden: „Seit dreißig Jahren beschäftige ich mich mit meinen Pferden. Seit zehn Jahren beschäftigen sich meine Pferde nun auch mit mir – respektvoll, vertrauensvoll, freiwillig."

MICHAEL JAHN stellt in den Mittelpunkt seines Beitrags *Konfliktmanagement und pferdegestützte Persönlichkeitsentwicklung* unterschwellige Konflikte, die nur schwer zu bearbeiten sind. Dabei kommt er u.a. zu der Einsicht, dass der Einsatz von Pferden die Veränderungsresistenz von Teilnehmenden in Führungstrainings minimiert.

ANNE-KRISTIN KOLLING beschreibt die pferdebasierte Arbeit im Rahmen eines zweijährigen Prozesses der Personalentwicklung eines Automobilzulieferers. Im Beitrag *Pferde stärken Gemeinsamkeit* wird an einem Praxisbeispiel gezeigt, wie die Integration von Persönlichkeits- und Teamentwicklung im Dialog mit den Pferden funktioniert.

KERSTIN KRUSE-VÖLKERS und ANABEL SCHRÖDER beschreiben pferdegestützte Interventionen in einer Ausbildung für Vertriebler. Im Beitrag *Ohne Worte eine Kundenbeziehung herstellen* erklären die Autorinnen, warum man als Vertriebler manchmal pferdisch sprechen muss.

SABINE KIERDORF und DETLEV LINDAU-BANK thematisieren den Mehrwert der pferdegestützten Personalentwicklung als das Lernen vor dem Hintergrund unterschiedlicher Kulturen. *Natur, Kultur und Persönlichkeit* werden als Begriffe miteinander in Verbindung gebracht, um zu einigen überraschenden und kontroversen Einsichten zu gelangen. Dazu gehört, dass der Mensch von Natur aus kultürlich ist, aber das Pferd auch.

Pferdegestützte Konzepte
Erläuterungen zur
Qualitätsentwicklung von
pferdegestützten Interventionen und PE

Und was, wenn Herr Pferd sprechen könnte? Lebende Metaphern als Veränderungsimpulse in Unternehmen

Tanja Thomas

Eine ungewöhnliche Begegnung im Personalbereich

Das Telefon klingelt. Ich nehme den Hörer ab, am anderen Ende Frau Schäfer, unsere Empfangsdame. „Frau Schneider, Ihr Besuch für 15:00 Uhr ist da". Ich schaue auf die Uhr, 15:00 Uhr stimmt, mein Termin. Die Zeit rast heute schon wieder. „Frau Schäfer, bitte schicken Sie die Dame mit dem Fahrstuhl in den dritten Stock, ich hole sie dann am Fahrstuhl ab."

Eine kurze Pause am anderen Ende des Telefons, „Frau Schneider, vielleicht kommen Sie besser runter. Bitte." Das klang eher nach einer Aufforderung als nach einer Bitte. Kaum ausgesprochen hat Frau Schäfer auch schon aufgelegt. Auf dem Weg zum Fahrstuhl ärgere ich mich. Wo ist das Problem, kann sie den Besuch nicht in den dritten Stock fahren lassen, frage ich mich. Das machen die Damen am Empfang doch immer, obwohl die interne Richtlinie sagt, dass jeder Besuch am Empfang abgeholt werden soll. Hilft ja nichts, dann nutze ich die Zeit zum Fahrstuhl, um mich Ihnen, liebe Leser, kurz vorzustellen. Ich bin Susanne Schneider, Personalerin seit 10 Jahren. Ich arbeite in einem mittelständischen Unternehmen in der Kosmetikbranche und bin für unsere deutsche Vertriebsorganisation für die gesamte Palette der Personalarbeit zuständig. Dies beinhaltet auch Personalentwicklungsthemen.

Vor ungefähr drei Wochen saß ich mit Herrn Meißner zusammen, unserem Deutschlandchef, und wir haben uns über die anstehende organisatorische Veränderung in unserer Vertriebsorganisation unterhalten. In der Vergangenheit bis zum heutigen Zeitpunkt gab es eine Außendienstmann-

13

schaft, einen Außendienstleiter und einen Marketingbereich mit einem Marketingleiter. Zukünftig wird es vier Geschäftseinheiten mit jeweils einem Geschäftseinheitsleiter aus den eigenen Reihen, einem kleinen eigenen Marketingbereich und einer eigenen Außendienstmannschaft geben. Unsere Organisation ist Veränderungen gewöhnt, sie gehören zum alltäglichen Geschäft und trotzdem, Herr Meißner und ich sind uns einig, dass wir unsere Führungskräfte, nämlich die 4 Geschäftseinheitsleiter, im Rahmen dieser organisatorischen Veränderung unterstützen möchten. „Wichtig ist", sagte Herr Meißner, „dass alle Geschäftseinheitsleiter (GE-Leiter) zusammen in die gleiche Richtung gehen, gemeinsam an einem Strang ziehen und somit die Veränderung in Ihre Organisationen hineintragen und nicht, dass jeder sein eigenes Ding macht - alle in unterschiedliche Richtungen davon galoppieren. Auch die Vertriebsmannschaft muss mitgenommen werden, da sie auf die vier Geschäftseinheiten aufgeteilt werden muss." Um in seiner Bildsprache zu bleiben, die Herde wird aufgeteilt – schießt es mir durch den Kopf. Dazu kommt noch, dass sich diese Gruppe der GE-Leiter auch erst finden muss, vorher in unterschiedlichen Positionen, nun alle gleichberechtigte GE-Leiter. Herr Meißner bittet mich, mir ein paar Gedanken zu machen und ein Konzept vorzuschlagen, wie diese Unterstützung aussehen könnte.

Nach dem Gespräch mit Herrn Meißner habe ich unterschiedliche Gedanken, zum einen ist da die Gruppe der GE-Leiter, die sich in den neuen Positionen zusammen finden müssen und die Veränderung gemeinsam umsetzen müssen, dann die organisatorische Veränderung selbst, die sich auf die Vertriebsmannschaft auswirken wird. Neben der Aufgabe, sich in dem Team der GE-Leiter zu integrieren, hat jeder der GE-Leiter die Herausforderung, gerade in der neuen Position angekommen, eine Vertriebsmannschaft in einen Veränderungsprozess mitzunehmen und zu führen.

Dazu fallen mir unterschiedliche Maßnahmen ein, die ich mit unseren Instituten, die uns unterstützen, besprechen und zu einem Gesamtkonzept zusammenstellen werde. In der Vergangenheit haben wir bereits mehrere Projekte erfolgreich zusammen umgesetzt - je nach Situation kamen Trainings, Einzel-Coachings, Change-Maßnahmen, Workshop-Settings oder Teamentwicklungs-Maßnahmen zum Einsatz, meistens Inhouse, oder wenn extern, dann in einem Hotel in unserer Umgebung.

Diesmal würde ich gerne von unseren herkömmlichen Maßnahmen abweichen, etwas ganz anderes vorschlagen, etwas Neues integrieren. Ich habe die Idee, dass sich unsere Führungskräfte in einem nicht vertrauten Umfeld, auf unbekanntem Terrain dem Thema nähern. Geht es darum nicht in einem Veränderungsprozess? Könnte das nicht neue Ansätze, neue Impulse und neue Ideen bringen, die sich dann in die reale Situation übertragen lassen? Raus aus den bekannten Settings! Könnte ich nicht in das Gesamtkonzept eine Maßnahme mit einbauen, die wir so noch nicht kennen?

Nach dem Gespräch ist mir die Aussage von Herrn Meißner wieder eingefallen, dass er nicht möchte, dass die GE Leiter in unterschiedliche Richtungen davon galoppieren, sondern trotz der implementierten Geschäftseinheiten zusammen an einem Strang ziehen. Da fällt mir ein, dass ich vor nicht allzu langer Zeit Kontakt zu einer Trainerin hatte, die pferdegestützte Trainings und Coachings anbietet u. a. zum Thema Führung und Teamentwicklung. Ich habe keine Vorstellung, wie das für unsere Situation aussehen könnte, aber vielleicht lade ich diese Dame ein und frage sie, wie sie uns in diesem Thema unterstützen könnte.

Nun, dieser Termin ist heute 15:00 Uhr. Ich habe Frau Ansorge eingeladen und bin gespannt, welche Ideen sie mitbringt. Während ich auf den Aufzug warte, mache ich mir noch ein paar Gedanken, was ich Frau Ansorge fragen möchte. Ich habe mich nicht wirklich gut auf das Gespräch vorbereitet, zu viele andere Themen parallel – also werde ich mich überraschen lassen und sehen, wie sich das Gespräch entwickeln wird. Der Fahrstuhl ist da, ich steige ein und fahre nach unten. Im Erdgeschoss angekommen, steige ich aus und erwarte Frau Ansorge am Empfang. Und dann, ich bleibe wie angewurzelt stehen und traue meinen Augen nicht. Ich muss dämlich aussehen, wie ich da stehe und meine beiden Besucher regungslos anstarre. Frau Ansorge muss die Dame mit den langen braunen Haaren sein und neben ihr? Hatte Sie erwähnt, dass sie zu zweit kommen? Ich dachte, die Begegnung mit Ihrem Trainerkollegen Pferd wäre ausschließlich den Teilnehmern vorbehalten und nun bin ich mit einer Situation konfrontiert, die mich selbst schlagartig aus meiner normalen Routine holt und eben auf unbekanntes Terrain führt. Ich stehe einem wahren, echten Pferd gegenüber, und das inmitten unserer Empfangshalle. Wahrlich keine alltägliche Bürosituation.

Frau Ansorge setzt sich als erste in Bewegung, wohl wissend, wie die Situation auf mich wirken muss. „Guten Tag, sie müssen Frau Schneider sein." Richtig, das bin ich. „Herzlich Willkommen Frau Ansorge", sage ich. „Frau Schneider, ich weiß, wie ungewöhnlich das erscheinen muss, aber ich dachte mir, ich bringe heute Herrn Pferd einfach mit, damit sie selbst schon mal einen Eindruck bekommen können. Es ist oft schwierig, in Gesprächen die Perspektive von Herrn Pferd darzustellen, also dachte ich mir, das könnte er heute einfach selbst tun. Ich hoffe, das ist für sie in Ordnung." „Überraschend, aber ja, tatsächlich, warum eigentlich nicht", entgegne ich. Ich wende mich Herrn Pferd zu, „Hallo Herr Pferd, herzlich Willkommen." „Guten Tag Frau Schneider, ich freue mich, dass ich hier bin", erwidert Herr Pferd.

„Also", beginne ich, „dann schlage ich vor, wir nehmen zu Dritt die Treppe, das scheint mir doch die bessere Lösung zu sein als den Fahrstuhl zu nehmen." Hätte ich das gewusst, ich hätte wohl einen Besprechungsraum im Erdgeschoss gebucht.

Im Besprechungsraum ange-
kommen, biete ich meinen Gäs-
ten etwas zu trinken an und lei-
te in das Gespräch ein. „Frau Ansorge, wir hatten ja am Telefon
bereits besprochen, was der Hintergrund meiner Anfrage ist. Ich
möchte heute mit Ihnen diskutieren, ob eine Maßnahme mit Pferd
das Richtige für unsere Führungskräfte sein könnte. Immerhin ist
das ein sehr ungewöhnliches Setting und ich muss davon überzeugt
sein, dass es funktioniert, bevor ich
das unseren Führungskräften vor-
schlage."

„Vielen Dank für die Einladung, Frau Schneider. Ich freue
mich, dass Herr Pferd und ich
heute die Möglichkeit haben, Ihnen unser pferdegestütztes Konzept vorzustellen. Ja, tatsächlich
ist ein pferdegestütztes Training
ein ungewöhnliches Setting und gehört sicherlich nicht zu den eher klassischen Trainings-Formaten. Allerdings so außergewöhnlich auch wieder

nicht. Vielleicht haben Sie in Ihrer Organisation schon mehr Trainings mit ähnlichen Formaten durchgeführt, vielleicht waren schon einmal im Hochseilgarten, haben im Rahmen einer Teambuilding-Maßnahme Boote gebaut oder sind durch Spinnennetze geklettert, alles Konzepte, die mit handlungsorientierten bzw. erlebnisorientierten Elementen arbeiten.

Was diese Formate alle gemeinsam haben, sie entsprechen nicht instruktionistischen Lernformen bzw. Settings, d.h. Lernen auf Basis von Vermittlung von Wissen rund um die Themen Führung, Teamentwicklung oder Veränderungsmanagement.

So geht es im pferdegestützten Training auch nicht um das Vermitteln von Wissen bzw. um das Trainieren eines bestimmten (Führungs)-Verhaltens mit Herrn Pferd und seinen Kollegen, sondern vielmehr basiert das Format neben einer theoretischen Auseinandersetzung zum großen Teil auf handlungs- und erfahrungsorientierten Lernelementen zusammen mit Pferden. Dabei geht es vor allem darum, einen Lernprozess zu initiieren, zu begleiten, um dann gemeinsam mit den Teilnehmern im Rahmen der Reflektion das Erfahrene und Erlebte in die reale Situation zu übertragen.

Unsere Herangehensweise basiert dabei auf einer konstruktivistischen Sichtweise. Wir gehen davon aus, dass jeder Mensch seine eigene Wirklichkeit aufgrund persönlicher Erfahrungen konstruiert. Effektives Lernen geschieht nicht durch Instruktion, das Wissen wird vielmehr im Individuum konstruiert. Lernen ist deshalb für uns nicht die Aneignung von Wissen durch Lehre, sondern ein individueller, situativer und vor allem aktiver, handlungsorientierter Prozess.

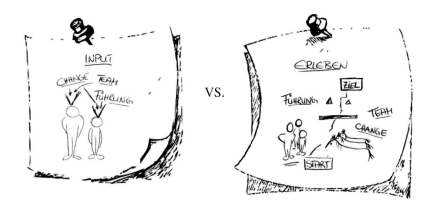

17

Das Setting ist daher an erlebnispädagogische Formate angelehnt, die sich auch in Outdoor-Trainings wieder finden und die genau diese Herangehensweise fördern. Neuere Untersuchungen bestätigen, dass selbsttätiges Lernen am erfolgreichsten ist, dass das Gehörte eben nur zu etwa 10 % behalten wird, dass die Behaltensrate bei gleichzeitiger Visualisierung auf 20 % steigt und dass bei handlungsorientierten Lernformen etwa 90 % des Stoffes behalten wird."

„Wie genau muss ich mir das vorstellen nun vorstellen im Training mit Pferden, Frau Ansorge, wie setzen Sie das um?"

„Die handlungs- bzw. erfahrungsorientierten Elemente in unserem Format bestehen aus Aufgaben, kleineren Lernprojekten, die Ihre Führungskräfte entweder einzeln oder gemeinsam als Gruppe mit einem oder mehreren Pferden erfüllen müssen. Diese erscheinen teils einfach, sind jedoch teilweise anspruchsvoll in der Umsetzung oder werden vielleicht sogar zu Beginn als unlösbar betrachtet. Das ungewöhnliche Setting, die räumliche Trennung und auch gedankliche Entfernung zum Alltag Ihrer Führungskräfte sind dabei gewollt und bieten die Möglichkeit und den Raum, fern ab vom Büroalltag Neues auszuprobieren, zu experimentieren und Impulse für Veränderung zu wecken.

Die Aufgaben mit den Pferden haben auf den ersten Blick vielleicht wenig zu tun mit den Arbeitsinhalten bzw. der aktuellen Themen im Unternehmen - Führung, Team und Veränderungsmanagement. In der Reflektion zeigt sich jedoch immer, dass sie sehr wohl mit entsprechenden Strukturen und typischen Situationen zu tun haben. Die zu lösenden Aufgaben mit den Pferden stellen dabei eine metaphorische Interaktion für die Teilnehmer dar. Dabei geht es vor allem um Kommunikation und Führung in unterschiedlichen Situationen, die Führungskraft alleine oder in der Gruppe. Fragestellungen, die konkret umgesetzt werden müssen: Wie führe ich in der jeweiligen Situation? Wie reagiert das Pferd auf unser Führungsangebot, mit wie viel Druck führen wir die Pferde durch eine veränderte Situation oder führen wir durch Klarheit, authentische Kommunikation und Überzeugung? Folgen uns die Pferde, wie viel Vertrauen kann ich oder können wir aufbauen? Funktioniert die Kommunikation mit den Pferden und funktioniert die Kommunikation untereinander?

Die Komplexität der realen Situation wird herunter gebrochen in eine „Mikrowelt mit Pferden", in der neues Verhalten ausprobiert werden kann. Die Erfahrungen, die hier gemacht werden, können dann in die reale Situation übertragen werden. Ihre Führungskräfte können hautnah erleben, wie Prozesse ihre Eigendynamik entwickeln, wie sie sich trotzdem steuern lassen - oder eben auch nicht, zum Beispiel wenn Kommunikation und Führung versagen. Und hierauf reagieren gerade Pferde besonders sensibel. Dazu wird Herr Pferd nachher noch mehr sagen.

Unser Format ist damit ein Angebot an Ihre Führungskräfte, sich den Themen nicht ausschließlich rein kognitiv zu widmen, sondern durch Erleben, Tun und Handeln, um dann darüber gemeinsam in den Austausch zu kommen. Ganz nach einem der Urväter der Erlebnispädagogik, Herrn Pestallozzi (1801): Lernen mit Kopf, Herz und Hand."

Im Bereich der Erlebnispädagogik wird der Begriff der Metapher und des metaphorischen Modells durch den Autor Stephen Bacon geprägt. Er beschreibt die Metapher als eine Sprachfigur, welche zwei Dinge so verknüpft, dass ein anderes Licht auf einen bestimmten Gegenstand geworfen wird. Als metaphorisches Lernen wird dabei ein Prozess beschrieben, bei dem eine stellvertretende Erfahrung für eine tatsächliche, alltägliche Erfahrung eintritt. Metaphorische Erfahrungen können eine Anekdote, eine Geschichte oder eine tatsächliche Erfahrung sein. (2003,S. 30-32)

„Ja, tatsächlich haben wir auch schon einmal ein Outdoor-Format eingesetzt. Für eine Teamentwicklung in einem anderen Unternehmensbereich haben wir ein Training im Hochseilgarten gebucht. Aber warum, Frau Ansorge, benötigen wir dann Herrn Pferd und seine Kollegen. Kann ich dann nicht tatsächlich mit unseren Führungskräften wieder in den Hochseilgarten gehen?"

„Es spricht nichts dagegen, in einen Hochseilgarten zu gehen. Jedes Format hat seine Berechtigung für bestimmte Themen. Den Zusatznutzen, den wir Ihnen bieten könnten, möchte ich kurz darstellen. In der Auswertung bzw. in der Reflexion haben wir unterschiedliche Ebenen, die wir betrachten können.

Auf der Ich-Ebene kann das eigene Empfinden reflektiert werden. Wie ist es mir ergangen? Wie habe ich mich in dem Prozess wahrgenommen. Hier erfolgt die Auseinandersetzung mit der eigenen Rolle und den eigenen Emotionen. Auf der Wir-Ebene kann das Gruppenverhalten reflektiert werden, z.B. wie haben wir als Team in der jeweiligen Situation mit der Herausforderung gearbeitet? Welche Rollen wurden besetzt? Kam Teamarbeit zustande? Wie funktionierte die Kommunikation im Team? Was haben wir daraus gelernt und was würden wir anders machen? Diese beiden Ebenen sind in jedem Outdoor-Format bzw. in jedem Training mit handlungsorientierten Lernelementen als Reflexionsebenen möglich.

Nun, im pferdegestützten Training kommt noch eine weitere Ebene dazu, die gerade für Kommunikation, Führung und Veränderungsmanagement wertvolle Einsichten, Impulse und Erkenntnisse ermöglichen können - die Ebene des Pferdes."

Das macht mich neugierig. „Welche weiteren Einsichten sind mit dieser dritten Ebene Pferd möglich"?

„Vor allem, wie wirke ich auf mein Gegenüber? Wie wirken wir als Team auf unser Gegenüber? Das Pferd ist kein Spinnennetz, kein Klettergarten, kein Trainings-Tool, sondern ein Lebewesen, das auf unsere Interaktion äußerst sensibel reagiert. Aus der Rückmeldung des Pferdes bzw. der Pferde können neue Einsichten über das eigene Wirken als Individuum und als Gruppe erfolgen.

Aber das kann Herr Pferd viel besser selbst erzählen und dafür ist er ja auch heute da."

Stimmt, Herr Pferd, denke ich. So bizarr die Situation ja nun wirklich ist, ich hatte schon fast vergessen, dass ein Pferd mit mir in unserem Meeting-Raum sitzt. Aber tatsächlich ist das so ein Punkt. „Herr Pferd, Sie können mir ja jetzt erzählen, wie Sie Feedback geben. Die reale Situation ist jedoch die, dass Ihre Kollegen - Pferde - eben nicht sprechen können. Wie erfolgt also das Feedback?"

„Wenn meine Kollegen ebenfalls sprechen könnten, was sie ja nicht tun, würden Sie mir sicherlich in meinen Ausführungen zustimmen, nämlich, dass Menschen ständig reden, ob sie Worte benutzen oder nicht. Sie sprechen mit Ihrer Tonlage, mit Ihrer Sprechgeschwindigkeit, mit Ihren Blicken, mit Ihren Gesten, Ihrer Körperhaltung, wie sie sich bewegen und wie sie atmen. Das ist ihnen nur nicht immer bewusst.

Wir verstehen den Inhalt ihrer Worte tatsächlich nicht, aber Gestik, Stimmlage, Körpersprache, Bewegung, Energie in der Bewegung sprechen mehr als tausend Worte. Und genau diese Sprache verstehen und sprechen wir, weil dies in unserer Evolution nötig war, um zu überleben. Über diese nonverbale Sprache geben wir Feedback.

Könnten wir nicht genau die Körpersprache unserer Angreifer lesen, hätten wir nicht überlebt. Für uns ist es lebenswichtig zu entscheiden, ob ein Tiger, ein Löwe, ein Jaguar sich in einer angespannten Körperspannung

befindet, also zum Angriff bereit ist oder ob er entspannt ist, also ungefähr-
lich. Wir sind Fluchttiere und darauf angewiesen, dies beurteilen zu können.
So haben sich unsere Sinnesorgane entwickelt. Wir sind soziale Wesen, so
wie der Mensch auch. Für unser Überleben benötigen wir den Schutz der
Gemeinschaft. Wir leben daher in Strukturen mit regulierenden Normen. Jedes Pferd
hat seine Rangordnung in der Gemeinschaft und wir vertrauen uns Leittieren an. Diese Leittiere stellen Regeln für die Herde auf und führen die Herde an, wenn neue Futterplätze gesucht werden oder wenn die Herde fliehen
muss. Dabei kommunizieren wir pausenlos untereinander, wir sind kontinuierlich im Gespräch und dieses Kommunikationssystem funktioniert eben
fast ausschließlich auf Basis der Körpersprache.

Wir vertrauen uns auch Menschen an und kooperieren gerne mit Ihnen
und lassen uns gerne von ihnen führen. Hier muss dann der Mensch die
Führung übernehmen und Schutz und Sicherheit geben. Haben wir dies
nicht, werden wir nicht folgen und uns nicht anvertrauen. Daher fragen
wir auch immer ab, übernimmst Du wirklich die Führung und kann ich
Dir vertrauen und folgen? Und diese Kommunikation zwischen uns und
dem Mensch findet ebenfalls vorwiegend auf Basis der Körpersprache statt.
Aufgrund unserer hoch entwickelten Sinne und aufgrund unseres eigenen
körpersprachlichen Kommunikationssystems haben wir die Fähigkeit, die
nonverbalen Signale des Menschen äußerst sensibel wahrzunehmen. Wir
sind Experten in Sachen Körpersprache, und das ohne Diplom und Zusatzqualifikationen, sondern einfach weil wir Pferde sind, nicht mehr und nicht
weniger.

Intuitiv verstehen wir im Zusammenwirken von Körperausdruck, At-
titüde und akustischem Ausdruck, was der Mensch uns sagen will. Dabei
können wir aufgrund unseres gut entwickelten sozialen Gespürs, welches
wir auch in der Kommunikation mit unseren Artgenossen und bei der Einschätzung von eventueller Gefahr von Raubtieren brauchen, sehr gut unterscheiden zwischen etwas, was nur gesagt ist, oder etwas, was auch tatsächlich gemeint ist. Wir nehmen auch alles wahr, was der Mensch nicht sagen
will, aber durch die Körpersprache ungewollt doch preisgibt. Damit fühlen
wir die Angst, die Unsicherheit, das Machtstreben genauso wie ehrliches
Bemühen, mit uns kooperieren zu wollen.

In der Interaktion mit dem Menschen können wir daher sehr gut auf
sehr direktem Weg vermitteln, dass der Mensch nicht *nicht* kommunizieren

kann. Wir reagieren unmittelbar auf Unstimmigkeiten in der verbalen und nonverbalen Kommunikation."

„Das Eisberg-Modell, basierend auf Paul Watzlawick's Kommunikationsgrundlagen, verdeutlicht, dass in der Interaktion mit unserem Gegenüber nur ein kleiner Teil unserer Kommunikation bewusst und verbal gesteuert wird, der weitaus größere Teil ist unbewusst und wird über die nonverbale Kommunikation vermittelt", ergänzt Frau Ansorge. „Unstimmigkeiten im Verhalten einer Person werden von uns Menschen ja eher auf einer unbewussten Ebene

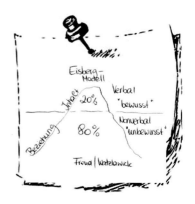

wahrgenommen. Es ist oft ein Bauchgefühl, dass irgendetwas nicht stimmig ist und nicht passt. Herr Pferd und Kollegen melden durch ihr Verhalten sofort zurück, wenn diese Ebenen nicht zusammenpassen."

„Tatsächlich ist das so, passen die beiden Ebenen nicht zusammen, reagieren wir immer auf den nonverbalen Teil, nie auf das Gesagte", erwidert Herr Pferd. „So können wir, wenn Ihre Führungskräfte diese Rückmeldung annehmen, Hinweise darauf geben, was wirklich ist. Wir haben einen ausgeprägten Bewegungstrieb und Lust am Bewegungsspiel und sind von Natur aus bereit, eng mit dem Menschen zu kooperieren. Eben durch diese Bereitschaft, mit dem Mensch in ein Bewegungsspiel zu treten, bieten wir ihm die Möglichkeit, seine Wirkung und sein Kommunikationsverhalten zu reflektieren. Wir können Feedback darüber geben, ob innere Absicht und äußerer Ausdruck zusammenpassen, ob das Verhalten kongruent und authentisch ist. Das ist unser Angebot.

Wenn der Mensch z. B. Angst vor uns hat, sie jedoch vielleicht auch vor sich selbst nicht zugeben mag, antworten wir auf die Angst nicht auf die Worte. Wenn der Mensch nach außen durch eine laute und feste Stimme Sicherheit, Dominanz und Selbstbewusstsein demonstrieren möchte, in sich aber unsicher ist, ob er dieses oder jenes tun soll, dann werden wir ebenfalls diese Unsicherheit spiegeln - nämlich mit Unsicherheit in unserer Reaktion und in unserem Verhalten. Wenn Ihr Team untereinander nicht klar ist, welcher Weg beschritten werden soll und in welche Richtung wir uns bewegen sollen, die Führung also nicht klar übernehmen, werden wir auch darauf antworten und möglicherweise unsere eigenen Wege suchen. Durch unser Feedback kann in Bezug auf das eigene Kommunikationsverhalten die Selbstreflexion des Einzelnen und der Gruppe gefördert werden. Wir geben durch unser Verhalten und unsere Reaktionen ehrliches, direktes und unmittelbares Feedback darüber, ob die Kommunikation stimmig ist."

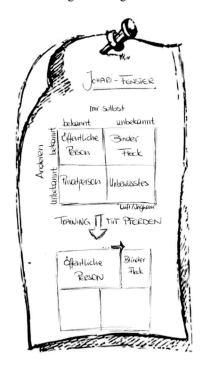

Frau Ansorge ergänzt, „Dadurch besteht die Chance, auch blinde Flecken aufzudecken, Verhaltensmuster, die zwar anderen, mir aber nicht bekannt sind, förderliche aber auch hinderliche Verhaltensmuster. Einen Spiegel für das eigene Führungsverhalten bekommen Führungskräfte ja nur selten direkt von ihren Mitarbeitern vorgesetzt. Je höher sie in der Hierarchie angesiedelt sind, desto weniger bekommen sie ehrliche und aufrichtige Rückmeldungen. Oft sind Gründe dafür vor allem auch, dass Mitarbeiter unsicher sind, ob sie ein ehrliches Feedback tatsächlich geben können. Zum einen aus der Sorge heraus, die Gefühle des anderen zu verletzen oder aber auch aus Furcht vor möglichen negativen Konsequenzen.

Das Feedback von Herrn Pferd und seinen Kollegen ist hingegen vollkommen neutral und frei von Vorurteilen, Bewertungen und Zuschreibungen. Oft fällt es Führungskräften dadurch leichter, das Feedback anzunehmen.

Akzeptieren Ihre Führungskräfte die Pferde als Spiegel ihres eigenen Verhaltens und die Interaktion mit den Pferden als Metapher für das Führen von Mitarbeitern, so können sie ihr eigenes Tun selbstkritisch überprüfen.

Darauf aufbauend können dann Parallelen in den eigenen Führungsalltag gezogen werden.

Aus unseren Gesprächen hatte ich verstanden, dass es mehrere Themenbereiche gibt, die sie im Rahmen des Trainings bearbeitet haben möchten, zum einen die Tatsache bzw. den Wunsch, dass die GE-Leiter sich als Gruppe, als Team finden sollen, um die Aufgaben im Vertrieb, nämlich die Strukturveränderungen gemeinsam zu tragen und durchzuführen und der Blick auf jeden einzelnen GE-Leiter, der als Führungskraft mit einer neuen Führungssituation konfrontiert ist, in der er eine Vertriebsmannschaft in einem Veränderungsprozess begleiten muss.

Dazu würden wir Ihren Führungskräften unterschiedliche Aufgaben/Lernprojekte mit unseren Pferden geben, an denen diese Themen bearbeitet und reflektiert werden können.

Was für Sie natürlich besonders wichtig ist, ist sicherlich die Frage, wie der Transfer in die reale Situation gelingt. Hier kommt es vor allem darauf an, dass wir Nachhaltigkeit erzeugen, nämlich den Transfer ermöglichen und somit die „Brücken in den Alltag" schlagen. Dies gelingt vor allem dadurch, dass die Interventionen bzw. die Lernprojekte mit den Pferden eine hohe Ähnlichkeit bzw. Strukturgleichheit mit der realen Situation aufweisen. Wie vorhin ja schon thematisiert, könnten Sie sich fragen, alles was Recht ist, aber inwieweit besteht denn zwischen dem Durchführen von Aufgaben mit Pferden auf einer Wiese oder in einer Reithalle und unserer aktuellen Situation im Unternehmen Strukturgleichheit."

„Ja, stimmt, tatsächlich frage ich mich das und ich wüsste im Moment noch nicht, wie ich das der Geschäftsführung genau erläutern sollte."

„Wie eingangs erwähnt, auf den ersten Blick haben die Aufgaben, die Lernprojekte wahrscheinlich wenig damit zu tun, aber auf den zweiten, Frau Schneider. Für die Lernerfahrung Ihrer Teilnehmer ist es nämlich nicht notwendig, dass die Situationen tatsächlich identisch sein müssen. Wichtig ist vor allem, dass die Grundzüge auf symbolischer Ebene gleich sein müssen, sozusagen in einer Mikrowelt abgebildet werden. Ein Lernprojekt könnte z.B. so aussehen, dass Ihre Führungskräfte von uns Trainern stellvertretend für Ihre Geschäftsführung die Aufgabe erhalten, eine Gruppe von Pferden durch verschiedene Parcours zu führen. Die Parcours würden Ihre Führungskräfte selbst aufbauen symbolisch für die neuen Herausforderungen und neuen Strukturen der verschiedenen Geschäftseinheiten. Danach besteht dann eine Aufgabe darin, die Pferde gemeinsam durch diese

Parcours zu führen und in einem weiteren Schritt könnte jede Führungskraft seine eigene Mannschaft, die er aus der Gesamtgruppe separiert, ein oder zwei Pferde, durch den Parcours führen. Hier kann es dann auch unterschiedliche Schwierigkeitsgrade geben, mit Führungsinstrumenten wie Halfter und Stricke oder ohne jegliche Hilfsmittel.

Dieses Lernprojekt konfrontiert jeden einzelnen und die Teilnehmergruppe als Ganzes mit ähnlichen Themenstellungen wie in der realen Situation. Die Aufgabe kann keiner alleine lösen, die Teilnehmer müssen sich zusammensetzen und im Vorfeld besprechen, wie sie die Aufgabe angehen. Während der Durchführung der Aufgabe ergeben sich immer wieder Abstimmungsfragen: Wo stehen wir als Gruppe? Was ist meine Aufgabe als einzelner? Welche Rolle habe ich in der Gruppe?

Wie reagiere ich auf unbekannte Situationen? Wie gehe ich mit eigenen Unsicherheiten um? Wie machen wir zusammen weiter und natürlich wie reagieren die Pferde auf unsere Aktionen? Lassen sie sich führen, folgen sie uns, leisten sie vielleicht Widerstand, leisten nur einzelne der Pferde Widerstand, vertrauen sie uns oder dominiert Angst? Reagieren die Pferde unterschiedlich auf unsere Aktionen oder auf Aktionen einzelner? Wie gehen wir damit um? Wie gelingt unsere Abstimmung während der Durchführung? Findet Abstimmung überhaupt statt? Sind unsere Maßnahmen angemessen oder müssen wir korrigieren? Wie übernehmen wir die Führung?

Die Teilnehmer setzen sich so mit dieser metaphorischen Aktion auseinander. Auf diese Weise können förderliche, aber auch hinderliche eingefahrene Verhaltensweisen sichtbar werden, die gemeinsam reflektiert und bearbeitet werden können.

Die Lerninhalte und Botschaften werden auf diese Weise also nicht nur rein theoretisch und direkt vermittelt, sondern die Teilnehmer sind darüber hinaus aufgefordert, das Erfahrene und Erlebte und die daraus resultierenden Schlussfolgerungen auf die reale Situation im Unternehmen zu übertragen."

In der Erlebnispädagogik wird von dem Begriff der Isomorphie gesprochen. „Isomorphie bedeutet Strukturgleichheit". Bacon, beschreibt, dass das Maß an Isomorphie zwischen der metaphorischen und der entsprechenden Lebenssituation für das Gelingen eines Transfers entscheidend ist. Dies bedeutet nicht, dass korrespondierende Elemente tatsächlich identisch sein müssen. Die Grundzüge müssen auf symbolischer Ebene gleich sein. Wenn dies der Fall ist, tritt eine metaphorische Erfahrung für die tatsächliche ein und kann so eine Verhaltensänderung bewirken. (2003, S. 32)

„Unsere Aufgabe als Trainer und Coaches ist es dabei, den Reflexionsprozess Ihrer Führungskräfte zu begleiten und Impulse zu geben."

Im Bereich der Erlebnispädagogik sind es die Autoren Priest und Gass, die neben dem Handeln Elemente der Reflexion, des Transfers und der Unterstützung von außen erwähnen, um echtes Erfahrungslernen zu erreichen. Sie beschreiben dies folgendermaßen: „Die kognitiven, emotionalen, spirituellen und physischen Lernbereiche des Menschen werden viel eher durch aktives Handeln angesprochen als durch passives Behandelt-Werden. Verbale oder nonverbale Reflexion über diese aktive Erfahrung steigert und verbessert das Maß, in dem ein Mensch lernt und sich verändert." (1999, S. 218)

Montagmorgen, 10:00 Uhr, ich bin auf dem Weg zu Herrn Meißner. Heute werde ich ihm das Konzept vorstellen, um das er mich gebeten hat. Das Gespräch mit Frau Ansorge und Herrn Pferd war außergewöhnlich, besonders und das Format hat mich überzeugt. Ich habe wenige Tage nach dem Gespräch Frau Ansorge telefonisch mitgeteilt, dass ich der Geschäftsführung ein pferdegestütztes Training für die GE-Leiter im Rahmen des Gesamtkonzeptes vorschlagen werde. Für mich erscheint das pferdegestützte Training nun gar nicht mehr exotisch, weiß aber, dass Herr Meißner das zunächst sicherlich so sehen wird. Ich hoffe, dass ich mein Gesamtkonzept so überzeugend vorstellen kann, dass er den Nutzen eines integrierten handlungsorientierten Trainings, in diesem Falle mit Pferden, erkennt.

Die Tür steht offen. Herr Meißner ist am Telefon, also bleibe ich in der Tür stehen. „Kommen Sie nur herein Frau Schneider, ich bin gleich für Sie da", unterbricht er sein Telefonat. Na dann auf Susanne, denke ich! Manchmal braucht es eben auch ein wenig Mut, um neue Wege zu gehen.

Literatur

Bacon, Stephan: Die Macht der Metaphern. The Conscious Use of Metapher in Outward Bound, 2. überarbeitete Auflage, Augsburg, 2003

Heckmair, Bernd: 20 erlebnisorientierte Lernprojekte: Szenarien für Trainings, Seminare und Workshops, 3. überarbeitete und erweiterte Auflage, Weinheim, 2008

Heckmair, Bernd / Michl, Werner: Erleben und Lernen – Einführung in die Erlebnispädagogik, 5. Auflage, München, 2004

Michl, Werner: Zur Einführung in Schödlbauer, Cornelia / Paffrath, F. Hartmut / Michl, Werner (Hrsg.): Metaphern - Schnellstraßen, Saumpfade und Sackgassen des Lernens, Augsburg, 1999

Priest, Simon & Gass, Michael: Techniken der unterstützenden Prozessbegleitung in Schödlbauer, Cornelia / Paffrath, F. Hartmung / Michl, Werner (Hrsg.): Metaphern Schnellstraßen, Saumpfade und Sackgassen des Lernens, Augsburg, 1999

Thiel, Ulrike: Die Psyche des Pferdes - Sein Wesen, seine Sinne, sein Verhalten. Stuttgart, 2007

Truckenbrodt, Nicole & Fiegler, Jutta: Von Pferden lernen – Wie der Umgang mit Pferden die Persönlichkeit entwickelt. München, 2004

Vernooij, Monika A. & Schneider, Silke: Handbuch der tiergestützten Interventionen. Wiebelsheim, 2008

Pferdegestützte Personalentwicklung und Unternehmenserfolg
In den Pferden steckt nicht unsere Intelligenz, aber enorme Lebensweisheit

Bernd Osterhammel

Abstract

Gegen Ende der 90iger Jahre bin ich fast 2 Jahrzehnte selbständig mit einer Ingenieurgesellschaft im kommunalen Tiefbau tätig.

Ich hatte Bauingenieurwesen und Wirtschaftsingenieurwesen studiert und ein kleines Ingenieurbüro mit 3 Mitarbeitern von meinem Vater gekauft. Mittlerweile waren wir auf knapp 30 Mitarbeiter gewachsen und sehr erfolgreich unterwegs. Es häuften sich die Fragen, warum diese kleine Firma so erfolgreich ist, trotz des größten Schrumpfungsprozesses der deutschen Baubranche der letzten Jahrzehnte.

Da beginne ich, mein Berufsleben zu reflektieren und meine Erfolge und Misserfolge erneut anzuschauen. Es fällt mir auf, dass ich Menschen etwas anders führe, mit einer anderen Wachheit mit Menschen umgehe als diejenigen, die mich fragen. In einigen Punkten ist über die Jahre ein anderes Bewusstsein entstanden. Warum und wie, werde ich gefragt, entsteht ein anderes Bewusstsein?

Es wird mir immer klarer, dass es mit meinem lebenslangen Umgang mit Pferden zusammenhängt. Seit meinem dritten Lebensjahr ist kaum ein Tag vergangen, an dem ich nicht einem Pferd begegnet bin. Sie wurden mir zum Spiegel, zum Impulsgeber, zum Lehrer für erfolgreiches Leben und Miteinander.

Zentrales Leitmotiv

Insbesondere Einer will es genau wissen und fragt mehrfach nach: Adolf Sommer, Inhaber eines Ingenieurbüros für Baustatik und einer Baufirma für Passivhäuser, Autor mehrerer Bücher und zugleich Initiator und Inspirator unseres Arbeitskreises „Innovative Architekten und Ingenieure". Ca. 5 Jahre gehöre ich diesem Arbeitskreis an und kenne die meisten der regelmäßigen Teilnehmer schon recht gut aus den mehrtägigen Treffen, die mindestens zweimal im Jahr stattfinden.

„Du bist kein Magier oder Zauberer, du musst doch genau sagen können, was du anders machst". – Ich beginne, den Einfluss der Pferde auf mein Leben mit Mitarbeitern und Kunden genauer zu untersuchen und umsetzbar zu beschreiben.

Anfang der 90iger Jahre kann ich mein erstes Highlight ausmachen. Immer häufiger komme ich an Grenzen in der Pferdeausbildung, gleichzeitig bringt man mir schon immer schwierigere Pferde, um mit ihnen zu arbeiten. Sie lehren mich tiefen Respekt vor ihrer Einzigartigkeit. „Wir denken anders, wir fühlen anders, wir lernen anders, wir haben andere Prioritäten, wir sind anders geprägt u.v.m." – das sind ihre Botschaften.

Ich fange an, zu verstehen und zu akzeptieren: Sie sind wie sie sind und nicht, wie ich sie gerne hätte. Ich steige in die Welt der Pferde ein und hole sie dort ab. Der Respekt, den ich säe, kommt zurück, daraus entsteht Vertrauen. Der nächste Schritt kommt von alleine, ich beantworte mir eines Tages die selbst gestellte Frage auch selber: Warum ist Pferdeausbildung und –erziehung so leicht geworden? Ich habe respektiert, dass sie sind, wie sie sind.

Von da an gehe ich auf Mitarbeiter und Kunden mit der gleichen Einstellung zu. Sie sind, wie sie sind. Und wie ich sie so in ihrer Einzigartigkeit respektiere und mich damit befasse, was sie ausmacht (wie sie ticken), kommt Respekt zurück und es entsteht Vertrauen und Leichtigkeit. Der Unterschied ist kein Entweder / Oder sondern ein Maß, das es kontinuierlich zu verändern gilt zwischen Mensch und Pferd, zwischen Chef und Mitarbeiter, zwischen Menschen insgesamt.

Das *1. Highlight*, aus der Arbeit mit Pferden entstanden, lautet: Vertrauen *und Respekt sind die geniale Basis der Leichtigkeit im Miteinander.*

Es folgt die Erkenntnis aus der Arbeit mit den Tieren, dass ich in jedem

Augenblick meines Lebens wirke. Sie spiegeln mir das so lange, bis es mir absolut bewusst ist. 2. *Highlight: Wir wirken immer, die Frage ist, wie?*

Als nächstes vermitteln mir die Pferde, dass es wohl mein ständiges Bestreben ist, Einfluss auf ihre Bewegung zu nehmen und es deshalb Sinn macht, zu wissen, was sie im Kern bewegt. Der Impuls daraus ist wiederum, was bewegt Mitarbeiter, Kunden und Menschen insgesamt. Das 3. *Highlight* lautet also: *Wer sich mit jemand anderem bewegen will, sollte wissen, was den anderen bewegt.*

Es folgt die Erkenntnis, dass es sinnvoll ist, Pferde ihrem Talent entsprechend zu trainieren und nicht die Schwächen weg zu trainieren (aus einem Ackergaul kann man kein Rennpferd machen). Aber Talente ungenutzt lassen ist Vergeudung von Freude und Lebenskraft.

Das 4. *Highlight* für mich als Unternehmer lautet also: *Talente gehören in die Firma.*

Dann muss ich im Laufe der Jahre von den Pferden lernen, dass es gilt, im Hier und Jetzt zu sein, wenn man wirklich gute Ergebnisse haben möchte. Gerade die wilden und schwierigen Pferde fordern alles in jedem Augenblick. Für die Firma, die Mitarbeiterführung und das Leben lerne ich mein 5. *Highlight: Nur wer präsent ist im Augenblick, hat alles was er braucht.*

Einen weiteren Impuls zur Unternehmensführung bekomme ich von angstvollen Pferden. Wann immer ich mit einem Pferd arbeite, das Angst hat, fehlt mir Potenzial. Sie sind dann immer auf der Suche nach einem Ausweg. Die Betrachtung in der Firma zeigt mir das Gleiche: Wenn Menschen Angst haben und unter Druck geraten, suchen sie nach einem Ausweg oder fangen an, sich zu verstecken.

Mein 6. *Highlight* aus der Pferdearbeit lautet: *Angst schadet der Firma.*

Ich beginne, meinen Unternehmensfreunden von diesen Erkenntnissen zu erzählen und stoße auf offene Ohren.

Das Konzept

Anfang des neuen Jahrtausends ändert sich etwas in unserem Arbeitskreis. Wir treffen uns nicht mehr zentral in Kassel wie zuvor, sondern die Treffen werden jetzt im Wechsel vor Ort von den Mitgliedern organisiert. Der Ablauf soll wie folgt aussehen:

Donnerstag am Abend treffen und erzählen. Freitag Input durch einen externen Referenten oder Trainer. Samstag persönliche Note des verantwortlichen Arbeitskreismitgliedes. Die erste neue Tagung findet in Nümbrecht bei uns statt. Hotel und Referent sind leicht gefunden, aber was ist mit der persönlichen Note? Nach langen Überlegungen bin ich mutig und frage die ca. 10 Teilnehmer, ob sie Lust haben, unseren Pferden zu begegnen. Ich erkläre ihnen, dass sie doch alle Führungskräfte sind und dass Pferde in Sekundenschnelle wissen, ob das stimmt. Dass Pferde sofort rausbekommen, ob sie es mit einer „Lusche" oder einem Leader zu tun haben. Es entsteht bei den Teilnehmern eine interessierte Spannung aus Lust und Skepsis, Faszination und Ängstlichkeit.

Zum ersten Mal lasse ich eine Gruppe von Führungskräften, ohne jede Pferdeerfahrung, auf unserem Hof in Benroth jeden ein Pferd aus einer kleinen Herde aussuchen, dem er freilaufend in einem Viereck in der Halle begegnen wird. Die Spannung ist unglaublich. Schon beim Auswählen der Pferde erfahre ich viel über die Menschen.

Was ich damals noch nicht weiß: Dass an diesem Tag und an diesem Wochenende „Pferdeflüstern für Manager, Mitarbeiterführung tierisch einfach" geboren wird.

Jeder hat an diesem Tag eine Begegnung. Keinen interessiert, dass der Zeitplan total überzogen wird. Alle nehmen etwas sehr Persönliches mit, lernen oder entdecken etwas.

Jemand begegnet seinem Selbstzweifel, ein anderer seiner fehlenden Klarheit. Ein Teilnehmer ist erstaunt, wie er in wenigen Minuten seine Angst überwindet und enormes Durchsetzungsvermögen entwickelt. Alle schulen ihre Wahrnehmung. Alle erkennen, wie unterschiedlich die Pferde sind, und reagieren und finden sofort und ein bis alle Mal den Rückschluss auf die Unterschiedlichkeit der Menschen, die sie führen.

In den Tagen danach kommt immer noch Feedback und wieder ist es Adolf Sommer, der nicht aufgibt mich zu treiben, ein richtiges Seminar daraus zu kreieren. Er schreibt damals:

„Die Teilnahme am Test-Seminar war das Beste, was ich zum Thema Führung jemals erfahren habe. Das Training mit den Pferden hat für mich „Führen und Folgen" wirklich erlebbar gemacht und ich habe viele wertvolle Erkenntnisse für meine tägliche Führungspraxis im Unternehmen gewonnen". Er ist es, der mit seinen Kunden, Freunden und Mitarbeitern die ersten beiden Zweitages-Seminare füllt. Ich bin ihm bis heute sehr dankbar.

Im Jahre 2004 trenne ich mich, gut vorbereitet, von meinem Ingenieur-büro und übergebe es meinem besten Ingenieur. Von da an begleite ich hauptberuflich Unternehmer und ihre Führungskräfte. Die Pferde sind ein wichtiger Bestandteil dieser Arbeit. Ich widme mich nun ganz der Firma *Bernd Osterhammel Bewusst-Sein.*

Im Herbst 2005 erscheint mein Buch zum Thema „Pferdeflüstern für Manager, Mitarbeiterführung tierisch einfach".

Neben vielen Spielformen der Arbeit mit Pferden und Führungskräf-ten entsteht folgendes Konzept und ist immer noch das Zugpferd meiner Arbeit:

1. Kennen lernen der Seminarteilnehmer (gewünscht 6-10 Teilnehmer)
2. Abklären der Erwartungen
3. Erläuterungen meiner 6 Highlights, anschaulich mit Filmen, Cartoons und Geschichten aus der Arbeitswelt
4. Aussuchen der Pferde (Herde mit 8-10 Pferden)
5. Einzelarbeit eines jeden mit Begrüßung, Join up und 4 kleinen Jobs, alles mit einem freilaufenden Pferd (die Übungen werden einmal vorgemacht)
6. Bericht von jedem Teilnehmer über das, was ihm begegnet ist und wie er es gefühlt und erlebt hat
7. Feedback aller Anwesenden
8. Zusammenfassendes und ergänzendes Feedback von Bernd Osterham-mel
9. Gemeinsame Abschlussrunde und Transfer in den Alltag. Jeder kommt noch einmal in den Fokus der Gruppe.

Das Seminar findet als offenes oder geschlossenes Seminar statt. Meistens kommt der Chef zuerst in ein offenes Seminar oder einzeln. Im Anschluss bringt er seine Führungskräfte, danach seine Familie. Sind offene Semina-re nicht ausgebucht, genügen wenige Telefonate mit ehemaligen Kunden, und sie schicken uns neue Mitarbeiter, um sie auf den gleichen Stand zu bringen.

Transfer

Die Seminarteilnehmer werden durch Geschichten, Filme und Erkenntnisse langsam auf die Pferdebegegnung vorbereitet. Durch das Aussuchen der Pferde wird die Distanz zu den Tieren erstmals verringert und neben dem Verstand (Kopf) auch das Gefühl (Herz und Bauch) mit angeschaltet. In der eigentlichen Arbeit ist dann jede Zelle involviert und es findet offensichtlich lange anhaltendes Lernen statt, da neben dem Tun auch noch die Emotion dazu kommt. Heute sagt man, die emotionale Intelligenz wird gefordert und gefördert.

Reinhard K. Sprenger sagt: „Vertrauen führt" (Campus Verlag), die Pferde machen es fühlbar. Viele Unternehmer werden auch bewusster für das Thema: Wo will ich meine Firma genau hinführen? Im Anschluss an das Seminar entsteht oft daraus ein längerer Begleitprozess.

Durch das Feedback geben und Feedback bekommen, durch die sehr unterschiedlichen Menschen und Pferde entsteht eine deutliche größere Bewusstheit und Sensibilität für Einzigartigkeit. Jeder lernt gewissermaßen hautnah, dass er jeden etwas anders führen muss, wenn er sein volles Potenzial entfalten will. Jeder weiß viel mehr darüber, wie er wirkt und wie er damit spielen kann.

Folgen und Führen, Ursache und Wirkung, Vertrauen und Respekt und die eigene Position, aus der man agiert, werden in weniger als 30 Minuten fühlbar und nachvollziehbar gemacht, und das nachhaltig. Jeder lernt, wenn ich was ändere, ändert sich was. Nicht jeder Mitarbeiter muss ausgetauscht werden, wenn das gemeinsame Ergebnis nicht stimmt. Oft reicht die andere Ansprache, etwas mehr Klarheit oder eine andere Einstellung.

Die Pferde öffnen die Menschen, sie verbinden, sie stellen Nähe her. Sie sind direkt und ehrlich und man nimmt ihnen nichts übel. Pferde vergleichen und richten nicht wie Menschen, sie interessiert nicht unser sozialer Status, unsere Noten, unser Einkommen und Titel. Sie wollen immer nur wissen: „Wer bist du jetzt in diesem Augenblick, verdienst du Vertrauen und Respekt und macht es Sinn, dir die Führung abzugeben, weil du kompetent, integer und wohlwollend bist.

Ende und Anfang

Ich selber wüsste bis heute nicht, wer ich bin, wenn ich nicht so oft in den Spiegel Pferd geschaut hätte. Dr. Anna Gamma, langjährige Leiterin des Lassalle Instituts in der Schweiz (Ethik, Zen und Leadership) hat einmal zu mir gesagt: „Bernd, du bist ihr Meister und sie sind deine Lehrer". Zweiteres ist wohl das Wichtigere. Heute sind die Pferde meine Co-Trainer, Partner und Transporteure meiner Erkenntnisse. Über die Liebe zu den Pferden habe ich auch die Liebe und Achtung vor den Menschen zurück gewonnen.

In den Pferden steckt nicht unsere Intelligenz, aber enorme Lebensweisheit. Die Pferde scheinen fest vorzuhaben, aus uns Menschen edlere Wesen zu machen. Ich weiß nicht, warum sie sich sonst seit 6000 Jahren so viel Mühe in der Begleitung der Menschen geben.

Literatur

Osterhammel, Bernd (2006): Pferdeflüstern für Manager. Wiley-VCH Verlag, Weinheim

Sie können doch wohl kein Pferd ISO-zertifizieren

Sunita Mitter

Über den Prozess einer ISO-Zertifizierung in der Pferdegestützte Personalentwicklung

Im folgenden Beitrag wird der Prozess einer Zertifizierung nach ISO-Norm 9001:2008 dargestellt, in dem die pferdegestützten Angebote zur Personalentwicklung der Autorin eine zentrale Rolle spielten. Ziel des Artikels ist es darzustellen, was die erfolgreiche Zertifizierung für die Qualität von pferdegestützter Personalentwicklung bedeutet, da der Prozess deutlich macht, was den ISO-Auditor und damit einen von Berufswegen kritischen Menschen überzeugt hat.

Zweifel und Überzeugungen – Was überzeugt?

Wie kommt man als Anbieterin von pferdegestützter Personalentwicklung auf die Idee seine Dienstleistungen ISO-zertifizieren zu lassen? Diese Entscheidung hat – wie vieles im Leben – eine Vorgeschichte. Zunächst habe ich 2009 meine Dienstleistungen um das Angebot der pferdegestützten Personalentwicklung bewusst erweitert.

Als Mensch mit langjähriger eigener Pferde- und Reiterfahrung war ich mir schon lange der Wirkung von Pferden als Spiegel unserer Selbst sehr bewusst. Als Teilnehmende an einem pferdegestützten Training im März 2008 habe ich mir ein eigenes Bild dessen gemacht, was dort praktisch passiert, aber auch was als theoretisches und pädagogisch-didaktisches Fundament dient. Als Sozialpädagogin, Mediatorin und individualpsychologische Beraterin hatte ich große Zweifel, ob es dem Trainer gelingt und auf welchem Weg es ihm gelingen sollte, den Transfer in meinen damaligen beruflichen Alltag als Teamleiterin herzustellen, aber auch, mit welcher inneren Haltung er mir als Teilnehmende begegnet, um einen nachhaltigen Impuls zu setzen.

Um es offen zu sagen: Ich hatte Zweifel an dem gesamten pferdegestützten Konzept und seiner Wirksamkeit. Diesen Zweifeln begegnete ich auch bei meinem ersten Kunden wieder. Ein Jahr nach meiner eigenen positiven Selbsterfahrung als Teilnehmende und meiner Fortbildung zur Trainerin für pferdegestützte Fort- und Weiterbildung 2009. Dieser Kunde hatte jedoch großes Vertrauen in meine persönliche und fachliche Kompetenz, so dass ich ihn für einen Initialworkshop mit Pferden gewinnen konnte. Nach seiner eigenen, sehr positiven Erfahrung mit pferdegestützter Personalentwicklung wurde dieser Kunde mein größter Unterstützer und Fürsprecher in Sachen pferdegestützter Personalentwicklung.

In der Fortsetzung unserer Zusammenarbeit über insgesamt 4 Jahre bat mich genau dieser Kunde, um die Möglichkeit z. B. Fördergelder aus dem Europäischen Sozialfonds ansprechen zu können. Zu dem damaligen Zeitpunkt (2010/2011) war es als Beratungs- und Dienstleistungsunternehmen notwendig ein ISO-Zertifikat der Norm 9001:2008 nachweisen zu können, um die Fördergelder für die Kunden zu öffnen.

Die eigenen und die Zweifel meiner Kunden, aber auch die eigenen in Selbsterfahrung und durch Kundenerfahrung gewonnen Überzeugungen bestärkten mich darin die Zertifizierung anzustreben, um damit nach Außen die Sicherheit zu transportieren:

Es handelt sich um ein fundiertes Konzept, das auf bewährtem theoretischem Fundament basiert und jedem Einzelnen die Möglichkeit des konstruktiven, inneren Wachstums gibt.

Meine Arbeitsweise ist vor allem dadurch geprägt, dass es mir durch meine Erfahrung und Ausbildung gelingt die individuellen Lernziele der Teilnehmenden schnell zu erkennen. Um die Lernziele bewusst verfolgen zu dürfen, hole ich mir immer eine Rückversicherung und damit ein „Mandat" des Teilnehmenden ab. Somit ist gewährleistet, dass sich jeder Teilnehmende mit genau dem Thema auseinandersetzen kann, das für ihn/sie wichtig ist

Und das vor dem Hintergrund der Grundprinzipien nach Rogers, Adler und Rosenberg:

– Rogers: Vertrauen auf die innere Führung des Klienten, die bedingungslose Akzeptanz des Klienten und damit einfühlendes Verstehen und Echtheit rsp. Kongruenz.

– Adler: Haltung des „unter die Mütze meines Gegenübers" zu schlüpfen. Diesem Ansatz liegt zu Grunde, dass das Verstanden-Werden und damit das Akzeptiert-Werden an sich bereits ein Geschenk in zwischenmenschlicher Beziehung ist, das ich nicht erwarte. Damit trage ich über mein Verstehen des Teilnehmenden dazu bei, das er gem. Adler ein Mitgefühl also Gemeinschaftsgefühl entwickeln kann.

– Rosenberg: wertfreie Artikulation von eigener Beobachtung, Ausdruck meines Gefühls in dieser beobachteten Situation, Angebot des von mir beobachteten Bedürfnisses beim Teilnehmenden rsp. beim Pferd, abschließende Frage nach möglichen dahinterliegenden Wünschen.

Dieser Unterschied zu anderen Anbietern, diese Erfahrung und Gewissheit gab mir den Mut die ISO-Zertifizierung in Angriff zu nehmen.

Zertifizierung und Prozess – Was ist wichtig?

Für meine beruflichen Qualifikationen war es mir immer wichtig diese mit einem nachweisbaren und anerkannten Zertifikat abzuschließen. Deshalb habe ich meine sämtlichen Fort- und Weiterbildungen immer bei nachweislich anerkannten Anbietern gemacht. Dabei war und ist mir wichtig, dass es Anbieter sind, die entweder über einen Berufsverband (z. B. Bundesverband Mediation) als Ausbildungseinrichtung anerkannt sind und sie damit die Ausbildungsstandards der Berufsverbände anerkennen. Oder es sind z. B. staatlich anerkannte Hochschulen (z. B. Universität Hamburg) oder andere staatlich anerkannte Bildungseinrichtungen.

Im April 2011 habe ich erfolgreich das Audit zur ISO 9001:2008-Zertifizierung hinter mich gebracht. Das Audit wurde von einem Auditor des TÜV Süd in Mannheim durchgeführt. In den Vorbereitungen dazu und während des Audits hatte ich eine professionelle Unterstützung einer Qualitäts-Management-Beratung. Diese Beratung übernahm, in Abstimmung mit mir, die Vorbereitung und Erstellung sämtlicher für die Zertifizierung notwendiger Dokumente und Vorlagen. Die Beraterin begleitete mich auch durch den Prozess der Auditierung, was mir eine große Sicherheit gab, da ich nicht genau wusste, wie läuft dieser Tag ab, wie gehe ich mit dem Auditor um etc . . .

Der Auditor stellte den vorgeschriebenen Ablauf zur Erlangung eines Zertifikates gem. der ISO-Norm 9001:2008 vor. Das Audit bestand aus zwei Teilen.

Der 1. Teil bestand aus:

1. Einführungsgespräch
2. Bewertung des organisatorischen Systems. Die Risiko behafteten Prozesse sowie gesetzlichen Vorgaben werden analysiert. Darüber hinaus wird der Geltungsbereich und ggf. die ausgegliederten Prozesse bewertet und festgelegt.

Der 1. Teil des Audits nahm den gesamten Vormittag in Anspruch und wurde vom TÜV Süd sehr genau hinterfragt. Zur erfolgreichen Erlangung des Zertifikates erwartet die Zertifizierungsstelle die entsprechende elektronische und konventionelle Dokumentation des organisatorischen Systems und der Prozesse.

Wichtig bzgl. der pferdegestützten Angebote ist mir 1. die Aufklärung der Teilnehmenden über die Art und Weise wie Pferde wahrnehmen und sich damit in Stresssituationen verhalten und 2. die Dokumentation der vermittelten theoretischen Inhalte.

Der 2. Teil des Audits bestand aus:

1. der Bewertung des Qualitätsmanagementhandbuches
2. und den darin enthaltenen Anforderungen, wie z. B.:
   – Kundenorientierung
   – Qualitätspolitik
   – Qualitätsziele

Die zertifizierende Stelle fragt genau nach:

1. Wie sehen die Kommunikationsprozesse innerhalb des Unternehmens aus?
2. Wie werden die Aufträge angenommen, konzipiert und umgesetzt?
3. Wie werden die Mitarbeiter_Innen und die freien Mitarbeiter_Innen in die Kommunikation und vor allen Dingen in die Projektumsetzung einbezogen?
4. Wie geht das Unternehmen mit den kundenbezogenen und damit vertraulichen Daten um?
5. Wie wird die Qualität der angebotenen und umgesetzten Arbeit gesichert?

6. Wie werden die Lieferanten, die für die Qualität der eigenen Dienstleistung wichtig sind, ausgewählt, gesteuert, bewertet und ggf. evaluiert?
7. Wie wird mit den für den gesamten Dienstleistungsprozess notwendigen Dokumenten umgegangen?
8. Und zu guter Letzt, wie wird im Unternehmen mit fehlerhafter Dienstleistung umgegangen?

Ich werde besonders die Punkte *Qualitätssicherung, Lieferanten, Dokumentation und Fehlermanagement* beleuchten, da in deren Zusammenhang intensiv Seitens des Auditors die pferdegestützte Trainingsmethode hinterfragt und geprüft wurde.

Das ISO-Zertifikat schaut vor allem auf die Organisationsprozesse. Ich hatte das große Glück, dass mein Auditor auch inhaltlich sehr interessiert war und ich dadurch über die ISO-Zertifizierung auch einen Teil der inhaltlichen Qualität für Dritte sicherstellen kann.

Qualitätssicherung- Wie wird die Qualität der angebotenen und umgesetzten Arbeit gesichert? Im Zusammenhang mit meinem pferdegestützten Angebot ist Folgendes grundsätzlich sichergestellt:

– Alle meine Ausbildungen erfolgten an durch den spezifischen Dachverband anerkannten Institutionen (Universität, Bundesverband Mediation, Verband individualpsychologischer Berater, Brückenschlag e.V.).
– In meiner fortlaufenden Einzelsupervision bespreche ich im Zusammenhang meiner pferdegestützten Arbeit z.B. besonders herausfordernde Teilnehmende oder meine eigenen Leistungen bzw. Herausforderungen. Ich bin im kontinuierlichen Austausch mit Kollegen und Kolleginnen auf Kongressen, Vorträgen, Stammtischen etc...
– Ich bin z.B. Mitglied im Verein „EQPferd e.V.", um mich darüber auch im Bereich pferdegestützte Personalentwicklung fortlaufend weiterzubilden und die eigene Qualität zu sichern.
– Ich achte auf die Sicherheit von Personal und Klienten und verfüge über eine entsprechende Berufshaftpflichtversicherung, die Kommunikationstrainings mit Pferden umfasst und meine Mitarbeiterin einschließt
– Zu Beginn einer Zusammenarbeit steht in meiner Vorgehensweise eine sehr sorgfältige und umfassende Auftragsklärung. Mir ist es z.B. wichtig im Rahmen der Auftragsklärung sehr genau das Ziel der Maßnahme zu klären. Dafür nutze ich u.A. folgende Fragen:
  – Was ist das Ziel der Maßnahme?
  – Was soll erreicht werden?

- Woran erkennen Sie, dass die Maßnahme erfolgreich war?
- Wenn Sie Ihr (sehr großes) Ziel in Etappen aufteilen, was wäre ein erstes Teilziel?
- Wie sieht das gewünschte Ergebnis aus?
- Damit stelle ich soweit wie möglich sicher, zu wissen welche die passende Dienstleistung oder auch Methode sein kann.
- Damit stelle ich sicher, die Zielsetzung meines Kunden erfasst und verstanden zu haben.

Diese Vorarbeit dient im Abschluss oder Nachgang zu der erfolgten Maßnahme zur Überprüfung der Zielerreichung. Ich erhalte hier Informationen darüber, in wieweit meine Dienstleistung fehlerfrei oder fehlerhaft war.

Lieferanten - Wie werden die Lieferanten, die für die Qualität der eigenen Dienstleistung wichtig sind, ausgewählt, gesteuert, bewertet und ggf. evaluiert? Zu den von mir genutzten Lieferanten gehören natürlich auch Reitanlagen und Pferde. Auf diese Lieferanten werde ich mich im Folgenden konzentrieren.

Meine Auswahlkriterien sind:
- Gute logistische Erreichbarkeit z.B. eine gute Anbindung über Autobahn, Flugzeug oder Bahnanbindung
- Landschaftlich ansprechende Lage z.B. am Kaiserstuhl
- Gepflegte Anlage und Nebenflächen
- Gepflegtes, separates Reiterstübchen
- Pferde, die in einer dem Wesen der Pferde soweit wie möglich nahekommenden Haltung leben
- Gesunde, gepflegte, wesensfeste und verlässliche Pferde

Aus meiner Erfahrung heraus ist es für Teilnehmende an Trainingsveranstaltungen wichtig, den Trainingsort leicht und bequem mit möglichst vielen verschiedenen Verkehrsmitteln erreichen zu können. Zeit ist heute für die meisten Menschen ein Luxusgut und damit sehr wertvoll. Deshalb ist es aus meiner Sicht ein Qualitätsmerkmal, wenn mit der jeweiligen Lebenszeit sorgfältig umgegangen wird.

Damit komme ich zum Punkt der ansprechenden landschaftlichen Lage: da viele Teilnehmende einen stressigen Arbeitsalltag haben, ist es aus meiner Sicht ein Qualitätsmerkmal, wenn ich einen Standort anbieten kann, der neben der guten Logistik auch den ästhetischen Sinn anspricht.

Das und die Tatsache eines separaten und gepflegten Reiterstübchens für die theoretischen Inputs und geleiteten Video-Feedbackrunden ist aus meiner Sicht für die Lernatmosphäre unerlässlich. In der Konsequenz bedeutet eine gute, angenehme Lernatmosphäre die Voraussetzung für die Bereitschaft sich auf eine tiefgehende Selbstreflexion einzulassen und damit das Erreichen eines Lernerfolges zu ermöglichen.

Das wiederum setzt voraus, dass ich mit Pferden arbeite, die die Bereitschaft des Teilnehmenden wecken, sich auf sie einzulassen. Was bedeutet, dass ich als Anbieterin dafür verantwortlich bin, dass die von mir genutzten Pferde gem. dem Tierschutz gehalten werden. Was wiederum Grundvoraussetzung dafür ist, dass sie ausgeglichen und damit verlässlich sind. Um dem Qualitätsmerkmal der Sicherheit nachzukommen, muss ich abschließend durch ein voran gegangenes Testen der zum Einsatz kommenden Pferde sicherstellen, dass sie in ihrem Wesen wesensfest sind, aber dennoch sensibel genug, um Lernchancen für den Teilnehmenden möglich zu machen.

Dokumentation- Wie wird mit den für den gesamten Dienstleistungsprozess notwendigen Dokumenten umgegangen?
– Mit dem Erstkontakt erhält jeder Kunde bei mir eine Handakte, in der alle Schriftstücke zusammengefasst sind
– Alle zur Auftragsklärung, Durchführung der Maßnahme und Evaluation der Maßnahme notwendigen Formulare und Unterlagen werden einmal jährlich inhaltlich überprüft und ggf. angepasst
– In diesem Zusammenhang ist der kontinuierliche Erfahrungsaustausch mit Kollegen und Kolleginnen enorm wichtig, um potenzielle – auch rechtliche – Gefahren zu erkennen und zu vermeiden

Fehlermanagement- Und zu guter Letzt, wie wird im Unternehmen mit fehlerhafter Dienstleistung umgegangen? Zu Beginn meiner freiberuflichen Tätigkeit habe ich einen klassischen Feedbackbogen genutzt und schnell gemerkt, dass ich die für mich verwertbarste Rückmeldung erhalte, indem ich das direkte Feedback-Gespräch mit meinem Auftraggeber und natürlich den Teilnehmenden suche und führe.

D.h., ich gehe mit fehlerhafter Dienstleistung so um,
– dass ich darüber zunächst Kenntnis erhalte
– dass ich einen Vorschlag mache, wie das gewünschte Ergebnis doch noch erreicht werden kann
– dass ich mir genau notiere, was ich beim nächsten Mal anders mache

Entwickeln und Sichern – Der konzeptionelle Hintergrund des Qualitätsmanagements

Der ISO-Prozess war deswegen herausfordernd und ein Beitrag zur Entwicklung der Qualität meines pferdegestützten Angebots, weil ich über die Begründungen meine Entscheidungen zur Qualitätssicherung nachdenken und dem ISO-Auditor erklären musste, warum es ein seriöses und wirksames Angebot ist. Dabei habe ich auf die Konzepte zurückgegriffen, die Grundlage für mein Angebot sind und die Sie bereits im 1. Abschnitt in Grundzügen kennen gelernt haben.

Mein gesamtes professionelles Handeln und Wirken geschieht vor dem Hintergrund eines humanistisch geprägten Menschenbildes. Ich orientiere mich ausdrücklich an meinen ethischen Handlungsprinzipien und den ethischen Handlungsprinzipien meines Gegenübers. Mir ist es wichtig, dass ich die Würde meines Gegenübers nicht verletzte und auch meine eigene schütze, dass ich seiner ggf. Andersartigkeit mit Toleranz begegne und wir uns freiwillig und bewusst für die gemeinsame Arbeit entscheiden.

Die Rollenmodelle dieser inneren Haltung begegneten mir während meines Studiums in der Gesprächstherapie nach Carl Rogers, in der Individual-Psychologie nach Alfred Adler und in dem Konzept der Gewaltfreien Kommunikation nach Marshall B. Rosenberg.

Rogers Grundprinzipien sind: Vertrauen auf die innere Führung des Klienten, die bedingungslose Akzeptanz des Klienten und damit einfühlendes Verstehen und Echtheit rsp. Kongruenz.

Über diese Grundprinzipien komme ich zu der Haltung des „unter die Mütze meines Gegenübers" zu schlüpfen nach Alfred Adler. Seinem Ansatz liegt zu Grunde, dass das Verstanden-Werden und damit das Akzeptiert-Werden an sich bereits ein Geschenk in zwischenmenschlicher Beziehung ist, das ich nicht erwarte. Damit trage ich über mein Verstehen des Teilnehmenden dazu bei, das er gem. Adler ein Mitgefühl also Gemeinschaftsgefühl entwickeln kann.

Konsequenterweise schließt das Konzept der Gewaltfreien Kommunikation nach Marshall B. Rosenberg meine Arbeitsweise in Beratungs-, Coachings- oder Trainings-Settings ab.

Fazit

Insoweit war der ISO-Prozess ein Beitrag zur Qualitätsentwicklung. Das Zusammenspiel eines zertifizierten Qualitätsmanagement-Systems und der pferdegestützten Methode ergibt einen hohen Qualitätsstandard, der kontinuierlich überprüft wird. Damit ist sichergestellt, dass sich angebotene Konzepte und Kompetenzen der Anbieter weiterentwickeln und immer einem aktuellen Stand entsprechen.

Kunden, Personalleiter und Personalentwickler können einschätzen, inwieweit das Angebot seriös ist und vergleichen. Hier macht EQPferd e.V. einen großen Schritt in Richtung Objektivierung und Transparenz, weil vergleichbare Standards, aber ohne Zertifizierung die Kunden kennen und in der Regel auch schätzen.

Literatur

Adler, Alfred (1974): Praxis und Theorie der Individual-Psychologie. 13. Aufl., Fischer Verlag, Frankfurt a.M.

Rogers, Carl R. (1985): Die nicht-direktive Beratung, Fischer Verlag, Frankfurt a.M.

Rosenberg, Marshall B. (2008): Gewaltfreie Kommunikation, Junfermann Verlag DIN EN ISO 9001:2008-12

Das Leben ist kein Ponyhof – oder doch?

Ilka Hempel

Ein Beitrag über Soft-Skills und persönliche Veränderungen durch pferdegestützte Personalentwicklungsprozesse

„Ja, aber das Leben ist doch kein Ponyhof!" - Dies ist häufig ein Einwand von Kunden und Teilnehmern, wenn ich die Möglichkeiten und Chancen pferdegestützter Personalentwicklungsmaßnahmen aufzeige. Für mich steckt in dieser Behauptung der Gedanke, dass das Leben nun mal hauptsächlich von messbaren Faktoren, von Zahlen, Daten und Fakten bestimmt wird und kein Zuckerschlecken ist, aber auch die indirekte Aufforderung: „ Beweis mir doch erst einmal, dass du Recht hast mit deiner These, dass ich mit deinen „Ponys" Anderes oder Neues lernen soll, als ich durch Studium, Weiterbildung, Lebens- und Berufserfahrung usw. gelernt habe! Das ist doch unmöglich, wohl eher nicht ernst zu nehmende Spielerei!"

Ich freue mich immer, wenn so argumentiert wird, denn es bietet mir die Chance tatsächlich zu zeigen, dass es sich bei pferdegestützten Personalentwicklungsseminaren nicht um eine neue alberne Methode handelt, die gerade über den Seminarmarkt geschwemmt wird, um dann wieder im Nichts unterzutauchen, sondern um einen Weg, Kompetenzen zu erwerben, die nicht über Rationalität, sondern über Emotionalität entwickelt werden. Es geht also um weiche Faktoren, um Soft-Skills. Und eigentlich sind sie die „wahren" harten Faktoren, gerade weil man sie nicht einfach kognitiv und rationalisiert erlernen kann. Für mich sind Soft-Skills Persönlichkeitsmerkmale, die nur authentisch leb- und fühlbar sind.

Mir liegt es sehr am Herzen aufzuzeigen, wie pferdegestützte Maßnahmen genau diese weichen Faktoren und damit einhergehend die eigene Persönlichkeit fördern und entwickeln. Ich weiß, wovon ich rede, denn ich

Es gibt viele Wege Foto Gabi Wild

habe über das Leben mit Pferden berufliche und persönliche Entwicklung erfahren und möchte Sie mit meinem Beitrag daran teilhaben lassen.

Mein Weg - Horseway

Schon in meiner Kindheit hatte ich eine ganz besondere Verbindung zu Pferden und spürte, dass sie dem Menschen mehr zu bieten haben, als nur als Reit- oder Haustier zur Verfügung zu stehen. Jede freie Minute verbrachte ich mit ihnen, sie haben mich mit ihrer besonderen Ausstrahlung magisch angezogen. Im Nachhinein weiß ich, was mich so fasziniert hat: Im Kontakt mit ihnen fallen jegliche sozialen Rollenerwartungen weg. Es wird möglich, einfach man selbst zu sein. So fühlt sich Authentizität an! Ich habe erfahren, wie ich mit mir selbst und mit anderen umgehe, und gelernt, wie man nicht nur Pferde, sondern auch Menschen auf authentische Art und Weise führen kann.

Als ich im Alter von 24 Jahren den Gartenbaubetrieb meiner Eltern übernahm, wusste ich gar nicht so genau, was ich eigentlich wollte. Als Unternehmerin machte ich viele wichtige Erfahrungen, war relativ erfolgreich und fühlte mich mit meinem kleinen Mitarbeiterteam sehr wohl.

Aber mir wurde auch immer bewusster, dass die Tätigkeit im Bereich Gartenbau mich nicht erfüllte, und ich spürte mehr und mehr den Wunsch, mich beruflich zu verändern. Diesem inneren Drang gab ich nach und bildete mich im Bereich Erwachsenen- und Persönlichkeitsbildung in der Kombination mit dem Pferd als Feedbackgeber fort. Dabei merkte ich, dass meine Leidenschaft, meine Berufung in meiner Sensibilität und meinen sehr feinen Antennen für die Stimmungen eines Menschen liegt und ich gleichzeitig ein besonders ausgeprägtes Feingefühl im Umgang mit Pferden, ihren Rückmeldungen und Zeichen habe, die sie im Zusammensein mit mir und anderen Menschen ausdrücken.

Ich erinnere mich ganz besonders an eine Situation während einer Teamübung, die wir innerhalb unseres Ausbildungsjahrganges durchführten. Das Ziel dieser Übung war es, als Team gemeinsam mit dem Pferd in Kontakt zu kommen und es als Teammitglied zu involvieren. Das Pferd, mit dem gearbeitet wurde, gehörte einer der Teilnehmerinnen, sie hatte auch die Location zur Verfügung gestellt. Wir, das Team, beschlossen nach einer kurzen Abstimmung gemeinsam zu dem frei in der Bahn laufenden Pferd zu gehen und es einzuladen, sich uns anzuschließen. Wir hatten keinen genauen Plan, wie wir das tun wollten, sondern wollten intuitiv vorgehen und dem Verlauf des Prozesses vertrauen. Als wir zu dem Pferd gingen, spürte ich bei der Pferdebesitzerin eine Anspannung, die ich nicht zuordnen konnte. Ihre Gesichtszüge waren verkrampft und ihre Bewegungen steif. Wir gingen auf das Pferd zu, das sich aber von uns abwandte und in Richtung Ausgang ging. Ich beobachtete bei der Pferdebesitzerin noch mehr Anspannung. Wir folgten dem Pferd und stellten uns neben es. Die Besitzerin stand ganz dicht am Pferdekopf. Ich fragte sie, ob mit ihr alles in Ordnung sei.

Sie sagte: „Ach, ich weiß auch nicht. Ich habe das Gefühl, ganz viel Last auf den Schultern zu haben, ich bilde mir ein, ich muss alles tragen, ich muss auf die Pferde aufpassen, auf die anderen Teilnehmer, auf mich, auf die Übung und ich will auch noch alles richtig machen. Und fühle mich damit eigentlich total überfordert." Auf meine Frage, was sie sich denn stattdessen wünsche, antwortete sie: „Eigentlich möchte ich einfach loslassen können und nicht alles tragen müssen." Während sie das sagte, wurden ihre Gesichtszüge ganz weich, sie atmete tief aus und ihre Schultern sackten ein wenig nach unten. Genau in diesem Moment wendete sich ihr Pferd zu ihr hin. Jetzt war ein Gefühl von Verbindung da und wir – das Team

– gingen gemeinsam los und das Pferd folgte uns wie selbstverständlich - ohne Strick und Halfter.

Ich erfuhr, wie Pferde auf leidenschaftlichen Einsatz reagieren. Sie zeigen einem, was stimmig ist und sich auch so anfühlt und wo ein Verhalten eher aufgesetzt ist. Nur da, wo sich etwas stimmig anfühlt, kann ich auch einen guten Job machen und nur da kann ich Zufriedenheit und Entwicklung erfahren. Das Gefühl sollten so viele Menschen wie möglich erleben können.

Ich stellte fest, dass die Erfahrungen, die ich mit meinen Pferden bewusst und unbewusst gemacht habe, ein enormes Potential boten. Und dieses Potential wollte ich vielen Menschen zur Verfügung stellen. Sie sollten die Chance bekommen, ihre Leidenschaften und Stärken, ihre wahren Empfindungen zu erkennen, die gleichen Gefühle von Zufriedenheit und Entwicklung erleben wie ich. So begann eine Zeit der Veränderung. 2006 gründete ich das Unternehmen Horseway. Seitdem begleite ich Menschen mit Hilfe von pferdegestützten Interventionen bei der Entwicklung der eigenen Persönlichkeit und der Entwicklung zu einer authentischen Führungspersönlichkeit.

Der Weg zum Ponyhof

Anhand eines Beispiels aus meinen Seminaren, möchte ich den charakteristischen Moment meiner Arbeitsweise und typische Rückmeldungen der Teilnehmenden darstellen. Im Zentrum des Beispiels steht ein Teilnehmer aus der Automobilbranche, der fachlich sehr kompetent war, aber Akzeptanzprobleme bei Kollegen und Mitarbeitern hatte. Es gab für ihn keinen ersichtlichen Grund dafür, sein Auftreten schien sicher und selbstbewusst. Er wollte sich und anderen in den Übungen mit den Pferden beweisen, dass er „sich nicht auf der Nase rumtanzen lässt" und die Sache „schon ans Laufen bringen wird".

In einer Übung musste er mit vier Pferden auf dem Reitplatz die Aufgabe bewältigen, jedem Pferd einen Reifen um den Hals zu legen und danach alle Pferde um den äußeren Rand des Sandplatzes herum laufen zu lassen.

Für den Teilnehmer war es nicht das Schwierige, die Pferde in Bewegung zu setzen, das gelang ihm nach einigen Testversuchen recht gut. Eine große Herausforderung war das Umhängen der Reifen. Die Pferde standen sogar sehr ruhig und ließen es mit sich geschehen. Aber jedes Mal, wenn der Teilnehmer dem einen Pferd einen Ring umgelegt hatte und zum nächsten Pferd gehen wollte, senkte das erste Pferd den Kopf und der Reifen fiel herunter.

Ich möchte anmerken, dass die Pferde für keine der Übungen dressiert, trainiert oder konditioniert werden. Der Teilnehmer wurde erst wütend, dann verzweifelt, dann vermutete er, ich hätte die Pferde „präpariert".

Er kam nicht auf die Idee, dass er etwas ändern oder eine andere Vorgehensweise wählen könnte. Bis eines der Pferde nicht mehr stehen blieb, als er den Reifen umhängen wollte, sondern sich von ihm abwandte. Er versuchte es festzuhalten, was sich schwierig gestaltete, da die Pferde kein Halfter trugen. Also musste er mit dem Pferd in einen kommunikativen Kontakt treten. Er musste es wahrnehmen, ansprechen und anfassen. Daraufhin blieb das Pferd stehen und wartete ab, bis er den Reifen umgelegt hatte. Ihm fiel auf, dass er mit Kollegen und Mitarbeitern ähnlich umgeht: Er übergibt Aufgaben ohne Achtsamkeit und Wertschätzung, nüchtern und sachorientiert. Er war auf das Pferd zugegangen, ohne es anzusprechen, zu berühren oder in einen näheren Kontakt mit ihm zu kommen. Erst als er diesen Kontakt hergestellt hatte, war das Pferd konzentriert und aufmerksam und nicht mehr daran interessiert den Kopf zu senken, um den Reifen herunter fallen zu lassen.

Ich kann nicht erklären, warum die Pferde sich bei dem einen Teilnehmer einen Ring um den Hals legen lassen und tragen, bei einem anderen den Ring immer wieder abschütteln und bei wiederum einen anderen den Ring gar nicht erst annehmen. Wenn die Teilnehmer aber ihr Verhalten ändern, dann reagieren auch die Pferde anders. Und nur wenn die Teilnehmer sich auf die Situation einlassen, die Herausforderung unverkrampft annehmen und mit dem Pferd in Kontakt gehen, dann meistern sie auch die Aufgaben. Diese Erlebnisqualität soll im Folgenden an Hand der Rückmeldung der Unternehmen Klages & Partner GmbH und Thomas Schlüter & Team veranschaulicht werden.

Das Unternehmen ist ein Ponyhof – Klages & Partner GmbH

Dieter Klages von der Firma Klages & Partner GmbH. Die Firma ist Marktführer in Deutschland für Software zur Personalsteuerung in Akut-Kliniken. Herr Klages hat das Unternehmen 1991 gegründet und war u. a.

dreimal in Folge Top Job Arbeitgeber des Jahres, Top Innovator durch die Uni Wien, u. v. m.

Auf die Frage „Warum haben Sie gerade dieses Seminar ausgewählt?"
antwortet Dieter Klages:

Das Thema fand ich interessant. Ich war ständig auf der Suche nach DEM Seminar für mich und die Mitarbeiter. Nur rein theoretische Seminare lehne ich aus Erfahrung ab. Es muss schon etwas erlebt werden. Hier war das augenscheinlich der Fall. Die Teilnehmer würden unmittelbar ein Feedback bekommen.

Also, zunächst wollte ich es mit einer Abteilung ausprobieren. Das waren die Leute, die draußen mit dem Kunden etwas zu tun haben: Projektleiter und Vertrieb. Und meine Wenigkeit. Die Mitarbeiter waren ganz baff ob des Angebotes und fuhren neugierig zum Pferdehof.

Der Beginn des Seminars ist Dieter Klages nicht unwichtig:

Dort angekommen war schon das Feeling auf dem Hof ein kleiner Ausstieg. Eben kein Seminar-Haus. Im Pferdestall mit den Mitarbeitern zu stehen ist schon mal was ganz anderes.

Den Ablauf des Seminars schildert Dieter Klages wie folgt:

Dann ging es darum zu beobachten, welches Pferd das Leitpferd ist. Wir beobachteten wohl 15 Minuten und waren uns größtenteils im Klaren: die Stute, die unsere Gunst will und die anderen verdrängte. Ergebnis: voll daneben. Die Leitstute ist die gewesen, die für uns unscheinbar im Hintergrund stand und mit kleinen Nuancen das Rudel bewegte. „Wie im Leben", dachte ich. „Wer den Lauten macht, ist nicht die „wirkliche" Führungskraft." Wichtig für uns!

Danach sollten wir ein Pferd mit der Leine führen. Die einen griffen den Strick fest und wollten das Pferd damit um die Ständer zum Stall ziehen, die anderen ließen den Strick locker und führten eher mit Gestik und Verbundenheit. Warum wollten manche den Strick fest in die Hand nehmen? Wie im Leben: die Menschen hart führen. Klappt aber nicht oder ist nicht effizient. Denn wie will man 600kg mit dem Strick wegziehen, wenn man nicht Schwarzenegger heißt?

Mittagspause und aufwärmen. Wir waren jetzt ein zusammengeschweißtes Team. Getuschel darüber, wie man das im Unternehmen umsetzen kann. Klasse. Danach Pferde frei in der Lounge führen. Ich wusste genau, wer das Pferd jetzt sofort führen kann und wer nicht. Das Führungs-

An den Dingen zu ziehen, ist nicht Führen. Foto Gabi Wild

instrument war jetzt ein Wedel, mit dem wir das Pferd einmal von hinten und einmal von vorne antreiben oder locken sollten.

Der erste Mitarbeiter, ein eher introvertierter Projektleiter. Das Pferd bewegte sich keinen Millimeter. Über 10 Minuten. Das war peinlich.

„Wir haben einen Fotoapparat dabei, Sie können sich bewegen, wir wollen das nicht malen", meinte ich scherzhaft. Und hier griff Frau Hempel herzhaft ein – denn so eine Situation kann für den betreffenden Mitarbeiter vor der Gruppe natürlich peinlich werden. Klasse, alles wieder geradegebogen durch die Analyse und die weitere Vorgehensweise. Ich brauche nicht zu sagen, dass sich dasselbe Pferd unmittelbar danach von einem Vertriebsmitarbeiter, der eher extrovertiert ist, sofort antreiben ließ und laufen wollte.

Zum Schluss eine Teamarbeit. Wir waren uns über die zu findende Vorgangsweise innerhalb von 5 Minuten im Klaren. Das war eine Teamleistung vom Feinsten. Zum Ende des zweiten Tages waren alle superglücklich und bedankten sich bei Frau Hempel und bei mir. Das Seminar war die beste Investition hinsichtlich Mitarbeiterschulung, Teamgeist- oder Persönlichkeitsförderung überhaupt.

Ingo Leonhard, Softwareentwickler Klages & Partner GmbH: Die Pfer-

Druck machen, fühlt sich nur wie Führung an. Foto Gabi Wild

de spiegeln ganz klar die eigene innere Einstellung zur gestellten Aufgabe wider. Nur als das gesamte Team voll bei der Sache war, ließen sich die Pferde vor uns hertreiben. Das hat mich beeindruckt.

Sandra Vaupel, Verwaltung, Klages & Partner GmbH: Für mich war der Tag mit den Pferden sehr interessant und bewegend, innerlich wie äußerlich. Eine wertvolle Erfahrung. Pferde sind sehr sensible Lebewesen und sie spüren die für uns Menschen unbewussten oder manchmal tief verborgenen Persönlichkeitsmerkmale oder Defizite. Seit einem Reitunfall hatte ich immer ein beklemmendes Gefühl Pferden gegenüber. Durch das Seminar konnte ich diese Angst loslassen und kann heute wieder mit Freude Pferden begegnen.

Dieter Klages schätzt die Übertragbarkeit auf den Unternehmensalltag und die Nachhaltigkeit pferdegestützter Interventionen hoch ein:

Nun, nach der ersten Runde mit dem Vertrieb und den PL wollte der Support, weil ja auch Kundenkontakt per Telefon, mitmachen. OK, dachte ich als Kaufmann, mal rauskommen und auf Firmenkosten frei haben und etwas machen wollen wohl alle. Aber ist das effizient? Ich hab's ausprobiert. Und wie war es anders zu erwarten, die Mitarbeiter fühlten sich „gestreichelt" und zufrieden.

Auch hier kamen automatisch Problemlösungen auf den Tisch, die sich aus der Erfahrung mit den Pferden ergaben. Zum Beispiel, dass unsere neu entwickelte Software-Version 4.0 nicht von allen kommuniziert und anerkannt wurde. Man wollte eigentlich an der alten 3er Version festhalten. Etwas, was man ständig in jedem Unternehmen erlebt. Klasse, von allein gelöst.

Anmerkung der Autorin:

Die Teamaufgabe bestand darin, dass gemeinsam eine Aufgabe entwickelt und mit dem Pferd als „Teammitglied" umgesetzt werden sollte. Einer der Teilnehmer machte den Vorschlag, dass das gesamte Team als „Leittier" vorweg gehen und das Pferd daraufhin folgen sollte. Das restliche Team griff den Vorschlag diskussionslos auf, da sich diese Vorgehensweise bei einer vorangegangenen Übung als erfolgreich erwiesen hatte. Dabei wurde aber nicht bedacht, dass diese andere Übung in einem anderen Kontext stattfand. Die Umsetzung des Versuches scheiterte. Daraufhin kam von einem anderen Teilnehmer der Vorschlag, sich versuchsweise vor, neben und hinter dem Pferd zu positionieren, doch der Vorschlag wurde zunächst überhört. Zu sehr war das Team damit beschäftigt, die erste Strategie mehrmals in unterschiedlichen Formen, wie z. B. rufen und Bitten des Pferdes, Hand ausstrecken und locken, einfach losgehen, usw. zu diskutieren und variieren. Erst nachdem diese Versuche, mehr desselben zu probieren scheiterten, besann sich das Team auf den Vorschlag des einen Teilnehmers, sich ganz neu um das Pferd herum zu positionieren. Die Idee wurde besprochen und umgesetzt. Und das Pferd folgte dankbar und freiwillig.

Dem Team wurde hier bewusst, wie wichtig es ist, nicht auf alte „Versionen" fixiert zu bleiben.

Und dann wollte die Software-Entwicklungsabteilung auch dabei sein. Die fast nie Kundenkontakt haben. Also reine Geldverschwendung, dachte ich. Aber ich habe es dann einfach ausprobiert. Das Ergebnis war sehr gut. Denn hier in der Abteilung herrscht Basis-Demokratie. Jeder möchte mitbestimmen und keiner fühlt sich verantwortlich... mit dem Ergebnis, dass in Meetings jeder alles gesagt haben muss. Jetzt steht das Team draußen mit den Pferden und muss was entscheiden. Als sich das Team in der Mittagspause das auf Video angesehen hat, fiel es ihnen wie Schuppen von den Augen: Beamten-Mikado, wer sich zuerst bewegt, hat verloren. Keiner fängt an. Und als die Mittagspause zu Ende war, wartete wieder jeder auf den anderen, er möge doch zuerst aufstehen. Das war mal ein Superspiegel für die Jungs.

Ilka Hempel

Führen heißt Führungsaufgaben delegieren Foto Gabi Wild

So, heute vier Jahre danach, denken wir immer noch an diese Ereignisse. Warum so nachhaltig? Weil wir gesehen (!) haben, wie wir arbeiten (live und später als Video) und wir das Gefühl dazu bekommen haben. Und ein echtes Widerspiegeln, ein Pferd lügt nicht und hat kein Interesse einem zu schmeicheln!

Lernen ist wie Ferien auf dem Ponyhof – Thomas Schlüter & Team

Thomas Schlüter, Unternehmensberatung für kleine und mittelständische Unternehmen bei vielfältigen Fragestellungen. In der Regel geht es um Prozessoptimierungen unterschiedlicher Unternehmensprozesse. Daneben führen Thomas Schlüter & Team Trainings zum Projektmanagement durch und coachen Führungskräfte in den Kundenunternehmen bei der Umsetzung der beschlossenen Veränderungsprojekte. An dem Seminar haben eine Mitarbeiterin und Herr Schlüter teilgenommen. Thomas Schlüter resümiert:
Ein pferdegestütztes Training ist mal etwas anderes als der „normale Seminarbetrieb". Hier erhoffte ich mir auf basal emotionaler Ebene Hinweise und Feedback zu meinem eigenen Führungsstil. Üblicherweise werden Führungsseminare eher rational kognitiv durchgeführt und die Vermitt-

56

lung der neuesten Führungstheorie steht im Vordergrund. Lernen funktioniert jedoch am besten, wenn die rationalen und die emotionalen Ebenen miteinander verknüpft werden.

Wer fragt, der führt. Foto Gabi Wild

Das Seminar war sehr gut organisiert und wurde professionell von Frau Hempel mit ihrem Team durchgeführt. Besonders hat mir der wertschätzende und humorvolle Umgang mit allen Teilnehmern während des gesamten Seminars gefallen. Die durchgeführten Übungen wurden intensiv erläutert und Ziel und Zweck vermittelt. Die einzelnen Übungen wurden in einem stets sicheren Rahmen durchgeführt, so dass auch ängstliche oder wenig pferdeerfahrene Teilnehmer sich zu 100% auf die Übungen einlassen konnten.

Meine Mitarbeiterin war von dem Seminar und dem Konzept begeistert. Auch die gewonnenen Erkenntnisse waren substantiell und wurden von uns in den Alltag übernommen. Insbesondere die Kombination aus theoretischem Input gepaart mit der Arbeit am Pferd diente einer sehr nachhaltigen Verankerung des Wissens bei uns im Team. Viele der gelernten Inhalte haben wir direkt übernommen.

Ilka Hempel

Auf dem Ponyhof macht man sich dreckig, aber man ist glücklich oder Das Leben ist ein Ponyhof – Manchmal fällt man vom Pferd, aber man kann immer wieder aufsteigen.

Das Bild vom Ponyhof ist so passend, weil im Rahmen von pferdegestützten Interventionen „Soft Skills" nicht nur über einen Prozess des Erlebens und Erfahrens verinnerlicht werden. Die Pferde selbst sprechen einen natürlichen Teil in uns an, der für Veränderungsprozesse und die Entwicklung der eigenen Persönlichkeit entscheidend wichtig ist. Nur deshalb kann man nach Misserfolgserlebnissen wieder aufsteigen. Diesen natürlichen Teil und den (Mehr-)Wert, den ein Tier im Zusammensein mit einem Menschen hat, beschreibt auch Andreas Weber (2007) in seinem Buch „Alles fühlt":

„Wir sind nicht nur Teil der Natur, sondern sie ist Teil von uns. Um uns ganz selbst zu verstehen, müssen wir uns selbst in anderen Lebewesen wiedererkennen. Widerspiegelung ist ein zentrales Element der menschlichen Identität: Ein Neugeborenes erfährt sich nur dann vollständig, wenn es sich mit einer Bezugsperson identifizieren kann" (Weber 2007)

Ich verstehe Webers These so, dass es ein Urbedürfnis, eine archaische Sehnsucht des Menschen ist, sich in einem anderen Wesen zu spiegeln, um sich selbst zu erfahren und zu erkennen. Und genau diese archaische Wirkung, die Erfüllung der Sehnsucht nach Spiegelung bietet das Pferd!

„Wenn wir in der kindlichen Entwicklung unsere Gefühle nur kennenlernen können, indem wir sie gleichsam veräußerlicht an Wesen erblicken, die wir lieben und an denen wir hängen, dann gewinnt die Rolle der Tiere eine enorme Wichtigkeit. Denn auch sie zeigen Gefühle – zwar nicht die menschlichen, aber doch die allgemeinen Gefühle, am Leben zu sein, sich am Leben zu freuen, an ihm zu leiden. Was es heißt ein Lebewesen zu sein, lässt sich überhaupt viel eher in den Tieren erfahren als in den Menschen. Sie sind in jedem Augenblick ganz ihr Gefühl. Menschen können ihre Emotionalität möglicherweise nur dann ganz entfalten, wenn sie die allgemeinsten emotionalen Archetypen vor sich sehen. Tiere geben dem Lebenswunsch eine Gestalt" (Weber 2007)

Was liegt also näher, als sich das Tier Pferd zu Nutze zu machen, um die Emotionalität – und genau um die geht es bei Soft Skills – zu entfalten? Das Leben ist vielleicht doch ein Ponyhof, ganz bestimmt sind es pferdegestützte Seminare weil sie wirkungsvoll sind und Lernen mit Leichtigkeit und enormen Tiefgang bieten!

Literatur

Weber, Andreas (2007): Alles Fühlt. Mensch, Natur und die Revolution der Lebenswissenschaften. Berlin Verlag GmbH, Berlin

Pferdegestützte Intervention in der Personalentwicklung

Monika Knauer & Klemens Walter

Mehrwert auch für Berater und Coach oder skurrile Idee und leere Versprechung?

Seit einigen Jahren sind Nutzen und Mehrwert von pferdegestützter Intervention in der Personal- und Organisationsentwicklung Gegenstand einer lebhaften Diskussion. Es gibt kaum einen Aspekt, der nicht schon beleuchtet wurde. Inwieweit sich jedoch für professionelle Berater und Coaches ein echter Mehrwert ergeben kann, ist weder hinreichend erforscht noch ausreichend beschrieben. Die folgenden Gedanken sollen der pferdegestützten Intervention neue Impulse geben und das Thema vertiefen.

Sinn und Wert von Personalentwicklung

Die Suchbewegung nach einem wie auch immer gearteten „Mehr-Wert" setzt voraus, dass wir die Frage nach dem zugrundeliegenden „Wert", den wir als Berater oder als Coach in und mit unserer Arbeit in der Personalentwicklung sehen und schaffen wollen, zufriedenstellend beantworten. Sie berührt die Suche nach den eigenen Erwartungen an den Sinn unseres Schaffens, die Frage, was uns selbst antreibt und welche Absichten uns in der Personalentwicklungsarbeit – in unserer Arbeit mit Menschen - bewegen.

„Personalentwicklung sind Maßnahmen zur Vermittlung von Qualifikationen, welche die aktuellen und zukünftigen Leistungen von Führungskräften und Mitarbeitern steigern..."[1]

---

[1] Stock-Homburg, R. (2010):... S. 205

Monika Knauer & Klemens Walter

So oder ähnlich finden sich Erklärungen für Personalentwicklung. Grundannahme ist hier, dass Menschen sich nach einem bestimmten System und konzeptionellen Einwirkungen, die zielgerichtet abgestimmt sein sollten, von außen mehr oder minder steuerbar entwickeln lassen, so ihr Verhalten ändern und Kompetenzen anreichern. Dieser Ansatz setzt weiter voraus, dass es auf der einen Seite jemanden gibt, der wissend ist und auch weiß, wo es lang geht, was entwickelt werden muss - und dass es andererseits jemanden gibt, der zu entwickeln ist, insofern, als dass dieser seine Defizite und seine Unzulänglichkeiten verringert. Als Ergebnis sind Anpassungsleistungen an die Wünsche und Erwartungen der Maßnahmenersteller und Verantwortlichen zu beobachten. In den Bereichen der Aus- und Weiterbildung, in denen es um kognitive Erfassung geht, um Veränderungen auf fachlicher Ebene, mag diese Vorgehensweise angemessen erscheinen. Doch was, wenn es um die Grundlage für Veränderungsbereitschaft und Zukunftskompetenzen geht, um die inneren Einstellungen und Haltungen, um das Verhalten des Menschen? Entfaltet sich etwa auch so selbstverantwortliches Handeln und Gestaltungsenergie, Leidenschaft für Ideen, Eintreten für bestimmte Werte?

Wir sind da skeptisch und folgen eher der Meinung, dass das Verhalten jedes Menschen auf seinen Haltungen beruht, die durch Erfahrungen geprägt werden. Verhaltensänderungen stellen sich dann ein, wenn der Mensch neue, für ihn bedeutende Erfahrungen erlebt, die sich auf seine Haltungen und seine inneren Einstellungen auswirken[2]. Rein rationale Abwägungen und kognitive Erfassungen bedeuten noch keine nachhaltigen Verhaltensänderungen - man denke nur an die vielen Beispiele wenig nachhaltiger Rauchentwöhnungen oder Diäten zum Schlankwerden.

Nun lassen sich Erfahrungen nicht von außen wie durch einen Trichter einflößen - einzig Erfahrungen, die der Mensch selbst durchlebt oder sich zu eigen macht, stoßen Veränderungen an. Die Aufgaben und Möglichkeiten von Personalentwicklung erstrecken sich nach diesem Verständnis - wenn es um mehr als um kognitive Entwicklungsschritte gehen soll - im Wesentlichen darauf, für Rahmenbedingungen zu sorgen, welche Erfahrungs- und Reflexionsmöglichkeiten zulassen und fördern.

Um die Architektur und die Schaffung solcher „Erfahrungsräume" geht es in unserer Arbeit als Berater und Coach. Diese so einladend zu gestal-

---

[2] siehe Hüther u.a. (2011/8):... S. 121

62

ten, geöffnet zu halten und zu schützen, dass jeder Mensch, ganz genauso wie er gerade eben ist, mit all seinen Ecken und Kanten, vermeintlichen Unzulänglichkeiten und Sonnenseiten, Bedrängnissen und Ängsten, Bedürfnissen und Wünschen, seinen persönlichen „Wahrheiten" und in seinen Unsicherheiten sich willkommen fühlen kann. Nichts muss weg- oder hinzu entwickelt werden. Er selbst kann den Raum einnehmen, kann sich entscheiden, ob und wie er sich entfaltet, neue Erfahrungen zulässt und die Erkenntnisse mit anderen teilt. Dies dient letztendlich auch als Grundlage dafür, dass der Mensch als originär Verantwortlicher für die eigene Personalentwicklung darüber selbst entscheidet. Die Chance heißt: Veränderungen zeigen sich als Ergebnis von Erfahrungslernen.

Wenn das gelingt, dann schaffen wir einen hohen Wert in der Personalentwicklung – das eigentlich Sinnstiftende unseres Arbeitens als Berater und Coach.

Potentiale entwickeln heißt Neuland betreten

„Wenn Sie Veränderung wollen, müssen Sie sowohl die Notwendigkeit dafür im ‚Heute' erlebbar machen, als auch ein Zukunftsbild entwickeln, für das es sich zu engagieren lohnt."[3]

Angenommen, ein Mensch macht sich auf den Weg, Beratung oder Coaching in Anspruch zu nehmen – aus welcher Motivation heraus auch immer, ob aufgrund selbst empfundenen Veränderungsbedarfs oder aufgrund Verordnung von außen. Wie kann dieser nun Neues entwickeln, wie muss der Raum, der Rahmen aussehen, den wir ihm zur Verfügung stellen, um ihn zu ermutigen und zu inspirieren auf seinem Weg?

An erster Stelle steht die Bestandsaufnahme, das Betrachten dessen, was ist, verbunden mit Be-Achtung und Wertschätzung der betreffenden Entwicklungsgeschichte. Diese Bestandsaufnahme sollte in zwei Richtungen gehen: was ist gut und erhaltenswert, was ausbauwürdig - und was soll zu welchem Ziel verändert werden, sprich: wo ist der Engpass und wo sind erkannte und oder gefühlte Kompetenzen und Stärken, die die Motivation für die Integration von „Neuem" darstellen?

„Was ist, ist heilig"[4] – und ist Bestandteil meiner Persönlichkeit (der Unternehmensgeschichte, Beziehung...), den es zu integrieren gilt. Neues

---

[3] Kucht, M. (2009): ... S. 44
[4] Mettler-von-Maibom, B. (2006):... S. 27

kann nur entstehen auf dem Boden dessen, was ist, wie ich / das Unterneh-
men/ die Beziehung … gewachsen bin/ sind. Das Leben ist ein steter Prozess des Wandels, der Anpassung und Veränderung – den „Reset-Knopf"
für Leben gibt es nicht. Und: nicht alles, was bislang war, auch das heute
als unpassend Empfundene, ist „schlecht" – es hat bis heute einen Nutzen
gehabt, den es zu erkennen und den neuen Gegebenheiten und Vorstellungen anzupassen gilt.

Um Neues entwickeln zu können, bedarf es neben der Wertschätzung
des Bestehenden, des Entwurfes eines Zukunftsbildes, sowie des Möglich-
machens der Zukunft in der Gegenwart. Neues weckt nicht nur Neugier
und erwartungsvolle Vorfreude, sondern bereitet auch Angst – Veränderung bedeutet Unsicherheit und somit das Verlassen der „Komfortzone".
Für Zugkraft und Motivation braucht es den Entwurf eines positiv empfundenen Bildes dessen, was die Veränderung, das Neue zur Folge haben kann.
Wird Erreichtes zudem gewürdigt und gefeiert, so stärkt dies den Prozess
der Entwicklung.

Im Leben gibt es kein folgenloses Erproben neuer Verhaltensweisen.
Die Vielfalt der Folgewirkungen bei der Entwicklung von Neuem darf nicht
unterschätzt werden: Da wir uns nicht abgetrennt von der Welt verändern,
sondern immer im Kontakt und Austausch mit anderen stehen, hat jede Veränderung Wirkung auf andere, was wiederum auf uns zurück wirkt und
bei und in uns ebenfalls eine Reaktion bewirkt. Dies kann entweder den
Veränderungsprozess befeuern oder ihn bremsen, hemmen, in eine andere Richtung lenken. Neues im Umgang mit uns selbst zu entwickeln hat
also immer Auswirkungen auf unser Umfeld - in einem immerwährenden
Kreislauf und Beziehungsaustausch. Und damit ist die Wirkung einer Veränderung auf die Umwelt – und auch auf uns selbst, wie wir in der Welt
stehen – nicht sicher vorhersehbar, sondern abhängig von den Systemen, in
denen wir uns bewegen.

Ebenso kann umgekehrt eine Veränderung in Beziehung zu anderen –
meinem Umfeld allgemein, einer privaten Beziehung oder im Arbeits- und
Unternehmensumfeld – nur auf der Basis einer eigenen Veränderung geschehen. Niemand kann andere verändern, außer er verändert sich selbst.
Die einzige willentlich beeinflussbare Größe ist das eigene Selbst – weder
„den Chef" noch „die Mitarbeiter" oder „die Familienmitglieder" kann ich
verändern. Nur meinen Blick auf die Welt, auf die anderen Menschen oder
die Bedingungen, die ich vorfinde in meinem Umfeld sowie meine inne-

re Einstellung und Haltung kann ich verändern. Und erst dadurch entsteht Veränderung in Beziehung zu anderen, und damit auch in gewissem Maße Veränderung bei diesen anderen, da sie als Teil des Systems an meiner Veränderung teil haben, und auch hier wieder der Kreislauf, das „Beitrags-Hin-und-Her"[5], wirksam ist.

Darüber hinaus und damit verbunden ist auch, dass kein Veränderungsprozess linear erfolgen kann, sondern Rückschritte, Wellenbewegungen und unterschiedliche Tempi einberechnet werden müssen. Je bewusster diese Dynamik im Vorfeld beachtet und in den Entscheidungsprozess einbezogen wird, die sog. Rückschritte als Fortschritte betrachtet werden im Sinne von Hinweisschildern, Knotenpunkten und Reflexionsschleifen, desto eher wird es gelingen, den Veränderungsprozess aufrecht zu erhalten – und so an der Weiterentwicklung in Richtung des Zieles (welches sich im Verlauf des Veränderungsprozesses durchaus verändern kann!) zu arbeiten.

Dies alles gilt es im Beratungs- und Coachingprozess im Blick zu halten, Erprobungs- und Reflexionsmöglichkeit anzubieten ohne in einer So-tun-als-ob-Situation nicht vorhandene Realität vorzugaukeln, Realität zu simulieren, die diese niemals vorweg nehmen oder tatsächlich abbilden kann.

Das Pferd in der Personalentwicklung

Und jetzt kommt das Pferd in die Manege. Wie hat man sich das vorzustellen? Zunächst ist festzuhalten: es gibt nicht „das Format" für pferdegestützte Personalentwicklung – das wäre weder den unterschiedlichen Coaches und Beratern angemessen noch und schon gar nicht den unterschiedlichen Menschen mit ihren individuellen Anliegen. Das Pferd ist für uns ein Unterstützer, ein Verdeutlicher, eine Möglichkeit, den Prozess zu befördern, ein Angebot an die Menschen, die zu uns kommen. Niemand muss. Wer will, kann.

Das Pferd fasziniert aufgrund seiner Eleganz, Kraft und zugleich Sanftheit, durch seine Anmut und seine Schnelligkeit. ‚Das Pferd als Spiegel'– eine häufig zu lesende Formulierung.

Was wirkt denn in welcher Weise beim Pferdeeinsatz wirklich unterstützend auf den Prozess der Personalentwicklung, auf die individuelle Entfaltung und Vertiefung?

---

[5]   Sonja Radatz, Oliver Bartels (2007):... S. 12f

Das Sein und Arbeiten mit dem Pferd ist weit entfernt von jedem „So-tun-als-ob" - wie etwa im Rollenspiel. Grundlage ist ein zunächst öffnendes und im weiteren Verlauf zentrierendes Coachinggespräch, das durch Sich-Einlassen, Teilhabe, vertiefende und erweiternde Fragen eine Assoziation des Coachee mit der geschilderten Situation, dem empfundenen Engpass oder der gewünschten Veränderung bewirken kann. Dann ist in diesem Moment das damit verbundene Gefühl vorhanden - und so geht der Coachee nun auf das Pferd zu. Mag sein, der Coachee versucht im Kontakt mit dem Pferd so zu sein, wie er gern sein möchte, bewusst oder unbewusst, und ist dabei nicht authentisch. Das Pferd lässt sich nicht täuschen, es kennt keine „Spielchen" und reagiert auf die tatsächliche innere Bewegung und das Sein dieses Menschen. Der Coachee spürt Ernsthaftigkeit und Tiefe, gern auch verbunden mit Leichtigkeit. Für den Coach wird sichtbar, was ist und nicht das, was sein könnte oder was der Klient gern hätte und mit Worten auszudrücken versucht.

Für uns ist das Pferd mehr als ein Spiegel. Es ist ein Beziehungspartner, ein Gegenüber, das agiert und reagiert – ein Beziehungspartner, keine Einbahnstraße. Das Pferd ist ein lebendiges Wesen, mit eigenen Prägungen und eigenen Verhaltensweisen, die sowohl wesenstypisch sind – das Pferd als Fluchttier – als auch individuell – *dieses* Pferd mit seinen eigenen Erfahrungen und Charakterzügen. Eines jedoch ist allen Pferden gleich: sie bewerten und verurteilen nicht, sie reagieren nicht auf Etikette oder Statussymbolik, sondern auf den Menschen in seiner ureigenen Form. Allein diese Erkenntnis ist schon berührend, bewegend und entlastend zugleich.

Pferde bieten sich als Beziehungspartner an – weil sie Herdentiere sind, weil sie sozialisiert und an Menschen gewöhnt sind. Mehr noch, so sagt Roswitha Zink in einem Interview mit Arte: „Pferde sind äußerst soziale Wesen und immer bemüht, auch Schwächeren in der Herde das Überleben zu ermöglichen. (...) Und aus dieser Eigenschaft von Pferden, auch Schwächere sehr intensiv in ihr Herdenleben zu integrieren, erklär ich mir auch, dass Pferde so ein hohes Interesse haben, Menschen, die für sie ja deutlich wahrnehmbar ihnen unterlegen sind, trotzdem zu stärken und zu unterstützen, zu motivieren, denen Kraft zu geben."[6]

---

[6]   Roswitha Zink, Biologin, Pädagogin im Interview mit arte

Auch das Pferd kann nicht nicht kommunizieren

Sie sind sich dessen nicht bewusst, aber auch Pferde können nicht nicht kommunizieren[7] und somit kommunizieren sie in unserer Anwesenheit auch stets mit uns. Diese Kommunikation ist Kommunikation jenseits der Worte, sie findet im Non-Verbalen statt.

Neugebauer und Neugebauer beschreiben, dass bei Pferden untereinander für „das Aussenden von Körpersignalen und das visuelle Ausdrucksvermögen [...] differenzierte Bewegungen bestimmter Körperteile und die Feinmotorik der Gesichtsmuskulatur verantwortlich (sind, die Autoren)."[8] Dabei werden alle ausgesendeten Signale für die Interpretation, das „Lesen" der Information zusammengefügt. „Die kleinsten Anspannungen bzw. Entspannungen entsprechender Gesichtsmuskeln können die Signale deutlich verändern."[9] Die nonverbale Kommunikation bei Pferden ist somit äußerst differenziert und ausgeprägt.[10] "Neurobiologische Forschungen weisen darauf hin, dass Spiegelneurone [...] offenbar bewirken, dass Pferde bestimmte Aktionen der Bezugsperson artspezifisch nachvollziehen können."[11]

Worte spielen für das Pferd im Dialog mit dem Menschen, wenn überhaupt, nur eine periphere Rolle. Nicht die Aneinanderreihung von Buchstaben, sondern der Klang, die Melodie und die Energie, die wir in die Worte legen, entscheiden über die Reaktion des Tieres.[12]

Mit dem Modell „Vier Seiten einer Nachricht" (nach Schulz von Thun) gesprochen: das Pferd reagiert nicht auf der Ebene der Sachinformation, es erspürt und erforscht mit all seinen Sinnen die Kongruenz und Stimmigkeit der Botschaften auf der Ebene der Beziehung („wie ist unsere Beziehung, wie stehst du zu mir?"), der Selbstoffenbarung („wie bist du gelaunt, welche Stimmung hast du?") und des Appells („was willst du von mir, was willst du, dass ich tue?").

Wir Menschen scheinen vieles auf der verbalen Ebene auszumachen. Wir haben vor allem die Sachinformation im Blick, versuchen häufig die non-verbale Ebene – die mitlesende Beziehungsaussage, Selbstoffenbarung

7 Siehe Watzlawick, P. u.a (2011):... S. 83ff
8 Neugebauer, Dr. G. (2011): ... S. 13
9 Ebd., S. 14
10 siehe Bohnet (2007): ... S. 3
11 Neugebauer, Dr. G. (2011): ... S. 24
12 Vgl. Gansterer, U. (2011): ... S. 12

und den versteckten Appell – auszublenden. Wir versuchen, so zu tun, als ob es diese Ebenen nicht gäbe. Vielleicht spüren wir eine Inkongruenz zwischen dem Gesagten und dem, was ankommt, sind verunsichert. Wem fallen hier nicht sofort etliche Beispiele aus seinem Alltag und Umfeld ein?

Immer wird unser Reden über das, was nicht gesprochen ist, beschränkt bleiben auf den Austausch von Worten und den Versuch, etwas mit dem Verstand zu erfassen und durch ihn zu steuern.

Angenommen, ein Mensch kommt auf mich zu, bekundet Interesse an Kontakt, begrüßt mich, fragt vielleicht nach dem Befinden oder spricht sonstige allgemein anerkannte Floskeln der Höflichkeit aus. Irgend etwas irritiert mich dabei, ich kann es aber nicht zuordnen, gehe darüber hinweg – das Gefühl der Inkongruenz, die Verunsicherung (ist das ernstgemeint?) bleibt.

Geht dieser Mensch mit ähnlicher Einstellung auf ein Pferd zu, begrüßt es mit freundlichen Worten, hat aber eigentlich Angst oder ist sich nicht sicher oder nicht bewusst in dem, was er eigentlich will, mit diesem Wesen Pferd und mit sich – so wird das Pferd auf die nicht gesprochenen Botschaften reagieren, die da heißen: „Bleib mir fern!", „Ich habe Angst vor dir / bin mir unsicher mit dir und mir, weiß nicht, was ich will" und „Du bist mir fremd / unheimlich / egal". Sind das nicht auch typische Führungs- und alltägliche Kontaktsituationen? Das Pferd seinerseits wird das gesprochene Kontaktangebot nicht annehmen, sondern in abwartender Position bleiben oder sogar auf Distanz gehen.

„Kommunikation. Das sind Worte, so glauben wir. Doch am Beginn unseres Lebens kommen wir ganz ohne diese aus, verstehen unsere Mütter und Väter, ohne den Sinn der Wörter, die sie gebrauchen, zu verstehen."[13] Die Kommunikation zwischen Müttern/ Eltern und ihrem Säugling ist unmittelbar und findet nur mit dem Ziel statt, eine klare und direkte Beziehung zu schaffen, in Reaktion aufeinander: „Unverstellt, ohne irgendwelche anderen Strategien, einfach ganz direkt. Und das ist sozusagen das, was das Pferd wirklich bieten kann."[14] Denn Pferde bleiben immer in diesem Status, in dieser direkten klaren Kommunikation.

Nun stellen Sie sich folgendes Setting vor: ein Mensch hat ein Veränderungsanliegen und entscheidet sich für ein pferdegestütztes Coaching.

---

[13] „Die heilende Sprache der Pferde" (2011): Kommentator
[14] „Die heilende Sprache der Pferde" (2011): Prof. Thomas Stephenson
[15] Siehe Bohnet, W. (2007): ... S. 5f

Anfrage des Pferdes: Was willst du von mir? Wie ist deine Stimmung? Wie stehst du zu mir?

Die zögerliche, etwas unsichere Haltung der Klientin verunsichert das Pferd in seiner Kontaktaufnahme – es bleibt stehen, reibt sich und wird in der Folge scharren und sich anschließend abwenden.

Bei demselben Pferd eine vergleichbare Situation: die Öffnung der Körperhaltung auf Bild 2 bewirkt einen veränderten Ausdruck des Pferdes (Ohren nach vorn gerichtet) und führt zum nahen Kontakt zwischen Pferd und Mensch, wobei beide trotz Hinwendung Distanz wahren (s. u. a. Beinstellung).

Treffpunkt vor Ort, an der Pferdeanlage. Es beginnt das Auftragsklärungs-gespräch für diesen Tag, für diesen Moment. Der Coachee schildert sein Anliegen, seinen Engpass, wird durch gezieltes Nachfragen nahe an erlebte oder erwünschte Situationen heran geführt. In diesem Zustand der Assozia-tion mit den eigenen Gefühlen, Engpässen und Kompetenzen oder auch mit dem erwünschten veränderten Verhalten begibt sich der Mensch in die Ma-nege zum Pferd. Er agiert – das Pferd reagiert. Deutlicher ausgedrückt: er agiert gemeint bewusst, das Pferd reagiert auf das dahinter liegende Unbe-wusste, filtert das für es spürbare Authentische aus der Menge widersprüch-licher Botschaften, reagiert auf die Klarheit in der Unklarheit. Die Reakti-on des Pferdes löst wiederum eine bewusste, gewollte Reaktion des Men-schen aus. Er tut, was er gern tun möchte oder was er meint, was von ihm erwartet wird - und zeigt zugleich eine unwillkürliche, vor-bewusste oder auch vor-sprachliche Reaktion. Das, was tatsächlich in ihm ausgelöst wird und geschieht. Das Pferd reagiert stets nur auf diese unwillkürliche Reakti-on des Menschen, spiegelt ihm dadurch etwas zurück als Beziehungs- und

Intensive Kommunikation zwischen Mensch und Pferd: Abb.1: Ohren und Augen des Pferdes zeigen klar in eine Richtung, das Tier ist mit seiner Aufmerksamkeit auf das Geschehen außerhalb der Halle gerichtet. Abb.2: Die Jugendliche macht auf sich aufmerksam, vermittelt durch Rufen des Pferdes ihr Interesse am Kontakt zum Pferd; ihr Blick und ihr Körper sind dem Pferd zugewandt. Zugleich zeigt das Bild überkreuzte Beine, versteckte Hände – eine Botschaft der Unsicherheit. Mögliche Übersetzung: „Ich will Kontakt zu dir, ich bin unsicher und habe Angst, beachte mich und bleib mir fern." Das Pferd hat den Hals gehoben, Kopf-Hals-Unterseite sind im 90-Grad-Winkel, Augen etwas weiter geöffnet, Nüstern leicht geweitet – nach den Displays von Bohnet[15] Zeichen der Aufmerksamkeit. Das wechselnde Ohrenspiel anstelle eindeutiger Ausrichtung auf die Jugendliche lässt auf leichte Irritation schließen. Abb.3: Das Pferd ist die ganze Zeit nahezu unverändert stehen geblieben, es hat der Jugendlichen Raum und Zeit gelassen, sich in ihrem Tempo anzunähern. Die Jugendliche signalisiert durch Berührung mit den Händen, gesenkten Kopf und geschlossene Augen Vertrauen und den Wunsch nach Nähe. Die Beinstellung - schräg vom Pferd weg – wahrt weiterhin eine gewisse Distanz. Das Pferd seinerseits hat Hals und Kopf leicht gesenkt – Anzeichen der Entspannung – und beide Ohren in eine Richtung, zur Jugendlichen hin ausgerichtet – Aufmerksamkeit ohne Irritation. Es wahrt weiterhin Distanz, indem es sich nicht umdreht und kaum bewegt.

Kommunikationsdeutung, was dieser eventuell nicht erwartet hat, ja sogar diametral entgegengesetzt zu seiner „erwünschten" Reaktion liegen kann. Darauf erfolgt wieder eine doppelte Reaktion - bewusst und unbewusst - das Pferd reagiert stets auf die unbewusste, „echte", da ungefilterte Reaktion, immer und immer wieder. So kommt es zu einer enormen Vertiefung des Dialoges und des Prozesses. Der Mensch fühlt sich erkannt, berührt, ist verwirrt – und das alles in einem vom Beziehungspartner nicht wertenden und stets offenen Dialog, offen für Veränderung, offen für das, was ist. Ohne Festlegung auf „sonst / gerade warst du doch noch so – wie kannst du jetzt so?" … Das Pferd nimmt, was jetzt ist und reagiert darauf.

Die Begegnung mit dem Pferd ist in ihrer Tiefe sehr berührend und hinterlässt eindrucksvolle Bilder. Diese Bilder sind eng verknüpft mit den Emotionen, die in der Situation erlebt werden. In der Weiterarbeit kommt es zu einem durch den Berater und Coach eingeleiteten, an diese Bilder anknüpfenden Verbalisierungs- und Reflexionsprozess. Es geht darum, heraus zu finden, ob und in welcher Weise die in der Interaktion mit dem Pferd

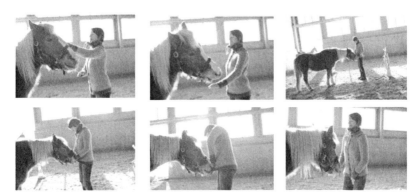

Gestaltung der Kontaktaufnahme - Raum geben und nehmen- Grenzen setzen – Grenzüberschreitungen

sicht- und spürbar gewordenen Themen auch im Alltag eine Rolle spielen. Darauf aufbauend werden Lösungsansätze für Veränderung in Haltung und Verhalten entwickelt, die gegebenenfalls direkt wieder am Pferd erprobt werden können. „Das „Jetzt" ist als einzig mögliches Einflussfenster zur Veränderung anzusehen"[16] – deshalb ist diese direkte Feedbackschleife so wertvoll. Der Wert liegt in diesem Wechselspiel von Bewusstwerden durch Coach-Coachee-Gespräch, Erleben in der Pferd-Coachee-Interaktion, Coach-Coachee-Reflexion, Pferd-Coachee-Interaktion auf Basis bewusst gewordener Handlungsoptionen, Coach-Coachee-Reflexion der Veränderung und anschließendem Transfer in den Alltag. In der Begegnung mit dem Pferd erlebt der Mensch wie unter einem Brennglas die Essenz seines derzeitigen Seins oder des Themas, das er mitbringt: „Mit dem Pferd, das ist wie mein Leben!" (Kundenaussage). - Erfahrungslernen in reinster Form!

Für welche Führungssituation, für welche soziale Beziehungskonstellation, für welche Lebenssituation ist dieser Fokus nicht Gold wert?!?

Keine skurrile Idee, kein leeres Versprechen

Goldwert deswegen, weil der Mensch in diesen Situationen für ihn bedeutende Erfahrungen machen kann – beispielsweise, wie tatsächlich ein Gegenüber auf seine Art und Weise, eine Beziehung herzustellen, im Reso-

---

[16] „Die heilende Sprache der Pferde" (2011): Zink, Roswitha

nanzverhalten reagiert; wie tatsächlich seine Einladung zur Zusammenarbeit mit dem Ziel der Kooperation empfangen wird; wie authentisch und klar – oder eben auch nicht - der Mensch seinen Führungsanspruch jenseits der Worte vertritt. Wie authentisch und klar der Betreffende sich verhält, seine Grenzen verdeutlicht, auf deren Einhaltung achtet; wie er Nähe und Distanz bewusst wahrnimmt und sich selbst dementsprechend verhält. Wie sich Druck und Einengung in einem sensiblen Umfeld auswirken; welche Folgen sich zeigen, wenn er den Kontakt vernachlässigt, die Beziehung nicht mehr verlässlich erscheint. Welche Reaktionen entstehen, wenn der Mensch versucht, seine Gefühle, etwa Angst oder Unsicherheit, mit Worten zu überspielen; wenn er so tut als ob es die Gefühle gerade nicht gäbe …

Goldwert deswegen, weil der Mensch, sobald ihm seine Inkongruenzen auch durch Reflexionen bewusst werden, neues, verändertes Verhalten ausprobieren kann; trotz oder gerade in der Akzeptanz all seiner empfundenen Unzulänglichkeiten, und er unmittelbar die dementsprechende veränderte Reaktion des Gegenübers erlebt, sich so in dieser Veränderung erspürt. Oft sind das die Erfahrungen, die unter die Haut gehen. Erfahrungen, die bisherige Haltungen in Bewegung bringen können, weil sich die Wahrnehmung verändert. Erfahrungen, die ermutigen, neues Verhalten auszuprobieren und somit Grundlage für Veränderungen sein können.

Goldwert deswegen, weil der Mensch lernt: über sich und seinen Umgang mit sich, den Umgang mit anderen, sowie deren Resonanzen und wie wiederum diese auf ihn selbst zurückfallen. Das Tor zur eigenen Potenzialentfaltung ist weit geöffnet; ermöglicht und unterstützt dadurch, dass er diesen Erfahrungsraum jetzt konkret betreten und nutzen konnte. Ausgefüllt und erlebt durch eigenen Impuls, durch eigenen Entscheid, dies jetzt zu tun. Für Führungssituationen, für soziale Beziehungskonstellationen, für jedwede Lebenssituation. Lernen mit Tiefenwirkung.

Goldwert für uns als Berater und Coaches, weil wir in der unmittelbaren Arbeit mit Klienten einerseits Wegbegleiter in der Tiefe des Prozesses sind, andererseits dissoziiert in der Beobachterperspektive bleiben können. Nicht wir, sondern das Pferd ist Projektionsfläche für die Erkenntnisse und Erfahrungen. Uns bleibt zu beobachten, wie der Coachee sich selbst und den Werde-Gang mit dem Pferd beobachtet: die Beobachtung der Beobachtung. Uns bleibt auch, aus dieser Sicht gewonnene eigene Erkenntnisse zusätzlich zu den Erkenntnissen und Interpretationen des Kunden reflexiv in den Coachingprozess einzuflechten. Die Klienten sind unterwegs nicht alleingelassen, ihre Erfahrungen werden und bleiben die Ureigenen – ungeteilt, aber mitgeteilt.

Wir kennen keine andere Intervention, keine andere Form des Lernens mit dieser einzigartigen Wirkungsqualität. Ein unschätzbarer Mehrwert gegenüber anderen Lernmöglichkeiten und Methoden in der Personalentwicklung. Ein Mehrwert für die Klienten, ein Mehrwert für Teams, Organisationen und deren Entscheidungsträger. Ein Mehrwert für unternehmensinterne Personalentwicklung, ein Mehrwert für uns als Berater und Coaches.

Wenn es uns als externen Personalentwicklern gelingt, Erfahrungsräume zu öffnen und zu organisieren, die jeweiligen Anliegen zu klären, angemessene Reflexionsmöglichkeiten für Wahrnehmungen und Erkenntnisse bereit zu halten, Begleitung und Unterstützung da bieten zu können, wo diese angebracht und hilfreich sind, Transfermöglichkeiten anzustoßen ...

Wenn das gelingt, dann schaffen und erleben wir mit Hilfe pferdegestützter Intervention Mehrwert in der Personalentwicklung - das Sinnstiftende unseres Arbeitens als Berater und Coach. Mehrwert in goldenen Farben.

Literatur

Bohnet, Wilma (2007): Ausdrucksverhalten zur Beurteilung von Befindlichkeiten bei Pferden. in: Deutsche Tierärztliche Wochenschrift, 114 (3), 91-97

Hüther, Gerald (2011): Was wir sind und was wir sein könnten. Fischer Verlag, München, 2011

Kucht, Michael/Philipp, Andreas F. (2009): Kommunikation im Change. Information, Interaktion, Co-creating. In: Lernende Organisation. Zeitschrift für systemisches Management und Organisation. Nr. 52 Nov/Dez 2009 „Mythos Kommunikation", 36-44

Mettler-von-Maibom, Barbara (2006): Wertschätzung. Wege zum Frieden mit der inneren und äußeren Natur. Kösel-Verlag, München

Radatz, Sonja/Bartels, Oliver (2007): „Leidensweg Beruf. ...denn Sie *müssen* nicht, was Sie tun!" Verlag Systemisches Management, Wien

Neugebauer, Gerry M./ Neugebauer, Julia Karen (2011): Lexikon der Pferdesprache. Neue Wege zur artgerechten Kommunikation. Ulmer Verlag, Stuttgart

Stock-Homburg, Ruth (2010): Personalmanagement: Theorien - Instrumente – Konzepte. 2. Aufl., Gabler-Verlag, Wiesbaden

Monika Knauer & Klemens Walter

Watzlawick, Paul/Beavin, Janet H./Jackson, Don D. (2011): Menschliche Kommunikation: Formen, Störungen, Paradoxien. Verlag Hans Huber, Bern, 12. Unveränderte Auflage

Videomaterial

Gansterer, Ursula-Dorothea, Fischer, Sophie, Poinstingl Karin (2011): „Forschungsgruppe ‚Equotherapie'. Erhebung nonverbaler Kommunikationsmuster zwischen Pferd und Mensch mittels Videoanalyse.", Universitäre Leitung: Univ.-Doz. Dr. Thomas Stephenson, 2011

Kaden, Dorothee (2012) Die heilende Sprache der Pferde. 2012, arte. 31.05.2012. Redakteurin: Dorothee Kaden.

Stephenson, Thomas (2012): Die heilende Sprache der Pferde. 2012, arte. 31.05.2012. Redakteurin: Dorothee Kaden. Prof. Thomas Stephenson, Sigmund-Freud-Universität, Wien im Interview

Zink, Roswitha (2012): Die heilende Sprache der Pferde. 2012, arte. 31.05.2012. Redakteurin: Dorothee Kaden. Mag. Roswitha Zink, Biologin, Pädagogin, Verein e.motion im Interview

Pferdegestützte Personalentwicklung

Barbara Kolzarek & Andrea Winkel

Wirkungen auf Mitarbeiter und Unternehmenskultur

Man kennt sie, die unglaublichen Berichte von Pferden. Über das Kleinkind, das nach langer Suche schlafend zwischen den Beinen der unnahbaren Stute gefunden wird. Oder den wilden, unbezähmbaren Hengst, der mit seinem neuen Besitzer plötzlich Höchstleistungen vollbringt.

Fluch und Segen zugleich sind diese Geschichten für uns, die mit Pferden seriöse Personalentwicklung betreiben. Fluch, weil sie die Begabung der Pferde fantastisch und unrealistisch erscheinen lassen. Segen, weil sie erste Hinweise geben auf die großartigen Möglichkeiten der

Kommunikation zwischen Mensch und Pferd

Eines haben diese Geschichten alle gemeinsam – sie handeln von authentischen Menschen. Ob es das Kleinkind ist, welches keinen Argwohn kennt und deshalb vollkommen angstfrei und vertrauensvoll dem großen Pferd gegenübertritt oder der vielleicht etwas naive Pferdenarr, der einfach an das Gute in seinem Pferd glaubt und der, vor allem durch seinen unbedingten Glauben an dieses Pferd und dem damit verbundenen Respekt und Verständnis, es zur Kooperation und Mitarbeit bewegt. Denn das können Pferde: sie interpretieren uns anhand unserer Körpersprache. Und sie reagieren mit Vertrauen und Kooperationsbereitschaft auf authentisches und ihnen zugewandtes Verhalten. Sie wirken deshalb wie ein Spiegel, der wertungsfrei, unbestechlich und in jeder Situation neu wiedergibt, wie sein Gegenüber in diesem Moment ist – nicht wie es sein möchte oder wie es selbst meint zu sein.

75

Pferde sind Herdentiere, mit einem ausgeprägten Sozialverhalten und einer situativ flexiblen Hierarchie innerhalb der Gemeinschaft[1]. Sie sind darauf angewiesen, zu einer „Herde" zu gehören. Unsere domestizierten Pferde übertragen diesen sogenannten „Herdentrieb" auch auf den Menschen und bringen daher eine *Grundmotivation zur Kooperation* mit. Für sie ist gemeinsam grundsätzlich attraktiver als einsam. Wobei sie keineswegs immer den körperlich stärksten oder aggressivsten Artgenossen oder Menschen als Ranghöchsten anerkennen. Den aggressiven „Macker" lassen sie zwangsweise gewähren, ordnen sich unter, wenn sie müssen, aber gehen ihm wenn möglich aus dem Weg; denn sie folgen dem Herdenmitglied, dem sie Vertrauen entgegenbringen. Aus reiner Selbsterhaltung müssen und können Pferde ihr Gegenüber, egal ob Artgenosse oder Mensch, in Sekundenbruchteilen genau einschätzen und direkt entsprechend agieren. Sie entscheiden situativ immer wieder aufs Neue, ob sie Führungsanspruch anerkennen und folgen oder die Führung für sich beanspruchen, um optimal für ihre eigene Sicherheit zu sorgen. Dies kann zum Teil so schnell und aufgrund so feiner Signale geschehen, dass es manchmal wie Gedankenübertragung wirkt. Erfahrene Reiter kennen den Effekt, dass sie nur etwas „denken" und das Pferd reagiert. Mittlerweile gibt es Forschungsergebnisse, die belegen, dass Pferde im Vergleich zum Menschen physiologisch zu einer doppelt so schnellen Reizverarbeitung und Reaktion in der Lage sind. Das heißt, in der Zeit, die ein Mensch braucht, um seine eigene intuitive Bewegung bewusst wahrzunehmen, hat das Pferd diese nicht nur wahrgenommen, sondern auch schon darauf reagiert, so dass der menschliche Wahrnehmungsapparat eine Gleichzeitigkeit suggeriert.

Die Frage nach der Wirksamkeit

Wie alle Maßnahmen im Personalmanagement müssen sich auch pferdegestützte Interventionen der Frage nach ihrer Wirksamkeit stellen. Die wissenschaftliche Evaluation bzw. die Erfolgskontrolle für Personalmanagementkonzepte und –maßnahmen ist eine komplexe Angelegenheit. Wirksamkeitsüberprüfungen und –überlegungen finden auf verschiedenen Ebenen statt. Zum einen auf der Ebene der konkreten Einzelmaßnahmen. Hierzu werden bei Angeboten zur Persönlichkeitsentwicklung in der Regel die

---

[1]   Krüger, K. (2008): Social Ecology of Horses. In: Korb, J; Heinze, J. (Hrsg.): Ecology of Social Evolution. S. 195-206. Springer: Berlin Heidelberg.

subjektiven Rückmeldungen der Teilnehmer nach Ablauf des Seminars erhoben. Zum anderen werden Wirksamkeitsüberprüfungen bezogen auf unternehmens- oder branchenweite Konzepte und Strategien durchgeführt. Grundsätzlich kommen sowohl die Forschung als auch der gesunde Menschenverstand zu dem Ergebnis, dass *auf die Unternehmensstrategie abgestimmte und gebündelte Maßnahmen* eine stärkere Erfolgswirksamkeit aufweisen als Einzelmaßnahmen. Der Schlüssel hierzu liegt in der Verknüpfung von Personalentwicklungsmaßnahmen mit Organisationsentwicklungsmaßnahmen, die eine Abstimmung sämtlicher Aktivitäten mit einer Unternehmensstrategie zwangsläufig mit sich bringt.

Zur Frage der Wirksamkeit pferdegestützter Angebote stellen wir zunächst ein konkretes Seminarkonzept vor sowie kommentierte Rückmeldungen von Teilnehmern zur Veranstaltung. Im Anschluss setzen wir die Besonderheiten pferdegestützter Angebote in Beziehung zur Unternehmenskultur und zu entsprechenden Personalmanagementkonzepten.

Ein Praxisbeispiel – Wirkungen pferdegestützter Personalentwicklung

Die Arbeit mit den Pferden im Seminar geschieht in der Regel vom Boden aus, und die grundlegenden Signale sind für die Teilnehmer schnell zu erlernen. Es geht nicht darum, zum „Pferdeflüsterer" zu werden, sondern die feine Wahrnehmung der Pferde für einen unverstellten und oft neuen Blick auf eigene Verhaltensmuster zu nutzen. Und dabei sind die Pferde individuell sehr unterschiedlich, so dass im Seminar verschiedene Pferde auch unterschiedliches Kommunikationsverhalten des Menschen für eine optimale „Mitarbeit" brauchen. Auf dieser Grundlage entwickeln wir für unsere Kunden pferdegestützte Angebote im Bereich Personal- und Organisationsentwicklung, wie zum Beispiel für den Führungskräftenachwuchs der Genossenschaftsbanken in Weser-Ems:

An zwei Tagen im April 2012 kam jeweils eine Gruppe der Teilnehmer des 1. GVWE[2]-Förderkreises für ein Training auf den Zuchthof Kathmann. Wie sie am Ende des Tages offen zugaben, kamen sie mit skeptischen Gefühlen. Sie sollten in der Arbeit mit Pferden etwas lernen zum Thema

---

[2] Genossenschaftsverband Weser-Ems

Selbstwahrnehmung und Authentizität für ihre berufliche Entwicklung. In der Abschlussrunde des Seminars gab es dann Aussagen wie diese:

1. „Das hätte ich nie gedacht, dass Pferde so fein reagieren und dass man die veränderte Reaktion des Pferdes so deutlich erkennen kann, wenn der Mensch sein Verhalten ändert."
2. „Wenn man dem Pferd gegenüber tritt, dann kann man gar nicht anders, man muss authentisch sein."
3. „Das war eine völlig neue Erfahrung, eine Abkehr vom Gewohnheitspfad, die volle Konzentration erfordert."
4. „Das Erlebnis, dass das Pferd tut, was man möchte, macht Spaß und lässt einen ein positives Gefühl erleben."
5. „Meine Angst vor Pferden ist Respekt ihnen gegenüber gewichen."

Mit diesen spontanen Aussagen benennen sie wesentliche Gründe dafür, warum in pferdegestützten Trainings sinnvoll und effektiv zu Themen der Personalentwicklung gearbeitet werden kann. Im Folgenden wollen wir den Zusammenhang zwischen diesen Erfahrungen und ihrem Nutzen im Sinne der Seminarziele etwas genauer erläutern:

„Pferde reagieren sehr fein auf das menschliche Verhalten und reagieren prompt, wenn sich ihr Gegenüber anders verhält"

Damit bestätigt ein Teilnehmer, dass er das Feedback des Pferdes erkennen konnte und auch die Spiegelung seiner Verhaltensweisen als einen sich verändernden Prozess erlebt hat. In einem solchen Setting entsteht die Möglichkeit, das eigene Verhalten bewusst zu variieren und sich auszuprobieren. Möglich wird diese Erfahrung und Trainingssituation durch die ausgeprägten Fähigkeiten der Pferde, Stimmungen zu erkennen und zu spiegeln, ihr feines Gespür für nonverbale Kommunikation und die Bereitschaft, ihre Reaktionen immer sofort dem neuen Verhalten ihres Gegenübers anzupassen.

„Wenn man dem Pferd gegenüber tritt, dann kann man gar nicht anders, man muss authentisch sein"

Diese Aussage kann mit Watzlawicks berühmter Erkenntnis „Man kann nicht nicht kommunizieren" erläutert werden. Alles, was wir tun, ist Kommunikation. Auch wenn wir uns vollkommen passiv verhalten, drücken wir damit etwas aus, senden eine Botschaft, vermitteln eine bestimmte Haltung. Über die große Bedeutung der nonverbalen Kommunikation für eine gelingende Verständigung ist schon viel geforscht und geschrieben worden. Im Umgang mit Pferden ist der Mensch auf diesen Kommunikationskanal reduziert und das Pferd lässt sich nicht durch rhetorische Raffinesse beeindrucken. Das Pferd reagiert auf das Authentische im Verhalten. Es vermag anhand winziger Kleinigkeiten in Körperhaltung und Bewegungsablauf die zugrunde liegende Haltung des Menschen in einer Situation wahrzunehmen. Als Beobachter lässt sich tatsächlich erkennen, ob sich jemand dem Pferd ernsthaft zuwendet oder sich voll auf das Abarbeiten einer Aufgabe konzentriert. Ein Unterschied, auf den das Pferd mit seinem feinen Gespür für nonverbale Kommunikation unterschiedlich reagiert. Hieraus resultiert die besondere Wertschöpfung von pferdegestützten Angeboten, denn das Pferd liest diesen authentischen Teil im Verhalten, der bei anderen Seminarformen häufig verborgen oder verschlossen bleibt. Spannend für die Personalentwicklung ist, dass beide Herangehensweisen erfolgreich sein können in Bezug auf die Aufgabe, die mit dem Pferd bewältigt werden soll, sofern sie authentisch, also stimmig für den jeweiligen Menschen sind.

„Die Arbeit mit Pferden erfordert volle Konzentration"

Diese Aussage legt den Fokus darauf, dass das Pferd ausschließlich in der Gegenwart lebt. Uns bringt es häufig Vorteile, über Vergangenes oder Zukünftiges nachzudenken. So können wir lernen und planen. Aber es gibt auch Situationen, die im „Hier und Jetzt" unsere volle Aufmerksamkeit erfordern, um sie optimal zu bewältigen. Hierzu zählen vor allem Kommunikationssituationen, deren Erfolg von einer gelungenen Beziehungsgestaltung abhängt, wie z.B. Mitarbeitergespräche mit dem Ziel der Potenzialentwicklung, Konfliktlösungen, die ein Win-Win-Ergebnis anstreben etc. Diese Fokussierung lässt sich mit dem Pferd trainieren, denn es zeigt durch sein Verhalten, wann wir fokussiert sind und wann nicht.

„Das Erlebnis, dass das Pferd tut, was man möchte, macht Spaß und lässt einen ein positives Gefühl erleben"

Hier spricht ein Teilnehmer die positive Wirkung von Erfolgserlebnissen beim Training mit Pferden an. Die Voraussetzung dafür ist die grundsätzliche Bereitschaft der Pferde, jederzeit neu auf einen Menschen einzugehen. Es ist nicht „nachtragend" und es verfolgt keine unbekannten Ziele. Die positive Wirkung entsteht für die Seminarteilnehmer durch das Erleben der eigenen Selbstwirksamkeit. Die erfolgreiche Bewältigung einer Aufgabe mit Pferd ist ganz eindeutig das Ergebnis einer gelungenen Kommunikation und des eigenen zielgerichteten Handelns.

„Meine Angst vor Pferden ist Respekt ihnen gegenüber gewichen"

Mit diesem Zitat bemerkt ein Teilnehmer eine Veränderung seiner eigenen inneren Haltung – aus der Angst wurde Respekt. Angst wird in beruflichen Zusammenhängen ungern thematisiert. Häufig unterstützt die berufliche Sozialisation die Mitarbeiter, Angstgefühle unter die Wahrnehmungsschwelle zu schieben. Angstbesetzte Situationen werden in der Folge unbewusst gemieden. Dies steht dann häufig einem konstruktiven und bewussten Umgang mit Veränderungen und Unsicherheit in den Unternehmen im Wege. In fast jedes Seminar kommen einige Teilnehmer, die sich zunächst mit ängstlichen Gefühlen auf die Situation einlassen. Diese stehen subjektiv vor einer deutlich größeren Herausforderung, wenn sie mit Pferden arbeiten sollen. Hier ist es wichtig, dass das Seminarkonzept eine schrittweise Annäherung an die Pferde unterstützt und ein individuelles Vorgehen ermöglicht. Bei zunächst ängstlichen Teilnehmern, die sich im Verlauf des Seminars einen selbstsicheren Umgang mit den Pferden erarbeiten, wird diese Veränderung der inneren Haltung im Verhalten der Pferde besonders deutlich sichtbar. Entsprechend groß ist das „Aha-Erlebnis" bei Beteiligten wie Beobachtern.

Dass die eigene innere Haltung nicht als etwas Statisches hingenommen werden muss (so bin ich eben), sondern bewusst und selbstgesteuert verändert werden kann, kann viel positive Energie frei setzen. Diese positive Energie wird in Unternehmen gebraucht, um z.B. mit strukturellen Veränderungen oder den Unsicherheiten durch die sich schnell wandelnden Märkte konstruktiv umgehen zu können.

In der Seminarbewertung anhand eines Fragebogens gaben alle Aktiven an, sich während des gesamten Tages auf dem Zuchthof Kathmann wohl gefühlt zu haben. Sie bestätigten, dass sie viele neue Erkenntnisse in Bezug auf authentisches Verhalten und Selbstwahrnehmung gewonnen haben. Ausnahmslos alle Teilnehmer gaben an, dass sie eine Spiegelung ihres Verhaltens durch das Pferd erkennen konnten, und dass diese Spiegelung ihnen die Selbstreflexion erleichterte. Das ist exakt die von uns angestrebte Basis, aus der Veränderung entstehen kann und eine bewusste Weiterentwicklung der Persönlichkeit möglich ist.

Mit Pferden an der Unternehmenskultur arbeiten?

Damit die Begegnungen mit dem Pferd nicht nur intensiv sind, sondern auch zur professionellen Entwicklung beitragen, benötigen sie ein *didaktisches Konzept* sowie *systematische Unterstützung für den Transfer* in die beruflichen Situationen.

Damit pferdegestützte Personalentwicklung nicht nur zur Kompetenzentwicklung der einzelnen Teilnehmer beiträgt, sondern eine optimale Wirkung für das Unternehmen entfalten kann, benötigen die Maßnahmen wie alle anderen Personalentwicklungsmaßnahmen auch eine sorgfältige *Auftragsklärung in Abstimmung mit der Unternehmensstrategie und Personalmanagementkonzepten* (s. Abb. 1):

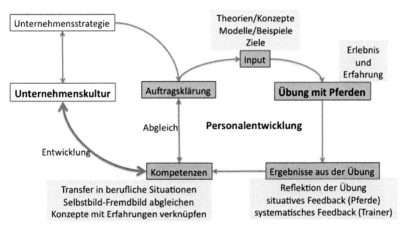

Abb. 1: Wirksame Personalentwicklung (Kolzarek/Winkel)

Wenn wir also von einer grundsätzlichen Wirksamkeit pferdegestützter Angebote, wie sie in den Rückmeldungen der Teilnehmer deutlich wird, ausgehen, stellt sich im Anschluss die Frage, für welche Unternehmen oder Organisationen pferdegestützte Angebote besonders geeignet sind.

Edgar Schein definiert das schwer fassbare *Phänomen der Unternehmenskultur* folgendermaßen[3]:

Unternehmenskultur ist ein *Muster gemeinsamer Grundprämissen*, das die Gruppe bei der Bewältigung ihrer Probleme externer Anpassung und interner Integration erlernt hat, das sich bewährt hat und somit als bindend gilt; und das daher an neue Mitglieder als rational und emotional konkreter Ansatz für den Umgang mit Problemen weitergegeben wird.

Mit Hilfe von pferdegestützten Interventionen werden gerade diese Grundprämissen erlebbar, besprechbar und damit auch einer bewussten Veränderung zugänglich gemacht.

Eine Studie von Prof. Dr. Kring in Zusammenarbeit mit der Akademie Deutscher Genossenschaften zu Erfolgsfaktoren im Personalmanagement von Genossenschaftsbanken untersucht drei Varianten des Personalmanagements hinsichtlich ihrer Erfolgswirksamkeit:

– die leistungsorientierte Personalarbeit oder High Performance Work Systems (HPWS),
– die mitarbeiterorientierte Personalarbeit bzw. High Commitment Work Systems (HCWS),
– ein durchgängig markt- und kundenorientiertes Personalmanagement.[4]

Die erste Herausforderung besteht also darin, zum Unternehmen und zur Unternehmensstrategie das passende Personalmanagementkonzept zu wählen und entsprechend alle Maßnahmen auf die gewählte Priorität hin auszurichten. Wenn das gelingt, wirkt das Personalmanagement gezielt auf die Unternehmenskultur ein.

Die Studie ergibt u.a., dass ein Personalmanagement, das darauf ausgerichtet ist, die Bindungsbereitschaft der Mitarbeiter zu erhöhen, tatsächlich sehr gute Voraussetzungen für ein hohes Mitarbeiterengagement schaffen kann und dass dieses Engagement sich bei den Genossenschaftsbanken in Erfolg niederschlägt. Eine kundenorientierte Personalentwicklung und eine mitarbeiterorientierte Personalführung erweisen sich hier als Erfolgsfaktoren.

---

[3] Schein, E.H. (1995): Unternehmenskultur – ein Handbuch für Führungskräfte. Campus Verlag

[4] Kring, T. (2012): Erfolgsfaktoren im Personalmanagement von Volksbanken und Raiffeisenbanken – eine empirische Studie. In: Akademie Deutscher Genossenschaften ADG (Hrsg.): ADG Argumente, Nr. 8., www.adgonline.de

Eine *kundenorientierte Personalentwicklung* legt Wert auf die Entwicklung der Kompetenzen, die für die Gestaltung konsequent kundenorientierter Geschäftsprozesse relevant sind. Dazu zählen unter anderem die Kompetenzen für eine zielgerichtete und gleichwohl authentische Gestaltung beruflicher Rollen, Beziehungen und Kommunikation.

Eine *mitarbeiterorientierte Personalführung* zeichnet sich u.a. aus durch individuelles Feedback statt schematischer (verkürzter) Leistungsbeurteilung und persönlicher Wertschätzung durch die direkten Führungskräfte statt unpersönlichen Geldbetrages[5] als Anerkennung.

Unternehmen, die eine derart ausgerichtete *Unternehmenskultur entwickeln* oder pflegen wollen, die sowohl von Führungskräften als auch von Mitarbeitern eine authentische Gestaltung der beruflichen Rollen und Beziehungen verlangt, können in besonderer Weise von pferdegestützter Personalentwicklung profitieren. Über die Weiterentwicklung der individuellen Kompetenzen, das Bewusstwerden eigener Grundhaltungen und Problemlösungsmuster sowie die gemeinsame Reflektion über deren jeweilige Angemessenheit im beruflichen Setting wird Einfluss auf die Unternehmenskultur gewonnen. In der Arbeit mit den Pferden werden gerade die kulturprägenden Grundannahmen zunächst mal jedes Einzelnen deutlich und damit auch in der Gruppe bearbeitbar.

Literatur

Kring, T. (2012): Erfolgsfaktoren im Personalmanagement von Volksbanken und Raiffeisenbanken – eine empirische Studie. In: Akademie Deutscher Genossenschaften ADG (Hrsg.): ADG Argumente, Nr. 8., www.adgonline.de

Krüger, K. (2008): Social Ecology of Horses. In: Korb, J; Heinze, J. (Hrsg.): Ecology of Social Evolution. S. 195-206. Springer: Berlin Heidelberg.

Schein, E.H. (1995): Unternehmenskultur – ein Handbuch für Führungskräfte. Campus Verlag

---

[5] ebd.

Auf das richtige Pferd setzen

Beate Blankenburg

Personalauswahl mit Pferdegestützten Trainings

Eine erfolgreiche Personalpolitik zeichnet sich dadurch aus, dass die jeweilige Stelle und der Mitarbeiter optimal zusammenpassen. Dabei legen Unternehmen neben der fachlichen Qualifikation immer mehr Wert auf persönliche Kompetenzen (soft skills) ihrer Mitarbeiterinnen und Mitarbeiter. Praxiserfahrungen zeigen, dass Pferdegestützte Stärken-Analysen von Bewerbern authentischere Ergebnisse herausarbeiten als andere Testverfahren. Auf der Grundlage des Anforderungsprofils der Stelle wird ein Übungskonzept erarbeitet, welches die Persönlichkeitseigenschaften der Bewerberinnen und Bewerber visualisieren und erlebbar macht. Als theoretische Orientierung dient das Bochumer Inventar zur berufsbezogenen Persönlichkeitsbeschreibung (Bip). Die Methode „Pferdegestüt2ts Training" basiert zum Ersten auf der außergewöhnlichen Wahrnehmungsfähigkeit von Pferden. Als Fluchttier haben Pferde eine viel schärfere Beobachtungsgabe als der Mensch. Sie reagieren immer sofort und direkt auf ihr Gegenüber. Sie agieren immer authentisch und sind deshalb Spiegel menschlichen Verhaltens, Denkens und Fühlens. Zum Zweiten sind Pferde ähnlich wie Menschen in einer sozialen Gruppe mit einer eindeutigen Rangordnung und klarer Aufgabenzuweisung organisiert. Im Spannungsfeld der Selbstwahrnehmung und der vom Pferd erarbeiteten Ergebnisse werden Aspekte deutlich, die andere Testverfahren nicht ermitteln können. Pferdegestützte Trainings eignen sich insbesondere für die Überprüfung von Führungsqualitäten, können aber auch für die Besetzung von Stellen ohne Mitarbeiterverantwortung eingesetzt werden. Die Ergebnisse der praktischen Übungen mit Pferden sind für die Teilnehmer besonders eindrücklich und nachhaltig, weil sie sie mit allen Sinnen erleben und weil diese intrinsisch motivieren.

Die Korrektur durch das Pferd gegenüber dem Selbstbild kann auch leichter angenommen werden als die Korrektur durch den Trainer. Die Arbeit mit dem Pferd gibt genügend inneren Freiraum, über sich selbst zu reflektieren und Impulse zu verarbeiten.

Gesucht wird die „perfekte" Führungskraft

Ein Führungsposten einer Bankgesellschaft sollte intern neu besetzt werden. Fünf Mitarbeiterinnen und Mitarbeiter mit ähnlich guten fachlichen Qualifikationen hatten sich beworben. Das Unternehmen nahm mit uns Kontakt auf: Es stand die Frage im Raum, wer von den Bewerberinnen und Bewerbern die geeigneten Führungsqualitäten mitbringt. Die Bank wollte mit dieser innovativen Methode „auf's richtige Pferd setzen", da eine Fehlbesetzung für das Unternehmen finanzielle Verluste bedeutet, verunsicherte und frustrierte Mitarbeiter, schlechte Arbeitsergebnisse und unzufriedene Kunden. Bis zu diesem Zeitpunkt setzte die Bank psychologische Testverfahren mit Fragebogen ein. Sie führten laut Aussage der Personalleitung aber nicht zu den präferierten Ergebnissen, nämlich den führungsstärksten und kompetentesten und für diese Stelle geeignetsten Bewerber herauszufinden. Sie hatte die Erfahrung gemacht, dass die Bewerberinnen und Bewerber keine authentischen Antworten gaben, von denen sie überzeugt waren, sondern Antworten, die zu einem vermeintlich positiven Testergebnis führten. Diese Manipulierbarkeit ist mit der Pferdegestützten Methode ausgeschlossen, denn Pferde sind immer ehrlich.

Im Rahmen der Zielklärung unterbreiteten wir folgenden Vorschlag: In einem zweitägigen Pferdegestützten Training sollten vor allem Führungseigenschaften wie Präsenz, natürliche Autorität und Authentizität, Entschlossenheit, Kontaktfähigkeit, Glaubwürdigkeit und Vertrauen herausgearbeitet werden. Dabei sollte am ersten Tag eine Stärken-Analyse der Bewerberinnen und Bewerber erfolgen. Am zweiten Tag sollten die Entwicklungspotentiale und die Lernfähigkeit im Mittelpunkt stehen.

Unter den Kandidaten absolvierte ein 38jähriger Mann das Pferdegestützte Training. Er arbeitete seit seiner Berufsausbildung in der Bank und war in verschiedenen Positionen tätig, hatte Berufserfahrungen gesammelt und als Stellvertreter erste Führungsaufgaben übernommen. In seiner Berufsplanung war es für ihn ein folgerichtiger Schritt, sich für die ausge-

schriebene Führungsposition zu bewerben. Er hatte jahrelang darauf hinge-
arbeitet und war überzeugt, alle Fähigkeiten zu besitzen.

Die erste Aufgabe für die Kandidaten bestand darin, mit dem freilaufenden Pferd Kontakt aufzunehmen, ohne Hilfsmittel zu verwenden. Für
Führungskräfte ist der Kontakt zu ihren Mitarbeitern eine Grundvoraussetzung, um führen zu können. Nur wenn sie wissen, was ihre Mitarbeiter
brauchen, was sie wünschen und was sie von der Führung erwarten, kann
ihre Leistungsbereitschaft gefördert werden.

Mit dieser Übung wird die Beobachtungs- und Wahrnehmungsfähigkeit
der Bewerber sichtbar. Es geht um gegenseitigen Respekt und um Vertrau-
ensaufbau. Es geht darum, ob adäquate Lösungsstrategien gefunden werden. Der junge Mann konnte recht schnell Kontakt mit dem Pferd herstellen
und seine Aufmerksamkeit gewinnen. Das Pferd wandte sich zu, ließ sich
anfassen und streicheln und blieb in der Nähe. In einer der weiteren Übungen sollten die Bewerberinnen und Bewerber ein Pferd am Führstrick über
eine Plastikplane führen. Pferde tun das nur, wenn sie großes Vertrauen in
den Führenden haben. Das Überqueren einer Plastikplane ist für ein Pferd
eine große Herausforderung, weil es ein Fluchttier ist und vor dem Rascheln
flüchtet. Außerdem kann es nicht beurteilen, ob der Untergrund es tragen
wird oder ob es in ein „schwarzes Loch" fällt. Als das Pferd sich weigerte
auf die Plane zu treten, griff der junge Mann beherzt zu, konnte das Pferd
aber trotzdem nicht bewegen, mit ihm die Plane zu überqueren. Mehrere
Anläufe scheiterten. Er zog immer mehr am Führstrick und wurde wütend
als er merkte, damit nicht ans Ziel zu kommen. Einem anderen Bewerber
gelang der schwierige Weg, weil er dem Pferd mehr Einfühlung gab, die
Signale des Pferdes wahrnahm und den geeigneten Augenblick abwartete,
bis das Pferd ihm freiwillig folgte. Er respektierte den Individualabstand
seines Gegenübers, und bot dem Pferd an, zunächst ihm zu folgen, ohne
Druck auszuüben. Als er dann eine andere Richtung einschlug, folgte ihm
das Pferd freiwillig. Dem Bewerber war es gelungen, zum Pferd Vertrauen
aufzubauen. Das Pferd anerkannte seine natürliche Autorität.

Der junge Mann schilderte im Feedback, dass er sich wie in alltäglichen Situationen in der Bank gefühlt habe. Er hatte die Erfahrung gemacht,
dass er durch seine offene und freundliche Art immer schnell zu anderen
Kontakt fand, sobald er aber von einem Mitarbeiter eine Leistung einfor-
derte, wurden Anweisungen umgangen oder ohne seine Kontrolle nicht mit
dem gewünschten Ergebnis erledigt. Er fühlte sich wie „ein Dompteur mit

der Peitsche". Das Mittel seiner Wahl war nicht Vertrauen, sondern Druck. Dem jungen Mann kamen erstmals Zweifel an seinen Führungsqualitäten. Ihm war es nicht gelungen, dass ihm das Pferd freiwillig folgt und er hatte lediglich das Instrument des Druckausübens parat, um das Pferd zu bewegen. Ein anderes kannte er nicht. Als am zweiten Tag die Entwicklungspotentiale und die Lernfähigkeit der Kandidaten im Mittelpunkt der Übungen standen, reagierte das Pferd sehr deutlich auf die Unsicherheit und die Selbstzweifel des jungen Mannes. Das Pferd übernahm während der Übungen häufig selbst die Führung, weil der junge Mann ihm keine Sicherheit gab und keine eindeutigen Signale sendete. Es fiel ihm daraufhin schwer, andere Lösungsstrategien zu entwickeln.

Mit diesem Ergebnis hatte der junge Mann nicht gerechnet. Er hatte nie Zweifel an seinen Führungsqualitäten gehegt. Seine Vorgesetzten hatten ihm auch immer Führungsqualitäten bescheinigt und ihn gefördert. Durch den Einsatz von Pferden hatte er jedoch erlebt, dass er wichtige Eigenschaften nicht mitbrachte. Die Pferde hatten es ihm wie einen Spiegel vorgehalten und sichtbar gemacht. Dem anderen Bewerber haben die Pferde seine Führungsqualitäten bestätigt. Er war stets präsent, hatte alle Prozesse im Blick, konnte Respekt und Vertrauen aufbauen und war stets authentisch. Er konnte die Pferde motivieren. Gemeinsam absolvierten Pferd und Mensch die Übungen mit scheinbarer Leichtigkeit und hatten Spaß an der Arbeit.

Durch das Pferdegestützte Training ist analysiert worden, welche Führungsqualitäten die Bewerberinnen und Bewerber gegenwärtig haben und in welchem Maße sie sich für die Führungsposition eignen. Der junge Mann besaß wichtige Führungsqualitäten nicht, hatte jedoch Potentiale, diese noch zu entwickeln.

Die Personalentscheider haben mit der Pferdegestützten Analyse eine Entscheidungshilfe in die Hand bekommen, mit der sie „auf's richtige Pferd" setzen konnten und denjenigen auswählten, der die für die Stelle gewünschten Führungsqualitäten besaß. Warum kann nun dem Trainingsergebnis mit Pferden vertraut werden? Wie funktioniert die Pferdegestützte Methode? Welches Prinzip liegt dem zugrunde?

Richtige Personalbesetzung ist entscheidend für den Erfolg eines Unternehmens

Am Beispiel der Personalauswahl der Bankgesellschaft wird deutlich, dass für den Erfolg eines Unternehmens gut ausgebildete und hochmotivierte Fachkräfte immer wichtiger werden. Der Faktor Mensch entscheidet letztlich über die Qualität von Produkten und Dienstleistungen, deren Marketing und damit über Wettbewerbsvorteile. Es geht nicht nur darum, die besten Fachkräfte anzuwerben. Eine erfolgreiche Personalpolitik zeichnet sich vor allem dadurch aus, dass die jeweilige Stelle und der Mitarbeiter oder die Mitarbeiterin optimal zusammenpassen. D.h. der Mitarbeiter oder die Mitarbeiterin besitzt genau jene Fähigkeiten, Fertigkeiten, das Wissen und das Maß an Berufserfahrung, die genau für diese Stelle gebraucht werden. Andererseits bietet der Zuschnitt der Stelle genau jene Potentiale, die der Mitarbeiter ausfüllen möchte, und wo er seine spezifischen Fähigkeiten ungehindert zum Wohle des Unternehmens entfalten kann. So wird ein Mitarbeiter, der hohe kreative Fähigkeiten besitzt, diese in einer Entwicklungsabteilung optimal zur Entfaltung bringen können. In der Buchhaltung des Unternehmens, wo Genauigkeit gefragt ist, gibt es für kreative Fähigkeiten wenig Spielraum. Die hohen kreativen Fähigkeiten können sogar kontraproduktiv für die Buchhaltungsstelle sein.

Die geeigneten Menschen für die geeigneten Stellen zu finden, ist Aufgabe der Personalauswahl. Sie ist verantwortlich für eine motivierte und belastbare Belegschaft, die in all ihren Teilen am Erfolg des Unternehmens beteiligt ist. Dabei ist die Belegschaft nur so gut, wie ihr schwächstes Glied. Auch in scheinbar weniger wichtigen Bereichen ist bei der Personalauswahl große Sorgfalt geboten. Deshalb ist ein Anforderungsprofil aus fachlicher Qualifikation und persönlicher Eignung die wichtigste Grundlage, um „auf's richtige Pferd zu setzen" und geeignete Mitarbeiterinnen und Mitarbeiter auszuwählen. Trotzdem bleibt die Entscheidung schwierig, zumal sich wegen des demografischen Wandels und des steigenden Fachkräftemangels zunehmend weniger Kandidaten bewerben.

Personalentscheider legen heute Wert darauf, dass ihre Mitarbeiterinnen und Mitarbeiter nicht nur fachlich, sondern auch zwischenmenschlich kompetent sind (soft skills). So sind beispielsweise solche Fähigkeiten wie Teamorientierung oder Kontaktfähigkeit heute in vielen Bereichen grundlegende Anforderungen an die berufliche Tätigkeit. Es ist sogar festgestellt worden, dass soziale Kompetenzen zukünftige Arbeitsleistung vorhersagen.

Eine fundierte Personalauswahl ist heute für Unternehmen eine Investition, die Gewinn bringt. Falsche Personalentscheidungen, sei es eine Führungskraft, sei es ein Mitarbeiter ohne Personalverantwortung, kosten Zeit, Energie und Geld. Gute Personalentscheidungen führen dazu, dass Menschen sich wohl fühlen und jederzeit das Beste geben. Um dieser Entwicklung Rechnung zu tragen, gehört in vielen Unternehmen heute neben der Auswertung der Bewerbungsunterlagen und dem Vorstellungsgespräch auch ein Persönlichkeitstest zum Auswahlverfahren. Nach mehreren Untersuchungen sind in 25% aller Unternehmen und in über 50% der Großunternehmen in den westlichen EU-Staaten Persönlichkeitstests Teil des Auswahlverfahrens[1].

Das Pferd reagiert immer authentisch

Persönlichkeitstests analysieren die persönlichen Stärken und Schwächen eines Menschen und werden oft in Vorbereitung von Vorstellungsgesprächen durchgeführt. Meist erfolgt der Test mit Hilfe von Fragebögen. Die Testergebnisse geben einen Überblick, welche der getesteten Persönlichkeitsmerkmale im Vergleich zueinander stärker oder schwächer ausgeprägt sind. Der Nachteil der Anwendung von Testverfahren durch Fragebögen besteht in der Manipulierbarkeit der Ergebnisse durch den Bewerber. Die Fragen lassen fast immer erkennen, auf welche Charaktereigenschaft ihre Beantwortung schließen lässt und welche davon für die Position positiv bewertet werden. Selbst durch geschickt gestellte Kontrollfragen, die die innere Stimmigkeit gewährleisten sollen, bleibt dieses Problem bestehen. Teamfähigkeit ist heute beispielsweise ein Persönlichkeitsmerkmal, welches in vielen Berufen und Stellenausschreibungen zum Anforderungsprofil gehört. Viele Bewerber sind auch davon überzeugt, dass sie teamfähig sind und kennen auch die Antworten, die im Persönlichkeitstest erwartet werden. Ob sie im Arbeitsalltag tatsächlich teamfähig sind, zeigt sich erst in Herausforderungssituationen.

---

[1] Schmid, Sandra: Stellungnahme Persönlichkeitstests - Ein personaldiagnostisches Instrument im Rahmen der Personalauswahl. *Zürcher Hochschule für Angewandte Wissenschaften* 2006

Die Pferdegestützten Trainings können im Unterschied zu Fragebogentests Persönlichkeitseigenschaften eines Bewerbers authentisch analysieren und sogar erlebbar machen und visualisieren. Deshalb eignet sich diese Methode für Personalauswahlverfahren, insbesondere von Führungskräften. Das Pferd übernimmt den Part des Co-Trainers. Die Bewerberinnen und Bewerber werden aufgefordert, einzeln oder in der Gruppe mit einem oder mehreren Tieren Aufgaben zu lösen, zum Beispiel ein Pferd durch einen Parcours zu führen. Dabei verhalten sich Mensch und Tier zueinander und eröffnen auf eine ganz besondere Weise die Möglichkeit, die Ausprägung von Persönlichkeitsmerkmalen unverfälscht zu zeigen. Im Falle des Bewerbers für die Führungsstelle in der Bank zeigte sich, dass er kein Vertrauen zu seinen Mitarbeiterinnen und Mitarbeitern aufbauen konnte und deshalb Führung nur mit Druck ausübte. Er besaß nicht genügend natürliche Autorität, um Führungsaufgaben wahrnehmen zu können. Durch Selbsterfahrung hat er jedoch gelernt, dass weniger Druck zu einem besseren Ergebnis führen kann.

Pferdegestützte Personalauswahl profitiert von der außergewöhnlichen Wahrnehmungswelt der Pferde und resultiert aus deren natürlichen Lebensbedingungen. Als Fluchttiere haben Pferde über Jahrmillionen eine viel schärfere Beobachtungsgabe entwickelt als der Mensch. Ihre Sinnesorgane haben sich darauf eingestellt. Dadurch nehmen die Tiere selbst winzigste, zum Teil unbewusste, Regungen in Haltung, Mimik und Gestik wahr und reagieren direkt auf Gedanken und Gefühle ihres Gegenübers – selbst wenn diese Person nicht ausdrücklich mit dem Pferd kommunizieren will. Pferde spüren sofort, ob ein Mensch Autorität und Gelassenheit ausstrahlt und ob er nervös und aufgeregt ist. Dadurch können individuelle Verhaltensmuster überprüft und auf konkrete berufliche Anforderung übertragen werden. Pferde spüren Unstimmigkeiten von innerer Einstellung und äußerer Darstellung. Mit den Pferdegestützten Übungen lässt sich überprüfen, ob innere Absicht und äußeres Handeln des Menschen übereinstimmen und er authentisch handelt. Pferde erkennen Führungspersönlichkeiten und folgen nur, wenn Stärke, Durchsetzungsfähigkeit, aber auch Wertschätzung gezeigt werden. Vertrauen bewegt zur Kooperation. Zu großer Druck aber erzeugt Gegendruck in Form von Angst, Verweigerung und innerer Flucht. Pferde lassen sich nicht zur Kooperation zwingen – außer sie werden physisch gebrochen. Motivation, Zuwendung und Respekt können effektiver sein als Zwang und Härte. Wegen dieser Eigenschaften werden Pferde als

Spiegel unserer Persönlichkeit, unseres Verhaltens, unserer Gefühle und auch unbewusster Überzeugungen eingesetzt.

Pferde sind ähnlich wie Menschen sozial als Gruppe (Herde) mit einer unmissverständlichen Rangordnung vom Leittier bis zum rangniedrigsten Mitglied organisiert. Diese eindeutige Über- und Unterordnung verbunden mit klarer Aufgabenzuweisung innerhalb der Gruppe (Herde) bestimmt ihre höchst effektive Kommunikation untereinander.

Die Methode des Pferdegestützten Trainings ist deshalb so effektiv und nachhaltig, weil die Teilnehmerinnen und Teilnehmer mit allen Sinnen lernen. Außerdem liegen dem Training intrinsische Motive zugrunde, d.h. es geht um Selbstmotivation. Der Lernende bringt sich etwas selbst bei und wendet das Erlernte an. Es hat besondere Bedeutung für die persönliche Entwicklung innerhalb des beruflichen Kontextes. Lernpsychologen bestätigen, dass intrinsische Motivation zu größeren Leistungen anspornt als andere Motivationsarten. Für Pferdegestützte Trainings heißt das, dass die Spiegelung menschlichen Verhaltens durch das Pferd den Menschen auffordert, sich mit sich selbst auseinanderzusetzen. Dem kann sich auch niemand entziehen. Die Methode hat auch den Vorzug, dass die Korrektur durch das Pferd gegenüber dem Selbstbild von Menschen leichter angenommen werden kann als die Korrekturen durch den Trainer, die oft aus verschiedensten Gründen Interpretation und Widerspruch hervorrufen. Die Arbeit mit dem Pferd gibt genügend inneren Freiraum, über sich selbst zu reflektieren und Impulse zu verarbeiten.

Eine theoretische Orientierung für den Einsatz von Pferden für die Stärken-Analyse als Teil von Personalauswahlverfahren bietet das am häufigsten eingesetzten Verfahren: das Bochumer Inventar zur berufsbezogenen Persönlichkeitsbeschreibung (Bip). Dieses persönlichkeitsorientierte Verfahren für den beruflichen Kontext ist in den 1990er an der Ruhr-Universität Bochum entwickelt worden[2]. In vier Persönlichkeitsbereichen zusammengefasste 14 Persönlichkeitseigenschaften sollen persönliche Eignungsvoraussetzung eines Bewerbers überprüfen.

Die berufliche Orientierung (Macht- und Leistungsanspruch) umfasst die Führungsmotivation (Wären Sie gern der Chef?), Gestaltungsmotivati-

---

[2] Hossiep, Rüdiger; Paschen, Michael unter Mitarbeit von Oliver Mühlhaus Bochumer Inventar zur berufsbezogenen Persönlichkeitsbeschreibung, 2. Aufl., Göttingen 2003.

on (Wie stark ist der Wunsch nach aktiver Einflussnahme und Gestaltung?) und die Leistungsmotivation (Wie hoch ist Ihre Leistungsmotivation?).

Das Arbeitsverhalten (Arbeitsweise) unterteilt nach Handlungsorientierung (Überlegen Sie zu viel und handeln Sie wenig oder umgekehrt?), Flexibilität (Wie schwer tun Sie sich mit notwendig werdenden Anpassungen?) und Gewissenhaftigkeit (Sehen Sie sich eher als fixen Überflieger oder beinahe schon als Erbsenzähler?)

Die sozialen Komponenten (Sozialverhalten) unterteilen in Durchsetzungsfähigkeit (Knicken Sie schnell ein oder sind Sie eher etwas halsstarrig?) Teamorientierung (Was bedeutet Ihnen Autonomie, was Kooperation?), Kontaktfähigkeit (Wie leicht fällt es Ihnen, auf andere zuzugehen?), Verträglichkeit (Wie freundlich wirken Sie auf andere?) und Einfühlungsvermögen (Überschätzen Sie (nicht) Ihr Einfühlungsvermögen?).

Die Übungen haben verschiedene Schwierigkeitsgrade

Der vierte Persönlichkeitsbereich umfasst die psychische Konstitution (Seelenzustand). Dabei wird unterteilt in Selbstbewusstsein (Sind Sie wirklich so, wie Sie sich geben? Und finden Sie das auch gut so?), emotionale Stabilität (Wie schnell wirft Sie etwas aus der Bahn?) und Belastbarkeit (Wie viel Stress, wie viel Arbeitsdruck können Sie vertragen?).

Für eine erfolgreiche Berufstätigkeit muss nicht jede Dimension überdurchschnittlich ausgeprägt sein. Dies hängt vom Anforderungsprofil der Stelle ab. Das Bip bietet sich auch deswegen als theoretische Orientierung für Pferdegestützte Stärken-Analyse an, weil es eine individuelle Rückmeldung auf jede getestete Persönlichkeitseigenschaft gibt und die Ergebnisse nicht in schablonierten Persönlichkeitsprofilen zusammenfasst. Außerdem erhebt dieses Verfahren nicht den Anspruch, die gesamte Persönlichkeit zu analysieren, sondern beschränkt sich ganz bewusst auf Persönlichkeitsmerkmale, die im beruflichen Kontext gefragt sind.

Voraussetzung für eine aussagefähige Pferdegestützte Stärkenanalyse ist ein präzises Anforderungsprofil an die zukünftige Berufstätigkeit eines Bewerbers. Welche zwischenmenschlichen Kompetenzen sind wirklich er-

forderlich für eine erfolgreiche Arbeit und in welcher Gewichtung? Ist beispielsweise selbständiges Arbeiten in den Arbeitsstrukturen und der Unternehmenskultur organisiert oder steht dieses Kriterium nur in der Stellenan-
zeige?

Anhand des Anforderungsprofils wird ein Konzept erarbeitet, mit welchen Pferdegestützten Übungen die Ausprägungen der vorgesehenen Persönlichkeitsmerkmale dargestellt werden können. Da die Übungen verschiedene Schwierigkeitsgrade aufweisen, ist auch eine didaktische Rang-
und Reihenfolge der Übungen wichtig. Auch die Dauer der Pferdegestützten Stärken-Analyse ist abhängig vom Anforderungsprofil und dem konkreten Auftrag. In der Praxis hat sich bis jetzt gezeigt, dass ein zweitägiges
Arbeiten mit einer Gruppe von bis zu vier Teilnehmerinnen und Teilnehmern sehr effektiv ist. Die Übungen werden per Video aufgezeichnet, um
eine intensive Auswertung mit den Bewerberinnen und Bewerbern zu ermöglichen.

Wichtig ist auch das Feedback und der Abgleich mit dem Übungser-
gebnis. Dies ist eine Konstellation, die ein fragebogengestützter Persönlich-

Feedback (Foto B. Blankenburg)

keitstest nicht erbringen kann: nämlich die authentische Ausprägung eines Persönlichkeitsmerkmales, angezeigt durch den Co-Trainer Pferd und die Selbstwahrnehmung des Bewerbers. Dieses Spannungsfeld liefert häufig Nachfragen und Gesprächsstoff für das Vorstellungsgespräch, die es ohne diese Methode nicht gegeben hätte. Anders als beim originären Testergebnis des Bochumer Inventars mit der vermeintlich objektiv gemessenen Ausprägung von Persönlichkeitsmerkmalen, fasst der Coach des Pferdegestützten Verfahrens die vom Pferd herausgearbeiteten Ergebnisse und die Ergebnisse des Bewerberfeedbacks in einem Bericht zusammen. Dabei wird die Ausprägung einzelner Persönlichkeitsmerkmale beschrieben und zueinander gewichtet. Außerdem finden Auffälligkeiten Erwähnung, die der Co-Trainer Pferd zusätzlich herausgearbeitet hat. Ein absolutes Ranking zwischen den Bewerberinnen und Bewerbern verbietet sich, weil es die Analyseergebnisse verfälschen würde. Der Co-Trainer Pferd reagiert auf jeden Menschen individuell und der Situation angemessen.

Neben dem Einsatz von Pferden bei der Personalauswahl wird diese Methode auch von der Berufsberatung zur Erarbeitung von Persönlichkeitsprofilen und daraus resultierenden Berufsorientierungen genutzt. Hier liegt die Fragestellung zugrunde, welche persönlichen Stärken und Schwächen der Teilnehmer oder die Teilnehmerin und in welcher Ausprägung besitzt. Welche Besonderheiten wurden herausgearbeitet. Aufgrund der am Pferd erarbeiten Ergebnisse können dann Empfehlungen für die Berufsorientierung gegeben werden.

Außerdem bietet sich dann ein Ansatz für die Persönlichkeitsentwicklung. Hier können herausgearbeitete Stärken mit gezielten Übungen gestärkt bzw. Schwächen abgebaut werden. Dabei zeigt das Pferd immer den aktuellen Entwicklungsstand an, denn das Pferd reagiert immer authentisch im Hier und Jetzt. Zum Beispiel als Modul für die Volontärsausbildung oder für das Referendariat im öffentlichen Dienst sind Pferdegestützte Trainings hervorragend geeignet.

Literatur

Hossiep, Rüdiger; Paschen, Michael unter Mitarbeit von Oliver Mühlhaus Bochumer Inventar zur berufsbezogenen Persönlichkeitsbeschreibung, 2. Aufl., Göttingen 2003

Jansen, Anne; Melchers, Klaus G.; Kleinmann, Martin: Der Beitrag sozialer Kompetenz zur Vorhersage beruflicher Leistung, Inkrementelle Validität gegenüber der Leistung im Assessmentcenter und im Interview, in: Zeitschrift für Arbeits- und Organisationspsychologie, 56 (2012)2, S. 87-97.

Schmid, Sandra: Stellungnahme Persönlichkeitstests - Ein personaldiagnostisches Instrument im Rahmen der Personalauswahl. *Zürcher Hochschule für Angewandte Wissenschaften* 2006

Pferdegestützte Konzepte
Wirkungen auf die Entwicklung der
professionellen Persönlichkeit

Der „Mehr-Pferd" für den Kunden

Oliver Heitz & Swanette Kuntze

Auswerten der tierischen Reaktionen

Die Zielgruppe der Kunden von pferdegestützter Personalentwicklung sind sowohl die Teilnehmer selbst als auch die Unternehmen. Entsprechend differenziert gilt es, beide Gruppen zu betrachten. Während die Teilnehmer vielleicht durch den tierischen Bezug eher eine emotionale Bindung zur Pferde-PE entwickeln, stellt sich für Unternehmen die Frage, warum das Glück der Erde auf dem Rücken der Pferde liegt. Wenn nicht gerade positive Eigenerfahrung der angesprochenen Entscheider im Unternehmen vorliegen, was sollte dann überzeugend wirken?

Denn so offensichtlich wie der Mehrwert „Pferd" in der Personalentwicklung ist, so schwierig ist er auch faktisch zu belegen. Mit unserem Beitrag wollen wir den typischen Vorbehalten von Unternehmen begegnen, für die Personalentwicklung auch heute – nach wie vor – aus klassischen Maßnahmen wie Frontalvorträgen und Rollenspielen besteht.

Der Mehr-Pferd

Ein Blick auf die besonderen Qualitäten von Struktur, Prozess und Ergebniskriterien in den Pferdegestützten Trainings hilft, Klarheit über den Mehrwert „Pferd" und eine Abgrenzung zu anderen Indoor-Seminaren und Outdoor-Trainings zu bekommen.

Strukturkriterien

Back to the roots – Der Mensch ist ursprünglich ein Naturwesen. Doch scheint es lange her, dass der Großteil der Bevölkerung in direkter Verbindung mit der wilden, unzugänglichen Natur gelebt hat. Und dabei sind es nur ein paar hundert Jahre. Die „modernen Menschen", die in einer künstlich hochentwickelten Kultur leben, kennen z.T. nicht einmal mehr die gebändigte Natur.

Dieser Entfremdung von der Natur kann durch den Einsatz von Pferden und der Wahl des Settings entgegengewirkt werden.

Konfrontation mit Neuem – Da die meisten Seminarteilnehmer noch nicht häufig in Kontakt mit Pferden waren, sehen sie sich in den Übungen oftmals neuen Situationen gegenüber auf die sie reagieren müssen ohne auf bekannte Verhaltensmuster zurückgreifen zu können. Zudem wirken die Pferde aufgrund ihrer Erscheinung, und insbesondere die großen Pferde flößen zunächst durchaus Respekt ein.

Raus aus der Komfortzone – Die Pferdegestützten Trainings finden im Gegensatz zu den herkömmlichen Seminaren in der Natur oder einer Reitanlage statt, abseits vom gewohnten Arbeits- oder Trainingsbetrieb.

Prozesskriterien

Weiterbildung auf der emotionalen Lernebene – Ein Großteil der heutigen Trainingsmethoden trennt die Lernenden von der emotionalen Wahrnehmung und von konkreten Sinnes-Erfahrungen ab. Durch emotionales Erleben statt rationalem Erlernen können Lerninhalte schneller und wirksamer vermittelt und verankert werden. Die Übungen mit den Pferden sprechen die Teilnehmer auf vielen Ebenen ihrer Wahrnehmung (VAKOG) an. Sie können sich der starken Wirkung des Erlebten nicht entziehen.

Insbesondere wenn es um Themen der Persönlichkeitsentwicklung geht wird kognitives Lernen im Seminarraum schwieriger funktionieren als unterstützt durch handlungsorientierte Ansätze mit Pferden.

Weg vom kopfgesteuerten, hin zum intuitiven Verhalten – Kopflastigkeit ist eher hinderlich in der Arbeit mit Pferden. In den Seminaren bekommen die Teilnehmer häufig keine ganz genauen Anweisungen, sie probieren ihre eigenen Strategien aus. Dabei wird unbewusstes Verhalten sichtbar, Automatismen des eigenen Benehmens werden gezielt aufgedeckt.

Durch Ausprobieren der eigenen Ausdrucksfähigkeit und der daraus resultierenden Wirkung wird das intuitive Verhalten und somit die emotionale Intelligenz trainiert.

Kraftvolle Metaphern – Seminare mit Pferden liefern eindrucksvolle Bilder. Teilnehmer, die einmal mit einem Pferd gearbeitet haben, vergessen die Schlüsselszenen so schnell nicht wieder. Diese eindringlichen Bilder nehmen die Teilnehmer sowohl aus den Übungen mit, die sie selbst mit den Pferden absolviert haben, als auch aus der Beobachtung der anderen Teilnehmer.

Das bildhafte „Gedächtnis" der Trainingsinhalte und Erlebnisse hilft dem Teilnehmer, sich sein Verhalten im Arbeitsalltag immer wieder bewusst zu machen und dadurch leichter zu verändern.

Individuell orientiertes Training – Die Übungen mit Pferden führen bei unterschiedlichen Teilnehmern zu verschiedenen Ergebnissen und Erkenntnissen.

Im Training kommt der Teilnehmer mit den Themen in Resonanz, die für ihn wichtig sind. Jeder kann seine eigenen Ressourcen entdecken und an seinem eigenen Thema arbeiten. Das, was der Teilnehmer in der Arbeit mit dem Katalysator Pferd für sich entdeckt, ist für ihn von Bedeutung und bringt ihn weiter. Der Trainer ist hierbei Prozessbegleiter, der dem Teilnehmer den Weg für seine Lernerfahrungen ermöglicht.

Wahrnehmungs- und Beobachtungsschulung – Da Pferde nun mal nicht sprechen können, gilt es, die großen Vierbeiner aufmerksam zu beobachten. Teilnehmer, die genau auf die Pferde acht geben, erfahren viel über ihre Verfassung, den Gemütszustand, die Aufmerksamkeit usw. In den Trainings geht es auch darum, die Beobachtung von der Bewertung zu entkoppeln. Die Teilnehmer lernen so, die ritualisierten Deutungen in Richtig – Falsch oder Gut – Schlecht-Schemata aufzulösen, zugunsten einer Vielfalt an Betrachtungs- und Interpretationsmöglichkeiten.

Körpersprachlich kommunizieren – Pferde sind als Fluchttiere Meister der Körpersprache. Sie sind in der freien Wildbahn darauf angewiesen, präzise auf die Körpersprache und Stimmung der Herdenmitglieder zu reagieren. Da Pferde auf diese kleinsten körperlichen Signale reagieren, spüren sie sofort, ob ein Mensch Autorität und Gelassenheit ausstrahlt oder ob er nervös und aufgeregt ist. Der Seminarteilnehmer kann daher seine Körpersprache, Ausstrahlung und die daraus resultierende Wirkung an den Tieren überprüfen, durch Veränderung auch sofort andere Ergebnisse erzielen und neue Verhaltensweisen schulen.

Authentische und situative Führung – Das Wild-Pferd in seinem sozialen Herdenverband braucht „gute" Führung, um zu überleben. Dieses

Erbe trägt das domestizierte Pferd noch in sich. In der Begegnung mit dem Menschen prüft das Tier deshalb automatisch dessen Führungsqualitäten. Pferde erkennen Führungspersönlichkeiten und folgen nur dem, der Stärke, Durchsetzungsfähigkeit, Zielklarheit, aber auch Einfühlungsvermögen und Vertrauen zeigt. Diese Führungsqualitäten bewegen Pferde zur Kooperation. Unklarheit, Unaufmerksamkeit, Laissez-faire bewirken Verweigerung. Zu großer Druck aber erzeugt Gegendruck in Form von Furcht oder (innerer) Flucht.

Pferde spüren Unstimmigkeiten von innerer Ein- und äußerer Darstellung. So lässt sich mit den Tieren trainieren, Absicht und Handeln in Übereinstimmung zu bringen. Pferde fordern und erlauben Echtheit und ermöglichen damit authentische Führung.

Feste Regeln für Führungsstile helfen in den sich ständig wandelnden Anforderungen weniger als die Erfahrung, entsprechend eigener Fähigkeiten, dem Wesen des zu führenden Mitarbeiters sowie der Aufgabenstellung im Unternehmen situativ richtig zu führen.

Pferde als dynamischer Spiegel – Im Gegensatz zu „Natursituationen" (z.B. Überqueren eines Flusses auf einem Floß) besitzt das Pferd die Fähigkeit zur unmittelbaren Reaktion auf das konkrete Verhalten des Menschen in einer Situation. Pferde reagieren nicht statisch, sondern als dynamischer Feedback-Geber. Ebenso als würde man in den Spiegel schauen und mit seiner eigenen Bewegung ein verändertes Bild sehen, reagieren Pferde auf das menschliche Verhalten. Sie geben eine Rückkopplung auf die momentane Situation und die Veränderung, so dass zwischen Mensch und Pferden ein Hin und Her an Interaktion entsteht.

Feedback ohne Hintergedanken – Da Pferde nicht auf Titel, Rang oder vergangene Leistungen achten und in Bezug auf den Menschen keine Vorannahmen und keinen Fehlerblick haben, bekommt der Teilnehmer ein „schonungsloses", authentisches und wertungsfreies Feedback. Pferde kennen keine Rollenspiele und taktischen Erwägungen. Sie agieren aufgrund ihrer Wahrnehmung ausschließlich im Hier und Jetzt. Deshalb spiegeln sie ehrlich, ungefiltert und unmittelbar grundlegende Verhaltensweisen und Reaktionsmuster. Die „klassische" Abwehr gegenüber menschlichem Feedback wird damit geschickt umgangen.

Ergebniskriterien

Auswerten der „tierischen" Reaktionen – Im Pferdegestützten Training geht es nicht darum, danach besser mit einem Pferd umzugehen. Sondern das Pferd ist Katalysator in einem zielgerichteten Prozess, der stellvertretend für eine Situation oder Fragestellung im Berufszusammenhang oder Privatleben des Teilnehmers steht.

Die verschiedenen Feedbackebenen (Pferd – andere Teilnehmer – Video) dienen als Lernquelle. Diese Feedbackschleifen sind von besonderer Bedeutung, um das Erlebte für den Teilnehmer zu reflektieren und nachvollziehbar zu machen.

Die Teilnehmer nehmen individuelle Erfahrungen und Handlungsalternativen mit, die „draußen" im Lebensalltag zum Tragen kommen.

Leichter Transfer – Wie Menschen leben Pferde in einem sozialen Verbund. Und in vielen Verhaltensweisen lassen sich Parallelen zu Menschen finden, z.B. lassen sich Kommunikation und Interaktion in der Herde auf Team-Situationen übertragen.

Hierbei sind für den Teilnehmer seine Projektion der persönlichen Situation auf das Pferd und die Deutung ein Abbild seiner persönlichen Landkarte.

Im Rahmen der Transferarbeit werden Zusammenhänge und Verknüpfungen mit dem „richtigen" Leben – beruflich wie privat – vom Teilnehmer erkannt. In der Regel kann der Teilnehmer mit Unterstützung von Trainerseite die Interpretation der Erfahrungen vornehmen und deren Bedeutung für den Alltag erschließen. Auf diese Art fällt es ihm viel leichter, Veränderungsimpulse anzunehmen und umzusetzen.

Intensivere Prozesse – Die Lernprozesse werden durch die Pferde deutlich beschleunigt im Unterschied zur herkömmlichen Fortbildung, da die Teilnehmer schneller mit ihrem Thema „auf den Punkt kommen". Dieses ist sowohl eine Zeitersparnis, als auch im Hinblick auf das Ergebnis eine Kostenersparnis.

Status quo der Seminarevaluation

Nach der Methode höher, weiter, größer suchen Unternehmen nach den besten Instrumenten, in der Personalentwicklung der Führungskräfte effizient und kostengünstig den Beitrag zur Wertschöpfung zu steigern. Leider erfolgt in der Praxis bei einer wirtschaftlichen Abschwächung häufig als erste Maßnahme zur Kostensenkung eine Reduktion des Budgets für Fort- und Weiterbildung. Immerhin hat sich das Qualitätsmanagement soweit etabliert, dass eine Absenkung der Aufwendungen für fachliche Qualifikation nicht von der Sparwut erfasst wird. Die Einsparungen erfolgen viel mehr im Bereich der Weiterentwicklung der Soft Skills. Warum? Weil die Messung der Produktivität dieser Investitionen nur schwer nachweisbar ist.

Um also eine Qualifikationsmaßnahme vor der Einsparung zu schützen, ist der Mehrwert dieser Investition belastbar zu belegen. Gerade dies ist die besondere Herausforderung und praktische Schwierigkeit zu gleich. Bei der Messung des Nutzens kommen objektive und subjektive Ergebnis-Erfassungsmethoden zum Einsatz.

Letztere Ergebnisse lassen sich gut mit Hilfe von Teilnehmer-Evaluierung (z.B. durch Erhebung der Teilnehmerreaktionen mittels sog. ‚smile sheets‘, Seminarbewertungen in Form von Fragebögen, Interviews mit den Teilnehmern) erheben oder durch die teilnehmende Beobachtung der Personalverantwortlichen.

Der objektive Mehrwert ist da schon schwieriger zu erfassen, da es problematisch ist, geeignete Kennwerte zu definieren, die eine haltbare Aussage über die Qualität und den Nutzen einer Maßnahme erlauben. Auch stehen kaum objektive Zahlen zur Verfügung, die tatsächlich in einem kausalen Zusammenhang zu einer bestimmten Maßnahme stehen.

Es kommen somit Hilfsinstrumente zum Einsatz, wie z. B. die Mitarbeiterbefragung zum Führungsverhalten von Vorgesetzen vor und nach einer Schulungsmaßnahme. Hier liegt in den meisten Fällen aber kein zeitlicher Zusammenhang vor, und die Befragung lässt aufgrund ihrer notwendigen Anonymität wenige Rückschlüsse auf das verbesserte Führungsverhalten der einzelnen Führungskraft zu. Außerdem ist die Berücksichtigung aller weiteren Einflussfaktoren, die auf den Transferprozess einwirken konnten, nicht abbildbar. Außer dem direkten Feedback-Gespräch zwischen dem Vorgesetzten und dem Mitarbeiter wird kaum eine Beurteilung im direkten Zusammenhang möglich sein. Und gerade hier findet sich eine durch und durch subjektive Bewertung wieder, die über das gesamte Unternehmen gar nicht ausgewertet werden kann.

Praxisbeispiel: Mentoren-Programm „Initiative Neue Ärzte" der SRH-Kliniken

Im Jahr 2008 gab es durch die SRH-Holding die personalstrategische Entscheidung für die Klinikgruppe, die ärztliche Weiterbildung strukturierter und umfänglicher zu gestalten und damit die Attraktivität der Facharztweiterbildung erheblich zu steigern. Seinerzeit verfügte die Gruppe über sieben Krankenhäusern in Baden-Württemberg und Thüringen mit insgesamt rund 2.800 Betten und 5.400 Mitarbeitern, davon insgesamt rund 500 Ärzte. Zu dieser Zeit begann der Personalmangel an Ärzten sowohl für die beiden größten Häuser in Thüringen als auch die anderen Fachkrankenhäuser an den attraktiveren Standorten in Baden-Württemberg zunehmend problematisch zu werden. So wurde in Anlehnung an das Ausbildungsversprechen des 6K-Verbundes in Norddeutschland (www.op-nachwuchs.de) ein umfassendes Personalkonzept für die ärztliche Weiterbildung entwickelt, das unter dem Begriff „Initiative Neue Ärzte" (www.initiative-neue-aerzte.de) innerhalb von drei Monaten zu einer Marke entwickelt und 2008 mit dem Ehrenpreis des Zentralen Marketing-Verbandes in der Gesundheitswirtschaft und Medizin Deutschland ausgezeichnet. Die drei Grundelemente Fachweiterbildung, medizinische Zusatzqualifikationen und Managementqualifikationen wurden gemeinsam mit der SRH Hochschule für Gesundheit in Gera konzipiert und an allen Standorten angeboten. Zu den weiteren Inhalten wird auf die zuvor genannte Homepage verwiesen. Ein weiterer Baustein des praxisnahen Lernkonzeptes war ferner die Etablierung von Mentoren für die Ärzte in Weiterbildung (bzw. Assistenzärzte). Diese wurden in den Reihen der erfahrenen Oberärzte gesucht und für das Programm gewonnen. Während der Weiterentwicklung des Programms wurde schnell erkannt, dass die Teilnahme an den umfassenden Zusatzqualifikationen über die Fachebene hinaus ebenso von den ausgewählten Mentoren gewünscht wurde. Entsprechende Kursangebote wurden kurzfristig zur Verfügung gestellt. Auftakt vor der erstmaligen Teilnahme war damals eine sog. Kick-Off-Veranstaltung für die Mentoren, in der zum einen die Initiative Neue Ärzte mit allen Bestandteilen vermittelt, ein standortübergreifendes Kennenlernen ermöglicht und ein Anreiz für die zweitägige Veranstaltung geboten werden sollte. Entsprechend wurden drei gleiche interne Fortbildungsveranstaltungen an unterschiedlichen Standorten entwickelt, die von den Landesärztekammern jeweils mit bis zu zehn Fortbildungspunkten anerkannt wurden. Dies war ein entscheidender Vorteil, so dass innerhalb von sechs Monaten über 50 Mentoren qualifiziert wurden.

Die besondere Herausforderung bei der Entwicklung einer ansprechenden Mentorenschulung war die Wahrung der inhaltlichen Attraktivität über zwei Tage und die Anerkennung durch die Landesärztekammer. Neben der Vermittlung der betriebsinternen Anforderungen an die Mentoren sollten diese in deren eigenen Weiterentwicklung eine kompakte Managementqualifikation erhalten. So wurden insgesamt drei Veranstaltungsblöcke kreiert, die dann aus der Vermittlung der Initiative Neue Ärzte sowie zusätzlich aus einem interaktiven Training zur Kommunikation und zu den Führungsqualitäten bestand. Für die beiden letztgenannten Bestandteile wurden externe Trainer gefunden, die eine lebhafte und praxisnahe Vermittlung verkörperten.

Nun gibt es gerade zum Thema Führung ein nicht zählbares Angebot an Kursen und Workshops, in unterschiedlicher Tiefe und Breite, verbunden mit Erlebniswelten in jeglichem finanziellen Umfang. Wer die Wahl hat, hat ebenso die Qual. Und diese bestand im Finden eines ungewöhnlichen Formates, das selbst von akademisch hoch qualifizierten Personen, die langjährig ein Führungsverhalten entwickelt hatten, als Bereicherung angenommen wird. Es musste ferner zeitlich abgeschlossen in einem Zeitfenster von sechs Stunden unterzubringen sein. Gleichzeitig war auch der Veranstaltungsort für die Teilnehmer aus den sieben Krankenhausstandorten reisestrategisch günstig zu wählen. Die Verantwortlichen für die Gestaltung der Mentorenschulung wollten einen reizvollen Ort, der nicht in Verbindung mit einem Krankenhaus stand. Ferner sollten die Teilnehmer die Gelegenheit erhalten, viel Zeit miteinander zu verbringen, was durch ein entsprechendes Hotel erreicht werden sollte. Aufgrund des Stattfindens an einem Freitag und einem Samstag sollte ein gewisser Freizeitwert ebenfalls nicht zu kurz kommen. Insgesamt musste der Rahmen natürlich einem gehobenen Niveau entsprechen.

Im Sommer 2008 entstand die Zusammenarbeit mit der Geschäftsführerin von PetsEducatingPeople, veranlasst durch den damaligen Personalleiter der SRH-Kliniken aufgrund eines Konzeptes mit verschiedenen Angeboten zum pferdeunterstützten Führungstraining. Die gemeinsame Herausforderung bestand in der Entwicklung eines reduzierten Formates, das in die oben genannte Mentorenschulung passte. Es entstand ein sechsstündiges Programm, das neben der theoretischen Einführung drei verschiedene Praxisteile für alle Teilnehmer beinhaltete, die auf Video aufgezeichnet wurden. Am Abend nach dem Pferdegestützten Training erfolgte dann die gemeinsame Analyse der aufgezeichneten Videosequenzen. Das von den Teilnehmern Erlebte wurde damit visualisiert und aus einer Betrachter-Ebene diskutiert. Auf diese Weise wurden die Lerninhalte des Tages vertieft verarbeitet. Im Nachgang erhielten alle Teilnehmer eine Video-CD, wenn alle Teilnehmer ihr Zugeständnis zur Herausgabe innerhalb der jeweiligen Lerngruppe gegeben hatten. Somit erfolgte einige Wochen später eine erneute Auffrischung des Erlebten.

Warum passte das Pferdegestützten Training nun so gut in das Mentorenprogramm? Es war ungewöhnlich, die Teilnehmer konnten sich nicht wirklich auf die Trainingssequenz einstellen, und der Veranstaltungsort wurde durch die notwendige Nähe zu einem Pferdestall ebenso zu einem unerwarteten Highlight. Den Verantwortlichen für die Mentorenschulung war bewusst, dass die anspruchsvolle Klientel der erfahrenen Oberärzte tendenziell skeptisch auf Rollenspiele und klassische Vorträge zur Führungsqualität reagieren würde. Es musste somit eine interaktive Form gefunden werden, die zugleich Neugierde und Aufmerksamkeit weckte. Allen Beteiligten war schnell klar, dass mit dem Pferdegestützten Training ein schmaler Grad eines Experimentes begangen wurde. Der Personalleiter war von dem ungewöhnlichen Konzept und dem nicht vorhersehbaren Ergebnis des Trainings überzeugt, sodass er dieses Wagnis mit dem tierischen Erlebnischarakter in der Natur eingegangen ist. Definitiv war es ein recht hohes Risiko, ob sich die Teilnehmer auf diese sehr persönliche Erfahrung einlassen und dadurch erst zum Erfolg der Mentorenschulung beitragen würden.

Im Ergebnis ist zu sagen, dass in allen drei Mentorenschulungen die Skepsis der Teilnehmer vor dem Pferdegestützten Training nahezu zu 100% ausgeprägt war. Begründet wurde dies mit der nicht vorhandenen Kalkulierbarkeit des Ablaufes und der Erkenntnisse, des persönlichen Einbringens und damit der eigenen Darstellung vor den anderen Teilnehmern, sowie natürlich unterschiedlich groß ausgeprägter Angst vor Pferden. Letzteres ist sehr verständlich und kann nicht unter Zwang unterdrückt werden. Wichtig ist es vor jeder Übung, dass sich der Teilnehmer für das Folgende öffnet und die unerwarteten Reaktionen zulässt. Interessant war zu beobachten, wie schwer sich erfahrene Reiter mit den Übungen taten. Ebenso interessant war zu erleben, wie die anfängliche Angst vor Pferden der beeindruckenden persönlichen Erfahrung aus der Rückmeldung der Pferde wich. Wichtig war das Zulassen der individuellen Annährungsmethoden zwischen Mensch und Tier. Diese Zeit muss gegeben werden. Aus den eingangs erwähnten 100% Ablehner wurden nach der Veranstaltung innerhalb kürzester Zeit weit über 90% Zustimmer. Mehr als die Hälfte wünschten sich einen zweiten Tag, um die Erkenntnisse des Vortages zeitnah anzuwenden und die neuen Reaktionen zu erleben. Ebenso wünschte sich ein Großteil der Gruppe innerhalb von zwölf Monaten eine Fortsetzung dieses Formates. Auf jeden Fall wurden bleibende Erkenntnisse und sehr persönliche Bilder bei den Teilnehmern erzeugt, die für ausgiebigen Gesprächsstoff sorgten. Die Veranstalter hatten seinerzeit ihr Ziel erreicht, Führungsverhalten erlebbar zu machen und dadurch eine intensive Auseinandersetzung mit der Selbstreflexion zu erreichen. Die Erlebnisse waren auch noch Monate später unter den Teilnehmern Gesprächsstoff und somit lebendiger Beitrag zum Führungsverständnis im gesamten Unternehmen geworden.

Zusammenfassend ist zu sagen, dass sich das Pferdegestützte Training im Zusammenhang mit der zuvor beschriebenen Initialveranstaltung auf jeden Fall ausgezahlt hat. Zahlen werden an dieser Stelle verständlicherweise nicht genannt, zumal es sich um eine Mischkalkulation im Rahmen der Mentorenschulungen handelte. Auch könnten die damaligen Zahlen heute nicht mehr als aktuelle Referenz dienen. Im Nachgang ist der Erfolg der Veranstaltung auf die persönliche Bereicherung um ein ungewöhnliches Führungstraining, verbunden mit der besonderen Lokalität und der Anerkennung der Gesamtveranstaltung durch die Landesärztekammer zurückzuführen. Die Veranstalter hatten die Herausforderung, die komplexen Bedürfnisse von Arbeitgeber und Teilnehmer bestmöglich auf einen gemeinsamen Nenner zu bringen und waren tatsächlich erfolgreich, weil so viele und unterschiedliche Facetten aufeinander abgestimmt waren.

Auch Jahre nach dieser Erfahrung mit dem Pferdegestützte Training sprechen sich die Autoren für die Anwendung des zuvor beschriebenen Konzeptes aus, das in eine firmeninterne Fortbildung individuell und speziell eingebettet werden konnte.

Fazit

Die Annahmen, die wir Trainer als Mehrwert für den Kundennutzen zugrunde legen, den das Pferd im Training mit sich bringt, basieren auf Erfahrungen über die Wirkungsindikatoren und praktische Anwendbarkeit,

Feedback der Teilnehmer und Auftraggeber sowie auf Seminarbewertungen (Zufriedenheit, Nutzeneinschätzungen, Einschätzung des tatsächlichen Transfers).

Den „kurzfristigen Output" und das „langfristige Outcome" einer Pferdegestützten Weiterbildungsmaßnahme am „Markt" darzustellen, ist m. E. bisher nicht transparent gelungen.

Ein Grundgedanke dazu könnte sein, zukünftig anzuregen, die Struktur, den Prozess und das Ergebnis in den Veranstaltungen zu evaluieren.

Strukturevaluation

– Settingmerkmale (Was sind erfolgsrelevante Faktoren im Setting? Welche organisatorischen Rahmenbedingen müssen erfüllt sein?)
– Personenmerkmale (Welchen Bedarf haben die Teilnehmer?)
– Trainingsmerkmale (Welche Trainingsinhalte sollen vermittelt werden? Was ist Ziel der Maßnahme? Was von dem angenommen Mehrwert Pferd wirkt (Wirkfaktorenanalyse))

Prozessevaluation

– Zufriedenheitserfolg (Wie zufrieden sind die Teilnehmer mit der Maßnahme?)
– Lernerfolg (Was haben die Teilnehmer gelernt? Welchen Lernerfolg hatte das Training?)
– Transfererfolg (Wie sieht die Nachhaltigkeit des Erlernten aus? Was des Gelernten wird tatsächlich konkret im (Arbeits-) Alltag umgesetzt?)

Ergebnisevaluation

– Return on investment (Hat sich der Aufwand monetär gelohnt? Wie stellt sich die Effektivität der Maßnahme dar?)
– Geschäftserfolg (Was hat es für das Geschäft an Verbesserung gebracht?)

Es bleiben die Fragen zukünftig zu klären, welche Kennziffern und Instrumente den betriebswirtschaftlichen Nutzen und Mehrwert von Pferdegestützten Weiterbildungsmaßnahmen für Unternehmen erkennbar machen können und wer (z.B. Teilnehmer, Kollegen, Führungskraft, Kunde, Personaler, Controller, Geschäftsführung) dafür sinnvoller Weise mit welcher Methode befragt werden sollte.

Gerade für die Etablierung der Pferdegestützten Weiterbildungsmaßnahmen ist eine gezielte wissenschaftliche Begleitung wichtig als Wirkungsanalyse und zur Qualitätsentwicklung.

Hierzu sollten umfangreiche unabhängige Evaluationsstudien künftig durchgeführt werden, um die „weichen Werte" mit Fakten zu belegen.

Was hat mich denn da wieder geritten – Verhaltens- und Kommunikationsmuster erkennen und verändern

Irene Heinen & Katharina von Lingen

Pferdegestützte Persönlichkeitsentwicklung am Beispiel der Antreiberdynamiken vor neurodidaktischem Hintergrund

20:30 Uhr. Eigentlich wollte Karin längst zu Hause sein, aber sie muss noch eine Präsentation für die morgige Vorstandssitzung fertig machen. Dort wird sie als Abteilungsleiterin im Rahmen einer Strategiedebatte einen Vortrag halten müssen. Erst am Nachmittag hatte sie die Vorlage von ihrem Mitarbeiter bekommen und wie erwartet ist wieder mal eine Menge Nacharbeit erforderlich. Sie fühlt sich unter Druck und ärgert sich. Hätte sie es doch gleich selbst gemacht, schließlich hängt von der Präsentation die Zukunft der Abteilung ab. Jetzt wird sie wieder bis in die Nacht selbst an den Ergänzungen und Verbesserungen sitzen. Dabei „vergisst" sie, dass es sich nur um einen Auftakt zur Strategieentwicklung handelt. Der Vorstand möchte eine kurze Präsentation als Einstieg in eine offene Diskussion von ihr. Doch Karin mag keine halben Sachen, sie will es gleich 100-prozentig haben.

Eine alltägliche Situation, wie sie in vielen Büros vorkommt: Ereignisse, die uns unter Druck setzen oder mit denen wir uns unsicher fühlen, aktivieren unbewusste Reaktions- und Verhaltensweisen. Solche Verhaltensweisen sind die sogenannten Antreiber aus der Transaktionsanalyse. Sie sind Ergebnisse unserer kindlichen Prägung und haben nicht nur maßgeblichen Einfluss auf unser Verhalten: Sie prägen unsere Art zu kommunizieren, zu denken, zu fühlen und die Annahmen, die wir über uns und die Welt treffen (vgl. Schmid 2001, S. 3). So setzt Karin trotz des fortgeschrittenen Abends alles daran, eine perfekte Präsentation abzuliefern, die in dieser

113

Form gar nicht gefordert war – ein Hinweis auf einen der Antreiber, wie die Transaktionsanalyse sie beschreibt. Antreiber wirken wie innere Verhaltensgebote und es gibt neben dem *Sei perfekt* noch vier weitere: *Beeil dich, Sei (anderen) gefällig, Streng dich an* und *Sei stark*.

Grundsätzlich steckt in jedem Antreiberverhalten ein positiver, zu bewahrender Kern mit wertvollen Fähigkeiten und Kompetenzen. Denn natürlich kommt es uns in vielen Situationen zu Gute, wenn wir in der Lage sind, eine Sache präzise und analytisch durchführen (*Sei perfekt*), schnell zu sein (*Beeil dich*) oder uns rücksichtsvoll auf andere einzustellen (*Sei gefällig*). Und es ist nützlich und hilfreich, wenn wir Durchhaltevermögen und eine hohe Frustrationstoleranz haben (*Streng dich an*) oder unsere Gefühle kontrollieren können (*Sei stark*). Problematisch an den Antreibern ist, dass unser Verhalten unter ihrem Einfluss nicht frei gewählt ist. Statt in der jeweiligen Situation angemessen entscheiden zu können, handeln wir wie unter einem inneren Zwang, basierend auf Geboten aus einer alten Zeit, nämlich unserer Kindheit.

Zu lernen, aus diesen Dynamiken auszusteigen, bietet vielfältige Vorteile und Chancen – persönlich und beruflich. Ziel ist mehr Autonomie. Wer frei entscheiden kann, wann er welche Fähigkeiten einsetzt, anstatt unter bestimmten Bedingungen automatisch einem inneren Verhaltensskript zu folgen, der kann in einer aktuellen Situation angemessen agieren. Dazu kommt: Wer „im Antreiber steckt" fühlt sich oft getrieben und hilflos, ihm gehen Freude und Leichtigkeit verloren.

Zudem werten wir Verhaltensweisen, die für *unseren* Antreiber typisch sind, über die Maßen auf und andere, dem gegenüber stehende Qualitäten, ab. Ein Beispiel: Wer perfekt sein muss, vermeidet Fehler um jeden Preis und verhindert damit Entwicklung und Wachstum. Die Balance von perfekter Aufgabenerledigung und kreativem Experimentieren als positivem Gegenpol[1] geht verloren. Das schränkt unser Handlungsspektrum ein und mindert letztlich unsere Entwicklungs- und Leistungsfähigkeit.

Einfluss haben die Antreiberdynamiken nicht nur auf uns selbst. Sie prägen darüber hinaus unser Verhalten anderen gegenüber und unsere Erwartungen an sie. So entsteht eine jeweils spezifische Atmosphäre, und jeder Mensch kreiert seine dazu passenden Beziehungsmuster und Wirklich-

---

[1]   Zur Balance von Qualitäten und Fähigkeiten möchten wir an dieser Stelle auf das Modell des Werte- und Entwicklungsquadrats von Friedemann Schulz von Thun hinweisen (Schulz von Thun, Friedemann 1989).

keiten (vgl. Schmidt 2001, S. 2). Dies wirkt sich auch auf unser Führungsverhalten und auf die Teamdynamiken aus.

So kann es für eine „Sei-perfekt"-Führungskraft schwierig sein, ihren
Mitarbeitern genug Raum für Entwicklung und kreative Prozesse zu geben. Oder es wird zu viel Zeit und Arbeit in Aufgaben investiert, um sie
unnötigerweise 150-prozentig zu machen[2]. Außerdem ist es für eine „Sei-
perfekt"-Führungskraft tendenziell schwierig, Arbeit zu delegieren. Sie be-
hält lieber selbst die Kontrolle, weil Andere die Dinge meist nicht gut genug erledigen. Sie klagt über unmotivierte, inkompetente Mitarbeiter, während diese nur noch auf Sparflamme arbeiten: Wer oft genug die Erfahrung
macht, es der Chefin sowieso nicht recht machen zu können, tut nur noch
das Nötigste und vermeidet es, sich zu engagieren oder Neues zu probieren. Motivation und Eigeninitiative werden durch Desinteresse und Passivi-
tät ersetzt. Es entsteht ein Teufelskreis, der kaum noch erkennen lässt, was
Ursache und was Wirkung ist.

Eine „Sei-gefällig"-Führungskraft dagegen wird ganz andere Probleme
haben: Sie ist vorwiegend damit beschäftigt, es anderen recht zu machen
und niemanden vor den Kopf zu stoßen. So schafft sie zwar ein angenehmes
Klima, verliert aber die Aufgaben, Zielvorgaben und Rahmenbedingungen
aus den Augen. Wer schlecht „Nein" sagen kann, dem fällt es schwer, Grenzen zu setzen, unpopuläre Anweisungen durchzusetzen oder Konflikte an-
zugehen.

Wo immer wir unter dem Einfluss einer Antreiber-Dynamik[3] stehen,
wirkt sich das negativ auf uns, unser Wohlbefinden und unser Umfeld aus.
Es stellt sich also die Frage: Wie können wir Antreiber-Dynamiken identifizieren und Handlungsalternativen entwickeln?

Warum Pferde (auch unter neurodidaktischer Perspektive) perfekte Co-Trainer sind

Die Veränderung prägender Persönlichkeitsmerkmale ist kein leichtes Un-
terfangen. Das wissen nicht nur Persönlichkeitstrainer, Coaches und Psychologen. Die meisten von uns haben an sich selbst erfahren, dass sie trotz

---

[2] Vergleiche dazu das Paretoprinzip mit der 80-zu-20-Regel.
[3] Für eine weitergehende Beschreibung der Antreiberdynamiken reicht hier der Platz
nicht. Wer sich aber dafür interessiert, dem empfehlen wir den Artikel von Bernd
Schmid (vgl. Schmid 2001).

Einsicht und guter Vorsätze schnell in alte Gewohnheiten und Verhaltens-automatismen zurückfallen. Ergebnisse der Hirnforschung bestätigen das. Was uns frühkindlich geprägt hat, hat unser Gehirn und unsere Persönlich-keit zu einem recht stabilen System geformt.

Aus Sicht der Hirnforschung gilt grundsätzlich: Alle Leistungen, die wir erbringen, basieren auf mannigfachen Verknüpfungen einzelner Ner-venzellen untereinander, die sich vor allem in unserer Kindheit herausge-bildet und verfestigt haben. Diese Netzwerke sind eine Voraussetzung für unsere Leistungs- und Lernfähigkeit. Vorhandene „Verschaltungen" (Beck 2003, S. 3) zu modifizieren und neue auszubilden wird zwar im Alter im-mer schwieriger, ist aber möglich. Denn die neuronalen Bahnen sind kei-neswegs statisch. Sie verändern sich laufend, je nachdem, wie wir sie be-nutzen. Das bedeutet, dass wir bis ins hohe Alter lernen und uns verändern können.

Im Hinblick auf die Frage, wie Lernprozesse gestaltet sein müssen, um erfolgreich zu sein, bestätigen Hirnforscher, was viele Lernpsychologen und Pädagogen seit langem sagen: Haltungen werden durch Erfahrungen geprägt und sind nur über neue Erfahrungen veränderbar (vgl. Hüther 2010, Teil 5, 20:00 ff.). Somit ist *Erfahrungslernen* das zentrale Argument, das für den Einsatz von Pferden in Seminaren spricht. Dies gilt insbesondere für emotionales Lernen und Lernen im Bereich unserer Persönlichkeit.

Der Grund liegt darin, dass unser Gehirn die kognitiven und emotio-nalen Anteile von Erfahrungen in unterschiedlichen neuronalen Netzen abspeichert. Der Zugriff auf beide Anteile ist nur in der erneuten Erfah-rung möglich, denn darin „hängen beide zusammen" (Hüther 2010, Teil 3, 21:10). Wiederholen sich Erfahrungen oft genug, werden sie zur Basis unserer Erwartungen und zu prägenden Haltungen. Wer die damit verbun-denen Glaubenssätze und automatisierten Verhaltensweisen wieder ändern will, braucht Zugang zu beidem: zu den kognitiven und emotionalen An-teilen der ursprünglichen Erfahrung. Das „ist der einzige Weg, Haltung zu ändern" (Hüther 2010, Teil 5, 23:30). Kognitive Appelle allein bleiben wir-kungslos. Deshalb lernen wir am besten, wenn wir etwas selbst tun. „Bloßes Zuschauen oder Zuhören genügt nicht" (Beck 2003, S. 5).

Die Antreiberdynamiken sind solch tief verankerte Haltungen, die wir vor allem in den ersten Lebensjahren ausbilden (vgl. Roth 2007, S. 103ff.). Sie zu verändern heißt, die damit verbundenen Eindrücke aus *beiden* neu-ronalen Netzwerken über die Erfahrung wieder ins Bewusstsein zu holen und neue, günstigere Erfahrungen zu machen. Das Erleben mit dem Pferd dockt direkt an den abgespeicherten Mustern an, macht sie sichtbar und erlebbar. Es ist kein Zurück in die Kindheit, bietet aber die Möglichkeit, frühen Erfahrungen und Musterbildungen eine gleichsam intensive Erfahrung entgegenzusetzen.

Voraussetzung dafür ist eine Atmosphäre, in der wir uns sicher fühlen und Vertrauen aufbauen können. Den dafür nötigen Rahmen schaffen wir in unseren Seminaren durch den respektvollen, wertschätzenden und achtsamen Umgang mit Menschen und Tieren.

Aus unserer Sicht gibt es neben dem Erfahrungslernen noch weitere, auch aus neurodidaktischer Perspektive überzeugende Vorteile, vor allem dort, wo Persönlichkeitsentwicklung im Vordergrund steht:

– Um lernen zu können, muss uns genügend *Aufmerksamkeit im Hier und Jetzt* zur Verfügung stehen (Vigilanz bzw. Wachheit). Nur wer „wach" ist, kann seine Aufmerksamkeit willentlich bündeln und sie auf eine bestimmte Sache oder ein Ding richten (selektive Aufmerksamkeit) (vgl. Spitzer 2002, S. 139-146). Die Interaktion mit dem Lebewesen Pferd ermöglicht uns ein direktes und unmittelbares Erlebnis. Die imposanten und archetypischen Tiere ziehen unsere Aufmerksamkeit auf sich und holen uns so aus jedwedem Gedankenkarussell. So finden wir uns schnell mit allen Sinnen im Erleben des Augenblicks wieder, was Lernen begünstigt.

– Pferde bieten eine besondere Möglichkeit des Feedbacks: Als Herden- und Fluchttiere sind sie Feinstwahrnehmer. Ihre Fähigkeit, die *Körpersprache ihres Gegenübers* zu lesen, sicherte Tausende von Jahren ihr Überleben. Dementsprechend nehmen sie nonverbale Signale und kleinste Veränderungen darin schnell und differenziert wahr. Durch ihr Verhalten geben sie uns dann ohne Zeitverzug und ungefiltert Rückmeldung, ohne mögliche Folgen und Konsequenzen zu kalkulieren. Dabei sind sie vorurteilsfrei und interpretieren nicht, was es für die Teilnehmer vergleichsweise leicht macht, die eigenen mannigfachen Bewertungen (inklusive der Selbstabwertungen) loszulassen und sich im Gegenüber wahrzunehmen.

– In der Interaktion mit den Pferden bilden sich unsere ganz eigenen, alltäglichen *Handlungs- und Beziehungsmuster* ab. Da das Gegenüber kein Mensch ist, wird gleichzeitig die Komplexität zwischenmenschlicher Dynamiken reduziert und unsere spezifischen Themen kristallisieren sich leicht heraus. Zudem wird nicht *über* ein Thema gesprochen, sondern *das Thema ist direkt und unmittelbar da.* So erfahren wir mit den Pferden genau die Aspekte, die uns betreffen und für unser Leben bedeutsam sind.

– Nach unserer Erfahrung erleben die Teilnehmer die Eins-zu-Eins-Begegnung mit den Vierbeinern als etwas Besonderes, das *positive Emotionen* weckt. Das begünstigt unser Lernen und unser Behalten, denn wir behalten vor allem das, was für uns *bedeutsam* ist (Hüther 2010, Teil 1, 13:15). Und was für uns wichtig ist und was nicht, unterscheiden wir anhand unserer Gefühle, denn sie sind „Signale an uns selbst, was für uns bedeutsam ist (…)" (Hüther 2010, Teil 1, 8:00).

– Auch wenn unser Gehirn in einen freudigen *Erregungs- und /oder Erwartungszustand* kommt, wirkt sich das günstig auf Lernen und Behalten aus. Dadurch kommt es zur Ausschüttung neuroplastischer Botenstoffe wie Dopamin, die unsere Nervenzellen aktivieren (vgl. Hüther 2010, Teil 1, 15:30) und uns motivieren. Daher ist Begeisterung wie „Dünger für unser Gehirn" (Hüther 2010, Teil 1, 14:48). Im Gegensatz dazu hat Dopaminmangel Interessen- und Lustlosigkeit zur Folge (vgl. Spitzer 2002, S. 181ff). 75 Prozent unserer Teilnehmer bestätigen uns in den Rückmeldebögen, dass das Erlebnis „Coaching mit Pferden" sie begeistert hat und ihre Erwartungen übertroffen wurden.

– Und schließlich ist neurologisch nachgewiesen, dass *Bewegung* positiv auf unsere Lernfähigkeit wirkt (vgl. Hüther 2010, Teil 2: 3:50 u. 4:00; Beck 2003, S. 3). Dieser Forderung werden wir in den Seminaren leicht gerecht, da ein großer Teil der Seminarzeit in der Bewegung mit den Tieren verbracht wird.

Die Antreiber in der Praxis mit den Pferden

Wie sich antreibergeprägtes (Führungs-)Verhalten in der Arbeit mit den Pferden zeigt und die Teilnehmer darüber eigene unbewusste Verhaltensweisen erleben und (be)greifen, beschreiben wir anhand von zwei Fallbeispielen. Dafür haben wir alle Daten so anonymisiert, dass die konkreten Personen und ihre Erfahrungen nicht mehr erkennbar sind. Gleichzeitig haben wir die Seminarsequenzen gekürzt, mehrere Fälle zusammengefasst und im Interesse der Verständlichkeit vereinfacht dargestellt. Die Beschreibungen der Situationen entsprechen jedoch den authentischen Erfahrungen unserer Teilnehmer. Uns ist bewusst, dass die Persönlichkeit eines Menschen vielschichtig ist und sich nicht auf ein Merkmal reduzieren lässt. Dennoch verwenden wir nachfolgend zur Vereinfachung Stereotype. Wenn wir zum Beispiel vom „Sei-gefällig"-Menschen sprechen, meinen wir einen Typus im Sinne der Transaktionsanalyse, der in unsicheren Situationen schnell in die „Sei-gefällig"-Dynamik rutscht.

David sorgt für Harmonie – Sei gefällig

Freitag früh, kurz vor 9:00 Uhr. Es ist der erste Tag unseres zweitägigen Seminars „Führung & Pferde". Nach und nach trudeln die Teilnehmer ein, suchen sich einen Platz im Seminarraum und versorgen sich mit Tee oder Kaffee. David fällt schon in den ersten Minuten durch Umsichtigkeit und Hilfsbereitschaft auf. Er lässt anderen stets den Vortritt und holt nicht nur sich selber einen Tee, sondern bietet auch anderen eine Tasse an. David geht zugewandt in Kontakt und sucht das Gespräch. Später, als wir mit der Gruppe zur Reithalle gehen, bringt er den vergessenen Schal einer Teilnehmerin mit. Denn schließlich sei es ja draußen kalt, da wird sie den Schal brauchen.

Es deutet sich schon in der Kennenlernphase an, was sich im weiteren Verlauf und auch später in der Arbeit mit den Pferden bestätigen wird: Beziehung zu anderen und deren Bedürfnisse stehen für David an erster Stelle. Er geht auf andere zu, ist hilfsbereit und fürsorglich. Dies sind deutliche Hinweise auf einen an Nähe und Gemeinschaft orientierten Menschen. Seine Stärken sind, wie bei vielen „Sei-gefällig"-Menschen, ein hohes Maß an Feingefühl, Empathiefähigkeit und Achtsamkeit.

In der Eröffnungsrunde erklärt David, er freue sich sehr, da zu sein, hätte aber „eine super anstrengende Woche gehabt" und sei „von daher ziemlich müde". David nutzt eine für „Sei-gefällig"-Menschen typische Satzstruktur: Den positiven Inhalten folgt ein „Aber", welches das Gesagte wieder relativiert. Noch oft wird David in den folgenden zwei Tagen in dieser Art sprechen und Feedback geben.

Bevor er für die erste Aufgabe zur Stute Mira in die Reitbahn geht, fragen wir ihn unter anderem: „Was wäre denn das Schlimmste, was dir in der Übung passieren könnte?" David antwortet spontan: „Dass Mira weggeht und sich nicht für mich interessiert." Hier wird seine große Angst vor Kontaktverlust deutlich und davor, abgelehnt zu werden.

Diese Befürchtung bewahrheitet sich nicht. Mira verhält sich zugänglich und interessiert. Für die erste Begegnung hat David die Aufgabe bekommen, Kontakt herzustellen und sich mit ihr vertraut machen. David geht gleich auf Mira zu. Die Stute bleibt stehen und lässt sich bereitwillig anfassen und kraulen. Entspannt schnuppert sie an Davids Kleidung und stupst ihn mehrfach an. Er nimmt sich ausgiebig Zeit, streichelt sie, spricht mit ihr und bestätigt sie positiv. Er wirkt entspannt, sein Körperausdruck und die Stimmlage sind weich. Die Stute fühlt sich pudelwohl, ist ihm zugewandt und hat eine entspannte Körperhaltung.

Für David steht vor allem die Beziehung zum Gegenüber im Vordergrund, er nimmt sich viel Zeit und wendet sich Mira intensiv zu.

Im zweiten Schritt soll David den Vierbeiner um sich herum bewegen. Nach dem Kennenlernen soll der Mitarbeiter Pferd jetzt für ihn arbeiten. David steht einen Moment unentschlossen da. Dann zeigt er in die Richtung, in die Mira gehen soll und versucht seinem Anliegen mit der Stimme nachzuhelfen. Seine Körperhaltung bleibt passiv, schlaff und seine Schultern hängen herab. Mira zeigt sich unbeeindruckt. Sie geht einen Schritt auf ihn zu und kommt ihm sehr nahe. Er weicht einen Schritt zurück, wirkt

ratlos und klopft ihr auf den Hals. Der Stute auszuweichen und Platz zu machen, ist für David selbstverständlich, er würde „gar nicht auf die Idee kommen", sagt er später, seinen „Platz für sich zu behaupten und den anderen zurückzuweisen".

Nach einer kurzen Pause und der Rückversicherung bei uns, ob es jetzt wirklich darum geht, dass Mira für ihn arbeitet, ändert David seine Strategie und geht voran. Mira weicht ihm nicht von der Seite. So kommt sie in Bewegung. Ihr Gang ist allerdings zögerlich und ihre Hufe schlurfen über den Hallenboden. David versucht mit halbherzigen verbalen Aufforderungen und vor allem viel Lob vergeblich, etwas mehr Engagement von Mira zu bekommen. Immer wieder stellt er in unsere Richtung Fragen wie „Wie soll ich sie denn wegbekommen von mir?". Weiterhin quittiert er Miras Verhalten mit kurzen Pausen und Lob in Form von Streicheln und verbaler Bestätigung. Daher fragen wir ihn, warum er sie streichelt. Er weiß es nicht. Er hält inne und überlegt laut: „Bei meinen Mitarbeiten mache ich das genauso. Ich lobe sie unabhängig von ihrer Leistung, weil ich hoffe, dass sie dann lieber für mich arbeiten". Später wird David über dieses unbewusste Motto „gutes Betriebsklima über alles" selbstkritisch reflektieren.

Der ganze Prozess zieht sich wie Kaugummi. Einer der anderen Teilnehmer rutscht auf seinem Stuhl unruhig hin und her und möchte David immer wieder Tipps geben, was er tun solle. Es scheint, als wolle er es am liebsten für David machen – ein Implus, den Sei-gefällig-Menschen in solchen Situationen oft beim Gegenüber auslösen.

Wir bitten David, mehr Distanz zwischen sich und Mira herzustellen. Mira soll sich im Kreis um ihn herum bewegen und arbeiten, David in der Mitte an seinem Platz stehen bleiben. Auch das gelingt nicht. Nach wie vor hat er wenig Körperspannung und eine eher passive, unklare Ausstrahlung. Mira bleibt unbeirrt bei ihm. Schließlich fragen wir ihn, was in ihm vorgeht und ob er Mira überhaupt wegschicken wolle. David stutzt und fühlt in sich hinein. Nein, er möchte sie nicht wegschicken. An dieser Stelle beenden wir die Übungseinheit.

David ist ein typischer Vertreter des „Sei-gefällig"-Antreibers. Menschen mit dieser Dynamik richten ihr Verhalten am Wohl anderer aus. An oberster Stelle steht eine angenehme Atmosphäre. Um anerkannt und gemocht zu sein, nehmen sie Rücksicht und passen sich an. Auch für David stand im Kontakt mit Mira die Beziehung klar im Vordergrund. Und da die Stute nicht arbeiten wollte, hat David auf die Erfüllung der „Arbeitsaufgabe" verzichtet. Entscheidend ist Davids Haltung „Harmonie vor Aufgabenerfüllung", sie hat Mira den Raum gegeben, zu tun, wonach ihr war.

„Sei-gefällig"-Führungskräften wie David ist es oft unangenehm, Anweisungen zu geben. Jeder Umgang mit Unlust oder Widerstand wird schnell zu einer Überforderungssituation. Um das zu vermeiden, geben solche Führungskräfte Mitarbeitern oft viel Raum, selbst zu entscheiden. Das kann so weit gehen, dass der Chef die Arbeit für den Mitarbeiter übernimmt, bevor er sie von ihm einfordert. Sich durchzusetzen und Klartext zu reden, fällt ihm sehr schwer.

Der Preis für die Überanpassung an andere ist hoch: Für andere opfern diese Menschen sich auf, die eigenen Wünsche und Bedürfnisse bleiben auf der Strecke. Da das Verhalten nicht unbedingt mit gleicher Münze zurückgeben wird, erleben sie oft Enttäuschungen oder fühlen sich ausgelaugt. Als Kontaktpartner bleibt der „Sei-gefällig"-Mensch für sein Gegenüber wenig greifbar, die Konturen seiner Persönlichkeit werden nicht sichtbar. Statt sich selbst bietet er Gefälligkeit in der Beziehung an, was echten Kontakt und Nähe schwierig macht.

Karin macht es gern richtig – Sei perfekt

Als Karin, die schon in der Einleitung vorgestellt wurde, nach dem Vorgespräch zu Wallach Nando in die Halle geht, startet sie direkt mit der Umsetzung der gestellten Aufgabe. Es dauert nicht lange und der Vierbeiner läuft flüssig um sie herum. Mal geht es links herum, mal rechts. Meistens ist er im Trab. Wer die Bilder betrachtet, hat keinen Zweifel: Karin ist der Chef. Akzeptanzprobleme hat sie keine. Nando führt die „Arbeitsaufträge" prompt aus. Für Karin ist es leicht, ihn zu stoppen, zu wenden oder das Tempo zu verändern. Ihre Körperhaltung ist aufrecht, kerzengerade und spiegelt ihre innere Klarheit deutlich wieder. Sie wirkt ernst, zielorientiert, fast streng und ihr Gesichtsausdruck ist konzentriert. Nando setzt alle Kommandos widerspruchslos und unmittelbar um. Geichzeitig zeigt er mehrere Stresssignale: Er schlägt oft mit dem Schweif, hat eine sehr angespannte Körperhaltung, trägt Kopf und Hals hoch in Alarmbereitschaft und läuft mit übermäßig viel Energie vorwärts.

Karin ist die effiziente Erledigung von Aufgaben wichtig, entsprechend fokussiert kontrolliert sie die Bewegung des Pferdes.

In einer kurzen Pause stellen wir Karin eine Frage. Daraufhin wendet sie ihre Aufmerksamkeit von Nando ab und uns zu. Im selben Moment schnauft der Wallach tief durch, lässt den Kopf fallen und entspannt sich. Kaum wendet sich Karin wieder ihm zu, schnellt der Kopf hoch und die Spannung ist wieder hergestellt. Und obwohl Nando die Arbeitsaufträge perfekt erfüllt, bleibt Karin aktiv: Sie überprüft, kontrolliert und justiert sein Verhalten durchgängig neu.

Als Nando über eine am Boden liegende Plane gehen soll, kommt es zum Konflikt. Er hat Angst vor der Plane und weigert sich, vorwärts zu gehen, weicht zu beiden Seiten aus oder drängelt Karin zur Seite. Karin führt ihn immer wieder auf dieselbe Position vor die Plane und verlangt deren Überquerung. Vorschläge und Ideen, es Nando leichter zu machen, in dem sie zum Beispiel die Plane zunächst kleiner faltet, oder ein anderes Pferd vorweg gehen lässt, nimmt sie nicht an. So entsteht zwischen Karin und dem Wallach ein zeitintensives Hin und Her, in dem sich eine Rigidität abbildet, die typisch für „Sei-perfekt"-Menschen ist. „Wenn ich erst mal auf einem Weg bin, fällt es mir sehr schwer, mich umzustellen oder neu zu orientieren", räumt Karin beim Nachgespräch ein. Und auch in anderen Beispielen aus ihrem Berufsleben zeigt sich Starrheit in Einstellung und Zielsetzung. Das macht es ihr oft schwer, die Meinung anderer gelten zu lassen, flexibel zu sein oder loszulassen.

Nachdem Karin mit der Aufgabe fertig ist – dabei hat sie darauf geachtet, die Aufgabe wie gefordert und vollständig auszuführen –, lädt sie ihren „Mitarbeiter" zu sich ein und tätschelt kurz und abwesend seinen Hals. Dann verlässt sie die Reitbahn. Diese Aufgabe ist erledigt, und nun wendet sie sich zügig der nächsten zu, in diesem Fall der Feedbackrunde.

Hier zeigt Karin ein Verhalten, das wir bei „Sei-perfekt"-Menschen oft erleben. Erfolge werden kaum gewürdigt oder gefeiert - weder im Bezug auf sich selbst noch im Bezug auf das Gegenüber: „Ich bin zufrieden, alles hat soweit funktioniert". Darüber ist sie selbst etwas überrascht, wo sie doch mit Pferden bisher nichts zu tun hatte. Allerdings wollte sie den Wallach am Schluss noch mal ruhig im Schritt gehen lassen. Das hat nicht ganz geklappt, wahrscheinlich müsse sie dafür selber ruhiger sein, so ihr Resümee. Sie wisse, dass sie auch „im Job oft zu zack-zack" sei. Das ist nach unserer Erfahrungen typisch für „Sei-perfekt"-Menschen, häufig relativieren sie ihre Leistung oder nehmen mögliche Kritik vorweg. Eine Beanstandung ihrer Leistung von außen ist gleichbedeutend mit Kritik an ihrer Person und muss deshalb vermieden werden.

Die Feedbackrunde für Karin ist eher einsilbig und schleppend. Für die

Beobachter ist es schwierig, der Abteilungsleiterin Feedback zu geben. Fast alles ist perfekt gelungen und dem ist wenig hinzuzufügen. Da Menschen wie Karin in der Beziehung ihre perfekte Leistung statt sich selbst anbieten, entsteht kaum ein lebendiger Austausch und echter Kontakt ist schwierig.

Oft erleben wir in solchen Feedbackrunden auch, dass die anderen Teilnehmer die „Perfekten" idealisieren und betonen, dass sie das so nie könnten. Oder sie werden in ihrer Kritik kleinlich und hängen sich an belanglosen Details auf, die vermeintlich nicht perfekt waren. Wir deuten dieses Verhalten als Versuch, dem eigenen entstandenen Gefühl Herr zu werden, im Vergleich selbst nicht gut abzuschneiden. In solchen Situationen geht es nicht mehr um die Leistung des Akteurs, sondern um den entstandenen Wettbewerb. Das schafft Distanz. Die Strategie, mit Leistung zu überzeugen und so akzeptiert und gemocht zu werden, geht letztlich nicht auf, was der „Perfekte" dann wiederum darauf zurückführt, noch nicht perfekt genug gewesen zu sein.

Bei der Videoauswertung am nächsten Seminartag sieht Karin sich selbst zunächst still zu. Dann schlägt sie die Hände über dem Kopf zusammen: „Jetzt verstehe ich, was ihr gestern damit gemeint habt, dass ich ihm viel abverlangt hätte. Ich selbst hatte das Gefühl von guter Zusammenarbeit, dass ich Nando viel Zeit gelassen und ihn reichlich gelobt habe. Aber das war ja ganz anders. Er hatte kaum Zeit, mal Luft zu holen und ich habe ihn gar nicht in Ruhe gelassen - auch nicht wenn er gut gearbeitet hat. Gelobt habe ich ihn schon ... aber ohne wirklich Freude zu vermitteln, eher mechanisch und ohne Gefühl ... " Sie zögert einen Moment und blickt nach innen. Dann wird ihr klar: „Tatsächlich mache ich das mit meinen Mitarbeitern genauso. Da gibt es wenig Raum zum Verschnaufen. Leistung steht bei mir immer an erster Stelle und was ich von mir fordere, fordere ich auch von den anderen. Kein Wunder, dass meine Leute oft unter Druck sind und mit mir kaum ein privates Wort reden." Oft wünscht sie sich mehr Eigeninitiative, Flexibilität und Kreativität von ihrem Team. Jetzt begreift sie, dass sie dafür kaum Zeit und Raum lässt.

Erleben kommt vor Erkenntnis - Erkenntnis kommt vor Veränderung

Der Moment, in dem den Teilnehmern ihre Haltungen und Überzeugungen bewusst werden, ist für uns immer wieder ein berührender Schlüsselmoment. Wird dem Akteur sein Verhalten plötzlich klar, entsteht so etwas wie eine Öffnung im Bewusstsein. Er tritt einen Schritt zurück, betrachtet sich von außen und kann so sein Verhalten und seine Wirkung auf Andere ohne Selbstabwertung erkennen. Dies geschieht oft unerwartet und in allen Phasen des pferdegestützten Trainings. Die Videoauswertung ist dabei sehr hilfreich: Die Teilnehmer bekommen, wenn sie sich selbst zuschauen, mehr Distanz zur Situation. Das führt oft zu Aha-Erlebnissen und vertieft die Erkenntnisse.

Durch den Umgang mit den Pferden, den anschließenden Austausch in der Seminargruppe, die Videoanalyse und die Rückmeldungen von uns Trainern bekommen die Teilnehmer entscheidende Schlüsselimpulse. Sie haben über diese vier Ebenen im Laufe des Seminars unterschiedlichste Möglichkeiten, ihre Antreiber zu entdecken und zu reflektieren.

Dass unsere Teilnehmer die Ergebnisse in den Alltag mitnehmen können und diese dort nachhaltig wirken, bekommen wir regelmäßig zurückgemeldet. Einige Monate nach dem Training berichtete z.b. David am Telefon: „Wenn ich ein schwieriges Mitarbeitergespräch führen muss, fällt mir oft die Situation mit Mira ein und ich ertappe mich dabei, mal wieder um den heißen Brei herumzureden. Dieser Gedanke an das Erlebnis mit Mira hilft mir, kurz zu stoppen, Distanz zur Situation zu kriegen und dann freundlich aber direkt zu sagen, was ich möchte."

Das Antreiberkonzept der Transaktionsanalyse

Entwickelt wurde die Transaktionsanalyse (TA) in den 50er und 60er Jahren von dem US-amerikanischen Psychologen Eric Berne. Die tiefenpsychologisch fundierte Methode befasst sich mit unbewussten Lebensmustern (sogenannten Skripten), die sich stark auf unser Denken, Fühlen und Handeln und damit auf die Gestaltung unseres Lebens auswirken.

Die Antreiber sind Teil dieser unbewussten Lebensskriptmuster. Sie sind nicht ununterbrochen aktiv, melden sich aber in Stresssituationen, wenn wir uns unsicher fühlen oder werden durch ganz bestimmte Auslöser aktiviert.

Auf der Grundlage klinischer Beobachtungen in den 70er Jahren identifizierten Eric Bernes Kollege Taibi Kahler und sein Team insgesamt fünf Antreiberdynamiken mit jeweils ganz eigenen Merkmalen. Allen gemeinsam ist das Gefühl, nicht okay zu sein, wenn man nicht den jeweiligen inneren Anweisungen folgt. Ein Antreiber ist also immer gekoppelt mit wenig hilfreichen Glaubenssätzen. Die fünf Antreiber und die entsprechenden Grundüberzeugungen lauten:

- Sei perfekt – „Ich bin ok, wenn ich perfekt bin."
- Sei (anderen) gefällig – „Ich bin ok, wenn ich es anderen recht mache."
- Streng Dich an! – „Ich bin ok, wenn ich mich anstrenge."
- Sei stark! – „Ich bin ok, wenn ich stark bin."
- Beeil Dich! – „Ich bin ok, wenn ich mich beeile."

Diese fünf Verhaltensgebote repräsentieren grundlegende elterliche Forderungen, die dem Kind ursprünglich helfen sollten, das Leben gut zu meistern. Sie werden verinnerlicht und wirken meist unbewusst in unterschiedlicher Art und Ausprägung in jedem Menschen. Indem wir den Geboten folgen, versuchen wir dem Gefühl, nicht ok zu sein, zu entkommen und uns Zuneigung und Anerkennung zu sichern. Unsere daraus resultierenden Verhaltensweisen und unsere Art zu kommunizieren, hat wiederum eine Wirkung auf unser Umfeld. Damit schaffen wir eine spezifische Atmosphäre und konstruieren unsere eigene Wirklichkeit inklusive unserer Verhaltenserwartungen an andere.

Die inneren Antreiber entstehen in der (frühen) Kindheit durch die ausgesprochenen und unausgesprochenen Erwartungen der Bezugspersonen und der Umwelt an uns. Sie sind das Ergebnis eines kindlichen Anpassungsprozesses an das jeweilige Umfeld. Vermittelt werden sie uns etwa über die Rückmeldungen der Eltern - verbal und nonverbal. Jedes Kind stabilisiert sein Selbstwertgefühl über die Liebe und Anerkennung der Eltern: Ich bin liebenswert und ok, so wie ich bin. Doch dieses Angenommensein ist oft an Bedingungen geknüpft. Für manche Verhaltensweisen erntet das Kind keine Bestätigung, sondern Kritik oder sogar Ablehnung. So entwickelt es das Gefühl, nur dann ok zu sein, wenn es ganz bestimmte Verhaltensweisen erfüllt.

Ein Beispiel: Jonas Mutter möchte ihren Sohn in der Kleinkindgruppe lassen, er war schon öfter dort, auch allein. Jonas weint und möchte sich nicht trennen. Die Mutter hält Jonas mit beiden Armen von sich weg und sagt unwirsch: „Mensch Jonas, du bist doch keine Heulsuse. Was haben wir denn heute Vormittag abgemacht? Du wolltest doch nicht mehr weinen!" Sie wischt ihm unsanft die Tränen ab. Jonas wimmert in sich hinein und versucht, sich zusammen zu reißen. „Na siehst du, bist doch mein tapferer Junge", sagt seine Mutter, küsst ihn und streichelt ihm den Kopf. Die Erfahrung von Jonas: *„Ich bin nur ok, wenn ich stark bin"*. Natürlich wird aus einer einmaligen Erfahrung nicht gleich ein prägendes Muster. Dafür sind Wiederholungen nötig, die an die Botschaft „Du bist nur okay, wenn..." gekoppelt sind. Diese Drohung wird vom Kind wahrgenommen, ohne dass sie von den Eltern explizit formuliert wird.

Grafik 1: Die Antreiber mit ihren potenziellen Stärken und Schwächen

Sei perfekt	Sei stark	Beeil Dich	Streng Dich an	Mach's allen recht
Ich bin nur ok, wenn ich immer perfekt bin.	*Ich bin nur ok, wenn ich immer stark bin.*	*Ich bin nur ok, wenn ich mich immer beeile.*	*Ich bin nur ok, wenn ich mich immer anstrenge.*	*Ich bin nur ok, wenn ich es immer allen recht mache.*
+ gründlich + präzise + gut organisiert + analytisch + zielgenau + zuverlässig + hat Sinn für Vollkommenheit + möchte Vorbild sein	+ durchsetzungsfähig + kraftvoll + unabhängig + widerstandsfähig + funktioniert + bewahrt Haltung + kämpferisch	+ dynamisch + zeiteffizient + zeitbewusst + erledigt Aufgaben schnell + ist ein „Motor" + multitaskingfähig + arbeitet gut unter Zeitdruck + bekommt alles mit	+ Durchhaltevermögen + zeigt Einsatz + fleißig + pflichtbewusst + aktiv + leistungsbereit + engagiert + beharrlich	+ rücksichtsvoll + bescheiden + liebenswürdig + anpassungsfähig + empathisch + beziehungsorientiert + harmonieliebend + „gute Seele" + kann sich zurücknehmen
- detailverliebt - keine Fehleroption - übererfüllt Aufgaben - bessert Ergebnisse anderer nach - kann nicht loslassen - hoher Anspruch an sich selbst und andere	- akzeptiert keine Hilfe - ignoriert körperl. und seelische Alarmsignale - Leben und Beziehung als Kampf - entweder Gewinner oder Verlierer - Pokerface - zeigt keine Schwäche - unberührt und hart bleiben	- leicht ablenkbar - führt arbeiten nicht zu Ende - will alles gleichzeitig - ungeduldig und unruhig - hektisch - fühlt und verbreitet Unruhe	- Anstrengung kommt vor Ergebnis - bleibt im Versuchsstadium stecken - Sisyphus - chronischer Stressliebhaber - kommt nicht zum Punkt - schließt Dinge nicht ab - strampelt sich ab	- kann nicht nein sagen - konturlos - überangepasst - schwammig - passiv - nicht konfliktfähig - devot - übertrieben hilfsbereit

Grafik und Zeichnungen: Heinen/von Lingen

Literatur

Beck, Herbert (2003): Neurodidaktik oder: Wie lernen wir? In: Erziehungswissenschaft und Beruf 51, S. 338-356.

Besser, Ralf (2009): Gehirnforschung und Neuro-Didaktik. Verarbeitungsmuster des Gehirns. In: Trainer-Kontakt-Brief 5/09. Nr. 66. S. 30

Roth, Gerhard (2007): Persönlichkeit, Entscheidung und Verhalten. Warum es so schwierig ist, sich und andere zu ändern. Stuttgart

Schlegel, Leonhard (1995): Die Transaktionale Analyse. Stuttgart.

Schmid, Bernd (2001): Antreiber-Dynamiken – Persönliche Inszenierungsstile und Coaching. In: Zeitschrift für systemische Therapie, 04/2001

Schulz von Thun, Friedemann (1989): Miteinander reden 2. Stile, Werte- und Persönlichkeitsentwicklung. Reinbek bei Hamburg

Spitzer, Manfred (2002): Lernen. Gehirnforschung und die Schule des Lebens. Heidelberg-Berlin

Stewart Ian, Joines Vann (2000): Die Transaktionsanalyse. Freiburg.

Verwendete Materialien

Schlegel, Leonhard (2002): Handwörterbuch der Transaktionsanalyse. http://www.dsgta.ch/download/142dext3wG9Qt.pdf. 8021 Zürich

Hüther, Gerald (2010): Workshop. Erfahrungslernen und Persönlichkeitsentwicklung. Freiburg. Audiobeitrag Teil 1 34:20 Minuten, Teil 2 27:09 Minuten, Teil 3 31:24 Minuten, Teil 5 26:15 Minuten

Vertrauen führt in Freiheit

Beate Gröchenig

Wie jenseits festgesteckter Grenzen Pferde Führungskräfte beflügeln

Die Idee ist denkbar einfach: In einer Reithalle führt ein Mensch ein Pferd um einen Pfeiler herum. Aus dem Kontakt zu dem Pferd und dem Weg um den Pfeiler eröffnet sich ein ganz natürliches Lernfeld. Aufgrund der Begegnung mit dem Pferd erhält der Weg eine völlig neue Erlebnisqualität. Ein Rollentausch findet statt: Sprechende Menschen werden herausgerissen aus sozialer Routine und gewohnter Rezeption. Pferde geben ihnen nonverbale Rückmeldung und somit Orientierung hinsichtlich ihres Verhaltens. Sie werden zu Botschaftern einer bewährten Kommunikations- und Führungskultur ohne Worte.

Eine denkbar einfache Idee

Warum sind gerade Pferde so perfekte Übungspartner zum Thema Zugehörigkeit, Kommunikation und Führung, die in der Geschäftswelt eine

131

so wichtige Rolle spielen? Warum eignen gerade sie sich so gut als Spiegel für menschliches Verhalten? Welche Chance haben wir, uns durch neue Erfahrungen zu verändern und unsere Spielräume und Handlungsoptionen zu erweitern? Wie können wir in der Begegnung mit Pferden bestimmte Ich-Zustände stärken? Welche theoretischen Konzepte liegen dem zugrunde und was hat die Transaktionsanalyse damit zu tun? Wie können wir unsere Komfortzone verlassen und unsere Grenzen erweitern? Wieso ist gerade eine Begegnung mit einem sehr großen Tier, das anders tickt als wir, aber sensibel auf uns reagiert, so eindrucksvoll für uns, dass wir sie wahrscheinlich nicht vergessen? Diesen Fragen möchte ich im folgenden Beitrag nachgehen. Darüber hinaus werde ich die Geschichte von meinem Coachee Michael erzählen, der mit Hilfe von drei pferdegestützten Coachingeinheiten ein paar berufliche Fragen für sich klären und sich auf neue Weise erleben konnte. Und der einen Abend erlebte, der ihm sicher so unvergesslich ist wie mir.

Meine Arbeitsweise – Auf Pferde setzen

„Der Mensch wird am Du zum Ich", schrieb Martin Buber. Und wenn das „Du" ein Pferd wäre? Ich arbeite als Coach mit Pferden und Menschen und habe erfahren, dass das „Du" sehr gut ein Pferd sein kann. Natürlich ist das Pferd kein Mensch und ein Mensch kein Pferd. Aber ein Gegenüber, ein „Du" kann es sein, wenn wir ihm als solchem begegnen und es ihm zutrauen. Natürlich soll das Pferd vor allem Pferd sein dürfen. Es ist also kein „Du", das genauso tickt wie wir, das uns gleicht, sondern ein „Du" von einer eigenen Art, mit eigenen artspezifischen Verhaltensweisen. Und gerade seine natürlichen Eigenschaften machen das Pferd zu einem so wertvollen Spiegel für uns. Das Pferd ist ein Fluchttier. Es kennt keine Rollenspiele, für das Pferd ist es immer ernst. Es spiegelt unser Verhalten unmittelbar, ehrlich und unvoreingenommen. Wir, als menschlicher Teil der Mensch-Pferd-Beziehung, werden auf einer nonverbalen Ebene wahrgenommen. Und das ist gut, denn der menschliche Körper ist das ehrlichste Sprachorgan, das auch am schnellsten, unmittelbar und instinktiv von unserem Gegenüber eingeschätzt wird. Wobei diese Art der unterschwelligen Kommunikation uns Menschen, trotzdem sie so weit reichend ist, oft am wenigsten bewusst ist. Und diese Ebene macht uns das Pferd sichtbar: Wie wir wirken, ungeachtet dessen, was wir sagen; was unser Körper, unsere

Bewegungen, unsere Stimme ausstrahlen. Von Worten, Argumenten und Äußerlichkeiten bleibt das Pferd dagegen völlig unbeeindruckt. Als Fluchttier verfügt es über eine sehr hohe Aufmerksamkeit, die sein Überleben seit mehr als 50 Millionen Jahren sichert. Diese so lange geschulte Aufmerksamkeit stellt uns das Pferd nun im Coachingprozess zur Verfügung, und wir nutzen diese Eigenschaft für die pferdegestützte Intervention. Hinzu kommt: das Pferd ist ein Herdentier, das nach Führung sucht. Es ist auch bereit, mit einem Zweibeiner mitzugehen, wenn dieser in seinem Verhalten Klarheit, Überzeugungskraft und Kongruenz ausstrahlt. Und wenn er bereit ist, mit Empathie und Respekt eine Verbindung herzustellen. Wenn also sowohl die Bedingungen von Vertrauenswürdigkeit als auch von Sicherheit erfüllt sind. Das alles zusammengenommen macht dieses große Tier zu einem brillanten Indikator und Spiegel für Führungsverhalten und Führungsstärke. Erfolg ist, wenn das Pferd uns folgt.

Mithilfe der unmittelbaren Spiegelung durch die Pferde erfahren wir auch ganz direkt: „Ich bin Ursache für Wirkung". Dies hilft das Gefühl von Selbstwirksamkeit und Selbstverantwortung zu stärken. Wir lernen uns selbst zu führen – unerlässliche Voraussetzung für die Führung von anderen. Ist der Coachee hingegen unklar, unsicher oder unentschlossen, trifft das Pferd seine eigene Entscheidung. Die kann je nach Charakter des Pferdes ganz unterschiedlich ausfallen, aktiv oder passiv. Aber auch wenn unsere Führung nicht immer gleich so überzeugend ist, wie wir uns das wünschen würden: ein fragender Blick aus den großen Augen eines Pferdes mit einer Geduld, von der wir lernen können, lässt sich meist viel leichter annehmen, als die hochgezogene Augenbraue eines Menschen.

Bei meinen Coachings setze ich fünf Pferde ein, die sich sowohl im Aussehen als auch in ihrer Persönlichkeit sehr stark unterscheiden, was für eine vielseitige Bandbreite an Reaktionen und Verhaltensweisen sorgt. Dementsprechend unterschiedlich sind auch die Führungsanforderungen; fünf Pferde-Charaktere spiegeln dem Coachee seine Wirkung und stellen ihn vor unterschiedliche Herausforderungen – ganz wie im richtigen (Berufs-)Leben.

Auch die praktischen Übungen, die ich einsetze, sind vielfältig: von Beobachtungsaufgaben über diverse Interaktionen mit dem Pferd bis zu direkten Führaufgaben. Dabei geht es immer darum, dass der Coachee eigene Erfahrungen mit dem Pferd macht. Jede dieser Interventionen bietet mannigfaltige Anschlussmöglichkeiten, je nach den persönlichen Entwick-

Ein vierbeiniger Trainingspartner mit wachsamer Präsenz

lungsbedürfnissen. Zudem können diese auf Video aufgenommen werden, was die Chance eröffnet, einen direkten Abgleich zwischen Selbst- und Fremdbild durchzuführen. Aus der Reflexion eröffnet sich die Möglichkeit, neue Handlungsweisen zu erarbeiten, die dann unmittelbar am Pferd erprobt werden können. Dadurch ist Raum für eine neue Erfahrung, Raum, uns auf eine andere Weise, in einem anderen Ich-Zustand zu erleben, den wir anschließend in unser Berufsleben mitnehmen und dort in unterschiedlichen Situationen ausprobieren können.

Und das Beste an der Arbeit mit den Pferden: sie machen uns Eindruck. Sie sind sensible, stolze und starke Wesen und stehen mit 500 Kilo Lebendgewicht neben uns – und sie gehen eine Beziehung mit uns ein. Sie leben im Hier und Jetzt und zwingen uns, wenn wir mit ihnen in Kontakt treten wollen, dasselbe zu tun. Ganz da zu sein. Wir werden aus unserer Alltäglichkeit und unseren routinierten Verhaltensweisen herausgerissen, unserer gewohnten Kommunikationsmittel beraubt. Die Begegnung mit einem großen, unvertrauten Tier zwingt uns dazu, sonst vernachlässigte Ressourcen zu nutzen und neue Potenziale zu entwickeln. Sie verschafft uns intensive und emotionale Erfahrungen, die sich unserer Erinnerung nachhaltig einprägen. Momente und Gefühlszustände, die wir darum leichter immer wieder heraufbeschwören und abrufen können. Und die eben darum die Chance haben, zu dauerhaften Verhaltensänderungen zu führen und einen bleibenden Eindruck in unserem plastischen Gehirn[1] zu hinterlassen.

---

[1] "Unter neuronaler Plastizität versteht man die Eigenschaft von Synapsen, Ner-

Der Coachee – zwischen Richtungsfragen und Aufbruchswünschen

Der Coachee, dessen Fall ich beschreibe – nennen wir ihn Michael – ist eine Führungskraft in einem globalen Unternehmen. Er ist Anfang vierzig, hat zwei Kinder und lebt mit seiner Familie in einem Haus auf dem Land. Seine berufliche Situation stellt sich folgendermaßen dar: Er arbeitet seit vielen Jahren in gesicherter Position in einem internationalen Konzern. Er hat einen Chef und andererseits ist ihm die Führung einiger Mitarbeiter anvertraut. Bereits im Erstgespräch wird klar, dass Michael sich mit seiner Führungsrolle unsicher fühlt, dass Unklarheit besteht, ob er diese Rolle ausbauen soll. Folgende Fragen stehen im Raum: Wo ist mein jetziger Standort? Wo möchte ich hin? Wie sehe ich mich und wie sehen mich andere? Habe ich Führungsqualitäten? Will ich – und in welchem Umfang – Führungsaufgaben übernehmen?

Ich erlebe ihn als sympathisch, sehr kontrolliert und fürsorglich, wenig spontan, eher angepasst, sicherheitsorientiert, teilweise ängstlich, nie wütend. Meine Hypothese ist, dass er sich in einer Komfortzone eingerichtet hat, die er beherrscht; seit Jahren im selben Umfeld und mit den gleichen Aufgaben, bei denen allenfalls die Quantität gestiegen ist. Sein Auftreten ist im Gespräch sehr gewandt, jedoch emotional zeitweilig nicht unterstützt. Auf mich wirkt es, als wenn Emotionen unterdrückt oder zumindest kontrolliert würden. Er spricht auch davon, sich zeitweilig träge und antriebslos zu fühlen. Ich kann jedoch eine grundlegende Offenheit feststellen, und auch ein Bedürfnis nach Weiterentwicklung, Selbstverwirklichung und Sinnfindung ist spürbar.

Im Sinne der Transaktionsanalyse scheint Michael seinen rebellischen und freien Anteil der Kind-Ich-Zustände zu vermeiden und abwechselnd in das angepasste Kind oder das fürsorgliche Eltern-Ich zu rutschen. Auch ein Skriptthema ließe sich darin sehen. Ich vermute die Antreiber, die sagen: „Mach's allen recht!", „Streng Dich an!", „Sei perfekt!". Gepaart mit den Äußerungen hinsichtlich seines persönlichen Energielevels könnte die Zurückeroberung des freien und rebellischen Kindes für den Coachee wertvoll sein. Ebenso halte ich das Verlassen der Komfortzone für einen sinnvollen Schritt, um Energien freizusetzen und neue Spielräume und -arten zu er-

---

venzellen oder auch ganzen Hirnarealen, sich in Abhängigkeit von der Verwendung in ihren Eigenschaften zu verändern (anzupassen)." Quelle: wikipedia.org/wiki/Neuronale_Plastizität schließen. Aus seiner Erzählung schließe ich, dass die Anpassung Energie bindet. Energie, die er zur Verwirklichung weiterer beruflicher Wünsche benötigen würde.

Diese Arbeitshypothesen entwickle ich im Laufe der ersten Sitzung, in unserem Gespräch und bei ersten kognitiven Übungen, wie z.b. durch Einsatz des Johari-Fensters[2] – aber auch bei seinen ersten Pferdekontakten, bei denen er von einem ängstlichen Kind-Ich angesichts des großen Tieres, nach Herstellung von Vertrauen übergangslos in ein fürsorgliches Eltern-Ich zu gehen scheint. Er streichelt das Tier unablässig über Kopf und Schultern. Diese Geschäftigkeit scheint ihm Sicherheit zu geben.

Aufgrund dieser Hypothesen war meine nächste Intervention, ihn mithilfe von verschiedenen Aufgabenstellungen am und mit dem Pferd in unterschiedliche Ich-Zustände zu leiten. Dazu habe ich die Anforderung bei den Pferdeübungen schrittweise erhöht, die Übungen variiert und drei verschiedene Pferdecharaktere eingesetzt sowie Tempo und Energie gesteigert. Es war wunderbar zu sehen, wie der Coachee immer sicherer und freier agierte. Die erste Sitzung endete damit, dass er sich selbst erleben konnte, wie er ein bewegungsfreudiges Pferd in der gesamten Halle um sich herum bewegen konnte und sogar Tempo und Richtung bestimmte. In der Schlussszene galoppierte das Pferd kraftvoll in der Halle und der Coachee war begeistert. Es sah aus, als ob die Feedbackschleife ihre Wirkung zeigte und die Energie des Pferdes sich auf den Coachee übertrug und umgekehrt. Er äußerte im Abschluss der Einheit, er hätte sich „schon sehr lange nicht mehr so lebendig gefühlt".

Es sollte noch einiges mehr passieren. Zunächst aber noch einmal zu den zugrunde gelegten theoretischen Konzepten.

Die Transaktionsanalyse – Energien freisetzen

Das zugrundeliegende Menschenbild der von mir verwendeten Theorien ist konstruktivistisch. Der Mensch ist nicht unabhängig von seiner Umwelt und wirkt als Teil der Umwelt an ihrer Erschaffung mit, die wiederum auf ihn zurückwirkt. Dem entsprechen auch neuere Erkenntnisse der Hirnforschung über die Plastizität des Gehirns. Noch bis ins hohe Alter reagiert

---

[2] "Das Johari-Fenster ist ein Fenster bewusster und unbewusster Persönlichkeits- und Verhaltensmerkmale zwischen einem Selbst und anderen oder einer Gruppe." Quelle: wikipedia.org/wiki/Johari-Fenster

Ein Blick sagt mehr als tausend Worte.

das Gehirn mit „Umbaumaßnahmen" auf neue Erfahrungen und Erlebnisse. Diese Veränderungen schlagen sich wiederum in unserem Verhalten unserer Umwelt gegenüber nieder. In meinen pferdegestützten Coachings versuche ich, diese Art von Veränderung zu erreichen. Das Pferd als neuer starker Umweltreiz ermöglicht eine neue Erfahrung, die wir zu verankern und in den Alltag zu transferieren versuchen. Statt immer denselben ausgetretenen Nervenbahnen und alten Mustern folgen zu müssen, versuchen wir neue Trampelpfade anzulegen, die mit der Zeit zu breiten Wegen werden können: unser Spielraum hat sich erweitert. Eine Lücke im altbekannten Reiz-Reaktions-Muster tut sich auf – wir können wählen, ob und wie wir reagieren. Über eine kleine, komfortable Lücke im Ablauf zwischen Reiz und Reaktion zu verfügen, Automatismen auszuschalten, das bedeutet für mich Freiheit im Denken und Handeln. Dies gelingt uns, indem wir die Abbildung der Wirklichkeit in unserem Inneren, unsere Vorstellung von ihr verändern und uns dadurch in die Lage versetzen, anders auf unsere Umwelt zu reagieren.

Das theoretische Konzept, mit dem ich im vorliegenden Coachingfall die Selbstbilder bewusst machen und verändern wollte, ist das Funktionsmodell aus der Transaktionsanalyse nach Eric Berne. Im Rahmen dieser psychologischen Theorie gibt es verschiedene Konzepte, eines davon ist das der „Ich-Zustände". In dem Funktionsmodell sind drei Kreise als Ich-Zustände abgebildet, ein Eltern-Ich, ein Erwachsenen-Ich und ein Kind-Ich. Die Theorie besagt, dass ein Mensch sich von seinem Verhalten her in dem jeweiligen Ich-Zustand in einem kohärenten System von „Denken und Fühlen" befindet, welches sich im Verhalten manifestiert. Mit dem Verlassen des Erwachsenen-Ich-Zustands gehen wir immer auch in das Museum unserer Gefühle. Dem Funktionsmodell folgend kann ich vermuten, in welchem der drei Ich-Zustände sich der Coachee befindet. Die Eltern- und die Kind-Ich-Zustände sind weiter unterteilt. Das Eltern-Ich wird zweigeteilt in fürsorgliches und kritisches Eltern-Ich. Das fürsorgliche Eltern-Ich ist gekennzeichnet durch ein umsorgendes, versorgendes oder nährendes Verhalten. Das kritische Eltern-Ich hingegen kontrolliert, kritisiert und sagt, was das Kind zu tun und zu lassen hat.

Das Kind-Ich ist in drei Bereiche unterteilt und zwar in das angepasste, rebellische und das freie Kind-Ich. Das angepasste Kind-Ich folgt Regeln, wie beispielsweise „erst über die Straße gehen, wenn man nach links und rechts geschaut hat". Oder der Mensch empfindet Peinlichkeit, wenn er vor anderen Menschen reden soll. Der Zustand des rebellischen Kind-Ichs ist dagegen oppositionell, erfinderisch und aggressiv. Das freie Kind-Ich ist impulsiv, spontan, vertrauensvoll und unbefangen. Mithilfe einer Visualisierung der jeweiligen Anteile (in diesem Fall durch Darstellung von drei Kreisen auf der Bodenfläche eines 10x30 Meter großen Raumes) kann die Ist-Situation dem Coachee deutlich sichtbar gemacht werden.

Aufgrund der Aussagen des Coachees, dass er sich häufig wenig energiegeladen fühlt und sich nicht mehr klar ist, wo eigentlich seine Kraftquellen verborgen sind, habe ich ein weiteres Konzept aus der Transaktionsanalyse herangezogen: die so genannten Lebensgrundpositionen oder Grundeinstellungen. In dem so genannten OK-Geviert wird abgebildet, wel-

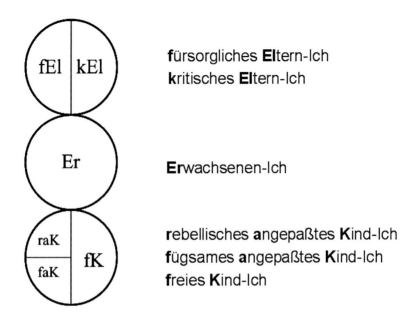

fürsorgliches **El**tern-Ich
kritisches **El**tern-Ich

Erwachsenen-Ich

rebellisches **a**ngepaßtes **K**ind-Ich
fügsames **a**ngepaßtes **K**ind-Ich
freies **K**ind-Ich

Funktionsmodell der Transaktionsanalyse. Quelle: Eigene Abbildung nach dem Modell von Eric Berne

ches die Grundüberzeugungen im Sinne von „ich bin OK/nicht OK, Du bist OK/nicht OK" sind.

Meiner Beobachtung nach steht mein Coachee Michael hin und wieder in der Position „Ich bin nicht OK/Du bist OK" und würde dies konkretisieren: „ich bin nur OK, wenn . . . ", d.h. wenn er sich so oder so – sprich angepasst – verhält. Diese Haltung schränkt ihn in seinen Handlungsoptionen zeitweilig stark ein. Ich arbeite aus diesem Grund also an Situationen, die ihn herausfordern, frei zu agieren und sich dennoch OK zu fühlen. Damit erweitert sich sein Handlungsfeld um wertvollen Raum für die souveräne Verfolgung seiner Ziele und die Nutzung seiner Potenziale.

Um das diffuse Gefühl der Energielosigkeit klarer benennen zu können, das Michael wiederholt anspricht, verwende ich skalierende Fragetechniken (eine kleine Anleihe aus der Systemtheorie, Beispiel: „Wenn Sie sich Ihre innere Energie als Akku vorstellen, auf einer Skala von 1 bis 100, wie hoch schätzen Sie Ihre Energie persönlich ein?"). Durch die prozentuale Einschätzung der Akku-Füllung kann der Ist-Zustand des momentan ge-

Ich bin OK Du bist OK	Ich bin OK Du bist nicht OK
Ich bin nicht OK Du bist OK	Ich bin nicht OK Du bist nicht OK

Lebensgrundpositionen bzw. OK-Geviert. Quelle: Eigene Abbildung nach dem Modell von Eric Berne

fühlten Energielevels präzisiert werden und sie kann auch als Gradmesser zur Zielerreichung dienen. Außerdem kann das Bild, einen gut gefüllten Energie-Akku zu haben, sehr stärkend sein.

Ein weiteres Konzept, welches in diesem Coachingprozess zum Tragen kam, ist die Lebensskript-Theorie der Antreiber aus der Transaktionsanalyse. Diese Antreiber beziehen sich auf die Haltung: „Ich bin nur etwas wert, wenn ich so oder so bin". Die Antreiber können durch Erlaubnisse, wie beispielsweise „Ich darf mich wichtig nehmen und herausfinden, was ich wirklich will" entschärft werden.

In der Intervention mit dem um ihn herumgaloppierenden Pferd konnte der Coachee erleben, dass er auch „in Ordnung" ist, wenn er aus einem eigenen Impuls spontan und kreativ agiert. Die Stärkung seines ICHs lässt ihn seine engen, selbst definierten Grenzen erweitern und ein Gefühl großer Lebendigkeit erleben.

Nach dieser Intervention beschrieb Michael seinen persönlichen Akku als zu 50 % geladen, im Vergleich zu 35 % bei unserem ersten Treffen. Zu Beginn des dritten Treffens empfand er seinen Energielevel bei 60%. Und er formulierte ein Ziel von gewünschten 75 %, die er am Ende des Coachingprozesses erreicht haben wollte. Nach dem verblüffenden Ausgang unserer dritten Sitzung, die ich gleich beschreiben möchte, war sein Akku bzw. Energielevel bei stolzen 95 %.

Gen Westen – Jenseits selbstgesteckter Grenzen

Unsere dritte Sitzung schließt an eine schon bekannte Übung vom vergangenen Mal an. Aber diesmal möchte ich Michael ermutigen, einen Schritt weiter zu gehen und seine Komfortzone zu verlassen, den Bereich der komfortabel ist, weil bekannt, vertraut und dadurch sicher. Diesmal soll er sich und dem Pferd etwas zutrauen und dadurch etwas Neues erleben. Dafür versuche ich den Coachingprozess so zu gestalten, dass durch die Abfolge der Übungen ein Sog entsteht, der es einfach macht, vertrautes Terrain zu verlassen, weitere Schritte zu tun und selbst definierte Grenzen zu erweitern.

Die Situation, die den Rahmen unserer dritten Sitzung bildet, besteht aus einem großen Sandauslauf. Dort gibt es einen mit einem Holzzaun abgegrenzten Arbeitsbereich von gut zehn mal zehn Metern. Dorthin führt der Coach, also ich, ein eigens für diese Übung ausgewähltes, großes und hochsensibles Pferd. Mit diesem Pferd hat Michael schon eine Führübung mit Strick gemacht, wie auch mit allen anderen Pferden während unseres zweiten Termins. Es ist ihm also bereits bekannt, aber nicht vertraut. Der erste Schritt ist nun, das Pferd solange mit einem „Machtinstrument", in diesem Fall einer seidenen Fahne, jedoch ohne jegliches Halfter oder Strick, um sich herum zu bewegen, bis der Coachee das Gefühl hat, das Vertrauen des Tieres gewonnen zu haben. An diesem Punkt setzt die eigentliche Übung ein: Michael soll das Pferd dazu bewegen – und jetzt verzichten wir auch auf die seidene Fahne – ihm freiwillig innerhalb des Vierecks zu folgen. Tempo und Richtung soll er bestimmen.

Zunächst geht es dabei um ein paar Meter, die bei ersten Interventionen vor allem mit Menschen, die wenig oder gar nichts mit Pferden zu tun haben, bereits ein großes Erfolgserlebnis bedeuten. Und Michael gelang diese Übung durch seine einfühlsame Haltung auch recht bald. Das Pferd folgte ihm für eine ganze Runde durch das Viereck.

In der vorhergehenden Intervention hatte ich nebenbei erfragen können, dass Michael diese Übung bis zu einem Bereich von 10 Metern als machbar erschien. Innerhalb dieser Komfortzone meinte er: „Ja, das traue ich mir zu und soweit vertraue ich auch diesem Pferd und der Beziehung zwischen uns." In unserer praktischen Übung befand sich Michael also bislang in seiner Komfortzone. Der nächste Schritt sollte nun sein, diese zu

Freiwilliges Folgen mit Respekt und Vertrauen.

verlassen, eine Herausforderung zu erleben, sich die Chance zu geben, sich etwas zuzutrauen.

Erfolg ist was folgt

Als Michael die 10 Meter Grenze und damit den Tordurchgang zum weiteren, sandigen Auslaufgelände erreicht hatte, forderte ich ihn auf, doch noch ein paar Meter weiterzugehen. Vielleicht 20 Meter. Und so macht sich der Coachee auf den Weg. Ein Mensch, ein Pferd, keine Hilfsmittel, kein Halfter, kein Strick. Das Pferd: hochsensibel, mit einem hohen Vollblutanteil, Rennpferde in der Ahnentafel. Michael macht sich also auf den Weg und das Pferd folgt ihm unmittelbar. Soweit so erfolgreich und auch nicht ungewöhnlich. Ja, es funktioniert auch noch außerhalb der Komfortzone von 10 Metern, außerhalb des Tores. Das Pferd bleibt neben Michael, geht neben ihm her. Sie gehen 20 Meter und ich freue mich. Sie gehen 30 Meter und ich beginne zu staunen. Sie gehen weiter, 50 Meter und ich traue meinen Augen nicht, denn sie gehen immer weiter Richtung Westen. Das Pferd mit Michael, einem „fremden" Menschen, während seine Artgenossen längst im Stall sind. Sie entfernen sich immer weiter von mir, der Herde, dem Stall. Entfernen sich weit von allem, was – zumindest für das Pferd – Sicherheit und Vertrautheit bedeutet. Fluchttier, das es ist. Nach über 100 Metern halten beide gemeinsam an, drehen um und kommen ruhig nebeneinander gehend, einträchtig, langsam und höchst gelassen zurück. Michael strahlt über beide Ohren und ist gleichzeitig gerührt und bewegt von dem Vertrauen, das ihm geschenkt worden ist. Himmelweit über das erwartete Maß hinaus. Als sie sich immer weiter entfernten, hatte ich Gänsehaut bekommen.

Michael sagt, er hätte immer weiter gehen können, da er den gesamten Weg die Verbindung immer weiter gespürt hatte, die Nähe, den Kontakt, das Vertrauen. Und dadurch selbst darauf vertrauen konnte. Glücklich und erfüllt ging er an diesem Tag.

Reflexionen

Im Anschluss an das Erlebnis wird der Transfer für den beruflichen Alltag hergestellt, unterstützt vom bereits vorgestellten Reflexionsinstrument der Ich-Zustände. Was ist übertragbar, was nehme ich aus dieser Erfahrung mit dem Pferd mit? Wie kann ich es in meinem Beruf nutzen?

Michael war besonders die spezielle Form der Wahrnehmung in Erinnerung geblieben. Eine gesteigerte Form der Aufmerksamkeit für das neben ihm hergehende Pferd, für die Verbindung zwischen ihnen, die Geräusche, die Bewegung, die Anwesenheit des großen Tieres neben ihm. Eine Aufmerksamkeit und Bewusstheit mit allen Sinnen für dieses besondere Geschehen, was diese Minuten zu einer erfüllten und bleibenden Erfahrung machte – in einer Qualität, die in der Erinnerung abrufbar bleibt und ermöglicht, andere Situationen damit zu vergleichen und zu versuchen, qualitativ ähnliche Zustände der Aufmerksamkeit und Verbundenheit herzustellen. Michael hatte sich in einem neuen Zustand von Ruhe und Gelassenheit kennen gelernt, der ihm auf andere Situationen übertragbar schien – ein Zustand weit entfernt von Anpassung, der sich dadurch auch souverän, selbstwirksam und entscheidungsfreudig anfühlte. Und er war bereit zu versuchen, die neuen Erfahrungen in seinem beruflichen, pferdelosen Alltag auszuprobieren. Eine Haltung der Achtsamkeit, des Bei-sich-Bleibens und gleichzeitig eine Verbundenheit mit dem Gegenüber. Es war ein Erlebnis des mühelosen Führens, das in jeder Hinsicht reich und positiv war. Und es schien ihm auf viele berufliche Situationen übertragbar.

Er hatte für sich persönlich einen gänzlich neuen, souveränen Raum entdeckt, jenseits seiner Leistungsgrenze. Und er war bereit, seine neuen Erfahrungen in seinen Berufsalltag mitzunehmen, dort den neuen Spielraum zu erproben und dadurch seiner beruflichen Tätigkeit neue Chancen zu eröffnen. Und sei es als anzustrebendes Ideal und Inspiration. Zu versuchen achtsam zu sein, sowohl sich selbst als auch den anderen wahrzunehmen und mitzunehmen. Sich selbst führen und andere führen. Tragfähige Beziehungen gestalten, vertrauensvolle Verbindungen herstellen, darum geht es schließlich auch in beruflichen Situationen die ganze Zeit. Ob zu Kunden, zu Vorgesetzten oder zu anderen Mitarbeitern, in Michaels Fall aber besonders zu den von ihm zu führenden Mitarbeitern. Mit Vertrauen. In Freiheit. Damit sein Vertrauen ihn in Freiheit führt.

Führungskräftetagung

Literatur

Berne, Eric (2012): Was sagen Sie, nachdem Sie „Guten Tag" gesagt haben. Psychologie menschlichen Verhaltens. 22. Auflage, München.

Buber, Martin (2006): Das dialogische Prinzip. Ich und Du. Zwiesprache. Die Frage an den Einzelnen. Elemente des Zwischenmenschlichen. 10. Auflage, Gütersloh.

Hemp, Hans-Werner (2010): Studienunterlagen EASC Coaching-Ausbildung. SUPAktiv, Hamburg/Lüneburg.

Sprenger, Reinhard K. (2007): Das Prinzip Selbstverantwortung. 12. Auflage, Frankfurt/Main.

Stewart, Ian/Joines, Vann (2009): Die Transaktionsanalyse. Eine Einführung. 9. Auflage, Freiburg.

Führen mit Hirn, Herz und Haltung

Verena Neuse

Emotionale Kompetenz als Erfolgsfaktor in der Personalführung

„Emotionen sind nichts für Weicheier"

So betitelte letztens ein Schweizer Organisationsberater seinen Vortrag. Sein Fazit: Nur Unternehmen, die Emotionen bewusst in ihr Business integrieren, anstatt sie auszublenden, zu rationalisieren oder gar aktiv zu unterdrücken, können langfristig erfolgreich am Markt bestehen. Denn je mehr Zahlen, Daten und Fakten im Fokus der Unternehmensstrategie stehen, umso höher wird der emotionale Kompensationsbedarf bei den Mitarbeitern. Emotionen in Kommunikations-, Veränderungs- oder Entscheidungsprozesse aktiv einzubeziehen, sollte daher für jede Führungskraft selbstverständlich sein.

Dies erfordert neben Menschenkenntnis und Empathie zuallererst die Fähigkeit, sich seiner eigenen Gefühle bewusst zu sein und deren Auswirkungen zu kennen. Denn Emotionen kommen jederzeit zum Ausdruck – sei es bewusst oder unbewusst, verbal oder nonverbal – und wirken dabei immer auch auf andere. Heutzutage wird dafür gern der Begriff der emotionalen Kompetenz verwendet, also der Fähigkeit, eigene und fremde Gefühle zu erkennen und zu verstehen sowie je nach Situation angemessen mit ihnen umzugehen.

Genau diese Fähigkeit aber ist den Menschen in den letzten Jahren aberzogen worden, Gefühle hatten im Business nichts zu suchen oder wurden als Sozialromantik abgetan. Jetzt aber haben sogenannte Soft Skills Konjunktur und Unternehmen bemühen sich zunehmend, eine Führungskultur zu entwickeln, die den Menschen in seiner Ganzheit sieht und mit einbezieht. Denn emotionale Kompetenz hat nicht nur eine entscheidende Bedeutung für die emotionale Gesundheit des gesamten Unternehmens, sie stellt auch einen „harten" betriebswirtschaftlichen Erfolgsfaktor dar.

Doch was heißt das nun für eine zeitgemäße Personalführung? Und wie viel emotionale Kompetenz besitzt der Mensch von Natur aus, wie kann man sie lernen und verbessern? Auf der Suche nach Antworten wirft die Autorin einen Blick auf den Begriff der emotionalen Intelligenz sowie auf den aktuellen Stand der Neurowissenschaften, um Hinweise zum „Mehrwert Pferd" bei der Entwicklung emotionaler Kompetenzen zu finden.

„Das Denken überlassen wir den Pferden, die haben die größeren Köpfe..."

Walter hat es nicht leicht. Seit vielen Jahren hat er versucht, sich in seinem Team nach oben zu arbeiten. Hat sich bei jeder Gelegenheit in den Vordergrund gedrängt, sich im Umfeld seines Chefs aufgehalten und sich bei den Kunden beliebt gemacht. Alles ohne Erfolg – stets wurde er am Ende von seinem Chef vor aller Augen in die Schranken gewiesen. Doch nun endlich hat er seine Chance: Er wurde versetzt und kam in ein neues Team. Diesmal wollte er von Anfang alles richtig zu machen, um nicht wieder als ewige Nummer Zwei zu enden.

Also zeigte er sich von Anfang an von seiner dominanten Seite, war ständig präsent und zeigte den anderen unmissverständlich, wo es langging. Dass er dafür viel alleine war, keiner ihm beim Essen Gesellschaft leistete oder sonst seine Nähe suchte, fiel ihm zunächst nicht weiter auf. Als er aber bemerkte, dass sein Team ihn aktiv mied und sogar das Weite suchte, wenn er in Sichtweite kam, war er irritiert. Ein Job ohne jegliche Sozialkontakte war auf Dauer nicht das, was er sich vorgestellt hatte – selbst wenn er dafür das Sagen hatte.

Doch hatten die anderen wirklich Respekt vor ihm? Oder nahmen sie ihn am Ende nicht ernst und gingen ihm einfach aus dem Weg, um ihre Ruhe vor ihm zu haben? Sein Kollege Joe, ein ruhiger Typ mit massigem Körper und gelassenem Gemüt, der schon lange dabei war, schien ihn in der Tat weitestgehend zu ignorieren. Der kleine dicke Herr Fritz nutzte jede Lücke, um seinen eigenen Interessen nachzugehen. Nur das jüngste Teammitglied schien regelrecht Angst vor ihm zu haben.

Doch was sollte er tun? Schlaue Ratgeber lesen? Sich coachen lassen?

Ein Führungstraining besuchen? Alles nicht möglich – denn Walter ist ein Pferd, genau wie seine drei Teammitglieder Little Joe, Fritzi und Offino.

Daniel hat es nicht leicht. Es steht mitten in einer großen Reithalle, umgeben von vier Pferden, denen er Anweisungen geben soll. Sie sollen im Kreis um ihn herumlaufen; dann anhalten, um sich von ihm große Ringe um den Hals hängen zu lassen; dann wieder im Kreis laufen; und schließlich anhalten, damit er die Ringe wieder abnehmen kann. Das klingt nach einer lösbaren Aufgabe, für die er auch noch ein Hilfsmittel erhalten hat: eine Art Fahne, die er jetzt langsam entrollt. Damit wird er die Gäule schon auf Trab bringen! Besonders da er gerade gelernt hat, dass Pferde Fluchttiere sind. Mit ein bisschen Druck wird er die vier also sicher beeindrucken können. Er hebt die Fahne und schwenkt sie hin und her.

Walter steht ihm mit etwas Abstand gegenüber und schaut Daniel abwartend an. Er ahnt, was von ihm erwartet wird, aber sicher ist er sich nicht. Daher wartet er auf eine klare Ansage und auf einen konkreten Impuls, was er tun soll. Beides vergeblich.

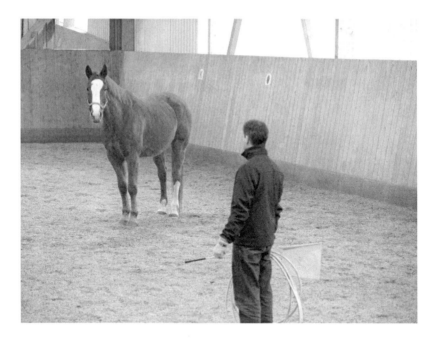

Später wird Daniel berichten, dass er davon ausging, die Pferde wüssten schon, was zu tun sei, weil sie diese Übung ja sicher nicht zum ersten Mal machten. Außerdem hatte er erwartet, dass die Fahne ihm automatisch Respekt verschaffen würde. Auch wenn er gar nicht wusste, was er damit eigentlich machen sollte. Auf die Idee, nachzufragen, war er nicht gekommen – schließlich war er es als Führungskraft gewohnt, auf alles selbst Antworten zu finden. Und er hatte in zahlreichen Seminaren ebenso zahlreiche Kommunikationsmethoden und Führungsinstrumente kennen gelernt, um mit jedem Gegenüber in allen Situationen richtig umgehen zu können. Theoretisch zumindest. Diese vier Pferde schien sein Wissen allerdings nicht im Geringsten zu beeindrucken.

Nachdem er minutenlang vor den Augen der anderen Teilnehmer versucht hat, die Tiere zumindest in Bewegung zu setzen – mal läuft eins gemächlich links herum, mal toben zwei rechts herum, eins bleibt stoisch stehen und betrachtet das Treiben – gibt er zunächst auf und verlässt mit angespanntem Gesichtsausdruck die Reithalle.

Auf die Frage eines anderen Teilnehmers, was seine Strategie gewesen sei, schweigt Daniel zunächst nachdenklich. Die Antwort lautet dann wie folgt: Er habe sich überlegt, welche der ihm bekannten Methoden wohl auf die Situation anwendbar sei. Dann habe er aber schnell gemerkt, dass diese bei Pferden offenbar nicht funktioniere. Schließlich habe ihn vor allem geärgert, dass die vier sich so unkooperativ verhalten hätten, obwohl er doch aus seiner Sicht alles richtig gemacht habe! Und da sei ihm auch schnell die Lust vergangen, sich weiter anzustrengen. Außerdem war ihm das Ganze auch etwas unheimlich, da er die Situation nicht unter Kontrolle hatte. Wieder Schweigen. Dann die Frage, ob er es nochmal versuchen könne.

Im zweiten Anlauf betritt Daniel die Halle mit hoch erhobenem Kopf und richtet den Blick nacheinander auf alle vier Pferde. Dann stellt er sich in die Mitte, senkt den Blick auf den Boden und wartet einen Moment ab. Herdenchef Walter und das neugierige Shetlandpony Fritzi nähern sich ihm langsam, die beiden anderen schauen interessiert mit gespitzten Ohren in seine Richtung.

Als er daraufhin wieder aufschaut und entschlossen den Arm mit der Fahne hochhebt, setzen sich alle vier Pferde in Bewegung, erst langsam, dann fangen sie an, gleichmäßig um ihn herum zu traben. Kein Ausbrechen, keine Richtungswechsel, es ist ein entspanntes Schnauben zu hören. Daniel senkt die Fahne wieder und legt sie auf dem Boden der Reithalle ab. Die Tiere werden langsamer und bleiben schließlich stehen. Die Ringe, die er den Pferden um den Hals hängen soll, hat er am Eingang zur Halle liegen lassen. Er geht los, um sie zu holen – und alle vier Pferde schließen sich ihm nach und nach an. Erst am Ziel seines Weges dreht er sich um und sieht überrascht in vier erwartungsvolle Augenpaare. Der Rest der Übung ist ein Kinderspiel, und Daniel kommt am Ende mit einem stillen Lächeln wieder aus der Halle.

Was war geschehen? „Ich habe aufgehört zu überlegen und einfach mal gemacht", lautet die auf den ersten Blick schlichte Antwort. Und nach einer kleinen Pause, verbunden mit einem tiefen Seufzer: „Das sollte ich vielleicht viel öfter tun... " Doch was ist nun wirklich geschehen? Was passiert unbewusst in unserem Körper und vor allem in unserem Gehirn, wenn wir „einfach mal machen", ohne bewusst darüber nachzudenken? Und was kann die Begegnung mit Pferden zu diesem Prozess beitragen?

„Um klar zu sehen, genügt oft ein Wechsel der Blickrichtung." (Antoine de Saint-Exupéry)

Bei näherer Betrachtung hat Daniel vor allem eins getan: Er hat die Perspektive verändert. Weg von „Ich weiß, wie es gehen muss" hin zu „Erstmal abwarten, was passiert". Und er hat sich eingelassen: auf die unbekannte Situation, auf die Pferde und vor allem auf sich selbst. Dazu musste er sich zunächst von seinen bewährten Rezepten verabschieden und den Fokus auf sein Gegenüber legen – das in diesem Fall vier Beine hat, genauso gut aber auch aus einem anderen Kulturkreis kommen oder schlicht eine junge Frau sein kann, die anders reagiert, als es ein gestandener männlicher Fachvorgesetzter erwartet. Weiterhin musste er sich darüber bewusst werden, welche Reaktionen in ihm abliefen, als die Pferde nicht wie erwartet reagierten. Unsicherheit, Ärger und ein gewisser Grad an Hilflosigkeit sind nicht gerade die Eigenschaften, die eine Führungskraft gerne zeigt – schon gar nicht öffentlich. Vor allem musste er seinen Kopf ausschalten oder zumindest vorübergehend zum Schweigen bringen. Und statt zu denken, musste er – ja, was? Fühlen? Dieser vermeintliche Gegensatz liegt semantisch nahe, dahinter verbirgt sich aber ein komplexer hirnphysiologischer Ablauf.

Emotionen in der neurowissenschaftlichen Forschung

Ein kurzer Blick hinter die Kulissen unseres Gehirns

„Nicht mit dem Herzen, sondern mit dem Gehirn denken wir." (Hippokrates)

Unser Denken, Fühlen und Handeln ist das Ergebnis vieler gleichzeitig und aufeinander folgender Aktivitäten in den unterschiedlichsten Gehirnarealen. Ein besonderes Phänomen der Persönlichkeitsentwicklung ist dabei, dass die Bereiche des Gehirns, die für Verstand und Intelligenz zuständig sind, nur relativ wenig in Kontakt stehen mit den Arealen, die unsere sozialen Fähigkeiten steuern. So kann jemand im klassischen Sinne sehr intelligent sein, sich aber trotzdem nicht sozial und emotional kompetent verhalten (können). Dabei nehmen wir über unsere Sinne ständig Signale auf, die uns neben vielen anderen Informationen auch die zwischenmenschliche Ebene erschließen – wenn wir in der Lage sind, diese zu entschlüsseln. Einiges davon können wir bewusst wahrnehmen (wie z.B. die Mimik oder die Körperhaltung unseres Gegenübers), das meiste spielt sich jedoch von uns unbemerkt ab.

Jeder Reiz, den wir über unsere Sinnesorgane aufnehmen, sei es ein Bild oder ein Geruch, löst zunächst zwei Vorgänge aus: einerseits einen kognitiven und andererseits einen emotionalen. Beide haben ihren Ursprung im Thalamus, dem gern zitierten „Tor zum Bewusstsein", das eine Art Filterfunktion für die Millionen von Sinneseindrücken hat, die ständig auf uns einprasseln, von denen das Gehirn aber nur einen Bruchteil registrieren und verarbeiten kann. Bekannt oder unbekannt? Relevant oder irrelevant? Angenehm oder unangenehm? Das ist das einzige, was unser Gehirn zunächst interessiert. Die Entscheidung beruht allerdings nicht auf einer rationalen Analyse, sondern wird unbewusst in unserem emotionalen Erfahrungsgedächtnis getroffen. Eine wichtige Rolle spielt dabei die Amygdala, auch Mandelkern genannt. Sie ist Teil des limbischen Systems und mit vielen anderen Strukturen des Gehirns verbunden. Durch diese Verbindungen kommt es einerseits zu einer Ausschüttung von Neurotransmittern - Botenstoffen, die grundlegend sind für die sogenannte Neuroplastizität, also für Lernprozesse im Gehirn – andererseits wird durch diese Verbindungen unser gesamtes hormonelles System in Schwung gebracht. Das limbische System erinnert sich dabei an alles, was für uns in der Vergangenheit von Bedeutung war, sprich was von unserem Belohnungssystem als bedeutsam eingeordnet wurde - im positiven wie im negativen Sinne. Umgekehrt haben diese konservierten Erfahrungen wiederum Einfluss darauf, was und wie schnell wir Neues wahrnehmen und wie wir auf neue Sinneseindrücke reagieren.

Im nächsten Schritt lässt uns der Cortex, die Großhirnrinde, die eingegangenen Sinnesreize bewusst wahrnehmen. Eine besondere Rolle für unser emotionales Erleben spielt hierbei der Frontalcortex, also der vordere, hinter der Stirn gelegene Teil der Großhirnrinde. Diesem Bereich haben wir es zu verdanken, dass wir in der Lage sind, z.B. einen Ärgerimpuls auch einmal zu unterdrücken. Über unser Großhirn sind wir also - zumindest theoretisch - in der Lage, unsere emotionalen Reaktionen zu steuern. Schon im griechischen Altertum hat der Philosoph Platon die Gefühle mit den Pferden eines Streitwagens verglichen, die voranstürmen wollen und dann mit den Zügeln des Verstandes zu dem Lauf gebracht werden müssen, der gerade vernünftig ist.

Ein dritter und entscheidender Aspekt ist daher die Bewertung der auftretenden Emotionen, also die persönliche Haltung gegenüber der eigenen Gefühlswelt. Warum will jemand überhaupt bestimmte Reaktionen vermeiden oder zumindest unterdrücken? Und warum sind uns emotionale Reaktionen anderer oft unangenehm?

Es gibt sieben „Grundemotionen", die kulturübergreifend identisch sind und sich in der Mimik jedes Menschen gleichermaßen ausdrücken: Freude und Angst, Überraschung und Ärger, Ekel, Verachtung und Trauer - jeweils in verschiedenen Abstufungen, z.b. Verstimmung-Ärger-Wut. Je nach Kulturkreis (sei es eine Landes- oder eine Unternehmenskultur) werden diese primären oder universellen Gefühle allerdings unterschiedlich wahrgenommen und haben damit auch einen unterschiedlich starken Einfluss auf die sekundären oder sozialen Gefühle, die durch Denkprozesse und Bewertungen entstehen. Zu diesen sekundären Gefühlen zählen z.b. Verlegenheit, Schuld oder Neid - subjektiv als „ungut" erlebte Gefühle, die man deshalb gern (vor sich und anderen) verbergen möchte. Zusätzlich ist jedes Gehirn einzigartig und bewertet Erlebnisse auf der Basis anderer Erfahrungen. So entwickelt jeder Mensch interne und externe Schutz- und Abwehrmechanismen, die auf der individuellen und gesellschaftlichen Sozialisation, auf emotionalen Erfahrungen und persönlichen Glaubenssätzen beruhen. Diese Haltung verhindert in der Folge den offenen Umgang mit eigenen und fremden Emotionen und steht damit einem vertrauensvollen und erfolgreichen Miteinander im Weg.

„Wer die eigenen Gefühle nicht zu erkennen mag, ist ihnen ausgeliefert." (Daniel Goleman 1995)

Was bedeutet dies nun für die betriebliche Praxis? Wie man inzwischen weiß, werden Erinnerungen und Erwartungen in denselben Hirnregionen erzeugt. Alles, was wir erwarten, baut auf Erinnerungen aus der Vergangenheit auf. Wenn also ein Mitarbeiter z.b. die Erfahrung gemacht hat, dass versprochene Zusagen nicht eingehalten werden, wird er auch bei zukünftigen Zusagen erwarten, dass diese ebenfalls nichts gelten. Gegen diese Erwartung kann er auch zunächst nichts tun: Wenn wir lernen, uns vor etwas zu fürchten, also ein emotionaler Auslöser etabliert wird, werden zwischen bestimmten Zellgruppen unseres Gehirns neue Verknüpfungen gebildet. Das Resultat dieses Lernvorgangs ist dann ein konditioniertes Zellensemble, ein sogenanntes neuronales Netzwerk.

Wissenschaftliche Untersuchungen zeigen allerdings, dass wir lernen können, die Verknüpfungen zwischen diesen Zellverbänden und unserem Verhalten zu entkoppeln. Wir können uns also fürchten, ohne zwangsläufig die Flucht zu ergreifen. Ebenfalls können wir lernen, die Verknüpfung zwischen dem Auslöser und den dazugehörigen Zellensembles zu unterbrechen, so dass ein bestimmtes Gefühl gar nicht erst aufkommt. Unter Stress können Auslöser und Reaktion jedoch wieder verknüpft werden und unser Verhalten bestimmen.

Emotionale Kompetenz als Führungskompetenz

„Wenn es ein Geheimnis des Erfolgs gibt, so ist es das, den Standpunkt des anderen zu verstehen und die Dinge mit seinen Augen zu sehen." (Henry Ford)

Dies gilt analog ebenso für Führungskräfte, die gern kontrolliert wirken möchten und dazu ihre Emotionen nach außen hin oft unterdrücken oder zumindest mehr oder minder gekonnt kaschieren. Dabei funktionieren Unternehmen auf Dauer nur dann erfolgreich, wenn Leistung und Menschlichkeit die Führung prägen und im Gleichgewicht sind. Emotionen begleiten jeden Gedanken, jede Entscheidung und jede Handlung und werden von diesen unsichtbaren Begleitern maßgeblich beeinflusst – auch im Berufsleben. Dabei haben Emotionen nicht nur Auswirkungen auf das eigene Wohlbefinden sowie die Wirkung auf andere, auch die jeweilige Konzentrations- und Leistungsfähigkeit hängen von ihnen ab.

Daher sind emotionales Bewusstsein und emotionale Selbstwirksamkeit die Voraussetzungen für eine wirksame Führungsleistung. Denn nur wer den Umgang mit sich selbst zu gestalten weiß, ist fähig zur Gestaltung des Umgangs mit anderen. Was also muss eine Führungskraft tun, damit ihre Mitarbeiter motiviert und zufrieden folgen, und wie kann sie das mit ihren eigenen Motiven und Zielen in Einklang bringen?

Ein gern genutztes Stichwort ist dabei das Thema „Empathie" als integraler Bestandteil der sogenannten Soft Skills. Hierbei handelt es sich im Grunde um eine jahrtausendealte Tugend: Das Wort Empathie kommt vom altgriechischen μπάθεια (geprochen empátheia) und steht für Einfühlung, also für die Gabe, sich in die Gedanken, Gefühle und das Weltbild anderer hineinzuversetzen. Dieses Mit-Gefühl ist eine urmenschliche Eigenschaft, die unter anderem auf der Existenz der sogenannten Spiegelneuronen beruht, besonderer Nervenzellen im Gehirn, die es uns ermöglichen, mit anderen in Resonanz zu gehen.

Zwei Gruppen von Menschen glauben typischerweise, auf dieses Einfühlungsvermögen verzichten zu können: Das sind zum einen jene Manager, die ihre Interessen durch ihre legitimierte Macht, ihren Status und ihre offiziell zugesprochene Führungsrolle durchsetzen. Zum anderen sind es

Führungskräfte, aber auch Mitarbeiter, die sich und ihren Selbstwert vor allem an ihrem fachlichen Know-How festmachen und aus deren Sicht Fachkompetenz, technischer Fortschritt und harte Fakten den Erfolg ausmachen. Erfolg und Zufriedenheit im Berufsleben beruhen aber neben der zweifellos notwendigen Ergebnisorientierung auch auf der Qualität zwischenmenschlicher Beziehungen bei der Arbeit. Das ist nicht neu, wurde aber lange Zeit sowohl von der Führungsforschung als auch von Weiterbildungsverantwortlichen vernachlässigt. Denn „weiche Faktoren" sind mit klassischen Methoden nicht messbar und der Effekt entsprechender Maßnahmen ist daher nur schwer zu belegen. Woher kommt nun also dieser Sinneswandel, der die Bedeutung der persönlichen und menschlichen Führungsqualitäten immer stärker in den Fokus rückt?

Werfen wir zunächst einen Blick zurück: 1983 legte der amerikanische Kognitionsforscher Howard Gardner mit seinem Konzept der multiplen Intelligenz den Grundstein für die heutige Relevanz des Themas. Bis dahin hatten Gefühle in der Intelligenzforschung kaum Beachtung erhalten - sie waren und sind für viele Manager auch heute noch ein Tabu. Mit der ersten Buchveröffentlichung des Psychologen Daniel Goleman, Mitte der neunziger Jahre, gelangte der Begriff „EQ" für Emotionale Intelligenz erstmals ins Bewusstsein einer breiteren Öffentlichkeit. Nach Goleman äußert sich emotionale Intelligenz in vier Kompetenzbereichen, die beruflichen Erfolg ausmachen und erfolgreiche Führungskräfte auszeichnen: Selbstwahrnehmung und Selbstmanagement (personale Intelligenz, also der gelungene Umgang mit sich selbst) sowie Einfühlungsvermögen und Beziehungsmanagement (soziale Intelligenz, also der angemessene Umgang mit Anderen). Dabei mischt Goleman in seinem Modell grundlegende Persönlichkeitseigenschaften mit erlernbaren Fähigkeiten, was seinerzeit häufig kritisiert wurde, mittlerweile aber dem aktuellen neurowissenschaftlichen Forschungsstand entspricht. Sein Konzept bietet eine gut strukturierte und leicht verständliche Aufbereitung grundlegender Forschungen, besonders in Anlehnung an die Ergebnisse von Peter Salovey und John Mayer. Die beiden amerikanischen Psychologen sprachen 1990 erstmals von emotionaler Intelligenz, die sie zur Operationalisierung und Messung in vier Bereiche gliederten: Wahrnehmung, Verstehen, Nutzung und Beeinflussung von Emotionen. Damit sind sie in ihren Begrifflichkeiten nah an dem, was wir heute als emotionale Kompetenz bezeichnen: nämlich die Fähigkeit, die es braucht, um über seine emotionale Intelligenz überhaupt zu verfügen.

Oder, vereinfacht ausgedrückt: Emotionale Intelligenz ist das, was man hat - Emotionale Kompetenz ist das, was man damit macht. Dieses emotionale Bewusstsein ist bei den meisten Führungskräften allerdings kaum entwickelt und kann auch über klassische Weiterbildungswege nur schwer aktiviert werden. Und hier kommt die „Methode Pferd" ins Spiel.

„Auf's richtige Pferd gesetzt"

„Das Pferd ist Dein Spiegel. Es schmeichelt Dir nie. Es spiegelt Dein Temperament, es spiegelt auch Deine Schwankungen." (Rudolf G. Binding)

Auch Tiere verfügen über emotionale Intelligenz, die besonders für ein Beutetier wie das Pferd von (über)lebenswichtiger Bedeutung ist. Es muss jede Situation in Sekundenbruchteilen auf ihre Bedeutung und ihr Gefahrenpotential hin beurteilen können und greift dafür instinktiv auf sein Erfahrungswissen zurück. Eine Bewertung im Sinne von Wirkung oder sozialer Erwünschtheit einer Reaktion findet dabei nicht statt, ein Pferd reagiert ausschließlich im gegenwärtigen Moment. In Sachen Achtsamkeit und Aufmerksamkeit ist uns das Pferd damit um Längen voraus. Ebenso wertfrei reagiert ein Pferd auch auf das menschliche Verhalten, es hat keinerlei Vorurteile oder Projektionen in Bezug auf sein zweibeiniges Gegenüber. Diese Kombination ermöglicht es Führungskräften, in der Interaktion mit Pferden an der eigenen Haltung zu arbeiten, ohne wie bei einem menschlichen Gegenüber auf Skepsis oder Überraschung zu stoßen, wenn sich jemand anders verhält als bisher erlebt. Zusätzlich zeigt ein Pferd sehr deutlich, wie es den Kontakt und die Beziehung wahrnimmt und ob das gezeigte Verhalten mit der inneren Haltung der Führungskraft übereinstimmt. Unterschwelligem Druck weicht es sichtbar aus, fehlende Klarheit spiegelt es unbarmherzig zurück, mangelnde Aufmerksamkeit ebenso. Da die Tiere aber nur auf der Verhaltensebene reagieren und keine persönlichen Charakterzüge oder Einstellungen in Frage stellen, lässt sich ihre Reaktion deutlich leichter akzeptieren als die eines Kollegen, Mitarbeiters oder auch Coachs.

Gerade „kopfgesteuerte" Menschen, die primär in klassischen Erfolgs- und Leistungskategorien denken, lassen sich durch das ganzheitliche Lernklima pferdegestützter Trainings erfolgreich aktivieren. In der ungewohnten Situation gibt es keine bekannten Lösungswege, sie müssen sich mit allen Sinnen mit ihrer Lernumgebung auseinander setzen und im wahrsten Sinne des Wortes bewegen. Das Gehirn wird dadurch angeregt, seine gewohnten Wahrnehmungsfilter auszublenden und neue Verknüpfungen zu schaffen. Lernphysiologisch passiert dabei Folgendes:

Durch das Verlassen der persönliche Komfortzone und die unbekannten Herausforderungen, die die Interaktion mit den Pferden mit sich bringt, wird zunächst Noradrenalin ausgeschüttet, das zu einer durchaus unangenehmen Anspannung führen kann - wie bei Daniels erstem erfolglosen Durchlauf der Übung. Durch die Reflexion des Erlebten und das daraus folgende Erfolgserlebnis sinkt der Noradrenalin-Pegel wieder und macht einem „Hormon-Cocktail" aus Dopamin und körpereigenen Opioiden Platz, der einen Glücksmoment auslöst. Diese positive Verknüpfung erleichtert das Lernen, es werden automatisch neue neuronale Netzwerke geschaffen. Der deutsche Gehirnforscher Hüther betont, dass Neues nur dann im Gehirn verankert wird, wenn es dabei auch zu einer Aktivierung des emotionalen Systems kommt. Entscheidend ist dabei, den Transfer zwischen dem emotionalen Erlebnis und künftigen Verhaltensoptionen zu schaffen, da die neu geschaffenen Netzwerke erst durch mehrfachen Gebrauch stabil werden. Der Lernvorgang läuft dabei implizit und auf mehreren Ebenen ab:

- mit den Pferden erlebte Szenen werden bildhaft im episodischen Gedächtnis gespeichert (z.B. „Alle Pferde laufen in eine Richtung, wenn ich mich auf alle konzentriere"),
- Sinneseindrücke werden in den sinnesspezifischen Speicherbereichen des Gedächtnisses verankert (z.B. das entspannte Schnauben der Pferde),
- dabei erlebte Emotionen werden im emotionalen Gedächtnis verankert (z.B. positive Überraschung, als auf einmal alle Pferde hinter dem Teilnehmer standen),
- erlebte Emotionen werden durch sog. „somatische Marker" im Körpergedächtnis verankert (z.B. innere Zufriedenheit beim erfolgreichen Abschluss der Übung),
- neue Handlungsmöglichkeiten werden im prozeduralen Gedächtnis gespeichert (z.B. erstmal zu schauen, was die anderen brauchen, bevor man in die eigene „Trickkiste" greift),
- Reflexion und Transfer werden im Wissensgedächtnis gespeichert (z.B. „Öfter mal Kopf aus und Bauch an").

Das Lernen mit Pferden (re-)aktiviert also zahlreiche Fähigkeiten, die im

„Zahlen-Daten-Fakten"-Alltag von Führungskräften gern vernachlässigt werden und die die menschliche Interaktion in Führungsbeziehungen betreffen. Da diese vielfältigen Lernerfahrungen mehrkanalig gespeichert und verankert werden, können sie auch über unterschiedliche Zugänge wieder abgerufen werden, sei es durch eine Erinnerung, ein Geräusch oder einen Geruch - oder eben durch eine emotionale Erfahrung, die der Führungskraft nun bewusster und dadurch weniger „unheimlich" ist.

Im Rahmen einer Diplomarbeit über die „Möglichkeiten und Grenzen von pferdegestütztem Training zur Förderung von emotionaler Kompetenz" kam die Verfasserin zu dem Ergebnis, dass Pferde den im Rahmen der Studie befragten Seminarteilnehmern geholfen haben, die Emotionen anderer besser wahrzunehmen und das eigene emotionale Ausdrucksverhalten zu verbessern. Allerdings wird auch die Bedeutung einer intellektuellen Auseinandersetzung mit der persönlichen Einstellung zu Emotionen, also der inneren Haltung zum Thema, betont. Der Transfer und die Einordnung der individuellen Erlebnisse in bekannte Führungs- und Kommunikationsmodelle unterstützen daher maßgeblich die verbesserte Selbstwahrnehmung und das erweiterte Selbstverständnis. Besonders die Stimmigkeit des Führungsverhaltens in Bezug auf die aktuelle Situation, die beteiligten Menschen und die Kenntnis der eigenen Persönlichkeit steht dabei immer wieder im Fokus.

Und genau dieser Dreiklang aus emotionalem Erleben, intellektueller (Selbst-)Reflexion und direkter praktischer Umsetzung macht den Effekt pferdegestützter Trainingsmaßnahmen zur Entwicklung emotionaler Kompetenz aus: Hier lernen Führungskräfte die Wirksamkeit ihrer persönlichen Präsenz im Hier und Jetzt kennen, sie erkennen den Wert, sich auf andere einzulassen, üben eine bewertungsfreie Wahrnehmung und entwickeln mithilfe der Pferde ein Bewusstsein für die unbewussten Einstellungen, die ihr Handeln bestimmen. So entsteht eine ganzheitliche Handlungskompetenz, die weit über erlernbares Fach- und Methodenwissen hinausreicht. Eine Verbesserung der emotionalen Kompetenz kann somit Kennen in Können verwandeln und Wissen in Wirkung - sei es im Bereich der Selbstführung, in der Beziehung zu anderen oder in der Interaktion in Führungssituationen.

Verena Neuse

Tierisch menschlich

„Die Hälfte aller Fehler entsteht dadurch, dass wir denken sollten, wo wir fühlen, und dass wir fühlen sollten, wo wir denken.', (John Churton Collins)

„Nein, keine Sorge: Ich will nicht aufhören nachzudenken - aber ich werde in Zukunft zusätzlich auf meine Gefühle achten. Und versuchen, nein: üben!, auch meine Antennen für mein Gegenüber zu schärfen." Wenn eine Führungskraft wie Daniel nach einem pferdegestützten Training einen solchen Satz sagt, ist für mich persönlich immer wieder der Punkt gekommen, dankbar zu sein für die emotionale und gleichzeitig effektive Arbeit mit Pferden.

„Als Kopfmensch gekommen, als Bauchmensch gegangen", so brachte es Daniel nach zwei Tagen auf den Punkt - wenn auch mit einem Augenzwinkern. Denn ihm war klar, dass es weder im Leben noch bei der Arbeit um ein „Entweder/oder" geht, sondern um ein „Sowohl/als auch". Ratio und Emotio sind keine Gegensätze, sondern ergänzen sich. Bei authentischen Menschen sind Denken, Fühlen und Handeln im Einklang, und Führungskräfte, die Emotionen erkennen, bei sich und anderen zulassen und sinnvoll ins Business integrieren, verlieren dadurch nicht an Ansehen – im Gegenteil, sie bleiben als wahre Führungspersönlichkeiten mit Hirn und Herz in Erinnerung. Und dass eine solche Haltung die Akzeptanz oder sogar den Willen weckt, sich führen zu lassen, lässt sich selten so bildhaft beobachten und „haut- und fellnah" erleben wie im Kontakt mit Pferden.

Und Walter? Der hat mittlerweile sein autoritäres Verhalten abgelegt und ist dadurch akzeptierter Teil des Pferdeteams geworden. Wenn er den anderen Grenzen aufzeigen oder seinen Willen durchsetzen will, genügen dafür kleine Signale. Er genießt das Vertrauen der anderen Tiere und diese respektieren ihn auch ohne großen Energieaufwand. Er hat seine Herde und die Situation im Blick, mischt sich nicht mehr in alles ein und wird dafür von den anderen ganz entspannt zur Fellpflege aufgefordert oder zum Spielen animiert.

Führung ist nicht einfach – aber sie kann leicht sein, wenn man mit Hirn, Herz und Haltung dabei ist!

158

Literatur

Bensmann, Burkhard (2011): Die Kunst der Selbstführung. Erkenntnisse aus Interviews mit Führungskräften und führenden Kräften. 3. Auflage

Breuer, Jochen Peter/Frot, Pierre (2012): Das Emotionale Unternehmen. 2. Auflage

Ekman, Paul (2010): Gefühle lesen. Wie Sie Emotionen erkennen und richtig interpretieren

Goleman, Daniel (2009): EQ - Emotionale Intelligenz (1995/ 21. Auflage 2009)

Goleman, Daniel/Boyatzis, Richarf/McKee, Annie (2002): Emotionale Führung.

Leao, Anja/Sass-Schreiber, Heidrun (Hrsg.) (2011): EQ-Tools. Die 42 besten Werkzeuge zur Entwicklung von Emotionaler Intelligenz.

Sprenger, Reinhard K. (2005): Vertrauen führt. Worauf es im Unternehmen wirklich ankommt.

Twardziok, Maike (2012): Möglichkeiten und Grenzen von pferdegesütztem Training zur Förderung von emotionaler Kompetenz

Wielens, Hans/Kothes, Paul J. (Hrsg.) (2006): Raus aus der Führungskrise. Innovative Konzepte integraler Führung.

Wielens, Hans (Hrsg.) (2006): Führen mit Herz und Verstand. Authentisch und integral zu einer neuen Kultur der Unternehmens- und Personalführung

Rosskur für das Gesundheitswesen?

Christine Erdsiek

Führungskräftetraining in der Pflegebranche

Führung in der Pflege: „Es steht ein Pferd auf'm Flur ... "

Führungskräfte in Pflegeeinrichtungen stehen vor der großen Herausforderung, sowohl ihrer Rolle als Führungskraft als auch der Rolle der Beziehungsperson für Bewohner und deren Angehörigen gerecht zu werden. Wirtschaftliche Überlegungen dürfen selbstverständlich dabei nicht außer Acht gelassen werden. Dies bedeutet, dass eine Führungskraft „ in allen Sätteln gerecht „ sein muss, also auf mehreren Gebieten „sattelfest" sein muss.

In der Pflegebranche müssen Mitarbeiter, die weitere verantwortliche Positionen in ihrer Pflegeeinrichtung einnehmen wollen, staatlich anerkannte Weiterbildungsangebote wahrnehmen. Das Berufs- und Weiterbildungsgesetz in Gesundheitsfachberufen (BBezWG) ist hierzu die gesetzliche Grundlage.

Vor dem Hintergrund der Komplexität der Führungsrolle in dieser Branche erweist sich ihre Ausübung als eine besondere Herausforderung. Hier kann meiner Erfahrung nach eine „Rosskur" Unterstützung bieten.

Der Volksmund versteht unter einer Rosskur eine medizinische Behandlung mit Hilfe von unsanften Methoden oder umstrittenen und drastischen Mitteln, oder auch *eine gewagte Kur mit ungeheuerlichen Mitteln.* Der Einsatz von Pferden, um Entwicklungen und Veränderungen herbeizuführen, ist alles andere als unsanft oder drastisch, dafür aber auf den ersten Blick sehr ungewöhnlich und umso wirkungsvoller. In der Praxis zeigt sich, dass die Integration der pferdegestützten Arbeit in ein bestehendes Aus-

und Weiterbildungskonzept gelingt und als ein eingebautes Werkzeug zum Thema Personalführung dieses Programm entscheidend zum Erfolg bringt.

Die Grundidee

Katrin L., Leiterin einer Pflegeeinrichtung, bekam die Aufgabe, ein Pferd „von hinten" zu führen. Dies bedeutet, das Pferd soll in Bewegung versetzt werden und von hinten dirigiert werden. Veranschaulicht werden kann diese Übung damit, dass man sich vorstellt, in die Führungsrolle des Hengstes einer Herde zu wechseln. Die Aufgabe des Hengstes ist es, die Herde zum Schutz vor Feinden zusammenzuhalten, voranzutreiben und den Rücken freizuhalten.

Katrins Herausforderung: „Im Arbeitsalltag passiert es mir sehr häufig, dass ich mich nicht um die Belange des Einzelnen kümmere, weil die Zeit einfach nicht da ist. So geht mir immer wieder mal etwas durch die Lappen. Ich mache Druck und die Aufgaben werden doch nicht zu meiner Zufriedenheit erledigt."

Übertragen auf den Führungsalltag in Pflegeeinrichtungen kann man sich folgende Situation vorstellen: Die Leitungskraft plant und delegiert die täglichen Aufgaben an verschiedene Mitarbeiter, während sie selbst im Hintergrund andere Aufgaben wahrnimmt.

Katrins Erfahrung: „Es war schon das 2. Mal, dass ich dieses pferdegestützte Training mitmachen durfte. Ich habe mich sehr gefreut, diese Übung noch einmal wiederholen zu dürfen. Sie war mir vom letzten Mal noch sehr eindrucksvoll in Erinnerung und ich hatte die Intervention „Dynamik erzeugt Dynamik" noch im Kopf. Ich fühlte große Freude und Dynamik in mir und so bin ich dann auch in die Übung gegangen. Mit richtig viel Energie.So kam es, dass ich das Pferd völlig überrumpelt habe und mit meinem gewählten Führungsinstrument überfordert habe. Dann kam der „Kickstart". Ich habe mit dem Ball einen so starken Startschuss gegeben, dass das Pferd wie von der Tarantel gestochen loslief. Es hat eine Weile gedauert, bis ich merkte, dass dieses Pferd ein motivierter Mitarbeiter war, und dass ich gar nicht so viel Druck zu machen brauchte, wie ich es vermutet habe. Mich hat die Situation sehr erschreckt und ich wollte die Übung nur schnell beenden. Die Ratlosigkeit ließ mich erstarren und ich tat erst mal gar nichts. Schnell bemerkte ich, dass auch Ruhe in das Pferd kam, es wurde langsamer. Ich wandte mich ihm wieder zu und fing an auszuprobieren, wie viel von meiner Energie bei dem Pferd ankam. Zum Schluss konnte ich mit meiner Körpersprache sowohl das Tempo als auch die Richtung bestimmen. Ich war begeistert ... .Ich merke jetzt, wie wichtig es für mich ist, mich mehr den Führungsaufgaben zu widmen, besonders zu schauen, was brauchen meine Mitarbeiter von mir ... ... "

Es ist auch im realen Leben eine Herausforderung, das Gegenüber richtig einzuschätzen, sich den Respekt der Mitarbeiter zu verdienen und ihnen das Vertrauen zu schenken, dass sie selbstständig arbeiten und sich der Führungskraft anvertrauen können.

Konzept

„Führungskräftetraining in der Pflegebranche"

Wie im Berufs- und Weiterbildungsgesetz in Gesundheitsfachberufen (BBezWG) geregelt, müssen Mitarbeiter in der Pflegebranche, die weitere verantwortliche Positionen in ihrer Pflegeeinrichtung einnehmen wollen, staatlich anerkannte Weiterbildungsangebote wahrnehmen. Verschiedene Anbieter solcher Weiterbildungsangebote bilden die Teilnehmer als Praxisanleiter (PAL), Verantwortliche Pflegefachkraft (VLP gem.§71 Abs.3 und §113 SGB XI) und Fachkraft für Leitungsaufgaben in der Pflege (FLP) aus.

Ziele und Inhalte der Weiterbildung

Die Weiterbildung befähigt examinierte Pflegefachkräfte, eine leitende Schlüsselfunktion in einer stationären oder ambulanten Pflegeeinrichtung einzunehmen Die Weiterbildung ist vorwiegend praxisbezogen und verknüpft wissenschaftliche Erkenntnisse mit praxisnahen Anforderungen aus den Bereichen Qualitätssicherung, Pflegemanagement, Marketing, Organisation, Betriebswirtschaft und Personalführung. Professionelles Führen und Leiten von Abteilungen, Bereichen und Stationen in der Pflege, Betreuung und fachgerechtes Anleiten und Beraten von Pfelgeschülern und neuen Mitarbeitern stellen hohe Ansprüche an die zukünftigen Leitungskräfte.

Die Pflegeakademie MediCon setzt bei der Weiterbildung auf Qualität, Praxisnähe und Persönlichkeitswachstum. Durch erlebnisorientierte und erfahrungsbasierte, z.B. pferdegestützte Trainingseinheiten, persönliches Coaching und Supervision werden die Ausbildungsinhalte nachhaltig vertieft und verankert. Denn die Besonderheit einer sozialen Einrichtung wird durch die in ihr arbeitenden Menschen wahrnehmbar.

Theoretische Überlegungen

Unternehmen bestehen aus Menschen mit ihrer Persönlichkeit, ihren Wünschen, ihrer Motivation, Kommunikation und Qualifikation. Mitarbeiter sind ein strategischer Erfolgsfaktor für die Unternehmen. Somit wird der wirtschaftliche Erfolg eines Unternehmens durch die Qualität der Führung und Zusammenarbeit bestimmt. Die Anforderungen an die Personalführung steigen stetig. Entscheidungen müssen immer häufiger unter Unsicherheit, unbekannten Voraussetzungen und vor allem sehr schnell gefällt werden. Die große Flexibilität und auch Komplexität der Führungsprozesse stellen hohe Anforderungen an die Führungskräfte. Mitarbeiter sollten nach ihrem individuellen Verhalten und Fähigkeiten beurteilt und entwickelt werden.

Dies erfordert ein hohes Maß an sozialer Kompetenz für den Führenden. Oft wird eine Vielzahl von theoretischen Modellen vermittelt, die nur die kognitiven Fähigkeiten ansprechen. Ausgehend davon, dass unser Verhalten, unser Handeln und auch das Treffen von Entscheidungen und das Führen von Beziehungen durch unser Gefühl bestimmt wird, ist es immens wichtig, diesen Zusammenhang in die Personal –und Organisationsentwicklung zu integrieren. Reines Vermitteln von Techniken ist längst nicht mehr ausreichend.

Daniel Goleman hat durch sein Buch „EQ Emotionale Intelligenz" (Goleman 1999, 64-66) diesen Begriff populär gemacht. Daniel Goleman bezieht sich in seinen Ausführungen auf Peter Salovey (Salovey/Mayer 1990, 185-211), einen Psychologen, der wiederum sich an Howard Gardner orientiert. Gardner, der von Formen der personalen Intelligenz ausging, liefert Salovey den Grundstein für eine Definition der „emotionalen Intelligenz" Salovey/Mayer 1990, 185). Sie wird in fünf Bereiche gegliedert:

1. Selbstwahrnehmung
   Hier geht es darum, seine emotionalen Reaktionen körperlich wahrzunehmen (Herzklopfen, Schweißausbruch, Kloß im Hals, Bauchschmerzen, Muskelanspannung ...), d.h. das Erkennen eines Gefühls, wenn es auftritt. Dies ist die Grundlage, um angemessen auf seine Gefühle zu reagieren zu können.

2. Selbststeuerung

Emotionen handhaben heißt, die Gefühle angemessen zu äußern, sich bewusst für eine emotionale Reaktion zu entscheiden.

3. Selbstmotivation

Emotionen in die Tat umsetzen ist die Folge einer gesunden Selbststeuerung. Sie werden in den Dienst eines Ziels gestellt, also für eine hohe Leistungsbereitschaft eingesetzt.

4. Empathie

Sie wird als Einfühlungsvermögen in andere beschrieben und umfasst auch die Bereiche der verbalen und nonverbalen Kommunikation. Voraussetzung ist eine sensible Selbstwahrnehmung und das Eingehen auf die Gefühle und Bedürfnisse anderer.

5. Soziale Kompetenz

Hier geht es um die Kunst mit den Emotionen anderer umzugehen auf der Basis von Empathie. Es bedeutet wirkungsvoll Einfluss auf andere Menschen zu nehmen, sie z.b. zu motivieren, zu gemeinsamen Zielen zu führen etc.

Legt man diese Vorstellung von „Emotionale Intelligenz" einem Training zugrunde, stellt sich beispielsweise hinsichtlich der Selbstwahrnehmung die Frage, wie kommt man an die Gefühle heran, mit denen man umgehen können will. Es geht also darum, den Menschen Erlebnisse zu verschaffen mit denen ihre Emotionen angesprochen werden.

Hier bietet die Arbeit mit Pferden geradezu ideale Voraussetzungen. Es beginnt damit, dass die Teilnehmer ihre gewohnte Umgebung verlassen. Die Natur berührt schon von sich aus die Gefühle der meisten Menschen. Zusätzlich ist es für viele eine neue Herausforderung, sich auf einen tierischen Trainingspartner einzulassen. Sie ist meist auch so groß, dass es nicht lange gut geht, wenn man sich bewusst verstellen möchte. Sehr schnell reagieren die Menschen so wie es ihrem Inneren entspricht. Sie sind sozusagen auf sich selbst zurückgeworfen und handeln auf der Grundlage ihrer Gefühle. Diese treten meist so in den Vordergrund, dass sie schnell ins Bewusstsein gerückt werden können.

Alles was wir denken und fühlen findet auf unserer körperlichen Ebene seine Entsprechung. Bei Aufregung z.B. steigt der Puls und der Kreislauf ist angeregt. Auch die Muskulatur reagiert mit Vitalität. In der Mimik zeigt sich, ob wir aufgeregt oder gelassen sind. Alle Stimmungen und Emotionen spiegeln sich in der Körperhaltung, in der Art der Bewegungen und vor allem in der mimischen Muskulatur wider. Sie nehmen dort Gestalt an, bevor es uns bewusst ist.

Aufschlussreich sind Untersuchungen zu Reaktionszeiten der mimischen Muskulatur, bei denen den Versuchspersonen Bilder mit verschiedenen emotionalen Inhalten gezeigt wurden. Mittels Elektromyographie (EMG; eine Methode, die Aktionsströme im Muskelgewebe registriert) lässt sich zeigen, dass die Muskulatur des Gesichts dabei schon nach 30-40 Millisekunden reagiert. Bis zur Verschaltung einer Emotion im Gehirn dauert es 50-100 Millisekunden. Bis zum Erkennen und Bewusstwerden dauert es weitere 120-150 Millisekunden. Das zeigt eindrucksvoll, dass unsere Gefühle uns schon im Gesicht geschrieben stehen bevor sie uns selbst bewusst sind. Stimmungen, Gefühle und Befindlichkeiten werden durch unseren Körper nach außen sichtbar und so für unsere Mitmenschen erfahrbar. Gerade deshalb sind Pferde ideale Trainingspartner, da sie darauf angewiesen sind, (Körper-)Signale so schnell wie möglich zu erfassen und auf sie zu reagieren.

Der „Mehrwert" Pferd

Pferde als Trainingspartner bieten uns einen Spiegel für nonverbales Verhalten. Sie eignen sich, weil sie soziale Strukturen aufbauen wie wir Menschen. Als Herden- und Fluchttiere sind sie darauf angewiesen, sich körpersprachlich richtig und schnell zu verständigen. Ihr Leben ist davon abhängig Das gesprochene Wort hat hier also keine Bedeutung. Ein Pferd „scannt" den Menschen sozusagen bei jeder Begegnung. Es klärt für sich, ob sein Gegenüber vertrauenswürdig ist, zielgerichtet und klar und reagiert entsprechend. Es lässt sich nur von einer Führungspersönlichkeit überzeugen ihm zu folgen. Dabei reagiert das Pferd auf die Körpersprache und zwar blitzschnell, eben bevor uns selbst bewusst ist, welche Gedanken, Gefühle oder Einstellungen wir haben. Wenn der Körper all dies zutage bringt, wird uns auch klar, dass wir uns nicht verstellen können, zumindest nicht bei einem Pferd. Von großem Wert ist auch, dass ein Pferd vorurteilslos ist in seiner Reaktion. Kein Name, Rang oder Auszeichnung kann ein Pferd beeinflussen. Es reagiert ganz im Hier und Jetzt und braucht schnelle, klare Entscheidungen. Diese fordert es immer wieder ein. Bei jeder Begegnung vollzieht sich dieser „Scan-Vorgang" erneut. Dadurch entsteht die Möglichkeit einer immer neuen Begegnung, ohne dass über die vorherige geurteilt wird. Damit ist ein echtes Üben möglich. In der Realität der Menschen ist es fast nicht denkbar, dass wir wertfrei in die nächste Begegnung gehen. Das bedeutet, dass eine Situation mit ihren Folgen nicht wider herstellbar ist. Ein Pferd als Partner der Begegnung gibt uns somit die Möglichkeit, ungestraft verschiedene Situationen noch einmal zu erleben und somit zu üben.

Aufbauend auf ein Konzept der „Emotionalen Intelligenz" mache ich mir es mir zunutze, dass Pferde auch in der Köpersprache der „Anderen" lesen (z.B. in der Körpersprache der Feinde, wie dem Löwen in der freien Wildbahn, hat er Hunger oder ist er satt?).

Aufbau des Trainings

Im Rahmen der Weiterbildungsmodule, die sich mit dem Thema „Führung" befassen, wird das „Pferdegestützte Training" als ein Baustein mit einbezogen. Führung wird hier nicht nur im Zusammenhang mit den Mitarbeitern verstanden, sondern auch in Bezug auf die Bewohner mit ihren Angehörigen der jeweiligen Einrichtung.

Ein Ausbildungsdurchgang hat eine Gruppengröße von ca. 12 Teilnehmern. Jeder Teilnehmer absolviert jede Übung. Bei dieser Anzahl wird die Gruppe in zwei Kleingruppen geteilt, die mit zwei Trainern parallel arbeiten. Bei der abschließenden Teamübung stellt jede Gruppe der anderen ihre Aufgabe vor. Im Training haben die Teilnehmer die Gelegenheit, sich selbst in verschiedenen Führungssituationen zu erleben und eine unmittelbare Resonanz auf ihr Führungsverhalten vom Trainingspartner Pferd zu erhalten.

Im Folgenden wird beschrieben, wie ein Training aufgebaut ist, welchen Eindruck es bei den Teilnehmern hinterlässt und welcher Transfer ihnen in ihren Alltag gelingt. Ich sage bewusst, welcher ihnen gelingt, weil ich die Erfahrung gemacht habe, dass ich als Moderatorin und Coach die Prozesse begleite, doch die Analogien meistens von den Teilnehmern selbst hergestellt werden. Das halte ich für den Lernerfolg auch für durchaus wichtig.

Die Weiterbildung im Hinblick auf das Führen von Menschen, unabhängig davon, ob es sich um Mitarbeiter, Kunden oder auch - wie in der Pflegebranche - Bewohner handelt, findet meines Erachtens immer über die Weiterentwicklung der eigenen Persönlichkeit statt. Also fängt der Prozess beim Teilnehmer selbst an. Es geht darum, sich auf sich selbst zu konzentrieren, den Blick auf sich und seine Gefühle zu richten, im Hier und Jetzt zu sein, sich also selbst wahrzunehmen. Denn das Gegenüber tut es auch.

Eine *Achtsamkeitsübung* öffnet die Tür zu einem Tag mit und für sich selbst. Das kann ein Spaziergang im Wald sein ohne sich mit anderen zu unterhalten oder zu beschäftigen. Jede Möglichkeit, den Teilnehmer/Innen eine kurze Zeit der Besinnung auf sich zu geben und in Ruhe zu sein, ist hier denkbar. Ziel ist es sich der eigenen Befindlichkeit bewusst zu werden (Selbstwahrnehmung).

Den nächsten Baustein stellt das *Beobachten* einer Gruppe von Pferden dar. Wie agieren Pferde körpersprachlich? Welche Körperteile werden bewegt und wie? Wie verhalten sie sich untereinander? Kann der/die Teilnehmer/In Rollen in der Gruppe ausmachen und aufgrund welcher Beobachtung tut er/sie das? Diese Übung schult die Wahrnehmung für das Gegenüber. Ebenso gibt sie einen ersten Blick auf die Trainingspartner für die kommenden Stunden aus der Ferne frei. Die Teilnehmer/Innen sollten noch mehr über das Wesen Pferd erfahren, wie ein Pferd wahrnimmt und in seiner natürlichen Art reagiert. Dies ist auch wichtig in Hinblick auf die Sicherheit der Teilnehmer. Ich informiere über die hochsensiblen Wahrnehmungskanäle der Pferde. Das Gehör, das Sehen, der Geruch, die Haut und der Körper als Resonanzraum. Ebenso sollten die toten Winkel der Sicht und das schnelle Reaktionsvermögen des Fluchttieres eine Information wert sein. Diese Informationen und das langsame Heranführen an den ungewöhnlichen Trainingspartner nehmen auch die Angst vor dem Unbekannten.

Die nächste Übung („*Kontakt und Führung*"), in der die Teilnehmer mit dem Pferd Kontakt aufnehmen sollen, erscheint zunächst einmal sehr einfach. Doch zeigt sich schon hier, was der Einzelne unter Kontakt versteht. In welcher Weise nehmen wir Kontakt auf und trifft das auf die gleiche Vorstellung bei meinem Gegenüber? Welche Qualität hat die Begegnung? Ist sie erfolgreich? Die Kontaktaufnahme kann Hinweise darauf geben wie Beziehung aufgebaut wird. Geht ein Mensch auf einen anderen Mensch zu und ist dabei nicht konzentriert auf die Begegnung, wird sein Gegenüber wohl aus Höflichkeit oder Erziehung ihm die Hand zum Gruß reichen. Ein Pferd hingegen wird für sich selbst entscheiden und sich möglicherweise abwenden. Das führt nicht selten zu Irritation - aber auch zum Nachdenken. So bekommt ein Teilnehmer die weitere Chance, sich seinen Gefühlen und den Gedanken, die entstehen zu nähern

Zur Vergegenwärtigung des eigenen Führungsstils führt der Teilnehmer ein Pferd mit einem Strick durch einen vorgegebenen Parcours. Es geht um Klärung folgender Fragen. Habe ich mein Ziel im Blick und kann ich es zu einem gemeinsamen Ziel machen? Kenne ich den Weg mit möglichen Barrieren und Hindernissen? Kann ich ihn auch für das Pferd (Mitarbeiter) gestalten? Kann ich es motivieren? Bin ich klar in dem was ich möchte? Um ein Gefühl für die eigene Präsenz und Durchsetzungsfähigkeit in der Führung zu bekommen, bietet sich die eingangs beschriebene Übung „Führen von Hinten" an (s. Bsp. in Pkt. 2). Hier kann der Teilnehmer Antworten erhalten welche Präsenz er in dem jeweiligen Moment hat, welche Kraft und Energie er freisetzen und auch übermitteln kann, um seinen Trainingspartner zu aktivieren. Ebenso erhält er eine Rückmeldung über seine Durchsetzungsfähigkeit.

Eine Teamübung zum Schluss deckt die vielen Facetten der *Zusammenarbeit* im Arbeitsalltag auf. Die Teams bekommen die Aufgabe ein Ziel zu definieren. Gemeinsam bauen sie einen Parcours auf, in dem sich Hindernisse und Barrieren befinden, die sich ihrer Meinung nach auf dem Weg befinden (können). Nun gilt es diesen Weg als Team gemeinsam mit einem Pferd zu bewältigen. In der Pflegebranche bestehen hohe Anforderungen der Dokumentation aller Arbeitsschritte. Die aufwendige Bürokratie nimmt den Mitarbeitern viel Zeit, die sie lieber für die Bewohner selbst aufbringen möchten. Ein solches Beispiel lässt sich in einer Teamübung gut darstellen.

In allen Übungen erhält der Teilnehmer als Erstes eine Rückmeldung vom Pferd. Nach jeder Übung hat ein Teilnehmer die Gelegenheit zu reflektieren. Wie ist es ihm ergangen in und mit der Übung, was hat er gemacht und was das Pferd? Auch die körperlichen Empfindungen werden hier zur Sprache gebracht. Das Feedback der anderen Teilnehmer und der Trainerin bieten mehrere wertvolle Blicke von außen, die einem im Alltag häufig verwehrt werden. Während des Trainings werden Video- und Fotoaufnahmen gemacht, die an dem darauffolgenden Tag ausgewertet werden. Eine Nachbereitung erfolgt in Form eines schriftlichen Erfahrungsberichtes mit vorgegebenen Fragestellungen. Die Teilnehmer eines vorangegangenen Trainings berichten im folgenden Jahrgang von ihren Erlebnissen und davon, inwieweit sie ihre Erkenntnisse in ihrem beruflichen Alltag integrieren konnten.

Christine Erdsiek

Reflektionen zur Übung „Kontakt und Führung"

Michael K. Leiter einer Pflegeeinrichtung, bekam die Aufgabe Kontakt zu seinem Trainingspartner, dem Pferd Domino aufzunehmen. Er ging auf Domino zu, der scheinbar die gleiche Idee hatte. Die beiden begegneten sich und standen sehr nah bei einander, sodass sie sich berührten. Domino schnüffelte ihn überall ab, Michael streichelte ihn am Hals und Kopf. Michael ging einen Schritt zurück, er verließ seinen Platz und ließ sich verdrängen. Domino folgte ihm und beschnüffelte ihn wieder intensiv, verdrängte ihn abermals.

Plötzlich drehte Michael sich um zu mir und den anderen Teilnehmern und sagte: „Der ist wie Herbert, mein Kollege".

In der Reflexion beschrieb er seine körperliche Empfindung in der Situation sehr genau. Die Nähe des Pferdes, das ihm immer wieder folgte, verschlug ihm den Atem. Er hatte das Gefühl, dass ihm die Luft zum Atmen genommen wurde und er nicht mehr handlungsfähig war. Er verharrte auch körperlich in der Situation und erstarrte. Und sofort konnte er die Situation benennen, die er im Arbeitsalltag immer wieder mit seinem Kollegen erlebte.

Sein Kollege Herbert kam ihm immer zu nahe und respektierte nicht den Raum, den Michael einnahm. Er interpretierte, dass sein Kollege ihm seinen Platz im Unternehmen streitig machen wollte und ihm deshalb immer wieder (sprichwörtlich) auf die Füße trat.

Hier hat Michael eine deutliche körperliche Selbstwahrnehmung, er erkennt seine eigenen Emotionen. Damit hat er die Chance zu lernen, mit dieser Emotion umzugehen. Durch den Coachingprozess fand er heraus, dass es ihm helfen kann sich seinen eigenen Raum zu bewahren in dem er frei atmen und agieren kann.

In der folgenden Situation mit dem Pferd, trat er einen Schritt zurück und atmete tief ein in dem Bewusstsein, seinen Platz einzunehmen, der ihm zusteht. Er bekam dadurch eine aufrechte Haltung, die Präsenz vermittelte. Domino blieb abwartend vor ihm stehen, ohne die imaginäre Grenze, die Michael gesetzt hatte zu überschreiten.

Also hatte Michael eine Möglichkeit gefunden, seine Emotionen selbst zu steuern und auch an der richtigen Stelle einzusetzen. Er hatte eine Klarheit über seine persönliche Grenze erlangt und diese angemessen mitgeteilt. Damit hat er auch gleichzeitig seinem Gegenüber seine Frage beantwortet.

Dieser brauchte offensichtlich dieses Signal, wo auch seine Grenze ist. Insofern hat Michael auch Empathie bewiesen, also er konnte sich in seinen Kollegen hineinversetzen.

Im Nachhinein erzählte Michael, dass ihm dieses Erlebnis mit Domino immer noch gut in Erinnerung ist und er bei jeder Begegnung mit seinem Kollegen Herbert daran denkt. Auch berichtete er von ähnlichen Situationen, in denen er sich dann aufrichtet und selbst präsenter macht.

Christian W., Führungskraft in einer Pflegeeinrichtung beschreibt seine Erfahrungen: „Zunächst bin ich mit großem Respekt in den Paddock gegangen und habe die Kontaktaufnahme zwar unsicher begonnen, dennoch bekam ich das Gefühl, es gut gemacht zu haben. Beim Losgehen hielt ich den Strick recht locker und spürte Sicherheit, da mir das Pferd folgte. So konnte ich zum Eingewöhnen eine kleine Runde drehen.

Leider bemerkte ich recht schnell, wie unentschlossen ich war und dass mir die Klarheit absolut fehlte. Grund hierfür ist der Mangel an Gedanken über den Weg, welcher zu bewältigen war. Mir war bewusst, wie der Parcours aufgebaut war, aber ich habe mir keine Gedanken darüber gemacht, auf welche Weise ich vorgehen und was ich berücksichtigen soll. Dadurch wurde ich unsicherer und auch das Pferd schien das zu spüren und folgte mir nicht weiter durch das erste Hindernis. In mir machte sich große Unsicherheit, aber auch Enttäuschung breit. Innerlich sackte ich vor Verzweiflung und auch Ärger zusammen. Auch meine Körperhaltung schien schon an Spannung verloren zu haben. Das konnte ich später durch Fotos und Video bestätigt sehen. Das Pferd hat mir die Grenzen aufgezeigt und verdeutlicht „so nicht weiter". Dies war für mich ebenso hilfreich wie die sehr guten Feedbacks nach dieser Übung. Sie hat mir auch im Nachhinein den Kopf frei gemacht. Ich habe nach dem Tag des Pferdetrainings sehr viel über mich und meine Situation nachgedacht, die Feedback für mich nutzen können und mich motiviert gefühlt.

Aus dieser Übung habe ich gelernt, dass ich mir in allen Lagen Gedanken darüber machen sollte und muss, wie ich welchen Weg gehen muss. Für die Praxis gesprochen bedeutet das auch, darauf zu achten, wo steht mein Mitarbeiter, welche Kenntnisse oder Fähigkeiten hat er, mit welcher Methode schafft er es den Weg zu bestreiten, welchen Raum benötigt der Mitarbeiter, in wie weit benötigt er Hilfe und Unterstützung. Ich denke diese zentralen Fragen sind besonders wichtig für mich geworden und diese konnte ich anhand der gefühlten Erlebnisse und Geschehnisse aus der

Übung filtern. Es wird einige Zeit benötigen, diese Fragen zu verinnerlichen und immer zu berücksichtigen, da es ein langer Lernprozess ist und nicht von heute auf morgen beherrscht werden kann. Allerdings merke ich, dass ich mir schon bevor ich Aufgaben verteile viel mehr Gedanken mache, welchem Mitarbeiter ich welche Aufgabe gebe und wie ich hierbei unterstütze oder welche Hilfsmittel für ihn notwendig sind.

Ich denke auch nach Wochen jetzt noch viel daran zurück und werde die Eindrücke, Erlebnisse und gesammelten Erfahrungen weiter vertiefen können, da dieser unvergessliche Tag immer fest im Kopf verankert sein wird.

Mehr Erfahrungen über mein eigenes Ich habe ich noch nie so anschaulich erleben dürfen. Führung ist erlernbar und dieser Tag hat das nochmals deutlich gemacht.

Das „Pferdegestütze Training" ist eine weiterzuempfehlende Maßnahme, wenn man gewillt ist, sich weiterentwickeln zu wollen und auch bereit ist, an sich selber arbeiten zu wollen und seine eigenen Schwächen und Stärken verdeutlicht bekommen möchte. Denn nur dank dieser Klarheit über sich und seine Persönlichkeit ist es möglich zu führen und sich weiter zu entwickeln. Und den Respekt, den jeder dem Pferd gegenüber hat, sollte man auch im Berufsalltag jedem Mitarbeiter entgegen bringen . . . "

Transfer

Diese Beispiele machen deutlich, wie Teilnehmer durch das Feedback eines Pferdes, Reflexion nach den Übungen, einer vom Coach / Trainer moderierten Feedbackrunde mit den Teilnehmern und dem Feedback des Coachs / Trainers Führung erlebt haben und auch einen Transfer in ihren Alltag leisten können. Die Erkenntnis darüber, dass sich aus einer Wahrnehmungsförderung eine Bewusstheit entwickelt, die zu einer Erkenntnis von Lernthemen führt, ist der Anfang. Wenn Lernthemen erkannt werden, können sich daraus Verhaltensoptionen ergeben, die dem Teilnehmer eröffnet werden können.

Mit den Erfahrungen, die Teilnehmer gemacht haben und die in neue Verhaltensmöglichkeiten münden können, haben sie die Möglichkeit, dieses neue Verhalten erneut mit dem Pferd und damit mit direktem Feedback zu erproben und zu üben. Führen diese Übungen zum Erfolg, kann ein

Teilnehmer dieses Erlebnis genießen und hat die Möglichkeit neue Fühl-, Denk- und Verhaltensweisen in sein Leben zu integrieren.

Die Resonanz der Teilnehmer ist durchweg positiv. Viele Teilnehmer suchen sich genau diesen Anbieter der Weiterbildung aus, der die Möglichkeit bietet, an einem pferdegestützten Training teilzunehmen. Erfahrungsberichte der Absolventen unterstützen diese Entscheidung.

Für fast alle Teilnehmer bedeutet so eine Art von Training eine neue Erfahrung. Es ist etwas Besonderes mit einem Pferd zu arbeiten. Die Teilnehmer erleben sich in verschiedenen Führungssituationen, die sich auf ihren Alltag übertragen lassen. Sie haben die Möglichkeit, sich in diesen Situationen zu erleben und zu spüren. Viele berichten davon, dass sich die Erlebnisse mit den Pferden immer wieder in Erinnerung bringen und sie wieder an die Gefühle, die damit verbunden sind, anknüpfen. So gehen sie in ihrem beruflichen Alltag sehr viel bewusster mit sich und auch mit ihren Mitarbeitern oder Bewohnern um.

Man kann dem Pferd immer wieder begegnen und sich mit seinen neuen Erfahrungen in Führungssituationen ausprobieren und somit üben. Wo ist das in der Realität gegeben? Keine reale Situation lässt sich wieder auf Null stellen. Ein Mitarbeiter ist vielleicht verärgert, ein Kunde hat nicht unterschrieben oder ein Bewohner ist enttäuscht. Ein Pferd jedoch fragt jedes mal wieder: Bist Du vertrauenswürdig? Kennst Du das Ziel? Weißt Du wo es lang geht? Kann ich Dir folgen? Es entscheidet jetzt. Und morgen wieder. Es ist vorurteilsfrei. Es akzeptiert einen als Führungskraft oder eben auch nicht. Das ist eine unglaubliche Chance für Führungskräftetrainings, die wir nicht ungenutzt lassen sollten.

Aus meiner Erfahrung kann ich sagen, dass die Teilnehmer eines pferdegestützten Trainings in den meisten Fällen ihren Themen, die sie berühren und mit denen sie umgehen möchten, sehr schnell begegnen. Eben, weil diese Arbeit die Emotionen in hohem Maße anspricht. Das trifft auch auf andere Formate wie Einzelcoaching und Teamentwicklung zu.

Schlusswort

In der Praxis zeigt es sich, dass Menschen gerne miteinander arbeiten und auch Verantwortung übernehmen wollen. Trotzdem kann es häufig zu Überforderungen kommen, weil die Anforderungen stetig steigen und die Rahmenbedingungen des Führungsalltags immer komplexer werden. In wie weit werden angehende Führungskräfte auf ihre zukünftigen Aufgaben vorbereitet?

In der Ausbildungslandschaft begegnen wir dem Thema Führung sehr häufig in Form von Vermittlung theoretischer Modelle, doch häufig sprechen auch sie nur die kognitiven Fähigkeiten an. Ausbildung sollte aber nicht nur die Erlangung fachlicher Kenntnisse bedeuten, sondern auch Menschenbildung sein, d.h. der Mensch sollte die Fähigkeit erlangen, das breite Spektrum der Lebenswelt in ihrer ganzen Komplexität wahrzunehmen. So verstandene Bildung impliziert Emotionale Intelligenz. Deshalb bin ich der Meinung, dass das Erlernen von Führungsqualitäten schon in der Schule beginnen sollte. Ebenso sollte es in jedem Studium oder auch in allen anderen Aus- und Weiterbildungen seinen Platz haben. Vielleicht bedarf es dann keiner „Rosskur".

Es ist sinnvoll den Bereich der sozialen Kompetenzen in die allgemeine Ausbildung durch sogenanntes „Erlebnislernen" mit einzubeziehen. Persönliche Erlebnisse, die mit gefühlten Erfahrungen einhergehen, leisten einen nachhaltigen Transfer in das reale Leben. Wenn dann noch die Möglichkeit besteht, das Erfahrene zu üben und neue Verhaltensweisen zu schulen, ist im Hinblick auf eine gute Vorbereitung auf ein Leben als Führungskraft ein großer Schritt getan. Motivierte Mitarbeiter, die wertschätzend behandelt werden und deren Leistungen anerkannt werden kommen gerne zur Arbeit und tragen mit zum Unternehmenserfolg bei.

Der Einsatz des pferdegestützten Trainings für Führungskräfte im Rahmen der Weiterbildung zu Leitungskräften in der Pflege findet inzwischen im fünften Durchgang statt. Hier können die Teilnehmer Führung erleben und vor allen Dingen auch üben. Das macht dieses Werkzeug zu etwas ganz Besonderem. Ich halte diese Arbeit auch für sehr effizient im Hinblick darauf, dass der Lernende sehr schnell ein Bild über seine Fähigkeiten und Entwicklungsmöglichkeiten erhält. Braucht es in einem normalen Coaching manchmal mehrere Sitzungen bis ein Anliegen herausgearbeitet ist, kann das in der pferdegestützten Arbeit schon nach wenigen Minuten der Fall sein.

Literatur

Goleman, Daniel (1995): EQ. Emotionale Intelligenz", München-Wien

Salovey, Peter/Mayer, John D. (2004): Emotional Intelligence", Imagination, Cognition and Personality, 9, 185-211, 1990 in: Salovey/Brackett/Mayer (ed.) (2004): Emotional intelligence: key readings on the Mayer and Salovey model. Dude Publishing, New York

„Nimm das Pferd doch mit ins Boot…"

Irma Bonekamp

Beratungsprozesse durch pferdegestützte Impulse intensivieren und verankern

Zwei Praxisbeispiele laden dazu ein, sich einem Beratungskonzept zu nähern, das eher ungewöhnlich das Thema „Work-Life-Balance" angeht. Sie begegnen dabei Pferden, der Arbeit mit inneren Bildern, der Hirnforschung und dem Embodiment.

„Chaos ist für dich kein Problem, oder?"

Stell Dir vor, Du sitzt bei einem Pferde-Tandem auf dem hinteren Pferd und sollst dieses Gespann durch einen Parcours lenken, der aus furchteinflößenden Hindernissen besteht (aus Pferdesicht) - und Du hast keine Ahnung, wie Du das schaffen kannst. Wofür soll so etwas gut sein?

Die Situation oben war Teil eines Beratungsprozesses, in dem es darum ging, eigene Fähigkeiten und Ressourcen (wieder) zu entdecken. Dieses Entdecken sollte möglichst praxisorientiert sein, um eine Tiefe im Erleben zu erreichen.

Die Klientin M. befand sich einer persönlichen Umbruchsituation und Neuorientierung. Sie stand vor der Frage, ob sie nach einer Familienpause wieder in ihr altes Berufsfeld zurückgehen sollte oder ob sie sich trauen würde, eine völlig neue Tür zu öffnen. Zwei kleine Kinder (in Grundschule und Kindergarten) und eine chronische Nackenproblematik bremsten ihre Phantasie, welche Möglichkeiten überhaupt offenstehen könnten. Eine Hauptsorge ihrerseits war zusätzlich, ob sie den Schritt in neues Terrain von der persönlichen Leistungsfähigkeit und der notwendigen Strukturierung her „schaffen" würde.

Dennoch war da ein starkes Gefühl, es müsse noch etwas Anderes in ihrem Leben geben, als den vertrauten Trott. Etwas, das ihrem Leben eine höhere Sinnhaftigkeit versprechen konnte und damit verbunden, mehr Energie oder auch Freude. Die Idee, ein solches exklusives Setting für den Prozess zu wählen, resultierte aus der Überlegung, dass die Arbeit mit Pferden (Reiten) ein gut vertrautes Feld waren, in dem sich M. sicher fühlte und viele positive Erinnerungen damit verband. Die körperorientierte Arbeit könnte ressourcenaktivierend wirken und geistige und emotionale Freiräume eröffnen, so ein weiterer Gedanke. Zusätzlich befruchtet wurde die Idee von der Überzeugung, dass ein „Embodiment" von Erlebnissen und Erfahrungen eine große Nachhaltigkeit erzeugen kann - und damit den Transfer in Alltagssituationen erleichterten kann.

Für M. war die vorgeschlagene Art, mit Pferden umzugehen, neu und erst einmal irritierend. Pferde als freilaufende Partner, ohne Longe, Zäumung oder Gerte durch den Roundpen zu lenken, dabei ein Feedback von ihnen zu erhalten, war die erste Herausforderung. Es folgten andere, darauf aufbauende Begegnungen und Berührungen durch die Pferde. Der wichtigste Schritt in diesem Prozess bestand dann darin, sich der oben beschrieben komplexen Aufgabe zu stellen.

Hier der Bericht von M.:

Meine Erfahrungen zum pferdegestützten Training empfinde ich als sehr positiv und bereichernd. Ich durfte verschiedene Möglichkeiten ausprobieren, und werde hier mal etwas über meine Erfahrungen beim Chaostraining schreiben.

Bevor ich ziemlich aufgeregt gestartet bin, durfte ich mir im Vorfeld ein Ziel überlegen, das ich dann gemeinsam mit meinen beiden „Pferdekollegen" erreichen wollte.

Die Aufgabe bestand darin, einen Parcours zu durchlaufen, an dessen Ende sich dann mit Überschreiten der Ziellinie mein Ziel befand. Die Frage, die sich mir stellte, war natürlich, ob meine Kollegen bereitwillig diesen Weg mit mir gehen würden. Denn eins war klar, mein Ziel war jetzt unser Ziel und wir konnten es nur gemeinsam erreichen! Ich hatte nun diese zwei Pferde.

Auf dem hinteren saß ich, das vordere war an lange Fahrleinen gespannt, mit dem zweiten verbunden. Ich hatte nun also sowohl die Zügel des Pferdes, auf dem ich saß in der Hand, als auch die Zügel (lange Leinen) des Pferdes vor mir. Insgesamt gesehen waren also schon ziemlich viele Aufgaben zu bewältigen, bevor ich überhaupt mit der eigentlichen Aufgabenstellung gestartet bin. (Wie gesagt, Chaostraining)

Und an der ein oder anderen Stelle waren meine Kollegen dann durchaus anderer Meinung, was die Wegstrecke anging. Es lief nicht immer rund – das heißt, die beiden Pferde durchaus auch einmal in unterschiedliche Richtungen! Und genau das waren die Knackpunkte, an denen man sich fragt: „... was läuft denn jetzt hier eigentlich falsch? Ich muss hier etwas verändern, aber was? So komm ich nicht ans Ziel!" Oder vielleicht sogar: „... was macht mir Angst? Wie komm ich mit dem Stress klar und wieder zu einem klaren Kopf?"

So musste ich mich hier und da im wahrsten Sinne des Wortes neu sortieren. (Pferde, Leinen, mich), um dann den Weg wieder neu einzuschlagen. Das Ziel ins Auge zu nehmen - und ein paar Mal tief durchzuatmen, war das, was geholfen hat.

Gelernt habe ich, das ich selbst ganz klar haben muss, wo ich überhaupt hin möchte. Das ich ganz eindeutige Anweisungen geben muss und auch einfach mal ein bisschen energischer auftreten darf, um letztendlich ans Ziel zu kommen. Und das habe ich dann ja auch geschafft!! Das war ein tolles Gefühl. Könnte eine Mischung aus Erleichterung und Stolz gewesen sein! Und auch ein Gefühl von, wenn ich das hier erreicht habe, werde ich noch ganz andere Ziele erreichen können!

Und wenn's jetzt mal wieder aus dem „Ruder" läuft, denke ich gerne an diese Erfahrung und Irmas Worte: „M., Chaos ist für dich wohl kein Problem!" Auch dann versuch ich mit der nötigen Energie wieder auf Kurs zu kommen! Was mir auch immer besser gelingt!

Diese Herausforderung und der Coachingprozess liegen nun schon ca. drei Jahre zurück. In der Zwischenzeit hat sich bei M. viel getan. Sie hat gewagt, in einer ausbildungsfernen Branche (Schmuck) eine Selbstständigkeit zu beginnen – die sie entsprechend der Familiensituation – behutsam und variabel ausbauen kann. Die damals im Vordergrund stehende Nackenproblematik ist weitgehend in den Hintergrund getreten und taucht manchmal nur noch als „Erinnerer" für zu hohe Arbeitsbelastung auf. Insgesamt schätzt M. ihre Zufriedenheit mit dem eigenen Leben deutlich höher ein als zum Beginn des Coaching. Ist dieser Erfolg allein der Beratung zuzuschreiben?

Mit Sicherheit nicht. Ich glaube fest daran, dass der Mensch bereits alle Potenziale in sich trägt, um zu werden, was er zutiefst innen schon ist - und sehe meine Aufgabe in erster Linie darin, „Türen zu öffnen", damit er/sie den eigenen Weg finden kann.

Weitere Fragen:
– „Hätte man diese für die Klientin sehr positive und auch nach Jahren noch abrufbare Erfahrung auch auf anderem Weg erreichen können?"
– „Werden in jeder Einzelbegleitung Pferde eingesetzt?"
– „Warum überhaupt Pferde?"

Diese und ähnliche Fragen habe ich mir in meiner Beratungspraxis oft gestellt und höre sie auch immer wieder von interessierten Menschen. Im Laufe dieses Artikels werden die einzelnen Fragen beantwortet werden. Mit der Beantwortung der letzten Frage möchte ich beginnen.

Wozu Pferde im Beratungsprozess?

Soweit ich weiß, gibt es noch keine wissenschaftlich fundierten Aussagen darüber, warum die pferdegestützte Begleitung von Menschen so wirkungsvoll ist. Dass sie berührt, tief trifft und nachhaltige Erinnerungen schafft, habe ich selbst und mit vielen Klienten erleben dürfen. Einen Versuch, einzuordnen, was möglicherweise dabei geschieht, möchte ich an dieser Stelle zunächst mit einem Zitat wagen.

„Pferde verfügen über eine überaus hoch entwickelte Fähigkeit zur Wahrnehmung von feinsten atmosphärischen Schwingungen. Man ist geneigt, den Pferden telepathische Fähigkeiten zuzuschreiben, weil sie auf Reize reagieren, die sich außerhalb unserer menschlichen Sinne befinden...

Pferde haben die Fähigkeit, den „Kern" eines Menschen direkt zu erfassen. Sie beziehen sich direkt auf seine ursprüngliche, ihm selbst unbewusst gewordene Lebensenergie, in der er sich nicht verstellen kann. Dieser Wahrheit ins Auge zu schauen, ist oft beängstigend und befreiend zugleich. So werden Pferd und Angst zu unerwarteten Verbündeten, denn auch die Angst will uns im Grunde nur erinnern, dass wir „aus dem Gleis" geraten sind. Das Pferd ermutigt uns, herauszufinden, was unser momentanes Lebensthema, unsere persönliche Herausforderung, der nächste Schritt in unserer Entwicklung ist (Deutsches Kuratorium für Therapeutisches Reiten 2008, 22)

Angenommen, es ist so wie im Zitat oben - was passiert bei uns Menschen in diesem Kontakt dann genau? In meiner Wahrnehmung beginnt ein Dialog – nonverbal und unbewusst – zwischen Tier und Mensch und es gibt daraufhin eine Reaktion des Pferdes, die für jeden, der sich dem Prozess stellt, eine aufregende Erfahrung ist. Deutlich wird im Körper erfahrbar, dass es um etwas Essentielles geht. So spürt der eine möglicherweise das Kribbeln im Bauch, der andere die Gesamtspannung im Körper, der dritte deutlich den Herzschlag oder – oder - oder. Immer sind es intensive Körpererfahrungen verbunden mit ebenso intensiven Emotionen, die in Erinnerung bleiben. Ich habe bislang keinen einzigen Klienten erlebt, den die Begegnung mit den Pferden kalt gelassen hätte – selbst die größten Zweifler sprachen von „Ergriffenheit". Mir scheint es so, als ob Verborgenes oder Unbewusstes auf das Tapet kommt. Themen, in denen wir kongruent sind oder noch blinde Flecken haben. So schenken uns die Pferde eine Rückmeldung ganz besonderer Art, die eine Tiefendimension hat, die auf verbalem Wege kaum zu erreichen ist.

Was wir mit einer solchen Erfahrung machen, ist unsere Sache. Sicher ist es hilfreich, diesen Prozess zusammen mit einem Begleiter zu machen, der die Pferde gut kennt und auch ihren speziellen „Dialekt" zu deuten weiß. Ein sehr ruhiges Pferd wird beispielsweise im Temperament anders reagieren als ein Vollblüter – auch wenn die Art der Aussage gleich ist.

Sinnvoll ist es, diesen so intensiven Teil im Gesamtthemenfeld des Klienten gut vor- und nachzubereiten. Zur nächsten Frage:

„Werden in jeder Einzelbegleitung Pferde eingesetzt?"

Ein ganz klares „Nein" an dieser Stelle. Das Setting muss zu dem Klienten und dem ablaufenden Prozess passen. Wenn der Mensch für eine sehr tiefe Erfahrung und Berührung (noch) nicht offen ist, stehen andere Module zur Verfügung.

Wie bei einer Zwiebel – Schicht um Schicht - können die Klienten sich näher zu dem Kern seines Anliegens durcharbeiten und dabei wählen, mit welcher Methode der Weg beschritten werden soll. Ich gehe davon aus, dass jeder Mensch sein eigener Experte ist, der sehr genau spürt, was für ihn/sie richtig ist...

Konzept: „Ganzheitliches Personal Training & Coaching"

Zu mir finden Menschen, die sich in Veränderungssituationen befinden - oder wahrnehmen, dass sie sich „in ihrer Haut" nicht mehr richtig wohl fühlen. Dies kann sowohl für den geschäftlichen Kontext zutreffen als auch für den privaten Bereich.

Meistens spüren die Klienten an irgendeiner Situation oder Befindlichkeit, dass es nicht mehr so rund läuft wie früher. Das Wissen, wie Veränderungen in die gewünschte Richtung geschehen können, fehlt jedoch weitgehend. Oftmals haben rein kognitive Lösungsstrategien nicht den durchschlagenden Erfolg gezeigt – und eine gewisse Ratlosigkeit bei den Klienten ist spürbar.

Wie es zu einer guten Lebensbalance kommen kann, zeigt die transkulturelle Studie von Nossrat Peseschkian. Dieser hat in seinen Untersuchungen vier Einflussfaktoren herausgearbeitet, die miteinander in Beziehung stehen und gemeinsam die Lebenszufriedenheit erzeugen oder verwehren. Die genannten Faktoren lassen sich folgendermaßen darstellen:

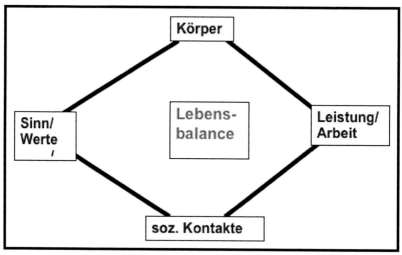

entnommen aus L.J. Seitz, Wenn Du es eilig hast, gehe langsam, S. 70

Es gilt also, alle vier Bereiche im Blick zu haben, will man erreichen, dass das Leben subjektiv als stimmig und erfüllend betrachtet wird. Dem Zeitgeist geschuldet, habe ich viel Anfragen zum Thema *„Work-Life-Balance"* - und verwende dazu gerne auf der *kognitiven Ebene* zunächst die transkulturelle Studie von Nossrat Peseschkian. Oftmals entsteht am Anfang des Coachings die Frage:

„Wie wird mit der zur Verfügung stehenden Zeit umgegangen?"

Dient sie beispielsweise allein zur beruflichen Verwirklichung – wie viel soziale Kontakte sollen lebendig erhalten werden – was für eine Sinnhaftigkeit in der Gestaltung der Zeit ist spürbar?

Meine Aufgabe sehe ich sowohl darin, diese vier Felder mit meinen Klienten zu analysieren, als auch eine Begleitung und Beratung anzubieten, wie die gewünschte Veränderung nachhaltig und individuell umgesetzt

werden könnte. So stellt sich häufig die Frage, welche Methode passt für den Einzelnen in dem jeweiligen Segment, also beispielsweise:
- Welches Stressmanagement?
- Welche Entspannungstechnik?
- Ist Mentaltraining angebracht?
- Was sind die persönlichen Werte - wo werden sie gelebt?
- Ist Zeit für soziale Kontakte?
- Was wird an körperlichem Ausgleich benötigt und wie?

Auf der *psychischen Ebene* arbeite ich mit dem Methodenkasten der tiefenpsychologisch fundierten *Psychosynthese*. Die Photosynthese geht davon aus, dass der Mensch alle notwendigen Kompetenzen und alles Wissen in sich trägt, um *„zu werden, was er ist.* Dazu gehört die Arbeit mit inneren Bildern (den Imaginationen), dem Respektieren der eigenen Vielfalt, der Willensschulung und vielem anderen mehr. Wesentlich bei allem ist, die Wahrnehmungsfähigkeit zu schulen und die Position des Beobachters einnehmen zu können, um sich von belastenden und überflutenden Impulsen zu distanzieren - und das anvisierte Ziel prozesshaft im Auge zu behalten.

Im Fall von Klientin M. war es die alte Sorge, „nicht gut genug" zu sein, um neue Schritte gehen zu können, für Belastungen nicht stabil genug... Es galt zunächst, *alte* Muster wahrzunehmen und zu fühlen, was wäre, gäbe es diese Begrenzungen nicht. Zu fühlen, an welchen Punkten ihr Körper zu den befreienden, progressiven Gedanken „ja" signalisieren würde – und wie sich das vorweg genommene *Neue* zeigt. Dabei empathisch und respektvoll mit sich selbst umzugehen, ist schwer.

Dieses Zusammenspiel und -wirken von psychischen und körperlichen Faktoren ist lange in der alten Leib-Seele-Problematik geleugnet worden. In jüngerer Zeit jedoch finden sich unter dem Begriff *„Embodiment"* (Storch/Canieni/Hüther/Tschacher 2011) Vertreter der Hirnforschung, der Psychotherapie und der Körperarbeit zusammen, um die Bedeutsamkeit eines *integralen Verständnisses* zu formulieren. Demnach ist dem Körper eine weit größere Bedeutung zuzumessen, als weitläufig verstanden. Im Bereich der Psychosomatik ist diese enge Verbindung zwischen Körper, Seele und Geist mittlerweile angekommen – im Bereich der Beratung habe ich es zu meinem Anliegen gemacht. Gerald Hüther formuliert:

„Weil er ursprünglich so eng mit dem Gehirn und allem, was dort geschah verbunden war, bietet der Körper einen besonders leichten Zugang zu allen Ebenen des Erlebens und Verhaltens, zu dem im Gehirn abgespeicherten Sinneseindrücken, den Gefühlen, den unbewusst gesteuerten Verhaltensmustern, und nicht zuletzt zu den frühen Erinnerungen. Deshalb erfahren die meisten Menschen, sobald sie ihren Körper wiederzuentdecken beginnen, dass sie nun wieder Zugang zu sich selbst finden. Oft kommt es so zu Einsichten, die den ganzen Menschen ergreifen. Dabei entsteht oft auch das Gefühl, dieses feste, eigene Fundament wiedergefunden zu haben, nachdem die betreffende Person seit ihrer frühen Kindheit ein Leben lang gesucht hat." (Storch/Canieni/Hüther/Tschacher 2011, 92)

Häufig bin ich zutiefst berührt, wenn eine solche körperorientierte, ganzheitliche Arbeit ihre Wirkung zeigt und der Mensch mir gegenüber seine Ressourcen und Potenziale erfährt. Wenn er eine Ahnung davon bekommt, was in ihm steckt... Die oben aufgeführten „Bausteinen" zusammen mit meinem beruflichen Hintergrund verbinden sich zu dem speziellen lösungsorientierten Beratungsansatz, der auf innerem und äußerem Erleben basiert, um die „Schätze zu heben".

Zurück zu der Frage, die am Beginn formuliert habe:

1. - „Hätte man diese für die Klientin sehr positive und auch nach Jahren noch abrufbare Erfahrung auch auf anderem Weg erreichen können?"

Ich bin der festen Überzeugung - und auch Hoffnung –, dass die Klientin M. ebenso mit anderen Konzepten erweiternde Schritte in ihrem Leben hätte tun können.

Was ich immer wieder von Klienten höre – und was sich mit meiner eigenen Erfahrung deckt - ist, dass *Erlebnisse* im Körpergedächtnis über lange Zeiträume hinweg lebendig erhalten werden und auch abgerufen werden können. Dies betrifft sowohl intrapsychisch die Arbeit mit den Imaginationen- als auch im „Außen" die Körper- und Atemarbeit. Der Einsatz von Pferden im Beratungsprozess stellt hier zusätzlich eine Besonderheit dar, da die Begegnung mit diesen empfindsamen Tieren Menschen *gleichzeitig* auf der Handlungs- und Beziehungsebene fordert.

Bei der Klientin M. war es der berührende Fakt, dass ihre Zuversicht und Führungskraft den Pferden die Angst nahm und sie sich ihr anvertrauten. Die Herausforderungen des Parcours gingen mit dieser Teamenergie um vieles leichter. Gewirkt hat also in diesem Setting zum einen die Erfahrung, eine komplexe Aufgabe gut bewältigt zu haben. Zum anderen haben die Pferde ihr gespiegelt, dass sie etwas kann, von dem sie vorher noch nichts wusste: Entschiedenheit und visionäre Kraft. Dies geschah nonverbal - auf einer tiefinneren Ebene - und in einer solchen Eindeutigkeit, dass sie an dieser Wahrheit nicht mehr vorbei kam.

Auch nach Jahren kann sie sich daran erinnern: der gesamte Prozess mit seinen vielschichtigen Lösungen taucht wieder auf mit der dazu gehörenden Energie.

Interessant dabei ist, dass die in der Vergangenheit erlebten Aspekte an Farbigkeit nichts einbüßen.

Auch die Erlebnispädagogik arbeitet ähnlich. Man hätte sicherlich auch ein Szenario z.b. in einem Hochseilgarten kreieren können mit der Aufgabe „Chaos" zu bewältigen - und sicherlich hätte es ebenso beeindruckende Erlebnissen und Erkenntnissen gegeben. Wo ist denn dann der Unterschied oder Mehrgewinn beim Einsatz von Pferden – oder gibt es den möglicherweise gar nicht?

Soweit ich weiß, gibt es dazu noch keine eindeutigen Ergebnisse aus der Forschung. Mein ganz persönlicher Eindruck ist, dass das nonverbale Feedback der Pferde uns Menschen in der Seele trifft, im sogenannten „vorsprachlichen" Bereich. Der Bereich, von dem Hüther sagt, dass dort unser ganzes Potenzial gespeichert ist – unsere persönliche Sinngebung.

„Um unsere unbewusst und impliziten, über lange Zeiträume stabilisierten Prägungen umzugestalten, müsste es also in uns ein positiv besetztes und sehr tief sitzendes inneres Bedürfnis geweckt werden. Es müsste also so etwas wie eine tiefe innere Berührung erfolgen, eine möglicherweise schon lange verschüttete Sehnsucht in uns wieder wach werden…." (Hüther 2011, 136).

Wenn es so sein sollte, dann wäre dies in der Tat exklusiv und einzigartig! Hoffen wir, dass die Forschung weitergeht und dem immer noch geheimnisvollen Wirkfaktor „Pferd und Pferdeflüstern" auf die Spur kommt. Dann könnte dieses wundervolle, berührende Setting aus dem Dunstkreis des Esoterischen und Unprofessionellen heraustreten, mit dem es noch gelegentlich assoziiert wird. Auch das passende Instrumentarium für die Evaluation könnte dann gefunden werden. Dass die pferdegestützte Arbeit auch von einer gestandenen Geschäftsführerin wertgeschätzt wird, zeigt folgender Beitrag.

„Ich, die kaum Erfahrung mit Tieren und einen ängstlichen Respekt vor Pferden habe, sollte ein Pferd, Emily, mittels einer Fahne dazu bewegen, in die Richtung und dem Tempo zu laufen, das ich vorgebe. Ich konnte mir nicht vorstellen, dass das gelingen würde. Ist es aber doch. Mit einer entschlossenen, aufgerichteten Körperhaltung und Konzentration ist Emily tatsächlich meinen Wünschen gefolgt. Allerdings durfte ich auch nicht zu viel „Druck" machen, dann versuchte sie, diesem im wahrsten Sinne des Wortes zu entfliehen. Emily zum Gang über die „gefährliche" Folie zu bewegen, war dann schon recht einfach.

Die Erfahrung, *wie direkt die eigene Entschlossenheit und die Körperhaltung wirken*, war beeindruckend. Das funktionierte allerdings nur, solange ich wirklich konzentriert bei der Sache war. Gelernt habe ich aber auch, dass man den Druck wohl dosieren muss, um „Ausbruchsversuche" zu vermeiden. Und in kritischen Situationen kommt es auf die Sicherheit an, die ich selber ausstrahle.

Einige Tage nach dem Training habe ich versucht, das Gelernte im Alltag anzuwenden. Ich konnte in der vollbesetzten Bahn die Dame, die einen zweiten Platz für ihre Tasche belegte, ohne Worte dazu bewegen, widerwillig die Tasche wegzunehmen und den Platz freizumachen. Diese Erfahrungen haben mich ganz konkret durch meinen Alltag und meine Arbeit begleitet. Häufig schaute mir die Erinnerung an das Training mit Emily über die Schulter. Das erlaubte mir einen schnellen Rückgriff auf die im Training gemachten Erfahrungen".

Diese Klientin K. hatte im Coaching das Anliegen geäußert, mehr an ihrer Durchsetzungsfähigkeit arbeiten zu wollen. Ihre empathische Ausstrahlung war zeitweise ein Hindernis dabei, klar und unmissverständlich Angestellten gegenüber aufzutreten.

Das, was sie an Körperhaltung und Entschiedenheit in der Begegnung mit dem Pferd erfahren durfte, hat sie tief beeindruckt. Die Begegnung mit dem Pferd hat sie zurückgeführt in alte, frühkindliche Geschichten von „braven Mädchen" und deren Verhalten und gleichzeitig neue Perspektiven möglich gemacht - nicht nur theoretisch, sondern mit Haut und Haar.

Auch bei ihr ist die Erfahrung immer noch gegenwärtig und hat eine Menge an Veränderungen ausgelöst, für die sie sehr dankbar ist. Wie bei der vorher beschriebenen Klientin M. war der Einsatz der Pferde in eine intensive Vor- und Nachbereitung gebettet. Ich gehe davon aus, dass der Erfolg und die Intensität sehr viel höher sind, wenn wir die Erfahrung mit den Pferden auf den Alltag transferieren und damit mehr Bedeutung erzeugen.

Nimm das Pferd doch mit ins Boot

Ein alter Freund von mir - Psychotherapeut - besuchte mich und ließ sich von meiner Begeisterung, mit Pferden im Beratungskontext zu arbeiten, anstecken.

„Für Irma.

Ob ich Lust hätte, mit Merfyn zu arbeiten? Das könnte z.b. so aussehen, dass ich mir ein Ziel vorstelle, das ich gerne erreichen würde. Und Merfyn soll dabei den Willen, den ich dazu brauche, verkörpern. – Dass dieses schöne schwarze und feurige Pferd meinen Willen darstellen könnte, erschien mir sofort als eine treffende und verlockende Idee. Doch fragte ich mich, ob es wohl dazu bereit wäre? Und vor allem: ob ich in der Lage wäre, es davon zu überzeugen und dann mit ihm – irgendwie – zu arbeiten? Wie sollte ich? Ich hatte noch nie mit Pferden was zu tun gehabt. Andererseits hatte ich gerade eben noch dir dabei zusehen dürfen, wie du in der Mitte des Roundpen standest und mit winzigen Gesten oder kleinen Handbewegungen Merfyn zum Gehen, Stehen, Richtung wechseln, Traben und Galoppieren brachtest. Es sah aus wie ein müheloser Tanz von Mensch und Tier. Merfyn hatte sichtlich Spaß an der Sache, und du warst in deinen Botschaften klar und eindeutig, aber nicht im Sinne von Befehlen, sondern in einer Art gegenseitigen Einverständnisses und Respekt. Dann durfte ich es auch ein bißchen probieren und Merfyn machte sogar mit. Warum sollte ich es jetzt nicht auch versuchen. Also gut.

Dann verbinde dich mit deinem Ziel – und lass dir ein Symbol einfallen, das dieses Ziel repräsentiert. - Gib diesem Symbol einen Platz hier irgendwo innerhalb des Roundpen. – Jetzt frage dich, was dich daran hindern könnte, dieses Ziel zu erreichen. - Nimm diese Stangen, die hier liegen oder anderes und lege sie als Hindernisse auf den Weg, der zu deinem Ziel führt. – Schau dir dein Ziel noch einmal an, den Weg, der zu ihm führt, und die Hindernisse, die auf oder neben ihm liegen. – Dann wende dich Merfyn zu und frage ihn, ob er dich als Verkörperung deines Willens begleitet.

Merfyn hatte in der Zwischenzeit friedlich gegrast, ohne sich von uns stören zu lassen. Und doch schien mir, als ob er uns beobachte und spürte, dass er gebraucht würde. Ich ging in die Mitte des Roundpen und schaute ihn erwartungsvoll an. Er hielt mit dem Grasen inne, richtete sich auf, ging zum Zaun und wartete auf meine Angebote. Um mich wieder mit ihm anzuwärmen, machten wir etwa dasselbe Programm wie vorhin. Gehen,

Anhalten, Trab. Es machte Freude und begeistert forderte ich wie ein Dirigent sein Orchester zum fortissimo, zum Galopp auf. Merfyn machte einen ausgelassenen Sprung, schlug nach hinten aus und stürmte los. Kurz kamen mir Bedenken, ob ich nicht übertrieben hatte und ihn jetzt nicht mehr bändigen kann. Doch er ließ sich ohne Mühe wieder zum ruhigen Schritt anregen und kam zum Stehen.

Ich beschloss, jetzt mit unserer Übung, den Weg zum Ziel zu gehen, zu beginnen. Ich schloß die Augen, konzentrierte mich auf den Weg und bat – in Gedanken – Merfyn, ob er mitmache. Als ich die Augen aufmachte, stand Merfyn neben mir. Als erstes fiel mir die Wärme auf, die von ihm ausging. Und mit der Wärme spürte ich die Kraft dieses großen Tieres. Ich ging ein paar Schritte und Merfyn ging mit. Wir gingen eine Weile am Zaun entlang, bis mir auffiel, dass ich zwischen Zaun und Pferd ging: wenn es nur einen Schritt näher an den Zaun gehen würde, wäre ich eingequetscht. Also ging ich um seine Nase herum in die andere Richtung. Jetzt war Merfyn zwischen mir und Zaun. Gelassen drehte auch er um und ging er weiter neben mir her.

Jetzt gilt's. Mit den nächsten Schritten werden wir den Rundgang am Zaun verlassen und uns auf den komplizierten Weg machen quer durch den Roundpen zum Ziel. Wird er mitgehen? Als Antwort spüre ich, wie seine Lippen sich ganz zart an den Haaren meines rechten Unterarmes festhalten. Dieses große Pferd hat den Kopf gebeugt und geht in dieser innigen Verbindung mit mir mit. Ich spüre noch intensiver seine Wärme und Kraft: wenn diese Wärme und diese Kraft meinen Willen verkörpern, dann kann mir nichts mehr passieren. Es ist ein unglaubliches Gefühl, das ich noch heute in der Erinnerung abrufen kann. Wir folgen weiter dem Weg - Merfyn in dieser hauchzarten Verbindung mit meinem Arm ganz dicht neben mir - kreuz und quer, an Hindernissen vorbei, bis wir am Ziel stehen bleiben. Merfyn richtet sich wieder auf. Zum ersten Mal berühre ich ihn mit meinen Händen, bedanke mich bei ihm. Als ob er sagen würde „war mir ein Vergnügen" wirft er ein wenig den Kopf hoch und wendet sich wieder den Grashalmen zu als sei nichts gewesen. Mir aber bleibt ein Erlebnis, das sich tief in mir eingeprägt hat. *Nimm das Pferd doch mit ins Boot.* Es bereichert Deine Arbeit in unglaublicher Weise und bringt das Thema auf den Punkt."

Literatur

Assagioli,R. (2004): Handbuch der Psychosynthese, Nawo Verlag, Rümlang/Zürich 4.Auflage

Assagioli,R. (1992) Psychosynthese und transpersonale Entwicklung. Junfermann, Paderborn

Hüther, G. (2004): Die Macht der inneren Bilder, Vandenhoeck& Ruprecht, Göttingen

Hüther,G. (2011): Was wir sind und was wir werden könnten, Fischer, Frankfurt a.m.

Kohanov, L. (2006): Das Tao des Equus, Wuwei/Kosmos, Stuttgart

Peseschkian,N. (2006): Auf der Suche nach dem Sinn, Psychotherapie der kleinen Schritte, Fischer, Frankfurt a.M.

Deutsches Kuratorium für Therapeutisches Reiten (HRSG.) (2008): Psychotherapie mit dem Pferd, Beiträge aus der Praxis, FNVerlag Warendorf

Seiwert, L. (2006): Wenn Du es eilig hast, gehe langsam, Campus, Frankfurt a.m., 11.Auflage

Storch, M./Canieni, B./Hüther, G./Tschacher W. (2011): Embodiment, Die Wechselwirkung von Körper und Psyche verstehen, Huber, Karlsruhe

Mentale Barrieren überwinden

Siglinde & Joe Bender

Erfolg, Potential und Selbsteffizienz

Jeder möchte erfolgreich sein, Ziele erreichen und aus der Zielerreichung eine Belohnung in Form von Anerkennung, Wertschätzung und monetärer Vergütung ziehen, um letztlich mit sich selber zufrieden sein zu können. Jeder möchte sein Potential ausschöpfen. Gelebtes Potential bezeichnet man als Selbsteffizienz: die Fähigkeit, erfolgreich Dinge umzusetzen, um gesetzte Ziele zu erreichen (Selbst-Effektivität, Job-Effektivität, Produktivität).

Unser Potential bzw. unsere Selbsteffizienz wird von drei Größen bestimmt:

– Anlagen und Begabungen, die genetisch festgelegt sind,
– Kenntnissen, Fähigkeiten und Angewohnheiten, die wir erlernt haben,
– Der inneren Haltung, die sich aus unseren Zielen, Glaubenssätzen (Paradigmen), Werten und Erwartungen zusammensetzt. Meine innere Haltung kann meine Selbsteffizienz fördern, so dass Selbstsicherheit entsteht, oder behindern, dann werden mentale Barrieren aufgebaut.

Unser Vertrauen in unsere innere Stärke bestimmt die Wahl unserer Ziele. Prof. A. Bandura sagt: „Der Glaube in unsere innere Stärke garantiert nicht notwendigerweise Erfolg, aber der mangelnde Glaube an die eigenen Fähigkeiten begünstigt den Misserfolg." Meine innere Haltung beeinflusst somit maßgeblich Erfolg und Misserfolg.

Mentale Barrieren

Mentale Barrieren können bewusst oder unbewusst („Blinde Flecken") sein. Bewusste mentale Barrieren kann man versuchen zu überwinden, während unbewusste Barrieren sich einer Bearbeitung entziehen. Diese unbewussten mentalen Barrieren oder blinde Flecke sind tote Winkel wie beim Autofahren. Dies sind Bereiche, die wir nicht wahrnehmen, die uns nicht bewusst sind, seien es Informationen, Perspektiven, Gedanken, Lösungen oder Handlungsmöglichkeiten. Da sie uns nicht bewusst sind, sie aber unsere Sicht und Wahrnehmung auf die Dinge um uns herum signifikant beeinflussen, ist es gut zu begreifen, dass es sie auch in meinem Kopf gibt und jede Möglichkeit zu nutzen, sie bewusst zu machen und dann zu überwinden.

Hier kommen die Pferde ins Spiel. Sie reagieren mit ihrer Körpersprache auf unsere inneren Haltungen, sowohl die förderlichen als auch die hemmenden Aspekte. Sie sind der Spiegel unserer inneren Haltung und können damit mentale Barrieren sichtbar machen. Ändern wir unsere innere Haltung, reagieren die Pferde dementsprechend und lehren uns, dass die Überwindung hinderlicher mentaler Barrieren möglich ist und zu ungeahntem Erfolg führen kann.

Mentale Barrieren im Berufsalltag

Viele Unternehmen investieren enorme Summen an Geld und Zeit, um ihre Verkäufer zu trainieren und erfolgreicher zu machen. Trotz dieser Anstrengungen zeigen diese im Kundenkontakt oft nicht das gewünschte Verhalten. Die Trainings konzentrieren sich häufig nur auf die unerwünschten Handlungen, berücksichtigen aber nicht die zugrunde liegenden mentalen Ursachen: Warum scheuen sich die Verkäufer zum Beispiel davor, potentielle Kunden proaktiv anzusprechen oder diese nach ihren Bedürfnissen zu fragen? Die mentalen Barrieren bleiben verborgen und werden deshalb nicht beseitigt. Der Erfolg und die Arbeitszufriedenheit bleiben aus.

Selbst „alte Hasen" stehen im Verkaufsalltag immer wieder vor mentalen Barrieren. Die meisten Topverkäufer haben Techniken entwickelt, um mentale Barrieren, mit denen sie gelegentlich kämpfen, zu überwinden. Anders ist es, wenn Verkäufer regelmäßig auf dieselben unbewussten Barrieren stoßen. Die Folge: Statt ihre Angst, Kunden zu kontaktieren, zu überwinden, zeigen sie typisches Ausweichverhalten indem sie denken: „Der Kunde fühlt sich belästigt, wenn ich ihn oft anrufe."

Personalverantwortliche schicken ihre Mitarbeiter immer wieder zu Seminaren, in denen sie kundenorientiertes Verkaufsverhalten trainieren, z.B.:

- Auf Kunden proaktiv zugehen,
- Fremde Menschen nach ihren Wünschen fragen,
- Kunden Zusatzangebote unterbreiten,
- Kunden nach Empfehlungsadressen fragen,
- Kunden, die beim letzten Kontakt „Nein" gesagt haben, erneut kontaktieren,
- Das Vertragsformular zücken usw.

Doch irgendwann stellen die Personalverantwortlichen meist frustriert fest, dass das in der Seminarsituation erfolgreich gelernte Verhalten im echten Leben nicht angewendet wird. Im Gegenteil: Ihre Mitarbeiter machen seit Jahren dieselben Fehler. Der sogenannte Praxistransfer gelingt nicht. Die Ursache liegt darin, dass im Training die mentalen Barrieren nicht bearbeitet werden.

Diese Beispiele aus dem Verkaufsalltag zeigen, dass vor allem die unbewussten mentalen Barrieren dem persönlichen und beruflichen Erfolg im Wege stehen. Zahllose Beispiele aus dem Sport, dem Innovations- und Change-Management und der Mitarbeiterführung bestätigen ebenfalls den starken Einfluss mentaler Barrieren auf die Qualität der Ergebnisse. Das, was ich erwarte oder befürchte, stellt sich mit hoher Wahrscheinlichkeit ein (selbsterfüllende Prophetie). Diese mentalen Hürden gilt es, zu erkennen und im zweiten Schritt nach Möglichkeiten zur Überwindung zu suchen.

Workshops mit Pferden als Co-Trainer

Pferde reagieren auf die innere Haltung der Menschen, die mit ihnen arbeiten. Sie drücken ihre Wahrnehmungen durch ihre Körpersprache aus und kommunizieren so untereinander und mit demjenigen, der sie führt. Die Interpretation der „Pferdesprache" wie etwa die Stellung der Ohren, Ausdruck der Augen, Haltung von Kopf, Hals, Schweif, Bereitschaft, die gewünschten Übungen zu absolvieren und anderes mehr, lässt entsprechende Rückschlüsse auf die innere Haltung der Führungskraft zu. In den kurzen Feedbackrunden nach jeder Übung stellen wir auf unseren Beobachtungen basierende Fragen, die dem Teilnehmer helfen, das Erlebte bewusst zu machen und mit seinem Berufskontext zu verbinden.

Bernd Meyer*, Bereichsleiter mit Personalverantwortung in einer großen Versicherung, ist überlastet. Viele bürokratische und für ihn langweilige Einzelaufgaben, die er aber nicht delegiert, rauben ihm die Zeit, sich um die wesentlichen Dinge seines Jobs zu kümmern.

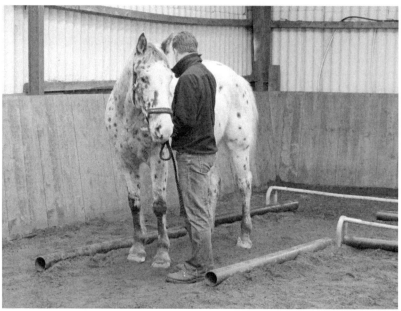

Was kann ich meinen Mitarbeitern zumuten?
Foto: LeadingRein

In einem Führungskräftetraining von LeadingRein auf der Westerfeld Ranch in Nordfriesland erhielt er die Aufgabe, Buddy, eines der Trainingspferde, an der Führleine um den Reitplatz zu führen. Buddy blieb nach fünf Schritten stehen, suchte nach Grashalmen am Rande des Platzes, schaute sich nach seinen Pferde-Kollegen um, ging erneut einige Schritte, um erneut stehen zu bleiben. Als Bernd Meyer den Ausgangspunkt wieder erreicht hatte, war ihm bewusst, dass Buddy ihn und nicht er Buddy geführt hatte. Für die zweite Runde bekam er die Anweisung, Buddy deutlich zu machen, wer den Ton angibt und in welchem Tempo vorangegangen werden soll. Diesmal marschierte Buddy aufmerksam mit gespitzten Ohren neben Bernd Meyer her, ohne anzuhalten oder sich ablenken zu lassen. Sein Kommentar: „Mann, das erinnert mich an meine Mitarbeiter, die auch dauernd Kaffeetrinken gehen." Zwei Wochen später berichtete der Bereichsleiter, gerade diese Übung habe seine Augen für das eigene oft nicht stringente

Führungsverhalten geöffnet. Mit dieser Erkenntnis begegnete er seinen Mitarbeitern anders und sorgte für eine klarere, eindeutigere Kommunikation. Während der Feedback-Runde wurde außerdem klar, dass die mentale Barriere von Bernd Meyer darin bestand, dass er glaubte, er könne seinen Mitarbeitern keine Arbeiten zumuten, die er selber für langweilig hält, wie etwa Unterlagen kopieren. Folgerichtig hatte er bisher oft darauf verzichtet, diese Aufgaben zu delegieren. Die Mitarbeiter nutzten das Vakuum, um etwa Kaffeetrinken zu gehen.

Pferdekommunikation: Wenn Masken fallen

Wie spiegeln die Pferde die innere Haltung, der Leute wider, die sie führen wollen? Pferde reagieren mit ihrer eigenen Körpersprache auf unsere innere Haltung und prüfen permanent, ob
– Wir wissen, was wir wollen und es auch wirklich wollen,
– Wir aufmerksam und im hier und jetzt bei der Sache sind,
– Wir unsere Wünsche klar kommunizieren und auch durchsetzen wollen,
– Wir in uns ruhen und authentisch sind,
– Wir Respekt haben und wertschätzend sind,
– Wir vertrauenswürdig und berechenbar sind.

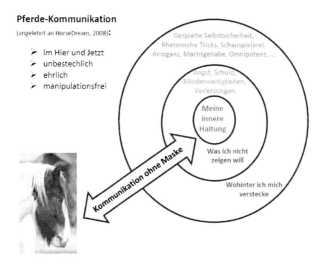

Erik Müller, ein großer stattlicher und erfahrener Manager aus der Textilbranche, sollte Ben, ein anderes Trainingspferd, vor sich her über ein Hindernis führen. Nach dem 10ten erfolglosen Versuch brach er die Übung genervt ab. In der Feedback-Runde wurde ihm bewusst, dass sich seine innere Ungeduld, die äußerlich für uns nicht zu erkennen war, vor Ben nicht verbergen ließ. Ben machte ihm deutlich, dass seine gut versteckte Ungeduld deutlich zu spüren war. Diese hatte Ben bis zur „Arbeitsverweigerung" verunsichert. Die Feedback-Frage von LeadingRein an Erik Müller war deshalb: Könnte es sein, dass menschliche Mitarbeiter ähnlich reagieren?

Die eigene innere Haltung oder Glaubenssätze bleiben bei der Bewältigung schwieriger Aufgaben nicht ohne Folgen. Henry Ford: „Ob du denkst, du schaffst es oder du schaffst es nicht, du hast in jedem Fall recht."

Mentale Barriere oder mentale Befähigung?

Welche positiven oder negativen Glaubenssätze beherrschen Ihr Leben?

Kennen Sie die positiven oder negativen Glaubenssätze, die ihr Leben beherrschen?

– Egal, was mir passiert, irgendwie schaffe ich es schon.
– Ablehnung von anderen Menschen ist etwas Schlimmes. Ich kann sie nicht ertragen.
– Ich muss zu allen Menschen lieb und nett sein.
– Ich kann wachsen und mich verändern.
– Ich bin ein wertvoller Mensch, unabhängig davon, was andere über mich denken.
– Ich bin ein Versager, nicht gut genug, nicht intelligent genug, etc.?

Diese Glaubenssätze, die wir uns oft unbewusst angeeignet haben, sind weder beweisbar noch widerlegbar. Dennoch gestalten sie unsere Realität, denn sie beeinflussen unsere Wahrnehmung und bestimmen unsere Reaktion auf Umweltreize. Die Pferde reagieren sehr sensibel darauf und machen sie uns bewusst, sofern wir ihre Körpersprache richtig interpretieren.

Christina Schulz hatte sich ebenfalls Ben als Trainingspferd ausgesucht. Ben fing kurz nach dem ersten Kontakt an, Frau Schulz immer wieder mit seinem großen Kopf zu stupsen, erst leicht und spielerisch, später heftiger. Durch unser Nachfragen wurde deutlich, dass Christina Schulz Bens Verhalten als aufdringlich empfand, sich aber nicht traute, ihm Einhalt zu gebieten. Im weiteren Gespräch wurde ihr bewusst, dass sie auch ihren

Mitmenschen immer wieder erlaubte, ihre persönlichen Grenzen ungestraft zu überschreiten. Ihre mentale Barriere bestand in der Annahme, sie dürfe niemanden vor den Kopf stoßen und in seine Schranken verweisen, sondern müsse zu allen Menschen nett sein. Energisches Auftreten und die abwehrende Reaktion auf Bens Anstupsen brachten ihn dazu, mit der Unart aufzuhören. Seit dieser Erkenntnis laufen Diskussionen zwischen Christina Schulz und ihrem schwierigen Vorgesetzten völlig anders.

Auch der berufliche Werdegang trägt zur Ausprägung bestimmter mentaler Barrieren oder Glaubenssätze bei. So sind für die Versicherungsbranche, deren Mitarbeiter es gewohnt sind, im Außendienst zu arbeiten und zu verkaufen, andere Glaubenssätze typisch als für den Banken- oder Energiesektor. Und es ist ein Irrglaube, dass Glaubenssätze nicht verändert werden können! Denn unsere Glaubenssätze sind uns nicht angeboren. Wir haben sie erlernt. Und was wir erlernt haben, können wir auch „umlernen", indem wir uns neue konstruktive Glaubenssätze aneignen. Aus den mentalen Barrieren werden damit mentale Befähigungen!

Wichtig ist es, den Workshop-Teilnehmern bewusst zu machen, dass ihr Verhalten durch irrationale und häufig destruktive Glaubenssätze beeinflusst wird. Da diese Glaubenssätze völlig automatisch wirken, dringen sie nur selten ins Bewusstsein vor. Sie wirken vielmehr wie mentale Tretminen, von denen nur die Explosionen wahrzunehmen sind - in Form unangebrachter und schädlicher emotionaler Reaktionen. In den Emotionen liegt auch der Schlüssel, der hilft, unbewusst vorhandene Glaubenssätze ins Bewusstsein zu heben, so dass sie bearbeitbar werden. Indem diese Emotionen identifiziert und thematisiert werden, kann ermittelt werden, welche Glaubenssätze ihnen zugrunde liegen. Zudem kann analysiert werden, ob es sich hierbei um konstruktive handelt oder um jene, die zu einem unangebrachten Verhalten führen. Damit ist das Fundament gelegt, das es erlaubt, die destruktiven Glaubenssätze durch konstruktive zu ersetzen und eine dauerhafte Verhaltensänderung herbeizuführen.

Mentale Barrieren und destruktive Glaubenssätze entlarven

Entscheidend ist bei all diesen Überlegungen: Wie entlarve ich meine mentalen Barrieren oder destruktive Glaubenssätze? Hier bieten die Pferde durch ihr ganz natürliches Verhalten eine unübertroffene Chance.

Elena Schmidt, Filialleiterin einer mittelständischen Unternehmung, bezeichnete sich selbst als dominant und durchsetzungsstark. Dennoch gelang es ihr nicht, eines unserer Trainingspferde rückwärtsgehen zu lassen. Alles Schieben und Drücken bewegte Buddy keinen Zentimeter nach hinten. Im Feedback wurde klar, dass Elena Schmidt viel lieber kooperativ führt und autoritäres Auftreten eigentlich ablehnt. Zudem hatte sie Kollegen bei dieser Übung beobachtet und war zu dem Schluss gelangt, dass das Rückwärtsrichten von Pferden eine sehr schwere Aufgabe sei. Betroffen stellte sie fest, dass sie solche Zusammenhänge auch aus ihrem beruflichen Alltag kennt: „Die Erwartung von Schwierigkeiten macht die Schwierigkeiten nur größer und hemmt deren Überwindung." Sie nahm diese Erkenntnis ernst und beschloss, bei der nächsten schwierigen Situation eine bewusste Pause einzulegen, sich zu sammeln und ihre innere Haltung zu überprüfen.

Erfahrungen machen Verhaltensänderungen möglich

Theo Kunze, ein junger Lehrer, führte die Tinkerstute Shania durch den Parcours mit etlichen Hindernissen. Beide hatten offensichtlich Spaß bei der gemeinsamen Arbeit. Als nächste Aufgabe sollte Shania rückwärts gerichtet werden. Shania weigerte sich, auch nur einen Schritt nach hinten zu tun. Der Spaß war schlagartig vorbei. In der Reflexion wurde deutlich, dass der junge Lehrer ähnliche Verweigerungssituationen bei seinen Schülern erlebt, wenn schwierige Lernaufgaben anstehen. Ihm wurde bewusst, dass er eigentlich den Misserfolg und nicht den Erfolg seiner Schüler erwartet, ebenso wie mit der Stute. Seine unbewussten Erwartungen werden bestätigt. Eine bewusste Erwartungs- und damit auch Haltungsänderung brachte Erfolg: Erst unmittelbar beim Pferd und sicherlich auch bei den Schülern von Theo Kunze.

Peter Becker, Beamter im gehobenem Dienst und mit umfangreicher Personalverantwortung, hatte keine Schwierigkeiten, das Trainingspony Emil durch den Parcours zu führen, wobei er sowohl die Führungsposition 1 vor dem Pferd oder auch Position 2 neben der Pferdeschulter einnehmen konnte. Als es aber darum ging, das Pferd vor sich her, das sogenannte Führen von hinten, durch ein Hindernis zu führen, blieb das Tier stoisch stehen. Peter Beckers Führung versagte völlig. In der Reflexion fiel ihm auf, dass er beim Versuch, Emil von hinten zu führen, einen völligen Kontrollverlust erlebt hatte. Der Wunsch nach Kontrolle habe ihn dazu bewogen, auch seine Mitarbeiter sehr engmaschig zu führen. Als Folge habe er schon etliche gute Mitarbeiter verloren. Seine mentale Barriere lautete: „Wenn Du nicht genau kontrollierst, laufen die Mitarbeiter aus dem Ruder." Peter Beckers Aufgabe wird es sein, seinen Mitarbeitern einen größeren Vertrauensvorschuss zu gewähren, um ihre Verantwortungsbereiche durch eine Führung von hinten zu erweitern.

Rolf Baier, Finanzchef einer großen Versicherung, hatte die Aufgabe, Takoda, eines der rangniederen Pferde, im „Roundpen" (abgegrenzter runder Raum mit ca. 10 m Durchmesser) im Kreis traben zu lassen. Als einziges Hilfsmittel erhielt er eine Fahne, die er in der Hand als Unterstützung nutzen konnte. Der zweite Teil der Aufgabe bestand darin, die Fahne fallen zu lassen, den Druck zu reduzieren und das Pferd zu sich in die Roundpen-Mitte kommen zu lassen, eine von Monty Roberts entwickelte Methode („Join-Up"), die das Vertrauen des Pferdes zum Menschen ausdrückt. Nachdem Rolf Baier Takoda sehr kraftvoll angetrieben hatte, verweigerte Takoda jedoch das Join-Up völlig. In der Reflexion wurde dem Finanzchef klar, warum seine Sekretärin während der täglichen Arbeit immer wieder in Tränen ausbrach. Sein Auftreten vermittelte sowohl dem Pferd als auch der Sekretärin so viel Druck, dass ein Join-Up für das Pferd respektive ein entspanntes Arbeitsklima unmöglich waren.

Viele Vorgesetzte haben es sich angewöhnt, bei Mitarbeitergesprächen nebenher E-Mails zu lesen oder gar zu beantworten, ihr Mobiltelefon auf Nachrichten zu überprüfen oder anderen Tätigkeiten nachzugehen. Rainer Bauer, Geschäftsführer einer mittelständischen Tochtergesellschaft eines größeren Konzerns, führte mit augenscheinlich hoher Konzentration Buddy über ein Hindernis. Er reflektierte im Anschluss an die Übung, dass ihm nur die ständige mentale Verbindung, d.h. die ungeteilte Aufmerksamkeit zum Pferd geholfen habe, die Übung erfolgreich zu meistern. Ihm wurde klar, wenn er die gleiche Aufmerksamkeit in die Zusammenarbeit mit seinen Mitarbeiter investieren würde, er erfolgreicher würde führen können.

Die innere Haltung macht den Unterschied

Meine innere Haltung macht den Unterschied, ob meine Handlungen erfolgreich sind oder nicht. Der Umgang mit den Pferden offenbart meine „Haltungsfehler", die ihre Ursachen oft in mentalen Barrieren oder destruktiven Glaubenssätzen haben. Werden diese Barrieren oder Glaubenssätze im Umgang mit dem Pferd bewusst, werden Haltungsänderungen möglich und führen unmittelbar zum Erfolg.

Wer hat die Kontrolle über meine innere Haltung? Ich und nur ich allein! Ich trage deshalb auch die alleinige Verantwortung für die Ergebnisse meiner Haltungen und Handlungen. Solange ich diese Verantwortung nicht annehme und akzeptiere, werden nachhaltige Veränderungen meines Verhaltens nicht stattfinden. Da wird auch kein Pferdetraining nachhaltig helfen können. Nehme ich diese Verantwortung allerdings ernst, bieten Pferde durch ihr sensibles, ehrliches, manipulationsfreies Feedback ungeahnte Möglichkeiten des Erlebens und der Weiterentwicklung meiner Führungskompetenz.

(*) Alle Namen wurden zum Schutz der Teilnehmer geändert.

Da bringen mich keine zehn Pferde hin

Regina Rodriguez Megalrejo & Stefanie Wagner

Neurolinguistisches Programmieren und Pferdegestützte Personalentwicklung

Kennen Sie diesen Spruch? Was sagt es Ihnen? Hat dies etwas mit Veränderung zu tun? Sagt es aus, „ja ich möchte mich verändern"? Oder eher das Gegenteil? „ich bin starr, ich bleibe da wo ich bin, ich möchte mich nicht verändern, alles soll so bleiben wie immer."

Bestimmt sind wir uns alle darin einig, dass in einem Change-Prozess dieser Spruch folgende Position einnimmt:„ Ich möchte mich nicht verändern, bloß nicht! Veränderung bedeutet ja sich umzustellen und Sicherheit abzugeben". Hier ist ein Coach gefragt, seinen Klienten einzuladen und ihn zu motivieren, das Abenteuer Veränderung zu wagen.

Die folgende Geschichte ereignete sich bei einem unserer pferdegestützten Seminare:

Als eigene Reflexion nach der Übung sagte ein Teilnehmer: „Ich bin jetzt fast sechzig Jahre alt, mache meinen Job schon so lange, bewege mich auf die Rente zu, ich habe keine Lust darauf, Pferde-Training zu machen. Diese Tiere interessieren mich nicht, und ich glaube, ich habe immer in meinem Beruf alles so gemacht, wie ich es für richtig hielt und möchte jetzt in den letzten Jahren auf keinen Fall etwas verändern. Und wenn ja, wofür brauche ich da überhaupt ein Pferd?".

Er ließ sich dann doch von seinen Kollegen und von uns, den Coaches dazu motivieren, sich auf das Abenteuer Pferd einzulassen.

Bei der nächsten Übung im Training direkt am Pferd sollte der Teilnehmer unsere Islandstute Thora in Bewegung bringen ohne sie dabei anzufassen. Es stellte sich für ihn heraus, dass ihm genau diese Aufgabe besonders schwer fiel. Das Pferd bewegte sich nicht und war auch nicht bereit, ihm zu folgen. Als er sie ganz massiv und dominant antrieb, dabei auch deutlich übertrieb, lief die Stute erschreckt davon.

Beim anschließenden Feedback stellte er für sich fest, dass es ihm kein gutes Gefühl gemacht habe, dieses Pferd zu dominant in Bewegung zu setzen. Er habe jedoch auch das Gefühl, dass es ihm oft bei seinen Mitarbeitern so gehe. Wenn er das Gefühl hat, dass seine Mitarbeiter sich nicht in der Geschwindigkeit bewegen, wie er es für nötig hält, und ihn nicht in dem Tempo folgen, wie er es möchte, bemerkt er dabei oft nicht, welch starken Druck er ausübt.

Er schloss für sich daraus, dass er in seiner Art zu führen einmal nach anderen Wegen suchen möchte und dass es ihm wichtig ist, seine Mitarbeiter anders als bisher - vielleicht kooperativer und nachhaltiger auf seinem Weg mitzunehmen.

Am zweiten Tag des Trainings arbeiteten wir mit ihm mit dem NLP-Format S.C.O.R.E. Darin konnte er für sich herausarbeiten, welche zusätzlichen Möglichkeiten ihm zur Verfügung stehen, seine Mitarbeiter voranzutreiben und sie auf seinem Weg mit zu nehmen. Im Hinblick auf sein „Davon-Eilen" ging er noch einmal mit Thora ins Picadero[1]. Er legte ihr den Arm um den Hals, gab ihr einen Rahmen, den sie absehen konnte, machte sich für sie verständlich und Thora folgte ihm direkt und ohne Probleme. Sein Feedback nach dieser Übungseinheit war, dass er jetzt genau wisse, was er in seinem Betrieb ändern möge.

Vier Wochen nach dem Seminar berichtete uns der Teilnehmer beim Einzel-Coaching-Termin, dass er das Foto, welches wir ihm von Thora geschickt hatten, in seinem Schrank aufgehängt habe. In dieser Momentaufnahme, ist gut zu sehen, wie er das Pferd umarmte und bewegte.

Bei seinen Anzügen, Hemden und Krawatten, die er jeden Morgen zur Arbeit anzieht, habe er täglich eine Erinnerung über seine Lernerfahrung und wisse nun genau, wenn er morgens zur Arbeit geht, dass er sehr gut darauf achten wird, seine Mitarbeiter auf seinem Weg mitzunehmen. „Ich werde sie nicht vor mir hertreiben und auch nicht vor ihnen her eilen und werde darauf achten, dass sie mir noch folgen können. Um es auf den Punkt zu bringen: ich werde den neuen Weg mit Ihnen gemeinsam beschreiten."

Auf die Frage, wie er sich jetzt bei seiner Arbeit fühle und was der Prozess in ihm ausgelöst habe sagte der Teilnehmer ganz deutlich, dass er froh

---

[1] enger, abgegrenzter Bereich, in dem die Komfortzone des Pferdes eingeschränkt ist

Rahmen geben statt Dominanz
Foto: Megaljero/Wagner

darüber sei, wenigstens jetzt die letzten Jahre so mit seinen Mitarbeitern zu verbringen, dass es jedem gut gehe und er auch mit einem sehr positiven Gefühl später in den Ruhestand gehen könne.

Wäre dieser Change-Prozess auch ohne Pferd so gelungen wie in diesem Fall?

Wir wissen es nicht, doch es liegt nahe, dass genau das Pferd ihm den Spiegel so vor Augen hielt, dass er über seine Art der Führung, über seine Position und über seinen menschlichen Status neu nachdenken konnte.

Eines wissen wir genau: Nach den beiden Tagen des Pferde-Trainings fand in ihm eine bedeutend große und nachhaltige Veränderung statt.

Was ist NLP und warum vervollständigt es die Arbeit mit dem Co-Trainer Pferd?

Ausgehend von Erkenntnissen der modernen Systemtheorie, Linguistik, Neuro-Physiologie und Psychologie beschreibt das Neuro-Linguistische-Programmieren (NLP) die wesentlichen Prozesse, wie Menschen:

– sich selbst und ihre Umwelt wahrnehmen
– diese Informationen auf ihre eigene Weise verarbeiten

203

– auf dieser Grundlage handeln
– entsprechend miteinander kommunizieren
– lernen und sich verändern.

Menschen unterscheiden unter anderem darin,, wie sie bestimmte Situationen, sich selbst, andere Menschen, ihre Beziehungen, ihre berufliche Tätigkeit und den Alltag erleben. Je nachdem wie wir uns selbst und unsere Umwelt wahrnehmen, wie wir denken, wie wir fühlen und diese Gefühle bewerten, kann ein und dieselbe Situation mal als angenehm und wohltuend oder auch mal als schwierig und belastend wahr genommen werden.

„Basierend auf Studien und Modellen zur menschlichen Wahrnehmung und Informationsverarbeitung macht NLP bewusst, welche Faktoren unser Erleben steuern und wie wir unsere Erfahrungen selbst erschaffen. Auf dieser Grundlage entstand in den letzten Jahrzehnten eine Vielzahl von Handlungsmodellen.

NLP eröffnet effektive Zugänge zu ziel- und lösungsorientierten Veränderungen.

NLP ist die Disziplin im Bereich der Kognitions- und Verhaltenswissenschaft, die sich explizit und in umfassender Weise dem Studium der menschlichen Subjektivität widmet. Mit Hilfe der dabei gewonnenen Erkenntnisse eröffnet NLP, sowohl für Einzelpersonen, als auch für Gruppen und Organisationen, effiziente und zugleich flexible Zugänge zu ziel- und lösungsorientierten Veränderungen. Wie jede andere wissenschaftliche Disziplin entwickelt sich NLP dabei durch neue Forschungen und Erkenntnisse permanent weiter." (vgl. DVNLP 2015, S. 7)

In seinem Buch „Gelungene Kommunikation und persönliche Entfaltung" beschreibt Joseph O'Connor NLP als eine Methode, mit der man erforschen kann, wie Menschen sich in jedem nur denkbaren Bereich auszeichnen und wie man diese Muster für sich nutzbar erlernen kann. NLP ist eine praktische Fertigkeit, die uns die Ergebnisse bringt, die wir in dieser Welt wirklich erreichen wollen, während wir gleichzeitig etwas Wertvolles für andere schaffen. Es ist das Erforschen dessen, was den Unterschied zwischen dem Hervorragenden und dem Durchschnittlichen ausmacht. Und es eröffnet zusätzlich äußerst effiziente Techniken für den Erziehungsbereich, für Beratung, für Therapie und für die Geschäftswelt.

Wovon handelt NLP oder was tut NLP?

Bei NLP geht es um *Sprache und um Kommunikation*. Es unterstützt den Anwender dabei, nicht nur die Sprache, sondern auch die Körpersprache bewusster und intensiver zu erfahren, sie zu verstehen und gezielt anzuwenden. Es erweitert die Fähigkeit zu lernen, wie wir ganzheitlich durch Mimik, Gestik und Tonfall unsere Botschaften senden (codieren) und wie sie von unserem Gegenüber dann tatsächlich verstanden (decodiert) werden.

Paul Watzlawick sagte: „Wir können nicht nicht kommunizieren."

NLP bietet Muster, Modelle sowie einfache und wirkungsvolle Fragetechniken,, mit Hilfe derer unsere Kommunikation besser gelingen kann.

NLP handelt vom *Modellieren* außergewöhnlicher Fähigkeiten.

Beim Modellieren herausragender Fähigkeiten nutzen wir unsere 5 Sinne um so genau wie möglich Verhalten zu beobachten. Wir achten auf das „was", das „wie", die zeitliche Abfolge, die Intensität und ordnen die Sprache sinnlichen Präferenzen und inneren Gedankenstrukturen zu. Sprache ist sozusagen die nach oben hin sichtbare „Eisbergspitze". Der unsichtbare Bereich unterhalb der Oberfläche kann durch die präzise und sensible Wahrnehmung offener und deutlicher verstanden werden. Wir können entdecken wie wir und wie andere Menschen denken.

Das ist das große Zusammenspiel von Sprache und Denken. Wir sprechen wie wir denken und wir denken wie wir sprechen. Der Mensch kann folglich lernen, durch geeignetere Sprachmuster seine Denkweisen zu ändern.

NLP unterstützt dabei, unsere persönliche Genialität zu entdecken und zu entfalten. Wenn wir unsere eigenen Erfolge verstehen und sie modellieren können, eröffnen wir uns selbst die Möglichkeit, wiederholt viele solcher positiven Augenblicke erleben zu können. Es ist ein effektiver Weg, das Beste was in uns und in anderen steckt ans Licht zu bringen.

NLP ist effektiv!

Darüber sind wir uns einig. Wir arbeiten mit Klienten, die einerseits Veränderung wünschen und andererseits vor genau dieser Veränderung oft Angst haben. In der Arbeit mit NLP Formaten stehen uns sehr viele Möglichkeiten zur Verfügung um diese Themen zu bearbeiten und zu lösen:
– Arbeit mit Werten
– Glaubenssatzarbeit
– Ziele Arbeit
– Timeline
(vgl. O'Connor 2014).

NLP plus Pferd ist effektiver!

Was kann in der doch schon so wunderbaren Arbeit mit NLP-Techniken und NLP-Formaten der Mehrwert Pferd sein?

Neben der Arbeit mit effektiven Tools aus dem Bereich des NLP kann durch die Arbeit mit dem Pferd der Veränderungsprozess durch den Spiegel des Pferdes in vielfachen Feedback-Schleifen immer wieder überprüft werden. Das Pferd hält dem Klienten den eigenen Spiegel vor. Durch die kontinuierlichen Feedback-Schleifen in denen die Klienten ihren eigenen Veränderungsprozess immer wieder rück gemeldet bekommen, können sie überprüfen in wie weit die Veränderung für sie auch nachhaltig Bestand hat.

Eine Grundannahme des NLP lautet:

„Die Bedeutung dessen was Sie kommunizieren ist nicht einfach gleichzusetzen mit dem was Sie erreichen möchten, sondern ablesbar an den Reaktionen die Sie erhalten."

Das Pferd ist ein stiller und ein neutraler Coach. Es kennt kein Bewertungssystem. Äußerlichkeiten zählen für das Pferd nicht und es hat auch kein Mitleid. Beim Pferd zählt immer das „Hier und Jetzt".

Viele NLP-Techniken nutzen die „Timeline". Reell können wir nie in einer anderen Zeit sein als in der Gegenwart. Wir Menschen sind jedoch in der Lage gedankliche Zeitreisen zu unternehmen. So bewegen wir uns auf einer Zeitlinie gedanklich ständig mal von unseren Erfahrungen aus der Vergangenheit hin zu unserer Zielorientierung und zu unseren selbst geschaffenen Zukunftsvisionen. Diese Fähigkeit, dass wir uns auf unserer eigenen „Zeitlinie" bewegen können, wird im NLP genutzt, um sich motivierende Situationen und Ressourcen aus der Vergangenheit zugänglich und nutzbar zu machen. Positive Veränderungen in der Zukunft können wir auf der Timeline mit allen Sinnen imaginär kreieren und mental den künftigen Erfolg proben

Unsere Erfahrungen sind immer subjektiv und verändern unsere Wahrnehmung auch hinsichtlich des Erlebens der Zeit. Die Arbeit mit der Timeline eröffnet Möglichkeiten, uns einerseits positive Ressourcen aus der Vergangenheit zugänglich zu machen, um andererseits negative Erlebnisse in der Vergangenheit positiv anzureichern. Wir erhalten darüber hinaus weitere Optionen, uns Zukunftsvisionen, Veränderungsprozesse und Ziele schon in der Gegenwart lebbar zu machen. So wird die intensivierte Idee zum ersten Schritt in die richtige Richtung.

Auf der Timeline ist das Pferd immer in der Gegenwart

Für das Pferd gibt es in seiner Wahrnehmung weder Vergangenheit noch Zukunft. Auf der eigenen Timeline befindet sich das Pferd immer in der Gegenwart. Hier in der Gegenwart begegnet es dem Gegenüber immer und immer wieder neu und dies ohne Voreingenommenheit.

Ein Teilnehmer eines unserer Führungskräfte-Trainings erhielt die Aufgabe mit dem Pferd im Picadero zu arbeiten. Er sollte es ohne Strick und ohne Berühren im Kreis schicken. Das Pferd reagierte auf die Person nicht.

Beobachtet von den anderen Managern des großen Unternehmens verlor dieser Mann in dieser Stress-Situation die Beherrschung. Er schnappte das Pferd am Halfter und ohrfeigte es. Wir unterbrachen das Setting. Die Situation und die dadurch entstandenen Emotionen konnte der Kursteilnehmer durch das NLP-Format S.C.O.R.E. bearbeiten.

Selbst bei einem so schlecht empfundenen Erlebnis konnte der Manager einen Tag später wieder mit dem Pferd arbeiten. Seitens des Pferdes wäre dies sogar in kürzerer Zeit möglich gewesen, denn laut einer wissenschaftlicher Untersuchung bewertet das Pferd alle 3 Sekunden neu. Das heißt das Pferd ist nicht nachtragend. Es nimmt nur wahr, was hier und jetzt tatsächlich im Inneren des Menschen vorgeht. Es deckt „Aufgesetztes" und „Festgefahrenes" auf, und darin liegt die Chance der gewünschten Veränderung.

S.	C.	O.	R.	E.
Symptom	Cause	Outcome	Ressource	Effekte
Ist-Zustand	Ursache	Ziel		Visionen

Beim NLP-Format S.C.O.R.E. hat der Klient die Möglichkeit, auf einer erweiterten Timeline sich seines Ziels neu zu versichern und Ressourcen für den weiteren Weg für sich nutzbar zu machen. Er kann sich für die Gegenwart Motivation aus der Zukunfts-Vision holen und aus den Erinnerungen aus der Vergangenheit Informationen für seine nächsten Handlungsschritte erhalten.Er kann die Ursachen entdecken, warum sich möglicherweise bei ihm der Veränderungsprozess noch nicht eingestellt hat und kann diese Situation mit Ressourcen anreichern, um zu einer Veränderung seines Verhaltens zu kommen. Vom Ist-Zustand aus kann er sich dann leichter und Erfolg versprechender auf seine Ziele hin vorbereiten. Mit diesem Format hat der Klient so die Möglichkeit, die mit positiven Ressourcen aus der Vergangenheit angereicherten gegenwärtigen schwierigen Situationen zu meistern und Kraft zu schöpfen, seine Ziele und Visionen mit Ausdauer zu erreichen.

Wir erhielten den Auftrag, 13 Führungskräften eines PKW-Konzernes zu trainieren. Ein Teilnehmer hatte während des Prozesses festgestellt, dass er sich in seiner Arbeit nicht wirklich wohl fühlt. Er konnte sich jedoch nicht erklären, woran es lag. Nach zwei Tagen Training mit den Pferden wurde ihm deutlich, dass er von seiner Persönlichkeit und von seinem Inneren her, sich weniger als Führungsperson wohl fühlt, sondern sich mehr als „Teamer" identifiziert.

Diese Erkenntnis erleichterte ihn und er konnte bei seiner Firma erwirken, dass er eine Position in einem Team bekommen konnte. Für manchen könnte dies eine Degradierung bedeuten für ihn war dies die Erfüllung und er konnte so in die Firma seine Fähigkeiten viel besser einbringen und entfalten.

Wie wir schon in vielen Beispielen deutlich machen konnten, haben wir mit den Pferden die Möglichkeit in sich immer wiederholenden Feedback-Schleifen den tatsächlichen Veränderungsprozess zu überprüfen und - wenn nötig - durch NLP-Tools begleitet oder ergänzend zu konkretisieren.

– Was genau hat sich verändert?

– Will ich die Veränderung wirklich?

– Ökocheck

– Welche anderen Folgen könnten meine Veränderungen sonst noch mit sich bringen?

– Gibt es Einwände?

– Das heisst: Was könnte an dieser im Moment gewünschten Veränderung negativ sein?

Um dann den für die Person sinnvollen Change-Prozess sicher zu stellen.

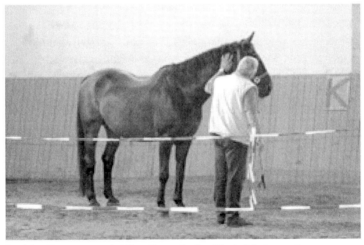

In vielen Teams „menschelt" es. Daran ist das Pferd nicht interessiert.

Der Klient begegnet dem menschlichen Coach möglicherweise kritisch, vielleicht gar mit Vorurteilen und Vermutungen hinsichtlich seiner Absichten. In der Begegnung zwischen zwei Menschen „Klient und Coach" schwingen immer Vorannahmen mit, es „menschelt". Tatsache ist, dass durch seine eigene Geschichte, seinen Prägungen und seinen Erfahrungen, jeder Mensch seine Wahrnehmungsfilter in jeden Prozess einfließen lässt.

Bei der Begegnung „Mensch und Pferd" ist dies zumindest von einer Seite aus ausgeschlossen, da das Pferd nicht rational denkt. Der Klient vertraut dem Pferd eher und vermutet keine aus dem zwischenmenschlichen bekannten Absichten oder Vorannahmen. Die Kommunikation zwischen Pferd und Klient erfolgt nonverbal im erlebten Sinne. Es ist eine exklusive körpersprachliche Kommunikation, wortlos.

Welche Aufgabe hat der Coach in dem Prozess Pferd - Klient?

Der Coach begleitet die nonverbalen Interaktionen und „übersetzt". Das heisst: Der Coach moderiert und kommentiert das Beobachtete. Der Coach fragt und gibt Inputs als Angebote an den Klienten,. Dadurch baut der Klient das Vertrauen zum Coach schneller und freier auf.

Der Klient nimmt den Coach als passives und indirektes drittes Element war. Ein schönes Beispiel dafür hatten wir mit einer Klientin, die wir hier Sabine nennen.

Sabine hat Angst vor Pferden, Angst vor der eigenen Courage und manchmal sogar Angst vor sich selbst, vor allen Dingen hatte sie Angst, etwas falsch zu machen. In der Arbeit mit dem Pferd will sie das Pferd am Strick nehmen, aber das Pferd weicht zurück. Bei Angst reagieren Pferde so, dass sie der Angst ausweichen.

Nach einem Ressourcen-Transfer[2] begleitet durch den Coach außerhalb des Terrains führt Sabine ihre Aufgabe erneut aus. Sie geht auf das Pferd zu, dieses Mal mit Erfolg. Das Pferd folgt ihr und sie kann es sogar durch Pylonen und durch die Stangengasse leiten.

Beim anschliessenden Feedback und Reflexion glaubt Sabine, dass sie nach dem Ressourcen-Transfer mit viel weniger Angst auf das Pferd zugegangen ist. Beim ersten Schritt, den das Pferd noch zögerlich tat, habe sie dann mehr Mut gefasst und sei dann sehr gerne mit dem Pferd durch die-

---

[2]   siehe Timeline-Arbeit

se Übung gegangen. An dieser Stelle ist es auch möglich mit Ressourcen-Ankern[3] zu arbeiten.

Sabine hat für sich gelernt, dass sie in der Lage ist, durch Einsatz ihrer eigenen positiven Ressourcen ihre Angst zu überwinden.

Da bringen mich keine zehn Pferde hin!

„Die logischen Ebenen" ist ein aus dem NLP erarbeitetes Format, das sich in der Kombination Coaching und Pferd wunderbar eignet, den Klienten zu motivieren, sich auf das Abenteuer Veränderung einzulassen.

„Die (neuro)logischen Ebenen" wurden von Robert Dilts auf der Basis der Lerntheorien von Gregory Bateson weiterentwickelt. (vgl. Dilts 2006)

Die Kernannahme dieses Modells besteht darin, dass Menschen ihre Erfahrungen auf unterschiedlichen neurologischen Ebenen erleben und repräsentieren. Mit jeder Stufe werden die Erfahrungen komplexer und intensiver. Die Ebenen sind hierarchisch angeordnet. Die erste Ebene, auf der Erfahrungen gesammelt werden, kennzeichnet die Umwelt, die höchste die Zugehörigkeit oder darüber hinaus die Vision. Die jeweils nächst höhere Ebene bildet gewissermaßen den Gestaltungsrahmen für die darunter liegenden Ebene aus der sie hervorgegangen ist. Gleichzeitig kann auf der darunter liegenden Ebene eine Repräsentation zu einem bestimmten Thema vorhanden sein, wenn es eine entsprechende in der darüber liegenden gibt.

Veränderungen oder Lösungen haben auf jeder Ebene ihre Auswirkungen. Zwischen den einzelnen Ebenen besteht eine Wechselwirkung. Je höher die Ebene liegt in der eine Veränderung erzielt werden soll umso effektiver und intensiver sind die Auswirkungen für die Ebenen darunter. Dieses Format ist ein sehr einfaches aber außerordentlich wirksames und nützliches Instrument zur Unterstützung und Begleitung bei Veränderungsprozessen.

Die Logischen Ebenen

Der Satz „da bringen mich keine zehn Pferde hin!" manifestiert auf der Ebene der Umwelt eine starre und eine beharrliche Haltung auf dem jetzigen Ort. Eine Form der Unbeweglichkeit. Mit der Aussage „Ich will nichts ver-

---

[3] Etablieren von bewussten inneren Erinnerungsauslösern positiver Ressourcen

ändern" rücken wir schon auf den logischen Ebenen in den Bereich „Verhalten": Ich werde nichts tun, ich werde nichts verändern!

Die logischen Ebenen nach Robert Dilts

Auf der nächsten logischen Ebene der „Fähigkeiten" begegnet das Pferd dem Klienten als Ressource mit seiner Gabe, die Fähigkeiten, die Werte und die Identität des Klienten zu spiegeln.

Hier bietet das Pferd den Beginn eines Change-Prozesses, einer erfahrbaren und effektiven Veränderungsarbeit.

Das heisst: Auf der Ebene der „Fähigkeiten" bin ich in der Lage, meinen Klienten einzuladen, mal etwas anderes auszuprobieren, sich einfach mal dem Pferd zu nähern, dabei diesen Willen, nichts zu verändern, zunächst zu respektieren, ja und den Klienten einzuladen, sich doch mit dem Pferd auf den Weg zu begeben.

Der Rest ergibt sich wie von selbst. Die Beiden kommen in Beziehung, sie kommunizieren intensiver. Auf der logischen Ebene der „Werte" erfährt der Klient sich selbst aus der Perspektive, und kann sich aus den Augen des Pferdes erkennen. Möglicherweise stellt der Klient angeregt durch das tierische Verhalten seine Werte in Frage und bewertet sie in der Feedback-Schleife neu.

Auf der logischen Ebene der „Identität" kann mit vielen NLP-Formaten gearbeitet werden:
Die drei Wahrnehmungspositionen Ich – Du – Meta
Re-Imprinting
Believes entmachten
Disney-Strategie
Timeline
Verhandlungs-Reframing
Aufstellungsarbeit und viele andere

Wie wäre es, wenn der Klient sich selbst spiegeln könnte?

… wenn er sich, seine Gedanken und Emotionen von außen betrachten und bewerten könnte, wenn er aus dieser Position alternative Verhaltensmuster, Gedanken und Strategien für sein „Selbstgegenüber" entwickeln könnte.

… und wie wäre es, wenn der Klient darüber hinaus sich zusätzlich für einen Augenblick in einen Berater verwandeln könnte, der die beiden aus einer weiteren dissoziierten Position berät und vermittelt.

Das vom NLP her bekannte Format der drei Wahrnehmungspositionen eingebunden im pferdegestützten Veränderungs- und Coaching-Prozess ermöglicht dem Klienten reichhaltige Varianten zur optimalen Selbst-Regulation.

Bei den drei Wahrnehmungspositionen wird das „ich" mit meiner Sicht der Dinge repräsentiert, das Pferd nimmt die „Du" Position ein, also mein Gegenüber. Während der Aufgabe projiziert der Klient in seiner Vorstellung sein eigenes Thema, sein mögliches Problem auf das Pferd. Das Pferd spiegelt die Summe der Erfahrungen. Viele Feedback-Schleifen erlauben, Veränderungen immer wieder neu zu überprüfen.

Warum wirken Coachingprozesse mit Pferd nachhaltiger als ohne?

Wie wir anfangs schon angeführt haben lautet eine NLP-Grundannahme:

Die Bedeutung dessen was wir kommunizieren ist nicht einfach gleichzusetzen mit dem was Sie erreichen wollen, sondern ablesbar an den Reaktionen die Sie erhalten. (vgl. O'Connor 2014, S.13f).

Wesentlicher als das Gesendete ist die Reaktion davon, also was und wie es empfangen wird.

Wir Menschen sind aufgrund von unserer Erziehung, unserer Prägung, unseren Werten und unseren Glaubenssätzen nicht in der Lage, eine gesendete Botschaft wertfrei zu spiegeln. So wird die gleiche von uns ausgesandte Botschaft bei zwei unterschiedlichen Adressaten auch zwei unterschiedliche Reaktionen und Bewertungen hervorrufen. Dies ist beim Pferd nicht der Fall. Denn die Antwort eines Pferdes ist immer wertfrei. In der Pferdepsyche gibt es ranghoch und rangnieder, authentisch oder nicht authentisch, aber es gibt keine Bewertung eines Kommunikationssignals aufgrund von Prägungen oder Glaubenssätzen. Dies ist der entscheidende Vorteil und die große Chance mit dem Co-Trainer Pferd.

Wertfrei ist wertvoll

Solange wir Menschen nicht das Gefühl haben für unser Handeln und Denken bewertet, korrigiert oder manipuliert zu werden, sondern das Gefühl der Akzeptanz, Wertschätzung und Offenheit bekommen – unabhängig von unserem Verhalten, sind wir offen für Veränderung und Neues. Diesen Boden bereitet das Pferd und ermöglicht somit nachhaltiges Lernen.

Denn nachhaltiges Lernen findet nur durch eine positive emotionale Erfahrung statt. Pferde handeln aufgrund ihrer inneren Entscheidungsfähigkeit. Ihnen ist es egal mit wie vielen Argumenten wir Ihnen begründen, warum etwas jetzt gerade nicht geht oder warum sie etwas jetzt unbedingt tun sollen. Wenn wir emotional nicht wirklich hinter dem stehen was wir in der Kommunikation mit ihnen tun, und dies authentisch mit unserem gegenwärtigen Verhalten ist, werden Pferde uns dies nicht glauben und diese Diskrepanz spiegeln. Wie bereits angeführt, Pferde denken nicht in Zusammenhängen. Sie reagieren auf unsere authentischen, ehrlichen Aktionen und Reaktionen im Hier und Jetzt und spiegeln unser „Ich" der Gegenwart. Dadurch, dass sie uns nicht bewerten ist diese emotionale Sichtbarmachung unseres Verhaltens immer eine positiv-emotionale Lernerfahrung. Dadurch ist der Boden bereitet um sich auf Veränderung und Neues zu freuen.

Genau hierin liegt der Mehrwert des pferdegestützten Trainings gegenüber konventionellen Seminareinheiten. Pferde sind die perfekten NLP-Trainer – es ist ihre Natur. Ihr authentisches Agieren und Reagieren hat sie seit über 60 Millionen Jahren auf dieser Welt überleben lassen.

Wir Menschen können noch so gute Trainer und Coaches sein, doch auch wir vermitteln unserem Klient und Gegenüber in einer Seminarsituation immer das Gefühl der Belehrung. „Ich lehre dich!" Das Pferd tut das nicht, es sagt: „Ich begegne dir!"

Wir menschliche Coaches holen unsere Seminarteilnehmer immer ein Stück in die Ratio, um Ihnen Tools und Handlungsmöglichkeiten an die Hand zu geben, die ihnen in beruflichen und privaten Situationen helfen. Pferde sind uns da als Coaches um Meilen voraus. Denn sie zeigen nicht nur auf, dass wir mehrere Möglichkeiten haben und geben uns die Chance diese auszuprobieren (wie wir in den vorangegangenen Praxisbeispielen dargestellt haben). Sie geben dem ganzen noch das entscheidende I-Tüpfelchen: Pferde geben uns sofort Feedback ob unser verändertes Verhalten authentisch, für uns durchführbar und sinnvoll ist. Das Pferd ist somit unser naturgegebener Öko-Check in Sachen Verhaltensveränderung.

Dies ermöglicht Seminarteilnehmern von pferdegestützten Coachings nach dem Seminar nicht nur rationell zu wissen, wie sie es besser machen können. Es ist viel mehr!

Sie gehen ohne den üblichen schweren Rucksack von Hand-Outs nach Hause, dafür mit einem riesigen Rucksack an positiv-emotionaler Lernerfahrung, wie sie ihren beruflichen und privaten Alltag für sich und ihre Mitarbeiter positiv und authentisch gestalten können.

Somit erfüllen pferdegestützte Trainings und Coachings wie von selbst einen der höchsten und wichtigsten Ansprüche der heutigen Seminarwelt: Individualität und maßgeschneiderte Konzepte für jeden Einzelnen. Was in

der konventionellen Seminarwelt so schwer ist, ist für die Pferde naturge-
geben. Sie reagieren auf jeden Einzelnen und bieten jedem Menschen seine
ganz persönliche Chance für Veränderung.

Unsere Aufgabe als menschliche Begleiter ist es, diese Erfahrungen gut
und fachlich zu untermauern, so dass jeder Teilnehmer seinen persönlichen
Mehrwert gut in den Alltag transportieren kann.

Literatur

Deutscher Verband NLP (Hg.) 2015: Denkweisen – Der offizielle NLP-Guide.
6. Aufl. Berlin (1. Aufl. 2001)

O'Connor, Joseph 2014: NLP – das Workbook. 5. Aufl., Kirchzarten bei Freiburg

Pferdegestütze Konzepte
Wirksamkeit in Führungs- und
Arbeitsbeziehungen

Return on Emotions (ROE)

Pferdebasiertes Systemisches Coaching mit Fokus auf Vermittlung von „Emotional Competence" führt zu einer nachhaltigen Steigerung des Unternehmenserfolgs.

Wolfgang J. Fischer & Anja Blankenburg

Der Begriff Nachhaltigkeit ist im Kontext von Verantwortungsbewusstsein und Handeln nach Außen und Innen für Unternehmen in unserer heutigen Gesellschaft nicht mehr wegzudenken. Eine große Rolle spielen dabei Unternehmenskultur und die Vermittlung von Werten an Mitarbeiter und besonders Führungskräfte. Die Investition in ein modernes und auf Nachhaltigkeit ausgerichtetes Personalmanagement trägt diesen Faktoren Rechnung und ermöglicht den Einsatz gezielter und effektiver Maßnahmen. Dazu gehört neben der Etablierung von Gesundheitsstandards and „Work-Life-Balance" Programmen vor allem eine auf Motivation und Förderung von Leistungspotentialen gezielt ausgerichtete Personalführung, die hinsichtlich Individual- und Teamführung bei Führungskräften einen Schwerpunkt auf die Vermittlung von sozialen Kompetenzen setzt. Von entscheidender Bedeutung ist dabei die wissenschaftlich anerkannte Erkenntnis, dass intelligentes, zielgerichtetes soziales Handeln nur über die bewusste Einbeziehung von emotionaler Kompetenz gelingen kann.[1] Unstrittig ist auch, dass Emotionen in erster Linie über non-verbale Kommunikation vermittelt werden.

In den pferdebasierten Fortbildungsangeboten von HORSE PERCEPTION liegt das Augenmerk auf der Vermittlung von Selbstwahrnehmungskompetenzen und (nicht-sprachlichen) Kommunikationsfähigkeiten. In der

---

[1] Vgl. *Salovey, Peter und Mayer, John D.* (1990): „Emotional Intelligence", S. 189

Interaktion zwischen Mensch und Pferd werden dabei besonders die Basisqualitäten der emotionalen Intelligenz aktiviert und den TeilnehmerInnen ein Zugang zu ihrer individuellen Persönlichkeit vermittelt. So können zusätzliche Entwicklungspotentiale für die zwischenmenschliche Kommunikation und damit Führungskompetenzen freigesetzt werden. Auf Basis einer prozessorientierten Arbeitsweise setzen wir bei den Teilnehmern Interventionsakzente, welche sich aus Erkenntnissen der Bereiche „Emotional Competence" (emotional literacy), „Kommunikationspsychologie", „systemisches Coaching", „Heiltherapeutisches Reiten" sowie nicht zuletzt dem „Natural Horsemanship" speisen.

Der nachfolgende Beitrag verdeutlicht die differenzierten Wirkungszusammenhänge von körperwahrnehmungsbetonten Kommunikationsprozessen vor dem Hintergrund erlernbarer, emotionaler Kompetenz. Anhand eines exemplarischen Fallbeispiels werden die theoretischen Erkenntnisse in einen praxisbezogenen Kontext gesetzt und so Lösungsstrategien zur bewussten Verhaltenssteuerung für das Personalmanagement im Zeichen der Nachhaltigkeit aufgezeigt.

Mehr Führung durch Emotionen: Handlungskompetenzen erweitern und Leistungsfähigkeit steigern durch Aktivierung emotionaler Potentiale

Ein Kommunikationsworkshop[2] bei HORSE PERCEPTION wird als Einzel- oder Gruppenaktivität realisiert. Zu uns kommen (Nachwuchs-)Führungskräfte, Unternehmer, Künstler, Sportler oder allgemein Menschen, welche mehr über ihre Selbst- und Außenwirkung erfahren möchten. Zielsetzung ist, den TeilnehmerInnen Wege aufzuzeigen, sich selbst und andere besser einschätzen zu lernen, eine verbesserte (Selbst-)Wahrnehmung zu erlangen, Empathie wirksam einzusetzen, um so neue Handlungskompetenz in der zwischenmenschlichen Kommunikation zu erwerben. Beson-

---

[2] Der Kommunikationsworkshop beschreibt ein Fortbildungsformat, welches auf mindestens zwei Tage ausgelegt ist und den TeilnehmerInnen die Möglichkeit des Wissenserwerbs bietet und über die Arbeit mit Pferden Handlungskompetenzen zu identifizieren und weiter zu entwickeln. HORSE PERCEPTION bietet zudem pferdebasierte Incentives, Trainings und Coachings an. Zur Definition pferdebasierter Trainingsformate vergleiche *Lindau-Bank, Detlev* (2013): Entwicklung von Qualitätsstandards und Professionalisierung in der pferdegestützten Personentwicklung. In: Mensch und Pferd, Ausgabe 2 2013, S. 83

ders in hierarchischen Kommunikationssituationen oder in interkulturellem Umfeld ist ein wirksamer Zugriff auf die eigenen Emotionen unverzichtbar. Wichtige Erkenntnisse zu ihrer Persönlichkeit erleben die Teilnehmer in der Spiegelung ihrer Körperlichkeit und den Intentionen in der Begegnung mit den Pferden.

Das nachfolgend beschriebene Fallbeispiel stellt eine Betrachtung einer Teilnehmerin während eines pferdebasierten Gruppenseminars in Sachsen-Anhalt dar. Dieser eintägige Workshop zum Thema Führung fand in einer Reitanlage mit Fokus auf therapeutisches Voltigieren mit der Besonderheit statt, dass alle pferdebasierten Aktivitäten dort vollständig draußen in der Natur, innerhalb eines Lindenwaldgebietes mit angrenzendem See durchgeführt wurden. Wir möchten im nachfolgenden argumentativen Verlauf die Gruppenteilnehmerin Sandra H. näher betrachten und anhand ihres Beispiels einen Erfahrungs- und Entwicklungsverlauf nachzeichnen. Neben ihr nahmen noch drei weitere Frauen teil.

Fallbeispiel „Mut zur Begegnung mit sich selbst"

Aus dem ausführlichen Vorgespräch erfuhren wir, dass Sandra H. (30 Jahre) über Studienabschlüsse in Mechatronik und Wirtschaftsingenieurwesen verfügt. Aktuell arbeitet sie in einer Unternehmensberatung parallel zu ihrem MBA Studium. Frau H. wuchs als jüngstes von drei Kindern bei ihren Eltern auf. In ihrer noch jungen beruflichen Karriere konnte sie bereits in mehreren Großprojekten Führungserfahrung sammeln und auch auf die Leitung eines 70 Personen starken Teams zurückblicken.

Diese Führungsaufgabe erlebte sie in einem kooperativen Umfeld ohne hierarchische Strukturen (Frau H.: „Führung ging wie von selbst"), da eine hohe Identifikation zum Unternehmen aus der Veranstaltungsbranche bei allen Mitarbeitern vorhanden war. Führung erlebte sie als angstfrei („mit offenem Herzen"), sie fühlte sich „akzeptiert" und die gegenseitige Verbundenheit zwischen ihr und den Teammitgliedern war projektimmanent. „Aber Führung kann aufgrund ständiger Erwartungshaltung auch anstrengend sein." In anderen Projekten mit hierarchischem Umfeld empfand sie das „Aufzwängen" von Führung auf andere Kollegen als „aggressiv" und wollte sich dieser Aufgabe nur ungern stellen.

Aus ihren Kommentaren zu Führungsverständnis und Werten während des Vorgesprächs und der Gruppendiskussion zu Beginn des Workshoptages war zu entnehmen, dass sie ein gespaltenes Verhältnis zu Führung anderer Menschen allgemein und zu ihrer Rolle als Führungsperson im Besonderen hat. Darüber hinaus brachte sie eine klar sichtbare Angst vor Pferden mit - sie war als Kind zweimal abgeworfen worden und seitdem im Umgang mit Pferden traumatisiert. Angst zeige sich bei ihr auch im Umgang mit Menschen z.B. bei vermeintlich unkontrollierbaren zwischenmenschlichen Situationen und wirke sich für Frau H. oft „hemmend" aus, sie „ziehe sich in solchen Momenten in eigene Schutzzonen zurück". Führungsverhalten zu zeigen wird für Frau H. so nahezu unmöglich. Ihr persönlich formuliertes Ziel für das Führungskräfteseminar war, ein eigenes Führungsverständnis zu entwickeln und sich bewusst zu werden, ob und wie sie in Zukunft Führungsaufgaben in ihrer beruflichen Tätigkeit ausüben kann und möchte.

Für das pferdebasierte Führungskräfteseminar wurden von HORSE PERCEPTION und der Stallbesitzerin vier Pferde gemeinsam ausgewählt. Die Pferde leben in einem Offenstall und verbringen von Frühjahr bis Herbst täglich fünf bis acht Stunden auf einer Graswiese und haben danach Zugang zu einer Winterkoppel. Die drei Warmblüter und ein Kaltblüter „arbeiten" drei bis vier Mal pro Woche jeweils ein bis drei Stunden als Therapiepferde und sind somit an den Menschen und die therapeutische Arbeit gewöhnt. Die Übungen wurden auf einem Außenplatz, auf der Weide sowie am Putzplatz durchgeführt.

In der ersten Beobachtungsübung wählte Frau H. im Vergleich zu den anderen TeilnehmerInnen einen größeren Abstand zum Zaun des Außenplatzes, wo sich die Pferdeherde zum Teil ruhig oder auch im Galopp bewegten. Zu ihrer Überraschung weckte die bewusste Beobachtung der Pferde bei ihr keine Angst sondern Neugierde, da sie erste Einblicke in die Sozialstruktur von Pferden erhielt und deren komplexes Wesen und individuelle Persönlichkeitsstruktur wahrnehmen konnte. Dazu kommentierte Frau H.:

„Ich verstand, dass ich einen für mich unbekannten Raum mit mehreren Individuen zunächst mit Abstand auf mich wirken lassen kann, um Dynamik und Hierarchiestruktur einer Gruppe und Charaktere einzelner Gruppenmitglieder erst einmal einordnen zu können."

Die anschließende Putzübung ließ den Adrenalinspiegel von Frau H. schnell ansteigen, da sie aufgrund ihrer traumatischen Erfahrungen seit mehr als zehn Jahren keine Pferde mehr berührt hatte. Nach erneuter Aufklärung zu Sicherheitsmaßnahmen im Umgang mit Pferden sowie allgemeinen Putzanleitungen überließen wir Frau H., Zeitpunkt und Vorgehen bei der Kontaktaufnahme zum Pferd selbst zu bestimmen. Während die anderen TeilnehmerInnen ihre Pferde bereits putzten und mit ihnen auch verbal kommunizierten, betrachtete Frau H. den hellbraunen Warmblutwallach *Piko* (8 Jahre, Stockmaß 1,62m, Reittherapiepferd) zunächst abwartend von allen Seiten. *Piko* stand ruhig auf dem Putzplatz und atmete entspannt, die Herbstsonne strahlte auf seinen Pferderücken. Aufgabe war es, die Körperlichkeit und das Wesen des Pferdes zu erspüren, Reaktionen zu erfühlen und sich auf den neuen Kommunikationspartner einzustellen, um so eine Beziehung zu ihm aufzubauen. Es stellte sich bei Frau H. eine erste, sichtbare körperliche Entspannung ein. Das Erleben der Ruhe und des intensiven körperlichen Wahrnehmens des Pferdefelles sowie der langsamen und tiefen Atembewegungen gepaart mit der frischen Luft und den Naturgeräuschen der Umgebung war für Frau H. ein sehr wichtiger emotionaler Moment:

„Ich hatte viel Respekt vor diesem großen Tier und wusste nicht, wie er auf mich und meine offenkundige Angespanntheit reagieren würde. Ich erwartete eigentlich, dass Piko mich durch eine körperliche Reaktion abweist. Pikos Ruhe und Gelassenheit haben mir ein Stück weit Vertrauen geschenkt, es doch zu versuchen und meine innere Hemmung zu überwinden. Nach dieser Übung brauchte ich eine Pause, um das Erlebte zu reflektieren. Dieser interne Abgleich zwischen eigenen Gefühlen und diesen herausfordernden Außenreizen war sehr intensiv für mich. Körperlich wirkten jedoch diese strahlende Wärme und die entspannten Atembewegungen des Pferdes bei mir nach und durchströmten mich. Das war ein für den weiteren Verlauf des Seminars enorm wichtiges Gefühlserlebnis."

Die Kontaktaufnahme ist ein sinnliches Erlebnis

Die erste Kontaktaufnahme ist für den weiteren Workshopprozess ein elementares, ganzheitlich alle Sinne ansprechendes Erlebnis, das der Teilnehmerin Frau H. ein „Sich-Einlassen" auf bewusste körperliche Wahrnehmung ermöglichen soll. Über den körperlichen Kontakt zum Pferd gelingt es dem Menschen, den eigenen Körper in Abgrenzung zum Körper des Pferdes wahrzunehmen.[3]

Die nächste Aufgabe für Frau H. bestand darin, *Piko* mit Halfter und Strick innerhalb eines durch Bäume und Sträucher visuell eingegrenzten Weideabschnitts (ca. 25x35m) zu führen. Dabei sollte sie Richtung und Tempo selbst bestimmen und situativ frei entscheiden, wie sie das Pferd „steuert". Aus Sicherheitsgründen begleiteten wir Frau H. in dieser Übung, um ihr einen sicheren Raum beim Führen des Pferdes zu geben. Denn Putzen am Putzplatz ist eine in Ruhe stattfinde Übung. Das Pferd nun direkt in Aktion zu bringen, ist ein auf Motorik und Koordination sowie Interaktion ausgerichteter Prozess, welcher bei Frau H. erneut eine hohe innere Anspannung hervorrief.

---

[3] Nach Groth, Barbara (2005): Was bewirkt das Pferd in der psychotherapeutischen Arbeit, in: Psychotherapie mit dem Pferd, S. 61

Schlüsselmoment dieser Übung war für Frau H. die dritte Runde, in der wir unsere aktive Unterstützung einstellen und sie die Übung ohne unsere Begleitung ausführen ließen. Sichtbar richtete sie ihren Körper nun auf, zeigte eine ganz neue Präsenz und fokussierte ihren Blick auf den in der Weidefläche abgesteckten Parcours. Mit bewussten Schritten ging sie nun sehr konzentriert die selbst bestimmte Route entlang. Dazu Frau H.:

„An dieser Stelle hat sich bei mir ein Schalter umgelegt. Ich fühlte mich wie ein Kind, dass neu Laufen lernt und es nun unbedingt alleine versuchen wollte. Ich musste mich dabei sehr konzentrieren, da ich noch immer nicht einschätzen konnte, was Piko mit mir anstellen würde, wenn ich plötzlich stocke oder ein Vogel vorbeifliegt etc. Die anfängliche Begleitung durch den Coach und die ruhig auf mich wirkende Stimme trug ich gedanklich mit mir mit, wie ein Seil, das mir Halt bot. Das war in diesem Moment ein bereicherndes Gefühl, wo ich - trotz Beobachtung durch die anderen für mich bis dahin fremden GruppenteilnehmerInnen – einfach Hilfe annehmen und für mich nutzbar machen konnte."

Frau H. gelang es, ihre Angst vor Pferden sowie vor Kontrollverlust abzulegen und sich so eine Erweiterung ihrer Handlungskompetenz zu erarbeiten. Sie war in der Lage, „Selbstführung" zu übernehmen, Hilfestellung zuzulassen und zugleich ein anderes Wesen (das Pferd) in ihren Lernweg mit einzubeziehen. *Piko* hatte den Führungswillen von Frau H. im Laufe der Runde erkannt und war ihrer immer klarer werdenden, fokussierten Richtungsvorgaben entspannt und willig gefolgt. Er passte sich dem Gehrhythmus von Frau H. im Verlauf der Übung an. Diese Beobachtung konnten wir Frau H. im Videofeedback noch einmal aufzeigen und den Lernschritt mit ihr erneut gemeinsam reflektieren.

Im weiteren Seminarverlauf nahmen wir nach Abstimmung mit den TeilnehmerInnen noch einen Pferdewechsel vor. In allen Übungen zeigte sich Frau H. nun deutlich verbessert in ihrer körperlichen Wahrnehmung und Zielorientierung, da sie auf Basis der ersten Erfolgserlebnisse nun mehr Selbstvertrauen zeigte. Der Höhepunkt war für Frau H. schließlich das Führen des Leithengstes *Oskar* ohne Strick, allein durch ihre körperliche Präsenz. Sie löste diese Einzelübung mit einem ausgesprochen hohen Maß an Konzentration und Zuversicht - dies war ein großes Erfolgserlebnis für sie. Am Ende des Workshoptages realisierten die TeilnehmerInnen noch eine Teamübung, in welcher es galt, das Pferd gemeinsam ohne Strick durch einen Parcours zu führen. Frau H. konnte die Führungsübung innerhalb einer Gruppe bewusst mit ihrer neu hinzugewonnenen Handlungskompetenz beeinflussen und zum Teamerfolg beitragen.

Zwei Wochen später, nach dem die TeilnehmerInnen bereits etwas Abstand vom Seminar gewinnen konnten, baten wir sie, in wenigen Worten ihr persönliches Fazit zu formulieren. Frau H. gab dazu an:

„Wie sicherlich viele WorkshopteilnehmerInnen habe ich mich vor dem Seminar gefragt, was das Führen von Pferden mit dem Führen von Menschen zu tun hat. Wie kann non-verbale Führung funktionieren? Wo uns doch die Wichtigkeit von gesprochener Kommunikation in sämtlichen Führungsratgebern entgegenschlägt. Meine Antwort nach dem pferdebasierten Seminar ist: Mit innerer Präsenz, mit einem Gefühl der starken Verbundenheit sich selbst und anderen Lebewesen gegenüber."

Die Erlebnisse mit den Pferden waren für Frau H. eine starke, tiefgehende Erfahrung, welche bei ihr einen emotionalen Kompetenzerwerb darstellten:

„Ich habe mich noch nie so positiv wahrgenommen gefühlt, wenn ich geführt habe. Wenn man Führung als natürlich wahrnimmt, verinnerlicht man die ihr zugrunde liegenden Prinzipien leichter. Emotionales Lernen als neue Erfahrung, ohne Angst vor Zurückweisung eine dominante Rolle einzunehmen, hat für mich funktioniert. Ich empfinde es nun nicht mehr als aggressives Verhalten, wenn ich andere führe! So habe ich mir beispielsweise als Seminarleiterin vor der Präsentation das emotionale Bild vergegenwärtigt, das ich mit dem Pferd im Wald hatte, und habe dieses mit in den Raum genommen. Ich habe mich an das Verbundenheitsgefühl erinnert und hatte gleichzeitig meine konkreten Ziele für den Workshop vor Augen. Das Verblüffende war: Ich brauchte mich gar nicht besonders anzustrengen, die Gruppe zu leiten, meinen Fokus und die Verbindung zu den anderen aufrecht zu erhalten. So konnte ich mich intensiv auf die Arbeit mit der Gruppe einlassen und mich auf die Inhalte und die Personen gleichermaßen konzentrieren. Trotz des Wissens, in der Führungsrolle zu sein, waren echte Nähe und authentische Begegnungen möglich. Ich musste meine Rolle nicht durch Abgrenzung und Distanz verteidigen, wodurch der gesamte Workshop auch für mich persönlich eine große Bereicherung dargestellt hat. Führung muss nicht gleich Einsamkeit und Isolation bedeuten, weil man Angst hat, den Respekt oder die Anerkennung zu verlieren. Viel mehr sind Führungsmomente für mich nun positive Herausforderungen, bei denen man Mut zur Sensibilität und Offenheit beweisen darf. Hierdurch kann eine große Nähe und Intensität entstehen, die Führungsaufgaben zu wertvollen Chancen für das eigene Selbst machen. Das tolle Feedback der Seminarteilnehmer bestätigte mein gutes Gefühl. Die innere Einstellung und den Willen „groß" zu sein, hatte ich vor dem Kommunikationsworkshop mit Pferden nicht. Heute lebe ich ganz anders als vor dem Workshop. Ich habe mittlerweile viel mehr Kongruenz mit meinen Werten und neuen Mut, stark sein zu können und zu dürfen, gefunden."

Frau H. beschrieb ihre Workshoperfahrung treffend mit *„Mut zur Begegnung mit sich selbst.*" Sie hatte gelernt, sich ihrer Ängste bewusst zu werden und ihre Persönlichkeit in der moderierten Begegnung mit Pferden zu erproben. Der Erwerb und erfolgreiche Einsatz non-verbaler Kommunikationskompetenzen vergrößerte ihr Selbstvertrauen und bewirkte eine Steigerung ihres Selbstwertgefühls und damit eine Ich-Stärkung.

Der pferdebasierte Weg zur Aktivierung von emotionaler Kompetenz – ein systematischer Ansatz

In unserem Fallbeispiel beschrieb Frau H. ihren persönlichen Entwicklungsprozess, ihre (wiedergefundene) Übereinstimmung mit eigenen Werten aber auch die Nachhaltigkeit ihrer emotionalen Erfahrung aus dem pferdebasierten Workshop. Wir führen ein halbes Jahr nach unseren Coachings ein Feedbackgespräch, in welchem wir mit den TeilnehmerInnen über die Erfahrungen des Workshoperlebnisses und den anschließenden Transfer reflektieren. Dazu bemerkte Frau H.:

„Die Erfahrungen, die ich im Rahmen des HORSE PERCEPTION Workshops gemacht habe, unterstützen mich heute in vielen anderen Momenten des Lebens und des Berufsalltags – immer dann, wenn ich innerhalb einer Gruppe ein Ziel verfolge und Menschen davon überzeugen möchte, den Weg dorthin gemeinsam mit mir zu gehen. Das Gefühl, das ich hatte, als mir „Oskar" (eines der Therapiepferde) gefolgt ist und mein Begleiter war, ohne dass ich ihn an einer Leine hinter mir hergezogen habe, ist so stark und einprägsam gewesen, dass ich es heute in vielen Situationen wieder abrufen kann. Ich fühle dann eine tiefe Verbundenheit gegenüber mir selbst und den anderen Gruppen-mitgliedern."

Im weiteren Verlauf werden wir die Wirkungszusammenhänge unserer pferdebasierten Interventionsmaßnahmen näher betrachten, und die immanenten Kommunikationsprozesse bzw. seelischen Vorgänge auf persönlicher Ebene im Kontext eines auf Nachhaltigkeit ausgerichteten Personalmanagements aufzeigen. Dazu ist zunächst der Begriff Nachhaltigkeit zu erläutern.

Um im globalisierten Wettbewerb erfolgreich zu sein, müssen sich Unternehmen gezielt zentralen und immer komplexer werdenden Herausforderungen wie Klimawandel, wirtschaftlichen Krisen und demographischen Entwicklungen stellen, entsprechende Ziele definieren und geeignete Maßnahmen konsequent durchführen. Diese nachhaltige Ausrichtung des Unternehmens ist - insbesondere beim Eintritt in neue Märkte - ein wirtschaftsstrategisch wichtiger Prozess mit hohem Differenzierungspotential. Denn Investoren beziehen vermehrt die erfolgreiche Implementierung von Umwelt- und Sozialstandards im Unternehmen in ihre Anlageentscheidungen ein. Auch wird die Kaufentscheidung von Kunden nicht zuletzt vor dem Hintergrund einer positiven Assoziation mit dem Produkt bzw. der Dienstleistung sowie dem Unternehmen getroffen (Sustainable Brand Value). Zudem wählen Fachkräfte bewusst Arbeitgeber mit attraktiven Angeboten zu Aus- und Weiterbildung, Gesundheitsförderung und Vereinbarkeit von Beruf- und Privatleben aus.

Nachhaltige Ausrichtung beginnt zunächst im Unternehmen selbst, also bei der Unternehmensführung sowie den Mitarbeitern. Während Vertreter des Top-Managements in der Regel als Initiatoren von Unternehmenspolitik und Werten fungieren, werden die konkreten Maßnahmen unmittelbar durch ihre Mitarbeiter umgesetzt. Aktuelle Studien zeigen, je nachhaltiger sich ein Unternehmen für Umwelt und Gesellschaft sowie sein Personal einsetzt, umso zufriedener und „gebundener" sind auch die Mitarbeiter und umso größer ist deren Bereitschaft, sich für das Unternehmen einzusetzen.[4] Führungskräfte haben dabei als Treiber für die Erreichung der vom jeweiligen Unternehmen definierten Nachhaltigkeitsziele eine Schlüsselverantwortung und Vorbildfunktion.

Eine Grundvoraussetzung für erfolgreiche und anerkannte Führungspersönlichkeiten ist neben der fachlichen Exzellenz in diesem Kontext die Förderung sozialer Intelligenz und emotionaler Kompetenz[5], beides Schlüsselkompetenzen in der Kommunikation, sowohl nach Außen als auch nach Innen.

Emotionale Kompetenz bedeutet zunächst die Fähigkeit zur Selbstwahrnehmung und Selbstführung. Durch eine bessere Selbstkontrolle entsteht Raum für Einfühlungsvermögen (social awareness, Empathie) und darauf aufbauend die Handlungskompetenz zu aktivem Beziehungsmanagement und Mitarbeiterführung. Pferdebasierte Führungskräfteseminare

---

[4] http://nachhaltig-leben-und-arbeiten.de
[5] THORNDIKE, E. L. (1903): Educational Psychology. Ausgabe 2007, Kessinger Pub Co., Whitefish, Montana, USA

können hier für die Personalentwicklung einen großen Beitrag leisten, da sie durch die Ausrichtung auf non-verbale Kommunikationstechniken Sensibilität schaffen - für die eigene Körperwahrnehmung und die körperliche Wirkung auf Andere - und so Potentiale von Führungskräften freilegen, zu denen vorher oft kein Zugang bestand.

Wie aber kann ein „Return on Emotions" – also ein Mehrwert im Sinne einer nachhaltigen Unternehmsausrichtung durch bewussten Einsatz von Emotionen in der Führungstätigkeit erzielt werden? Oder anders gefragt, wie erklärt sich der große Einfluss von Emotionen auf unsere kommunikativen Handlungen?

In der emotionspsychologischen und -biologischen Literatur wird immer häufiger davon ausgegangen, dass emotionale Komponenten viel tiefer gehende Wirkungen auf Denken und Verhalten ausüben"[6] als ursprünglich angenommen. Nach *Overmann (2004)* verdeutlichen Forschungen zur Plastizität des Gehirns, dass die verschiedenen Gehirnbereiche nicht nur durch die Verknüpfung mit dem limbischen System und präfrontalen Rindenabschnitten interagieren, sondern Geist und Gefühl auch mit dem peripheren Nervensystem verbunden sind. Unser Bewusstsein ist demnach das Ergebnis eines komplexen strukturellen und funktionellen biochemischen und neuronalen Zusammenspiels, das nicht unabhängig von der Arbeitsweise des Körpers verstanden werden kann. Gehirn und perzipierte Empfindungen als Informationen über Körperzustände sind wesentliche Orientierungshilfen für uns in der Umwelt. Hätten wir keine Emotionalität, um Körperzustände als angenehm oder unangenehm zu empfinden, wären wir in der Natur nicht überlebensfähig. In diesem Sinne können Gefühle sogar als *kognitive Empfindungen* einer emotionalen Intelligenz gelten, deren Geist und Körper eine unauflösliche Einheit darstellen.[7]

Wenn Empfindungen sich in Körperlichkeit ausdrücken, kommunizieren wir unsere Emotionen dann nicht auch über Körpersprache? Kommunikationsforscher haben den Anteil non-verbaler und verbaler Anteile menschlicher Sprache untersucht und dabei folgende Erkenntnisse gewonnen: zu 55% findet Kommunikation nonverbal (nur über Körpersprache), zu 38% vokal (Lautsprache ohne Worte) und nur zu 7% verbal

---

[6] *Ciompi, Luc* (1997): Die emotionalen Grundlagen des Denkens. Entwurf einer fraktalen Affektlogik, S. 93
[7] *Overmann, Manfred*: Emotionales Lernen (weblink)

statt.[8] Die vom Menschen gesendeten non-verbalen Informationen werden über Mimik, Gestik, Körperhaltung und –bewegung, Tonfall, Berührungen, Gerüche, Augenkontakte bzw. durch interpersonelle Distanz und Impressions-Verhalten kommuniziert.[9] Neben der verbalen, inhaltlichen Mitteilung transportieren non-verbale Signale Emotionen, um der Willensäußerung eine bestimmte Färbung (z.b. Nachdruck) zu geben oder um Persönlichkeitseigenschaften (autoritär, schüchtern, etc.) zu übermitteln. Menschliches Kommunikationsverhalten wird so zu einem Zusammenspiel von Emotionen, Handlungen und Sprache.

Sprache konstituiert Bewusstsein und Identität, mit ihr regeln wir unsere Interaktionen nach Außen. Wir benutzen die Sprache in allen unseren Beziehungen, sie schafft Orientierung und Sicherheit. Darum tun wir uns schwer damit, scheinbar „erfolgreiche" sprachliche Strategien zu verlassen, aus Angst vor Orientierungslosigkeit und Unsicherheit. Dies führt dann zu Angst und Stress. Zustände von Angst und Stress haben wiederum nicht nur Auswirkungen auf unser Wohlbefinden, sondern auch direkt auf unser Kommunikationsverhalten. Unter Stress regelt unser vegetatives Nervensystem die Körperwahrnehmung herunter, uns entgleitet die Kontrolle über Körperlichkeit und damit auch der größte Teil unserer Wirkungsweise auf den Gesprächspartner. Denn über unseren körperlichen Ausdruck treten wir mit dem Hörenden in eine Beziehung, der uns neben der gesprochenen Botschaft im Vordergrund über unsere Körperlichkeit als Person wahrnimmt.[10]

Unsere Körperlichkeit ist der stärkste Ausdruck unserer Persönlichkeit und damit auch unserer Emotionen. Wenn wir uns selbst nicht mehr vollständig wahrnehmen können, wie können wir dann andere Personen richtig wahrnehmen und Einfluss ausüben auf Kommunikationssituationen und Beziehungen? Fehlendes Verständnis unserer eigenen aber auch fremder Emotionen und konsequenterweise fehlender Zugriff auf unsere Emotionen beeinträchtigen unsere Leistungsfähigkeit. Gekrümmte Körperhaltung, zusammengefallene Schultern, eine kurze Atmung, welche nicht über den Bauch aktiviert wird, fehlende Körperspannung, dies alles sind Symptome

---

[8] Nach *Koch-Engel, Monika* (2005): Zum Nicht-sprachlichen Verstehen zwischen Mensch und Pferd: Horsing, S. 149

[9] Vgl. hierzu die Ausführungen von *DePaulo, B.M.*, (1992): Nonverbal behavior and self presentation

[10] Watzlawick Paul, Beavin, Janet H., Jackson, Don D.: *Menschliche Kommunikation. Formen, Störungen, Paradoxien.* Bern, Stuttgart, Toronto 1969, S. 52 f.

einer fehlenden positiven Körperausstrahlung, wie sie eine gute Führungskraft benötigt.

Nach *Coleman* (1977) kommt unsere Rationalität durch Worte zum Ausdruck. Die Sprache der Emotionen ist hingegen nonverbal. Wenn die Worte eines Menschen jedoch nicht mit dem Klang seiner Stimme, seiner Körperhaltung oder anderen nonverbalen Äußerungen übereinstimmen, liegt die emotionale Wahrheit in dem, WIE er es sagt und nicht in dem WAS er sagt.[11] Eine Führungskraft kann damit nur authentisch sein, wenn Emotion und Handlung (verbale Sprache) übereinstimmen. Von großer Bedeutung wird demnach die emotionale Intelligenz, mit der wir unsere Handlungen aktiv steuern.

Emotionale Intelligenz, die Fähigkeit zum Zugang zu unserem Gefühlsvermögen, wird in fünf Bereiche aufgeschlüsselt:

1. Die Kenntnis über unsere Emotionen (Selbstwahrnehmung).
2. Die Handhabung unserer Emotionen als Umgang mit Höhen und Tiefen,
3. Emotionen in Handlung umsetzen, um diese zielgerichtet für Selbstmotivation und Kreativität einzusetzen,
4. Empathie oder die Kenntnis über die Gefühle anderer sowie
5. Die Kunst, mit den Gefühlen anderer in der zwischen-menschlichen Kommunikation umzugehen.[12]

Alle Stufen der emotionalen Intelligenz bauen dabei auf dem Verständnis auf, dass sie auf einer bewussten und einer unbewussten Ebene ablaufen. Emotionen, welche unterhalb unserer Bewusstseinsschwelle „gären", beeinträchtigen unsere Wahrnehmung und damit unsere Reaktionen.[13] Der Zugang zu unseren Emotionen, die Selbstwahrnehmungsfähigkeit wird so zum Schlüssel eines authentischen auf kontrolliertem Gebrauch eines von Emotionen geprägten Handelns.

Die Wirkung emotionsstarker Führungskräfte ist messbar, sowohl über die Kunden- als auch über die Mitarbeiterzufriedenheit. Denn diese Führungskräfte sind aufgrund ihrer emotionalen Kompetenz in der Lage, die Potentiale ihrer Mitarbeiter wie zum Beispiel „Kreativität" zu aktivieren und für die Unternehmensziele „nutzbar" zu machen, indem sie eine Beziehungskultur von „Achtsamkeit", „Verbundenheit" und

---

[11] *Coleman, Daniel* (1997): Emotionale Intelligenz, S. 129
[12] *Salovey, Peter und Mayer, John D.* (1990): „Emotional Intelligence", S. 65-66
[13] *Coleman, Daniel* (1997): Emotionale Intelligenz, S. 78-79

„Miteinander-Arbeiten" schaffen und (vor)leben[14] Dabei greifen diese auf den –neurobiologisch nachgewiesenen – Zusammenhang zwischen Aktivierung von emotional gesteuerten Kreativhirnzentren und Erhöhung der Lern- und Leistungsbereitschaft sowie der daraus resultierenden Mitarbeiterzufriedenheit zurück. Der „Return on Emotions" stellt sich somit ein.

Im Klang der Stimme liegt die Wahrheit

Pferde geben Impulse zum emotionalen Lernen und zum Gebrauch unserer Körpersprache

Die Grundlagen unserer Körpersprache lassen sich (wieder)erlernen. Bereits seit der griechischen Antike ist bekannt, dass eine Verknüpfung unterschiedlicher Sinne zu besseren Behaltensleistungen führt. In diesem Zusammenhang stellt nach Overmann *Ludger Schiffler* (2000) in seinem Aufsatz *Neuere physiologische Untersuchungen des Gehirns und des Fremdsprachenlernens* eine Verbindung zwischen den Mnemotechniken der Antike und aktuellen Erkenntnissen der neurobiologischen Forschung her, dass

---

[14] Interview mit Sebastian Purps, (Weblink)

sich polymodales Lernen durch die Verknüpfung mehrerer Sinne behaltensfördernd auswirkt.[15] So wie der blinde Masseur Dinge zu spüren in der Lage ist, wie sie kein „Sehender" spürt, so können wir unsere Wahrnehmung intensivieren und verschieben, wenn wir „sprachlos" werden.[16] Eine „innerspecies"[17] Begegnung mit dem Pferd, also eine sprachlose Kommunikation zwischen Mensch und Tier, die geprägt ist von größter Körperlichkeit und sinnlich taktilem Verhalten, bietet dem Menschen eine Überprüfung seines non-verbalen Kommunikationsvermögens.

Pferd erscheint allein schon durch seine Körpergröße und Kraft dem Menschen körperlich überlegen. Auch in der sinnlichen Wahrnehmung besitzen Pferde zahlreiche Eigenschaften, mit denen es Ihnen gelingt, ein Vielfaches schneller zu reagieren als der Mensch. Als Fluchttiere sind sie hochspezialisierte Wesen, denn sie müssen in der Lage sein, eine Gefahr sehr schnell zu erfassen, um entsprechend sofort durch Flucht oder Gegenwehr zu reagieren. Auf diese Weise haben Pferde bis heute über Millionen von Jahren der Evolution überlebt. Aufgrund ihres anders als beim Menschen konzipierten Sinnesapparat verfügen Pferde über eine hohe emotionale Intelligenz. Pferde besitzen die Fähigkeit, Intentionen wie Aggressionen eher als der Mensch zu erspüren, weil beim Pferd die Impulse der Sinnesorgane viel schneller zum Gehirn weitergeleitet und von da die Impulse in den Bewegungsapparat ebenfalls deutlich schneller weitergeleitet und in Handlung umgesetzt wird. So sind sie auch in der Lage, das Zentrum des menschlichen Wesens zu erfassen. Sie beziehen sich direkt auf seine ursprüngliche, ihm selbst unbewusst gewordene Lebensenergie, in der er sich nicht verstellen kann.[18]

Da Pferde unter anderem für den Ausdruck von einigen Emotionen (Angst, Erschrecken, Schmerz) über keine Laute verfügen, ist für die Kommunikation mit Ihnen die Kenntnis von Körpersignalen die Basis einer Interaktion für uns Menschen. „Horses communicate with a variety of rather discrete body postures that reveal contentment, interest, eagerness, acui-

---

[15] Nach *Overmann, Manfred*: Emotionales Lernen, (Weblink)

[16] *Koch-Engel, Monika* (2005): Zum Nicht-sprachlichen Verstehen zwischen Mensch und Pferd: Horsing, S. 147-149

[17] Als „Innerspecies" Begegnungen werden solche verstanden, wo unterschiedliche Lebewesen - in unserem Fall Mensch und Pferd, in Interaktion treten.

[18] *Mehlem, Monika* (2005): Angst und Pferd – Wege zur Bewältigung und Integration von Ängsten mit Hilfe der Pferde. In: Psychotherapie mit dem Pferd, S. 23

ty, fright, boredom, distress, anger, pain, infirmity, hunger, thirst, tiredness and submission."[19] Ein pferdebasierter Kommunikationsworkshop setzt bei diesen Erkenntnissen an.

Das pferdebasierte systemische Coaching zur Entwicklung emotionaler Kompetenzen

Ein auf Kommunikation ausgerichtetes systemisches Coaching mit Pferden ist nicht einfach aber auch nicht schwer. Wichtig ist die Offenheit, um sich dieser ungewohnten Kommunikationssituation außerhalb des Komfortbereichs zu stellen. Ein solches Coaching hat das Potential, den Teilnehmer zu überraschen aber auch aufzuwühlen, besonders auch in Form eines Gruppenseminars, weil weitere Personen eigene Handlungen beobachten und auch kommentieren.

Als Grundbedingung für das Gelingen von pferdebasierten Interventionsmaßnahmen gilt daher, den TeilnehmerInnen einen sicheren Raum zum Erleben der Persönlichkeit und der eigenen Emotionen zu gewährleisten. Basis dieses sicheren Raums ist der kooperative Vertrag, welcher die Übereinkunft zwischen TeilnehmerInnen und Coach darstellt, von manipulativer Beeinflussung und Abwertungen in jeglicher Form und in jeder Situation ohne Einschränkung abzusehen. Der Vertrag bildet die Grundlage für das Coachingklima und beschreibt neben Verhaltens- auch Teilnehmerregeln zwischen Coach und TeilnehmerInnen. Sowie im Falle eines Gruppenseminars zwischen den TeilnehmerInnen. Dies betrifft ausdrücklich auch das Geben und Nehmen von Rückmeldungen. Zudem verpflichten sich die TeilnehmerInnen, den beteiligten Pferden mit Respekt und ohne jegliche Form von Aggression zu begegnen. Der Coach gewährt den TeilnehmerInnen durch sein Wissen als Pferdeexperte die Sicherheit in der Arbeit mit dem Pferd. Darüber hinaus bietet er ihnen als Coach Schutz ihrer Persönlichkeit und Intimsphäre. Kernelemente dafür sind die Schaffung einer Atmosphäre von Respekt und Vertrauen, die Wertschätzung aller TeilnehmerInnen und Pferde sowie die Berücksichtigung der im kooperativem Vertrag formulierten Verhaltensregeln.

Die Grundlage für unsere pferdebasierten Weiterbildungsangebote ist die Ressourcen- und lösungsorientierte Begleitung von Gruppen und Einzelpersonen im Prozess, wobei der Fokus aller Interventionen eindeutig und

---

[19] *Rink, Bjarke* (2004): The Centaur Legacy, S. 232

immer auf der zielgerichteten Ergebnisorientierung liegt. In dem Prozess, die von den TeilnehmerInnen definierten Zielstellungen zu verfolgen und umzusetzen, versteht sich der Coach als neutraler Begleiter im beruflichen oder/und psychosozialen Kontext. Der Coach setzt seine Persönlichkeit und seine Methodenvielfalt dabei so ein, dass der Coachee die Möglichkeit erlangt, seine individuellen Lösungswege z.b. über Analyse, Selbstreflektion und Wahrnehmung, Bewusstsein und Verantwortung in der Interaktion zu finden, und somit zu einer verbesserten Selbststeuerung und zu neuen Handlungsoptionen zu gelangen. Im systemischen Coaching wird immer die Interaktion, d.h. die Kommunikation und das Verhalten im Zusammenhang betrachtet.

Allen prozess-orientierten pferdegestützten Ansätzen liegt zugrunde, dass sie sich auf die, trotz der langen Domestizierung immer noch hervorragend ausgeprägten Urinstinkte (Fluchttier) und das natürliche, klare Rangverhalten von Pferden in ihrem Herdenverband in der Begegnung und Kommunikation mit Menschen zu Nutze machen. Das Pferd arbeitet in der Mensch-Tier Interaktion „prozessorientiert", d.h., es kann flexibel in jeder Kommunikationssituation eingesetzt werden. Die Reaktionen des Pferdes „spiegeln" die Kommunikationsangebote des Menschen. So kann über Abwenden eines Pferdes eine Konfrontationssituation durchgespielt werden. Auch eine beschützende Reaktion des Pferdes bei physisch oder psychisch schwachen Menschen ist eine gängige Verhaltensmodifikation des Pferdes. Das Pferd agiert dabei immer eigenverantwortlich, da es sein Verhalten zunächst auf sein eigenes Wohlbefinden abstimmt.[20]

Aus der Arbeit des heiltherapeutischen Voltigierens können wir die Erkenntnisse ableiten, dass es für eine erfolgreiche Kommunikation mit dem Pferd notwendig ist, eine gemeinsame Basis für die Verständigung herzustellen. Wünsche und Bedürfnisse können gegenüber dem Pferd, schon allein aufgrund dessen körperlicher Überlegenheit, nicht über Kraft oder Aggressivität durchgesetzt werden, so dass die Interaktion über ein Miteinander gefragt ist. Die TeilnehmerInnen lernen so, soziale Situationen wahrzunehmen, sie zu bewerten und in konkrete Handlungen umzuwandeln.

---

[20] *Köhler, Nele S.* (2005): Aus der Enge in die lebendige Weite. In: Psychotherapie mit dem Pferd, S. 84

Wolfgang J. Fischer & Anja Blankenburg

„HORSE PERCEPTION - Systematisch wahrnehmen lernen"

Nach einer Vorstellungsrunde folgt eine theoretische Einführung in Führungsmethoden mit Bezug auf Beruf, Gesellschaft und Familie. Danach wird den TeilnehmerInnen ein Handout ausgeteilt, das neben einer Kurzbeschreibung der geplanten Übungen auch einen Fragebogen enthält, wo sie Antworten zum Thema Führung, Selbstführung sowie die damit verbunden Werte und Ziele schriftlich formulieren. Im Anschluss gehen wir auf die verschiedenen Aspekte der Pferd-Mensch Beziehungen ein und geben Sicherheitshinweise für den Umgang mit Workshoppferden. Über den „kooperativen Vertrag" einigen wir uns mit den TeilnehmerInnen auf Verhaltens- und Feedbackregeln während des Coachings. Der Hinweis für unsere TeilnehmerInnen, dass alle Handlungen und Äußerungen der TeilnehmerInnen absolut freiwillig sind und es kein Richtig oder Falsch gibt, ist insofern von Bedeutung, als der sichere, zwanglose Raum als Grundvoraussetzung für die zu erwartenden emotionalen Prüfungen gilt.

Im Rahmen einer ca. 30-minütigen Übung, in der die Pferdeherde beobachtet wird, gilt es Körpersprache, Interaktionen und Rangfolge der Pferde untereinander wahrzunehmen. So entwickeln die TeilnehmerInnen ein erstes Verständnis zum Sozialverhalten der Pferde, deren Hierarchien, aber auch deren individuelle Persönlichkeitsmerkmale. Ein Transfer zum beruflichen Alltag wird hier lediglich als unterstützendes Bild eingesetzt und soll die ersten Erkenntnisse über Pferde nicht dominieren.

Nach der gemeinsamen Auswertung der Beobachtungen werden die Pferde zum Stall geführt und von den Teilnehmern geputzt. Ziel ist es, einen ersten Köperkontakt zu erfahren und Reaktionen, Wärme, Ausdrucksweisen und auch die Größe und Kraft der Pferde zu spüren, um diese als Vorbereitung auf die nachfolgenden Übungen besser einschätzen zu lernen. Dieser erste vertrauensbildende Prozess ist elementar wichtig, denn auf dem Putzplatz wird die Beziehung zwischen TeilnehmerInnen und Pferd hergestellt. Die TeilnehmerInnen bestimmen dabei selbst den Abstand und Kontakt zum Pferd.[21]

Der Hauptteil des Coachings besteht aus mehreren, mit Bezug auf die formulierten Lernziele der TeilnehmerInnen konzipierte Führübungen, die zunächst mit einem Pferd je Person und im weiteren Verlauf auch mit zwei

---

[21] *Boon-Thiel, Ulrike* (2005): Psychotherapeutische Equitherapie auf körperorientierter, psychodynamischer Grundlage nach Pesso. In: Psychotherapie mit dem Pferd, S. 124

oder mehreren Pferden je Person durchgeführt werden. Hierzu werden Hindernisparcours aufgebaut, welche je nach Seminarrahmen in einer Reithalle oder in der freien Natur aus verschiedenen Hindernissen erstellt werden. Das Besondere an einem Workshop im Freien ist das alle Sinne ansprechende Naturerlebnis. Die Hindernisse stellen für Pferd und Mensch gleichermaßen eine Herausforderung dar, da es gilt, über vertrauensbildendes Verhalten das Pferd dazu zu bewegen, die teilweise unbequemen Situationen gemeinsam zu meistern. Die TeilnehmerInnen lernen ihre Körperlichkeit bewusst einzusetzen, um dem Pferd ein authentisches Führungsangebot zu offerieren. Von großer Bedeutung ist hier für die jeweilige TeilnehmerIn die Fähigkeit zur Zielorientierung, dem Fokussieren auf eine erfolgreiche Bewältigung der Parcoursaufgabe. Dies gelingt mittels klarer Präsenz, kontrollierter Atmung und aufmerksamem Zielbewusstsein und Vermittlung. Dabei gilt es, Ängste zu kontrollieren sowie auf die Befindlichkeiten des Pferdes einzugehen. Die TeilnehmerInnen lernen so die aktive Beeinflussung von Selbstwahrnehmung und den Einsatz von empathischem Verhalten.

Das Beziehungsgeflecht Teilnehmer – Pferd – Coach

Das Pferd allein ist nur begrenzt für einen Menschen therapeutisch wirksam.[22] Die Interaktion von Coach, Pferd und Teilnehmer bietet ein dynamisches Beziehungsgeflecht, welches durch den Coach eine förderliche Wirkung erhalten kann. Dem Coach obliegt es die verschiedenen Wahrnehmungsbereiche zu aktivieren und dosiert Hinweise für eine Übertragung auf das zwischenmenschliche Verhalten zu geben, um dieses zu verbessern. Dies erfolgt über Reflektions- und Evaluationsprozesse und Interventionshandlungen seitens der Coaches.

Diese Maßnahmen bieten den TeilnehmerInnen das Potential für eine Ich-Stärkung: „Ich–Kompetenz zielt auf Körpererleben und –erfahrung, Selbsterleben, Lern- und Leistungsbereitschaft, Wissen über sich selbst, Selbstaktivierung und –gestaltung, Sinnfindung und Lebensstrukturierung ab."[23] Es ist ein hohes Maß an beraterischer Professionalität erforderlich,

---

[22] *Groth, Barbara* (2005): Was bewirkt das Pferd in der psychotherapeutischen Arbeit. In: Psychotherapie mit dem Pferd, S. 42

[23] Zitat nach Schmitz, Kristina (2013): Pferde stärken. in: Therapeutisches Reiten, Deutsches Kuratorium Therapeutisches Reiten e.V., Warendorf. Aus: Stoffl, R. (2003): Mit

da in diesem Prozess beruflich bedeutsame aber auch sehr sensible Persönlichkeitsbereiche angesprochen werden.

So werden unter anderem auch tabuisierte Themen an die Oberfläche gespült, die damit verbundenen Emotionen können die TeilnehmerInnen überwältigen und zum Teil auch überfordern. Von großer Bedeutung ist daher, dass der Coach während des sensiblen Mensch-Pferd-Interaktionsprozesses stets bewusst vor Augen hat, mit welcher Zielsetzung er welche Übung durchführt, welche Rolle das Pferd im Moment ausfüllt, auf welchem Niveau sich der Teilnehmer bewegt und wie er seine Interventionen darauf abstimmt.[24]

Mit ihrer Eigenschaft, nicht „nachtragend" zu sein, nehmen Pferde dabei für den Coach die Rolle eines authentischen und wertvollen Partners und Mediums ein, um in den interaktiven Kommunikationsprozessen Verhaltensmuster bei TeilnehmerInnen aufzulösen und weiterzuentwickeln. Aus den Erkenntnissen des Natural Horsemanship weiß der Coach um die Bedeutung von Bildern im emotionalen Kommunikationsprozess und setzt diese gezielt auch für den Transfer der pferdebasierten Lernerfahrungen in die Realität des Menschen ein. Nach *Monty Roberts* denkt das Pferd „visuell und reagiert nur unmittelbar auf Bilder, die das Gehirn empfängt".[25] Das Pferd trägt somit dazu bei, dass die TeilnehmerIn in einem geschützten Raum begleitet durch die Moderation des Coaches positive Erlebnisse generieren kann, welche als emotionale Bilder im Gedächtnis abgespeichert werden jederzeit abrufbar sind. Pferd, Coach und TeilnehmerIn bilden somit eine ganzheitliche Lerneinheit, wobei der Coach den Prozesse zur Aktivierung von bestehenden Potentialen der TeilnehmerIn ressourcen- und lösungsorientiert begleitet und das Pferd diesen als objektiver Feedbackgeber fördert.

Der Transfer für den nachhaltigen Lernerfolg

Um die während des pferdebasierten Seminars gemachten Erfahrungen nutzen zu können, ist ein Transfer in den vorher definierten Kontext aus Be-

---

Pferden erziehen. Wissenschaftliche Begründung, empirische Prüfung, Qualitätssicherung. Inaugural-Dissertation. (Weblink, pdf download), S. 14

[24] *Boon-Thiel, Ulrike* (2005): Psychotherapeutische Equitherapie auf körperorientierter, psychodynamischer Grundlage nach Pesso, in Psychotherapie mit dem Pferd, S. 123

[25] *Roberts, Monty* (2005): Die Sprache der Pferde, 5. Auflage 2009, Bastei Lübbe Verlag, Bergisch Gladbach, S. 44

ruf und persönlichem Bereich notwendig. Die Aufgabe des Coaches besteht darin, eine Hilfestellung für die Übertragung des den TeilnehmerInnen während der Begegnung mit den Pferden direkt vermittelte Feedback in den Alltag zu geben. Aufgrund der vom Tier offerierten vielfältigen taktilen, visuellen und interaktiven Stimuli sowie den anschließenden Diskussionen zu Transfer in die jeweilige Lebenswirklichkeit werden bei den TeilnehmerInnen vielfältige Reflektionsprozesse in Gang gesetzt.[26] Das Beschreiben und Erklären von Problemsituationen und Vergleichen mit den Pferdeerlebnissen eröffnet neue Denkwege bezüglich der Zielsetzung, Handlungsalternativen für berufliche und private Kommunikationsprozesse abzuleiten.

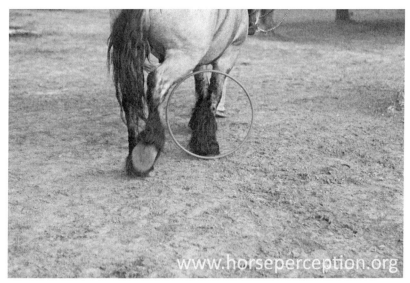

Der Fokus ist der Transfer

Die Fähigkeit des Pferdes zur sofortigen Erfassung der Emotionen des Menschen, sei es durch Neugierde, Desinteresse oder Abneigung, und die unmittelbaren Reaktionen darauf, bieten für die TeilnehmerInnen vielfältige Potentiale, Erlerntes in soziale Handlungen umzusetzen. So erhält der Mensch eine unmittelbare Rückkopplung auf die von ihm gesendeten Kommunikationssignale, besonders seiner Körperlichkeit und Ausstrah-

---

[26] *Schmitz, Kristina (2013):* Pferde stärken. in: Therapeutisches Reiten, Deutsches Kuratorium Therapeutisches Reiten e.V., Warendorf, S .14

Wolfgang J. Fischer & Anja Blankenburg

lung. Unsere zunächst unbewusste über Körperlichkeit vermittelte Außenwirkung wird in der Begegnung mit den Pferden ins Bewusstsein vorgeholt. Wie in dem Fallbeispiel von Frau H. dargestellt, können über Imaginationstechniken die mit den Pferden erlebten emotionalen Situationen später als positive Bilder in den Alltag umgesetzt werden.

In den pferdebasierten Seminaren und Trainings wird den TeilnehmerInnen über ausgehend von der Interpretation der wahrgenommenen Signale (siehe unten Grafik Punkte 1 und 2) in Einzelfeedbackgesprächen - auch unter Einsatz von Videofeedback – die individuellen Schlüsselmomente des Seminarerlebnisses rekapituliert, Lern- und Misserfolge analysiert und der Transfer zu den im Vorfeld formulierten persönlichen Zielen der TeilnehmerInnen hergestellt (siehe unten Grafik Punkt 3). Daraus werden wiederum Handlungsoptionen für Verhaltensanpassungen für die Zukunft abgeleitet und, wenn möglich, formuliert die TeilnehmerIn selbst konkrete Zielsetzungen und Maßnahmen, um das Erlernte zu manifestieren und bewusst in seinem beruflichen und auch privaten Leben einzusetzen (siehe leicht abgewandelt Grafik Punkte 4 bis 6).

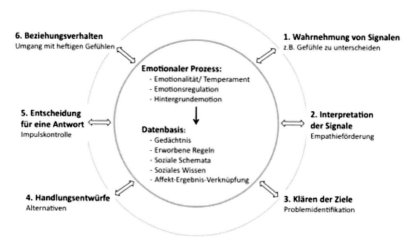

Abbildung 1: Sozialer Informationsaustausch nach Crick und Dodge (1994)[27]

---

[27] Vgl. nach *Schmitz, Kristina (2013):* Pferde stärken. In: Therapeutisches Reiten, Deutsches Kuratorium Therapeutisches Reiten e.V., Warendorf, S. 12. Abbildung von: *Crick, N. & Dodge, K.* (1994). A review and reformulation of social-information-processing mechanisms in children's social adjustment. *Psychological Bulletin, 115,* 74–101

Return on Emotions – Was kommt zurück?

Investitionen in Emotionen sind ein wichtiger Bestandteil einer nachhaltigen Personalmanagement-Konzeption und damit Basis für den Unternehmenserfolg. Wir haben aufgezeigt, dass Emotionale Kompetenz erlernbar und auch aus der Pferd-Mensch Beziehung in die zwischenmenschliche Kommunikation übertragbar ist. Grundlage des erfolgreichen Erwerbs von sozialer Intelligenz ist die Schulung von intra- wie auch interpersonalen Fähigkeiten.[28] Die Intrapersonale Intelligenz, die nach innen gerichtete Fähigkeit, ein zutreffendes wahrheitsgemäßes Modell für sich selbst zu finden und die Interpersonale Intelligenz, die Fähigkeit andere Menschen zu verstehen, sie zu motivieren sind Basiselemente erfolgreicher, authentischer Führung. Für den pferdebasierten Coachingprozess mit Fokus auf „Emotional Competence" ist es übrigens gleichgültig, ob die TeilnehmerInnen männlich oder weiblich sind, denn der Umgang mit den eigenen und fremden Emotionen spielt naturgemäß für beide Geschlechter die gleiche entscheidende Rolle. Der Return on Emotions (ROE) ist den Menschen gewiss, sowohl in beruflichen Kontexten bei Aufgabenstellungen aus Vertrieb, Management, Diplomatie, Kunst oder Sport als auch im Privatleben wie zum Beispiel im Umgang mit Familie und Freunden oder der Realisierung eines persönlichen gesellschaftlichen Engagements.

Zusammenfassung

Führung ist eine Interaktion zwischen mindestens zwei Individuen, in der Führungskräfte rational handeln müssen. Diese Orientierung an Rationalität lässt uns jedoch vergessen, dass Vernunft und Denken an Emotionen geknüpft ist. Vielmehr ist Emotionalität Grundlage für rationales Handeln. An die Basis „Emotion" gelangen wir jedoch nur über sinnliche Erlebnisse, besonders in Begegnungen mit dem Pferd, die vom Coach organisiert und moderiert werden.

Die in einem geschützten Trainingsraum ermöglichten Interaktionen mit dem Pferd lösen vielfältige Emotionen aus während die geschaffene sichere Situation dafür sorgt, dass diese Emotionen auch zugelassen werden können. Die ausgelösten Emotionen regen zum Denken und auch zum „Anders-Denken" an, wobei die TeilnehmerInnen diese neuen Denkanstös-

---

[28] *Coleman, Daniel* (1997): Emotionale Intelligenz, S. 59 f.

se und daraus abgeleiteten Handlungsoptionen in Form von Bildern langfristig abspeichern und situativ abrufen können.

Dies ist dann nachhaltig, wenn es in den beruflichen Zusammenhang gestellt wird, was der Coach im sogenannten Transferprozess leistet.

Pferdegestützte Personalentwicklung ermöglicht also, einen direkten und nachhaltigen Zugriff auf Emotionen, die interpersonale Kommunikationsprozesse im Sinne einer klaren, reflektierten und zugleich wertschätzenden und somit emotional intelligenten Interaktion fördern. So entsteht der ROE (Return on Emotions), der Unternehmenskultur und –Werte nachhaltig zu leben erlaubt.

Literatur

Boon-Thiel, U. (2005): Psychotherapeutische Equitherapie auf körperorientierter, psychodynamischer Grundlage nach Pesso. In: Psychotherapie mit dem Pferd, FN Verlag, Warendorf, S. 121-133

Ciompi, L. (1997): Die emotionalen Grundlagen des Denkens. Entwurf einer fraktalen Affektlogik. Vandenhoeck & Ruprecht, Göttingen

Coleman, D. (1997): Emotionale Intelligenz. 22. Auflage 2011, Deutscher Taschenbuch Verlag, München

Crick, N. & Dodge, K. (1994). A review and reformulation of social-information-processing mechanisms in children's social adjustment. Psychological Bulletin, 115, S. 74-101

DePaulo, B.M., (1992): Nonverbal behavior and self presentation. Psychological Bulletin, 111, S. 203-243

Groth, B. (2005): Was bewirkt das Pferd in der psychotherapeutischen Arbeit. In: Psychotherapie mit dem Pferd, FN Verlag, Warendorf, S. 52-63

Koch-Engel, M. (2005): Zum Nicht-sprachlichen Verstehen zwischen Mensch und Pferd: Horsing. Psychotherapie mit dem Pferd, FN Verlag, Warendorf, S. 145-160

Köhler, N. S. (2005): Aus der Enge in die lebendige Weite. In: Psychotherapie mit dem Pferd, FN Verlag, Warendorf, S. 76-93

Lindau-Bank, D. (2013): Entwicklung von Qualitätsstandards und Professionalisierung in der pferde-gestützten Personentwicklung. In: Mensch und Pferd, Ausgabe 2/2013, Reinhard Verlag, München, S. 78-88

Mehlem, M.: Angst und Pferde – Wege zur Bewältigung und Integration von Ängsten mit Hilfe der Pferde. In: Psychotherapie mit dem Pferd, FN Verlag, Warendorf, S. 20-38

Morris, D. (1986): Körpersignale. Wilhelm Heyne Verlag, München

Purps, S. (2013): Interview zum Thema „Führungs- und Beziehungskompetenzen", www.kapazunda.com, weitere Beiträge siehe www.kulturwandel.org

Overmann, M. (2004): Emotionales Lernen: Sentio, ergo cognosco. http://www.ph-ludwigsburg.de/html/2b-frnz-s-01/overmann/baf5/5m.htm

Rink, B.(2004): The Centaur Legacy, The Long Riders' Guild Press

Roberts, M. (2005): Die Sprache der Pferde, 5. Auflage 2009, Bastei Lübbe Verlag, Bergisch Gladbach

Schmitz, K. (2013), Pferde stärken. in: Therapeutisches Reiten, Deutsches Kuratorium Therapeutisches Reiten e.V., Warendorf, S. 12-15

Salovey, P. / Mayer, J. D. (1990): „Emotional Intelligence". In: Imagination, Cognition and Personality, 9, Baywood Publishing, Amityville, NY, USA, S. 185-211

Stoffl, R. (2003): Mit Pferden erziehen. Wissenschaftliche Begründung, empirische Prüfung, Qualitätssicherung. Inaugural-Dissertation. http://kups.ub.uni-koeln.de/962/

Thorndike, E. L. (1903): Educational Psychology. Ausgabe 2007, Kessinger Pub Co., Whitefish, Montana, USA

Watzlawick, P./Beavin, J H./Jackson, D D. (1969): *Menschliche Kommunikation. Formen, Störungen, Paradoxien.* 10. Unveränderte Auflage (2000), Verlag Hans Huber, Bern, Schweiz

Pferde können nur systemisch

Daniela Kaminski

Gedanken zu systemischen Ansätzen im Coaching mit Pferden

Ich muss mal deine Pferde fragen

Anne[1] kam acht Jahre lang zu mir, besser gesagt: zu meinen Tieren. Ihre Kernfrage lautete: „Gehe ich in eine leitende Position - ja oder nein?" Anne, ist voller Tatendrang und bringt gerne Projekte voran.

---

[1] Name geändert

Just vor dem ersten Training hatte sie in einer Sitzung ein Team für ihre neuen Ideen begeistern wollen, erntete aber nur Abwehrhaltung, Vorwände und ihr ganzer Elan war daran enttäuscht verpufft.

Ist im Folgenden von Training die Rede, meine ich stets die freie Arbeit der Kunden mit einem Pferd im Roundpen, als Hilfsmittel steht ein Langstrick zur Verfügung, ein Klassiker der Pferdetrainings.

Sie trainierte mit meinem noch recht jungen Isländer Tandri. Er ist sehr ausgeglichen, fleißig, entspannt bei der Arbeit und absolut friedfertig. Tandri lief im Arbeitstempo Trab seine Runden im Roundpen. Für Anne vermutlich gefühlter Schritt, sie wurde ungeduldiger, der Langstrick wedelte stärker. Dabei rückte sie dem Pferd immer näher, lief selber nahezu genausoviel wie Tandri. Als sie im Hinterhufbereich ankam, hob dieser kurz warnend seinen Huf, trat aber nicht aus. Die Botschaft war eindeutig: bleib mir vom Leib!

Wir hielten kurz inne, um den Vorfall zu reflektieren. „Ich habe ihn wohl ein bisschen bedrängt," Anne wirkte etwas kleinlaut. Und nach ihrer Rolle als Chefin befragt, fiel ihr ihr eigenes Bewegungspensum auf.

Ich malte mit der Ferse einen Kreis in die Mitte des Roundpen, von dem aus sie das Pferd ab jetzt bewegen sollte. Wenn sie sich wieder zu weit auf dem Weg zum Hufschlag machte, zupfte ich sie kurz an der Kapuze. Als das Training beendet war, sagte sie nur:Ich weiß schon, was in der Sitzung passiert ist."

Anne hat ihr Coaching mit Pferden genutzt, um Verhaltensmuster aufzudecken und neue, für sie sinnvollere zu üben. Ihre Führungsqualitäten hat sie mit den Pferden weiter entwickelt, z.B. die Fähigkeit zu Delegieren, Freiräume für Mitarbeitende zu schaffen, nicht allen die eigene Geschwindigkeit aufzudrängen.

Heute leitet sie eine Verbraucherzentrale mit mehreren Angestellten – und arbeitet in Teilzeit.

Was heißt eigentlich systemisch?

Nach systemischen Verständnis ist es nicht möglich, Wirklichkeit objektiv zu begreifen, sondern jeder Mensch konstruiert Wirklichkeit auf der Grundlage seiner Erfahrungen und Interpretation. „Jeder meint, dass seine Wirklichkeit die richtige Wirklichkeit ist," konstatiert Hilde Domin. Die Wechselwirkungen im System werden als komplex angenommen, es gibt kein einfaches Ursache-Wirkung-Prinzip. Das Augenmerk liegt auf den Mustern der Beziehungen, nicht auf dem Individuum. „Ein Problem... wird als Geschehen gesehen, an dem viele verschiedene miteinander agierende Menschen beteiligt sind, nicht als ein ‚Wesensmerkmal', das eine Person oder ein soziales System hat."[2]

> „Im Hundestall hatte ich die Vorstellung, ein Puzzle auszubauen, in welchem jedes Teil seinen genauen Platz haben würde. Solange ich nicht alle untergebracht hatte, erschien es mir unbegreiflich, aber, wenn es mir gelänge, es fertigzustellen, jedes Teil seinen Sinn erhalten und das Ergebnis harmonisch sein würde." Isabel Allende: Das Geisterhaus.

Ein System ist definiert und die Anzahl seiner Elemente begrenzt, z.B. eine Familie, ein Unternehmen, eine Herde, ein Staat. Systeme werden als selbst organisiert angesehen, sie sind komplex und dynamisch, zeigen sich in unterschiedlichen Momenten stabil oder instabil bis chaotisch. Systeme streben immer wieder nach Stabilität, was nicht bedeuten muss, dass damit gleich ein optimaler Zustand für alle Elemente des Systems erreicht ist. Auch Diktaturen können stabile Systeme sein, wenn auch für Demokraten ein Graus. Die Systemmitglieder neigen dazu, alle Ereignisse auf gemeinsam geteilte Prämissen abzubilden und zu bewerten. Stierlin nennt das ‚Familiencredo'[3], genauso gibt es aber ein Unternehmens-, Parteienoder Cliquencredo.

In der systemischen Beratung geht es darum, die Möglichkeiten, die Ressourcen eines Systems in den Fokus zu stellen und damit zu arbeiten, um mit allen Beteiligten Kooperationsbeziehungen zu entwickeln. Dabei ist ein System ist mehr als die Summe seiner Bestandteile, Watzlawick nennt das Übersummation.[4] Potentiale können sich im System addieren, aber durchaus auch potenzieren.

---

[2]   v. Schlippe/SChweitzer: Systemische Interventionen. S. 7
[3]   zit. n. von Schlippe/Schweitzer S. 9
[4]   Watzlawick,Paul u.a.: Menschliche Kommunikation. S. 120

Daniela Kaminski

Jeder Weg beginnt mit dem ersten Schritt

Das systemische Konzept der Ganzheit geht davon aus, dass sich die gesamte Organisation eines Systems verändert, wenn irgendein Aspekt des betreffenden Systems verändert wird.[5] Charles Duhigg zeigt in seinem Buch „Die Macht der Gewohnheit", dass diese Prämisse auch für das System „Individuum" gilt. Lisa Allen, 34 Jahre alt, Raucherin seit ihrem 16. Lebensjahr. arbeitslos, verschuldet, geschieden, übergewichtig, fällt die Entscheidung, im nächsten Jahr eine Wüstensafari zu buchen. Da sie davon ausgeht, dass nur leichtes Gepäck möglich ist, also auch keine Zigarettenstangen, stellt sie das Rauchen ein. Daraufhin beginnt sie, Sport zu treiben, was dazu führt, dass sie ihre Ernährung umstellt. Das führt zu Gewichtsabnahme, größerer Attraktivität, neuer Beziehung - Friede, Freude … … Eigentlich ging es ja nur um einen Urlaub.[6]

Pferde sind Systemiker

Pferde als Beutetiere suchen Sicherheit in der Herde. „Herden sind straff organisiert und hierarchisch aufgebaut. Ein Pferd fühlt sich so lange sicher, wie es seinen Platz in der Rangordnung kennt und ausfüllen kann. Es ist keinesfalls das Bestreben eines jeden Pferdes, im menschichen Verständnis ‚Karriere' zu machen und möglichst weit nach oben in der Hierarchie aufzusteigen."[7]

Als Bewohner einer potentiell feindlichen Umwelt sind Pferde ständig auf Empfang. Umwelt, so wissen wir spätestens seit Watzlawick, beeinflusst unser Zusammensein, unsere Kommunikation und unser Sein in der Welt. Indem Pferde Energien und Informationen aufnehmen, diese bewerten und im Rahmen der Herde entscheiden, wie sie zu beurteilen sind, empfehlen sie sich als Trainer für Kommunikation, Organisation und Rückkopplungen.[8]

Linda Kohanov sieht die Fähigkeiten der Pferde für therapeutisches Arbeiten mit Menschen darin, „dass Pferde die Welt aus der weiblichen, einer ‚yin'-Perspektive erleben. Aufgrund dessen sind diese Wesen lebendes

5   de Shazer, Steve: Muster familientherapeutischer Kurzzeit-Therapie. S. 127
6   Duhigg, Charles: Die Macht der Gewohnheit. S. 9
7   Schwaiger, Susane, E.: Persönlichkeitstraining mit Pferden. S. 11
8   Viele Pferdetrainer können bestätigen, dass ein Problempferd aufhörte, eins zu sein, nachdem mit seinem Menschen trainiert wurde und der sich geändert hatte.

Beispiel des Erfolgs und der Effektivität weiblicher Werte inklusive Zusammenarbeit statt Konkurrenz, Offenheit anstatt Strategie, Gefühl und Intuition anstatt Logik."[9]

Gefühl und Intuition

In unserer von Wissenschaft geprägten Welt brauchen wir Fakten, Beweise, Forschungsergebnisse. Obwohl uns das in eine nicht gerade mehr gesund zu nennende globale Situation geführt hat, glauben wir doch mehr an die Informationen der Ratio denn an andere Informationsquellen. Im Gegenteil: in weiten Teilen haben wir verlernt, bspw. unsere Intuition aktiv zu befragen und zu nutzen. Eine unglaubliche Verschwendung von Information, denn „10.000 Sinneswahrnehmungen soll der Mensch pro Sekunde aufnehmen, exteriozeptive und propriozeptiv."[10] Meine verstorbene Freundin Sabine C. Borchardt schulte in ihren Intuitionstrainings diese Form der Informationsaufnahme und -nutzung. Energetische Ausstrahlung, bspw. von Farben, spielten darin eine ebenso große Rolle wie das Wissen um Symbole, Meditationserfahrung, schamanische Vorstellungen und die Annahme der Beweglichkeit des Geistes unabhängig von der Gebundenheit in Raum und Zeit. Auch berühmte Pferdetrainer wie Richard Hinrichs postulieren: „Machen sie sich eine Vorstellung von dem, was Sie erreichen wollen und schicken Sie Ihrem Pferd diese Idee!"[11]

Im Umgang mit Pferden erfahre ich die aktive und bewusste Nutzung intuitiver Informationen als große Bereicherung. So wählen viele Teilnehmende genau das Pferd aus, das sich hinterher als der ideale Trainingspartner für diese Person und ihr aktuelles Thema entpuppt. Pferde können effektiv dabei helfen, „Körper und Geist wieder miteinander zu vereinigen, sich unbewusster Verhaltensmuster bewusst zu werden und um das Selbstvertrauen, Stressmanagement und den Nachdruck zu entwickeln, die zu mehr Erfolg in Beziehung, Karriere, Schule und Elternschaft verhel-

---

[9] Kohanov, Linda: Das Tao des equus. S. xvii, Anm. d. Verf.: Zusammenarbeit und Konkurrenz, besser vielleicht Wettbewerb, schließen sich m.E. nicht aus und die just verstorbene „Eiserne Lady" Maggie Thatcher hatte in ihrer gesamten Regierungszeit nur eine einzige Frau im Kabinett. Ersetzen Sie innerlich „statt" durch „und".

[10] Watzlawick, Paul u.a.: Menschliche Kommunikation. S. 92

[11] Aus dem Gedächtnis zit. nach einer Demonstration in Reken

fen."[12] Ganzheitlich ist ein Begriff und ein Anspruch, der immer wieder in Zusammenhang mit unserer Arbeit fällt.

Von Sprache, Kommunikation und Missverständnissen

„Die Sprache ist natürlich im ersten Moment immer ein Hindernis für die Verständigung," sagt Marcel Marceau, und als Meister der Körpersprache und Pantomime müsste er es wissen. Wir kennen alle das Sender-Empfänger-Modell und die Erfahrung, dass eine Botschaft bei jedem Empfänger anders ankommen kann, ist uns spätestens seit der Interpretation expressionistischer Gedichte vertraut. Sprachliche Vielfalt hat auch ihre Ursache darin, dass „die Instabilität von Bedeutungen ein Teil der Funktionsweise von Sprache" ist.[13] „In mancher Hinsicht kann die Aufgabe des Therapeuten, zuzuhören und zu beobachten, mit der Aufgabe einer Leserin verglichen werden."[14]

Ausgehend vom Postulat, dass man sich nicht nicht verhalten kann, folgert Watzlawick „Man kann nicht nicht kommunizieren." Er rückte „paralinguistische Phänomene (wie z.B. Tonfall, Schnelligkeit, oder Langsamkeit der Sprache, Pausen, Lachen und Seufzen), Körperhaltung, Ausdrucksbewegungen, Körpersprache usw. "[15] in den Fokus des Interesses. Verhalten ist also - auch – Kommunikation. Mittlerweile geht man davon aus, dass 80% einer Botschaft nonverbal vermittelt wird. Da sind wir bei Pferden genau richtig.

Wie machen es die Pferde?

Pferde kommunizieren möglichst nonverbal, sind also geschulte Nutzer dieser Kommunikationselemente. Als potentielle Beutetiere sind sie darauf angewiesen, sich still zu verhalten, nicht auf sich aufmerksam zu machen.

Natürlich beherrschen sie auch Laute,[16] der „normale Alltag" aber wird nonverbal geregelt: „Rück mal, das ist mein Futterplatz." „Du gehst ja wohl

---

[12] Kohanov, Linda: Das Tao des equus. S. xviii

[13] de Shazer, Steve: Worte waren ursprünglich Zauber. S. 22. „geil" mutierte innerhalb kurzer Zeit vom obszönen Begriff zum coolen Lob

[14] Ders. S. 8

[15] Watzlawick S. 51

[16] Desmond Morris unterscheidet acht Lautäußerungen: Schnauben, um auf Gefahren aufmerksam zu machen. Es ist in 50 Meter Umkreis zu hören, zugleich richtete das Pferd

zur Seite, wenn ich komme." „Ist doch klar, dass ich hier Boss bin?" Hauptkommunikationsmedien des Pferdes sind Körperhaltung, -richtung und -spannung, Ohren, Augen, Maul, Nähe und Distanz. Diese Form zu kommunizieren macht Pferde zu Meistern der Beobachtung, zu Seismographen für energetische Veränderungen wie freudige Erwartung oder Schreck. Und es macht sie zu Sachverständigen für Authentizität. Verblüfft stellen meine Teilnehmenden immer wieder fest, wie gut auch sie nonverbale Signale verstehen und nutzen können, wenn sie miteinander üben, sich mit Körpersprache und Langstrick in verschiedenen Geschwindigkeiten und Richtungen im Roundpen anzuleiten.

Die Beziehungsebene der Kommunikation

„Der Inhaltsaspekt vermittelt die Daten, der Beziehungsaspekt weist an, wie diese Daten aufzufassen sind."[17] Die im System gezeigten Verhaltensweisen können immer als kommunikatives Angebot verstanden werden, „… denn sie haben immer auch eine Funktion in den wechselseitigen Beziehungsdefinitionen."[18] Ironie, das wissen wir, können Kinder nicht verstehen. Um Ironie zu verstehen, muss der Empfänger auch die Beziehungsebene integrieren – können.

> Fritzchen kommt nach Hause. „Hast du bei Meiers auch nicht gestört?" fragt die Mutter. „Im Gegenteil," kräht Fritzchen. „Frau Meier hat gesagt, du hast mir gerade noch gefehlt."

Pferden würde das nicht passieren. Als Systemiker fragen sie sofort nach der Beziehung. Bevor sie wissen wollen, wie herum soll ich laufen?

---

seinen Blick in die Richtung potentieller Gefahr. Der Schrill-Laut signalisiert ‚Rück nicht näher, sonst muss ich zurückschlagen'. Das Wiehern unterscheidet Moriss in das freundliche leise Begrüßungswiehern, das Mutterwiehern und das Werbungswiehern. Letzeres ist durchaus etwas lauter und offensiver. Gefährlich ist das in höchster Not ausgestoßene Ortungswiehern, das bis zu einem Kilometer weit zu hören ist und gerade die Schutzlosigkeit von Fohlen potentiellen Raubtieren deutlich macht. Das Blasen, ein Abschnauben ohne Tremolo, signalisiert einfach ‚mir geht es gut'. Morris, Desmond: Warum scharren Pferde mit den Hufen? S. 23ff

[17] Watzlawick Seite 55
[18] Schlippe/Schweitzer Seite 44

Wie schnell? fragen sie: „Muss ich dich als Führenden ernst nehmen? Kann ich dir vertrauen? Übernimmst du die Führung, Verantwortung für mich - und zwar so, dass ich mich dir anvertrauen kann – oder muss ich für mich selber sorgen?

Und wer fängt an mit der Beziehung?

„Die Natur der Beziehung ist durch die Interpunktion der Kommunikationsabläufe seitens der Partner bedingt."[19] so Watzlawick. Das bedeutet, das Training mit dem Pferd beginnt mit der ersten Begegnung, vielleicht schon mit dem Eintritt ins Sichtfeld des Pferdes. Das Pferd tritt direkt in Kommunikation und ‚checkt' sein Gegenüber: Wie führt diese Person mich von der Weide? Wie putzt sie heute - ruppig, übervorsichtig? Während der Klient vielleicht davon ausgeht, es geht erst los, wenn das ‚richtige' Training beginnt, ist das Pferd schon lange mittendrin. Oft ist es Trainierenden nicht bewusst, dass sie bereits in Beziehung getreten sind und damit bereits Weichen gestellt haben. (Auch das vielleicht schon ein Hinweis auf ein Muster?) Wir erinnern uns: Wir können uns nicht nicht verhalten und somit auch nicht nicht kommunizieren.

Systemische Methoden im Coaching mit Pferden

Indem ich Pferde in meine Coachingarbeit integriere, stelle ich meine Kunden in einen ungewöhnlichen, für sie neuen Zusammenhang. Daraus ergibt sich die Chance, Muster zu erkennen, Ressourcen orientiert zu arbeiten, neue Optionen zu eröffnen und auszuprobieren. Systemisches Arbeiten geht von mannigfachen Wechselbeziehungen und -wirkungen aus und nicht von einem einfachen Ursache – Wirkungs - Prinzip. Dies entspricht auch neuen Ansätzen von Führung, die auch den Geführten Verantwortung für das Einfordern klarer Führung zuschreibt. „Führung ist eine Beziehung, die auch vom Geführten kompetent gestaltet werden muss."[20] Pferde tun das schon immer. Ich vergleiche gute Führung gerne mit Tanzen: vier – oder auch mehr Beine - verschmelzen zu einem Körper, der in Harmonie mit einer Idee, der Musik schwingt.

---

[19]   Watzlawick Seite 61
[20]   Bernard Schmid zit. nach Kolzarek/Lindau-Bank; Mit Pferden lernen. S. 82.

Unterschiede, die Unterschiede machen

„Wer Informationen gewinnen will, muss nach Unterschieden fragen."[21] Am Anfang eines jeden Trainings verteile ich einen Fragebogen, der die Vorerfahrung mit Pferden, drei Assoziationen zum Begriff ‚Pferd‘, Befürchtungen und Erwartungen abfragt. Der Fragebogen dient als Grundlage für die Vorstellungs - und am Ende auch für die Abschlussrunde.

Auffallend viele Teilnehmende nennen Respekt als einen Begriff, wobei sie ihn oftmals mit Angst gleichsetzen. Ebenso häufig wird eine negative Erfahrung genannt, die sie als letztes Erlebnis mit Pferden gemacht haben und die sie am weiteren Kontakt hinderte. Trainings sind dann eine elegante Art der Annäherung, die es nicht erfordert, gleich eine Reitstunde zu buchen.

„Die Pferde kennen das ja und machen das automatisch," werten Kunden ihre eigene Arbeit mit dem Pferd oft ab, weil es ihnen ‚zu glatt‘ ging.

Fragen, die sich aus der Bemerkung ableiten lassen, sind:

Wie ist es mit der Selbstwahrnehmung der trainierenden Person als handelndem Subjekt?

Wie steht es mit

… der Anerkennung der eigenen Fähigkeiten?

… der Annahme von Lob?

In solchen Situationen ist es vorteilhaft, wenn die Teilnehmenden mit mindestens zwei Pferden arbeiten können. Mit jedem Wesen, in diesem Fall Pferd, begegnet uns ein Individuum. Jedes Pferd reagiert anders auf unsere Sprache, unsere Ausstrahlung. Empfindet ein sensibles Pferd die Anleitung bereits als Druck, setzt sich ein stoischeres Pferd gar nicht erst in Bewegung.

Die Frage eines Pferdetrainings lautet also nicht ‚Wie macht man das?‘, sondern „Wie kommuniziere ich mit diesem Wesen, was mir gerade gegenüber steht?" Wie muss ich kommunizieren, damit das ankommt, was ich sagen will?" „Welche - noch unentdeckten - Fähigkeiten stehen mir dafür zur Verfügung? Welche nutze ich aktuell? Welche kann ich zusätzlich anwenden? Welche Vorbehalte bremsen mich? Welche alten Botschaften hindern mich, alle meine Fähigkeiten zu nutzen?

Die Erfahrung zeigt, dass Trainierende viele, auch ungeahnte, Potentia-

---

[21] Simon/Rech-Simon: Zirkuläres Fragen. S. 31

le in sich zur Verfügung haben und wir als Coach mit dem Pferd ein Setting schaffen, diese zu entdecken, zu aktivieren und anzuwenden. In der Abschlussrunde meiner Trainings spielte Angst bisher keine Rolle mehr und Respekt bekam einen neuen, positiv besetzten Inhalt.

Die Macht der Gewohnheit – Muster erkennen

Gewohnheiten geben Struktur, Sicherheit und sorgen für Stabilität, u.a. auch in Systemen. Das muss nicht gut, aber auch nicht schlecht sein. Allerdings können Gewohnheiten auch verkrusten und notwendigen oder wünschenswerten Änderungen im Weg stehen. Charles Duhigg belegt, dass auch große gesellchaftliche Bewegungen oft mit einem kleinen Ergeignis beginnen. Als sich die farbige Rosa Parks am 1. Dezember 1955 weigerte, ihren Platz in einem Bus für einen Weißen frei zu machen, war ihr nicht bewusst, dass sie damit die schwarze Bürgerrechtsbewegung der USA auslöste.[22] Sie durchbrach eine Gewohnheit.

Coaching mit Pferde durchbricht bereits durch seinen Ansatz bekannte Muster: kein Tisch, kein OHP, keine gelackten Schuhe, statt dessen Reithalle, Roundpen, Vierbeiner und Sand. Schon das Setting lässt Muster sichtbar werden, „so lernt man", „so arbeitet man", „so ist meine normale umgebung" - und macht so Veränderungen möglich.

Hier haben Fragen einen Raum wie
– Wie verhält sich mein Mitarbeiter in unbekannten Situationen?
– Wie geht er mit Konflikten um?
– Wie reagiert er auf – vermeintlichen - Widerstand?
– Wie reagiert er auf seine subjektiv gefühlte fachliche Inkompetenz?
Das Training beantwortet diese schnell und direkt, ermöglicht zugleich, andere Möglichkeiten auszuprobieren und neue Verhaltensweisen einzuüben.

Was meinst du dazu, Brauner? – Zirkuläres Fragen

Zirkuläre Fragen sind „in ihrer Wichtigkeit für die systemische Praxis eigentlich nur mit der Bedeutung der Traumdeutung für die Psychoanalyse vergleichbar."[23] Beim zirkulären Fragen lade ich als Coach oder Beraterin

---

[22] Duhigg, Charles: Die Macht der Gewohnheit. S. 265
[23] Simon/Rech-Simon S. 7

eine eher außen stehende Person ein, ihre Meinung zu einem Konflikt, einem Sachverhalt, einem Problem zu äußern. ‚Tratschen über Anwesende‘ ist ein netter Ausdruck dafür.[24]

Reagiert ein Pferd im Umgang mit pferdeunerfahrenen Teilnehmenden für diese unerwartet und uneinschätzbar, so fragen sie mich, - oder vielleicht eher sich - „War ich das? Habe ich etwas falsch gemacht? Machen die immer automatisch das, was ich erwarte, weil du das mit ihnen trainiert hast?"

„Da das Verhalten von Menschen nicht von dem bestimmt wird, was andere Leute tatsächlich denken, sondern von dem was sie denken, was die anderen denken, empfiehlt es sich, ganz direkt und ungeniert nach Vermutungen und Spekulationen über andere zu fragen."[25]

Wir machen es uns und unseren Klienten leicht, wir fragen die Pferde nach ihrer Rückmeldung, Meinung zu Auftreten, Führungsverhalten, Kommunikation des Klienten.

Fragen, die das Pferd beantworten kann, könnten sein:

Was meinst du, wie fühlt sich X augenblicklich in seiner Führungsrolle?

Wie geht er mit Ungehorsam, Konflikten um?

Wie geht es ihm in neuen, unbekannten Rollen? Auf unbekanntem Terrain?

Macht er Druck?

Meinst du, du kannst dich ihm anvertrauen?

Wie geht er mit Kritik, Widerstand, Feedback um?

Wie flexibel stellt er sich auf unterschiedliche Gegenüber ein?

Pferde geben ehrliche Antworten. Klienten können diese im allgemeinen gut annehmen. Pferde sind nicht nachtragend, sie lassen sich sofort wieder ein, bereit es noch einmal miteinander zu probieren, Neues zu testen.

Was heißt hier faul? Er ist entspannt. – Reframing oder Umdeutung

Die Arbeit mit Pferden macht ein Umdeuten oft einfacher, Humor ist hier ein kluger Ratgeber: wurde der etwas elanlose Mitarbeitende bisher gescholten, so kann seine Arbeit mit einem nervigen Pferd dieses zur Ruhe

---

[24] Schlippe/Schweitzer: S. 46
[25] Simon/Rech-Simon S. 21

bringen. Kompliment! Genauso kann ein überschäumend temperamentvolles Kind[26] ein etwas stoisches Pferd auf Trab bringen. Beides ermöglicht eine neue Sichtweise auf Verhalten oder Ressourcen, die dadurch eine verblüffende, weil positive Bewertung erfahren.

Tun Sie einfach mal nix! – Paradoxe Intervention

Was wäre passiert, wenn Anne in unserem Eingangstraining den Hinweis erhalten hätte, gar nichts mehr zu tun? Tandri hätte wahrscheinlich zunächst gestutzt, dann nach Grasbüscheln Ausschau gehalten und irgendwann wäre er gekommen, um nachzuschauen, ob nicht doch noch etwas stattfinden sollte. Paradoxe Interventionen sind ‚all jene Interventionsformen..., die entgegen den Erwartungen des Klientensystems darauf abzielen, dem Klientensystem zu signalisieren: Sie können sich nur ändern, wenn Sie so bleiben, wie Sie sind, oder Sie können nur bleiben wie Sie sind, wenn sie sich ändern."[27]

Sagte ich oben, der Klient wird, indem er mit dem Pferd arbeitet, in einem systemische Beziehung gesetzt, so sind auch wir als Coach Teil des Klienten-Pferd-Coachingprozess-Systems. Das bedeutete, dass der Coach sich verhält, auch kommuniziert, auch wenn er nichts tut. Als Therapeut kann man nicht nicht intervenieren.'[28]

Coaching mit Pferden – Versuch einer systemischen Systematisierung

Als ich mein erstes zweitägiges Coachingseminar absolviert hatte, brach ich beim Abendbrottisch zuhause in Tränen aus, so erschöpft war ich. Damals war ich bereits seit Jahren als Marketingberaterin tätig und auch dreitägige Seminare haben mich nicht annähernd so aus der Fassung gebracht. Anlass genug, darüber nachzudenken.

Meine These: Wenn ich mit Pferden und Menschen trainiere, stehe ich als Coach in immer unterschiedlich definierten, manchmal rasant wechselnden Beziehungssystemen. Daraus ergeben sich mehr, vielfältigere und

---

[26] ADS und ADHS-Kinder können hier gerade im Familientraining eine ganz neue Rolle bekommen.
[27] Königswinter, R./Exner A.: Systemische Intervention. S. 35
[28] Simon/Rech-Simon S. 214

schnellere Informations.- und Interventionsmöglichkeiten als ohne das Einbeziehen von Pferden. Um diese Informationen als Coach nutzen zu können, bedarf es einer anderen, größeren oder komplexeren Aufmerksamkeit, eines Bewusstseins darüber, in welchem Setting ich mich befinde und welches ich schaffe, um der Fragestellung am besten gerecht zu werden.

Einführungsgespräch zwischen Coach und Klient

Im einführenden Gespräch treffen sich Klient und Coach oder die Trainingsgruppe plus Coach.

Das Pferd kommt hinzu, Pferd und Klient arbeiten zusammen. Der Coach wird nicht Teil des Systems, sondern ist positiv angekoppelter Beobachter.[29] Er blickt quasi von außen auf das System, hat aber zugleich die Möglichkeit, direkt auch das Pferd „zu fragen", was es denn von dem

---

[29] Joining: „In der klassischen Familientherapie wurde mit dem Begriff die Notwendigkeit beschrieben, dass der Berater/die Beraterin sich an die ratsuchende Familie ‚ankoppelt' (Schlippe/Schweitzer S. 15) Das bedeutet nicht, dass der Berater damit Teil des Systems wird, sondern dass ‚durch alle Kanäle, nicht nur durch die Sprache,' signalisiert wird, dass der Berater beim anderen ist. Auch Monty Roberts spricht im Pferdetraining vm ‚join up', wenn das Pferd sich dem Menschen anschließt, ihm ohne Strick folgt, weil es ihm als Führenden vertraut und ihn anerkennt.

Ganzen hält. (s.o. das Kapitel „zirkuläres Fragen".) Geht es um ein Gruppentraining, geben auch die anderen Teilnehmenden Feedback.

Der Coach als Beobachter ist nicht Teil des Systems

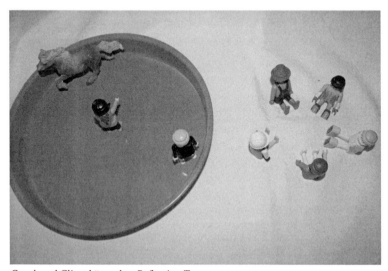

Coach und Client hören dem Reflecting Team zu

In einer Trainingseinheit der EQ-Pferd wurde die Methode des „reflecting Team" vorgestellt. Das bedeutet, dass eine Expertenrunde ein Coaching beobachtet und in einem Break diese bespricht, wobei sie eigene Eindrücke austauscht, aber auch Anregungen für den Coach zum weiteren Vorgehen sammelt. Daraus entstand die Idee, die anderen Teilnehmenden als „reflecting Team" agieren zu lassen, sprich: wie in der kollegialen Beratung geben sie kein direktes Feedback, sondern tauschen sich aus. Coach und Klient hören zu und bekommen so neue Impulse.

Innerhalb des Trainings baut man oftmals kurze Feedback ein, um neue Möglichkeiten zu eröffnen.

Ist die Arbeit mit Pferd zwangsläufig systemisch?

Nein. Ich kann auch nur den Klienten betrachten, der mit dem Pferd arbeitet. Dabei verschenke ich allerdings alle wertvollen Informationen, die mir das Pferd geben würde.

Feedback nur an den Klienten gerichtet kann Informationen verschenken

Der gesamte Prozess ist sehr komplex – und erfordert vom Trainer eine
spezielle Beobachtungsgabe und Fachkenntnisse[30]. Diese Komplexität, geschickt genutzt, bietet auch und gerade unter Anwendung von Methodiken
aus der Systemik ein ungeheures Informations- und Lernpotential.

*Pferdegestütztes Feedback basiert auf Beobachtungsgabe und Fach-
information*

---

[30] Das bestätigt das Engagement des Zusammenschlusses „EQ Pferd", Qualitätskriterien
für pferdegestützte Personaltrainings zu entwickeln.

Mal pferdisch betrachtet

Pferde würden sich über uns wundern, tun sie vielleicht auch, denn in ihren Augen machen wir es uns unnötig schwer. Nehmen wir nur unser Wertesystem: Wir wollen glücklich sein, Karriere machen, geliebt werden, Zeit haben, kreativ sein, uns durchsetzen, eigene Wege gehen, aber nicht so doll anecken, individuell sein und integriert, modern, aber auch geerdet, global wendig, aber auch ökologisch bewusst. Es ist nicht einfach, aber war es nicht immer so?

„Die Wirklichkeit bleibt stets hinter dem Erträumten zurück. Wir leben in einem System der Annäherungen," tröstete Ralph Waldo Emerson, amerikanische Philosoph und Schriftsteller, seine Zeitgenossen im 19. Jahrhundert. Er forderte ein Leben in Einklang mit der Natur und ging davon aus, dass jeder Mensch seinen eigenen Weg unabhängig der ausgetrampelten Pfade gehen finden sollte.

Neugierde, Offenheit für Neues,das Bewusstsein der eigenen Begrenztheit haben viel von uns Autoren in die faszinierende Welt der Pferde geführt. Trainings und Coaching mit Pferden sind einer der noch wenig begangenen, teilweise mystischen Pfade, auf denen es noch richtig was zu entdecken gibt.

Literatur

Allende, Isabel:Das Geisterhaus. Suhrkamp. Stuttgart 1984.
Duhigg, Charles: Die Macht der Gewohnheit. Bloomsbury Verlag. Berlin 2012.
de Shazer, Steve: Muster familientherapeutischer Kurzzeittherapien. Junferrmann Verlag. Paderborn 1997.
ders.: Worte waren ursprünglich Zauber. Carl Auer Verlag. Heidelberg 2010. 2. Aufl.
Königswieser, Roswitha/ Exner, Alexander: Systemische Intervention. Stuttgart. 9. Auflage 2006.
Kohanov, Linda: DAS TAO DES EQUUS. Wuwei-Verlag. Schondorf 2006.
Kolzarek, Barbara/Lindau-Bank, Detlev: Mit Pferden lernen. LIT Verlag. Berlin 2007.
Morris, Desmond: Warum scharren Pferde mit den Hufen? München 1994, 2. Auflage.
Osterhammel, Bernd: Pferdeflüstern für Manager. WiLey. Weinheim 2006.
von Schlippe/Schweitzer, Jochen: Systemische Interventionen. utb Göttingen 2009/2010

Schwaiger, .Susanne E.: Persönlichkeitstraining mit Pferden. Ein Praxisbuch. KOSMOS Verlag. Stuttgart 200

Simon, FRITZ B./ Rech-Simon, Christel: Zirkuläres Fragen. Carl Auer Verlag. Heidelberg 2012, 9. Aufl.

Watzlawick, Paul Beavin, Janet H./Jackson, Don D.: Menschliche Kommunikation. Verlag Hans Huber. Bern Stuttgart Wien 1982. 6. Auflage. ders. Anleitung zum Unglücklichsein. Piper. München 2012, 12.Auflage.

Alles Hengste

Karsten Ebeling & Christof Wiethold

Spezialkräfte aus dem Sicherheitsbereich erkunden sich am Pferd

„Harte Jungs und weiche Faktoren"

Wir beschreiben hier die Arbeit mit einem Team (10 Mitglieder) aus dem Sicherheitsbereich. Besonderes Merkmal des Teams ist einerseits das im Sinne der Aufgabe sehr hohe Leistungsniveau und andererseits die von Misstrauen getragene Kommunikationskultur. Das Leistungsniveau konnte unter diesen Bedingungen nicht langfristig aufrechterhalten werden. Wir haben uns in diesem Fall für ein pferdegestütztes Training entschieden und stellen hier u.a. dar, warum der Einsatz des „Co-Trainers" Pferd hier für uns die geeignete Methode war. Darüber hinaus geben wir einen Einblick in den Verlauf des Trainings sowie in die Prinzipien unserer Arbeit mit den Pferden. Es stellte sich heraus, dass mit ihrer Hilfe schnelle und wirksame Ergebnisse im Sinne der anspruchsvollen Lernziele erreicht werden konnten. Und zwar nicht über den Weg einer „klassischen" Teamentwicklung, sondern über den Zugang zu jedem Einzelnen. Im Focus stand das einzelne Teammitglied bei dennoch gemeinsamer Arbeit. Für uns steht außer Frage, dass die intuitive und unvoreingenommene Kommunikation zwischen Mensch und Pferd zur Selbsterkenntnis und zu persönlichkeitsbildenden Schlussfolgerungen führt. Vor allem aber auch zu der übergreifenden Erkenntnis, das erfolgreiche Kommunikation und Führung in Teams immer wieder auf der *individuellen* Verantwortung aller Beteiligten basiert.

Über die Begriffe Team, Teambildung und Effizienz im Team gibt es eine Fülle an Literatur. Auf den Punkt gebracht hat es Peter Senge: „ Das wesentliche Merkmal eines relativ schlecht ausgerichteten Teams ist die Verschwendung von Energie" (Senge 1996, S. 285). Alle individuellen Anstrengungen würden nicht in „Teamanstrengungen" übersetzt. In einem solchen Fall handelt es sich allenfalls um eine Gruppe. Ein Team im Sinne von Effizienz und Erfolg entsteht dann, wenn ein gemeinsamer Zweck, eine Vision verfolgt wird. Die individuellen Anstrengungen müssen sich gegenseitig ergänzen. „... die gemeinsame Vision (wird) zur Erweiterung der persönlichen Vision" (Senge 1996, 286).

In der Praxis sind derart beschriebene Teams recht selten zu finden. Im Rahmen unserer Arbeit haben wir sie z.B. im Sport und auch in der Luftfahrt vorgefunden. Es ist faszinierend, den gemeinsamen „Spirit" zu beobachten, der ein solches Team „antreibt".

In dem vorliegenden Fall wurden wir von einer Führungskraft aus dem Sicherheitsbereich angesprochen, die ein Team von 10 Mitarbeitern zu führen hat. Diese 10 Mitarbeiter sind ebenfalls Führungskräfte (Gruppenführer), die ihrerseits selbst ein Team zu leiten haben.

Der Anlass für den Gesamtgruppenleiter um Rat und Hilfe nachzufragen war in erster Linie der belastende Widerspruch zwischen dem operativ hervorragend funktionierenden Team und einer „Misstrauenskultur" in der Führungsgruppe. Das in Vorgesprächen zunächst geäußerte Problem war die andauernde *gespannte Atmosphäre* im Team. Untereinander herrschte *wenig gegenseitiges Vertrauen*, jeder war eher bemüht, das *Selbstbild des „fehlerlosen Helden"* aufrecht zu erhalten. Im Führungsteam entwickelte sich eine gegenseitige Konkurrenz: Jeder wollte (mit seinem Team) der Beste sein. Das äußerte sich vor allem in verbalen Spitzen, derben Sprüchen über andere, unangebrachte Bewertungen.

Zum besseren Verständnis dieser Situation muss erwähnt werden, dass es sich hier um eine Gruppe von Spezialkräften handelt, die immer dann gerufen wird, wenn schwierige Situationen nur noch mit besonderen Fähigkeiten zu meistern sind (Einsätze, bei denen das Risiko einer besonderen Gefährdung der Beteiligten besteht). Diese Gruppen haben gemäß ihrer Aufgabe einen sehr hohen Ausbildungsgrad, sind spezifisch trainiert und haben gelernt, ihre operativen Prozesse im „Schlaf" abzurufen. Darüber hinaus muss bei jedem einzelnen Mitglied mentale Klarheit herrschen und die aufgabenbezogenen Beziehungen müssen geklärt sein. Gerade diese Anforderungen sind maßgebend für eine funktionierende und ehrliche Kommunikation, die wir sonst nur aus Hochsicherheitsbereichen (z.B. Luftfahrt, OP im Krankenhaus, Steuerung eines Kernkraftwerkes) kennen. Dazu kommt, dass alle Führungskräfte nach den Kriterien mentale

Stärke, Führungsstärke sowie psychische Belastbarkeit ausgewählt worden sind. Vereinfacht ausgedrückt, haben wir es hier hinsichtlich der Persönlichkeitsstruktur mit einer Ansammlung von „Alphatieren" zu tun. Diese Erscheinungsform der Führungsgruppe stellte für den Leiter vor allem das Problem dar, dass er sich „seiner Leute" nicht sicher sein konnte. Sie schienen zu sehr mit sich selbst und ihrer Selbstbehauptung beschäftigt zu sein. Er hatte das Ziel, die durchaus spürbare Energie seines Teams wieder auf die Aufgabe auszurichten. Er brauchte Verlässlichkeit. Misstrauen, unklare Beziehungen und Konkurrenz im Führungsteam wirkte sich dann auch in den Einsatzgruppen aus. Hier kam es z.B. immer häufiger zu Konflikten bei der Verwendung gemeinsamer Ressourcen. Außerdem gab es Anzeichen von Autoritätsproblemen und Widerstandssignale gegenüber den Gruppenführern. Das Ziel einer Maßnahme musste also sein:
– Herstellung einer Vertrauenskultur im Führungsteam
– Kooperative und ehrliche Kommunikation der Gruppenführer untereinander (Sicherheit und Orientierung)
– Stärkung der Führungsrolle der einzelnen Gruppenführer (Orientierung für die Einsatzgruppe)
Eine Gruppe von „Alphatieren" musste also lernen, im Interesse ihrer Aufgaben miteinander umzugehen. Das Konkurrenzdenken und die persönliche Abgrenzung im Führungsteam sollten einem kooperativen Umgang miteinander weichen. Die Fragen, die sich stellten waren also:

1. Wie kommt man an jeden Einzelnen (emotional nachhaltig) heran und wie bringt man „die harten Jungs" dazu, über sich selbst und das Verhältnis (Umgang) zu den anderen Teammitgliedern ernsthaft zu reflektieren?
2. Wie macht man ihnen bewusst, dass ihre Art der Gruppenkommunikation eine Gefahr für die Leistungsfähigkeit des gesamten Kommandos bedeutet?
3. Wie führe ich sie an „ihre" Themen heran?

Ein klassisches aufgabenbezogenes Teamtraining schien uns hier nicht die richtige Antwort zu sein. Nach der Systematik der „Teamentwicklungsuhr" (Kreher 2011) repräsentierte das Team gleichzeitig Elemente aus den Phasen zwei (Nahkampf) und vier (Verschmelzung): Konflikte und Selbstdarstellung wechselten sich ab mit Leistungsausrichtung und zielgerichtetem Handeln. Dazu kam, dass dieses Team gerade auf die Ziele solcher Trainings (Aufgabenerfüllung) besonders trainiert war – und zwar perfekt.

Die Autoren Dave Francis und Don Young (1989) bieten im Bereich Teamtraining eine große Palette hervorragender Übungen zur Teamentwicklung. Unter anderem finden wir bei ihnen auch Trainingselemente zur Kommunikationsstruktur eines Teams. Dabei ist der Focus weitgehend auf die verschiedenen (funktionellen) Rollen sowie auf das Gesamtteam gerichtet. Die Übungen fordern vor allem die intellektuellen und kognitiven Fähigkeiten der Teammitglieder und führen über strukturiertes Vorgehen und Informations-Input zu Erkenntnissen. Erfahrungsgemäß nimmt ein so ausgerichtetes konventionelles Training viel Zeit in Anspruch, bis die entsprechenden individuellen Themen auf dem Tisch liegen.

Über die distanzierte Beobachtung des Teams kamen wir zu dem Schluss, dass die Atmosphäre im Team vor allem durch die individuellen „Themen" jedes Einzelnen begründet war. Wir brauchten also ein Konzept welches den Ansatz verfolgt, im Sinne der oben formulierten Fragen zunächst jeden Einzelnen in den Focus zu nehmen. Das Team und seine Struktur konnten hier zunächst in den Hintergrund gerückt werden. Der Einzelne steht im Zentrum der (dennoch) gemeinsamen Arbeit. Der (beschriebene) Umgangston im Team sollte keine Hemmschwelle darstellen auf dem Weg zur Auseinandersetzung mit dem eigenen Verhalten. Aus diesem Grund kamen auch Übungen nicht in Frage, die auf dem Prinzip der so genannten NASA-Spiele basieren, zumal Entscheidungsfindung im Team zu den obligatorischen Trainingsinhalten des Teams gehörten.

Aus unseren Vorerfahrungen wissen wir, dass wir so strukturierte Persönlichkeiten, zumal in dieser Menge in einer Gruppe konzentriert, nicht ohne weiteres motivieren konnten, ernsthaft an ihren Problemen („Themen") zu arbeiten. Die werden i.d.R. ignoriert und/oder nicht darüber geredet. Es besteht eine spürbare Scheu, sich zu „öffnen" und vielfach erleben wir in der Praxis auch „kreative" Formen des Widerstandes. Die Folge ist dann zunächst Frust auf beiden Seiten, dessen Bearbeitung meistens viel Zeit und Energie kostet.

Dagegen finden wir in solchen Fällen und ganz besonders hier in erster Linie die aufgabenbezogene Leistungsbereitschaft- und Fähigkeit. Und genau an dieser Stelle, an den Stärken der Gruppe setzten wir an: Herausforderungen annehmen und suchen; neue Ziele entwickeln - handeln; neue Situationen (Veränderungen) kreativ und entscheidungsfreudig bewältigen.

Aufgrund dieser spezifischen Voraussetzungen orientierten wir uns konzeptionell an den wesentlichen Elementen des Zürcher Ressourcen Modells (ZRM), entwickelt von Storch und Krause (2005). Im Gegensatz zu einer Problemperspektive liegt dem ZRM eine Ressourcenperspektive zugrunde. Annahme ist hier also, der Mensch verfüge über die Ressourcen (trägt sie in sich), die zur Lösung seiner Probleme oder zur Erreichung seiner Ziele notwendig sind.

Kurz dargestellt, müssen in diesem Rahmen zunächst die individuellen „Themen" (das aktuelle Thema) gefunden werden (Phase 1), um anschließend daraus ein entsprechendes Handlungsziel zu formen (Phase 2). Am Ende soll der Einzelne „sein Thema" bewusst erfasst haben und im weiteren Prozessverlauf mit seinen Möglichkeiten (Ressourcen) bearbeiten.

Und hier brauchten wir den Co-Trainer Pferd. Es ging uns dabei um einen Weg, die einzelnen Gruppenmitglieder an ihre „Themen" heran zu führen, indem sie mit ihren eigenen Verhaltensmustern konfrontiert werden. Aus psychoanalytischen und tiefenpsychologischen Verfahren wissen wir, dass „Themen" (Bedürfnisse) nicht immer bewusst und präsent sind. Gerade hier erfüllt das (neutrale) Pferd in hervorragender Weise seine Funktion. Pferde können ihr Verhalten nicht reflektiert betrachten. Sie verhalten sich (aus ihrer unreflektierten Sicht) immer adäquat, entsprechend den gegebenen Anweisungen. Ein solches neutrales Feedback fungiert dann als Spiegel des agierenden Menschen. Diese Spiegelung des eigenen Verhaltens legt individuelle, unbewusste und situationstypische Reaktionsmuster offen (Truckenbrodt 2004, 20ff.). Wir als Trainer wollten mit ihnen dadurch ins Gespräch kommen. Gleichzeitig sollten die agierenden Teammitglieder miteinander ins Gespräch kommen – mit Hilfe des (neutralen) Co-Trainers Pferd.

Die Erfahrung lehrt uns, dass ein Feedback von Trainern häufig nicht angenommen wird und zu keiner Verhaltensänderung führt. Ein Feedback durch das Pferd hingegen ist hier (faszinierend) wirksamer. Darüber hinaus beschreiben andere Autoren, dass in der Arbeit mit Pferden schnell und glaubwürdig Selbst- und Fremdbild miteinander verglichen werden können (Kohl, Brandes 2006) Unsere Entscheidung für ein pferdegestütztes Training basiert zusammenfassend auf folgenden Aspekten:

– 100-prozentig authentisches Feedback durch das Pferd (Spiegel).
– Glaubwürdigkeit der Aktionen fördert die Bereitschaft zur ernsthaften Reflektion und Transfer.
– Nur die absolute Klarheit und Eindeutigkeit in den Aktionen führt zum Erfolg.

- Es gibt keine Ausweichmöglichkeiten.
- Ursache und Wirkung in den Aktionen mit dem Pferd ist eindeutig nachvollziehbar. Ergebnis jeder Aktion wird durch den Menschen verursacht.
- Der menschliche Filter wird ausgeschaltet.
- In den Übungen gibt es nur Tatsachen, denen sich der Mensch stellen muss.
- Der Kontakt zum Tier „berührt".

Den Einsatz dieser Elemente, die u.a. pferdegestützte Arbeit schlechthin charakterisieren, hielten wir einzig für geeignet, um den Teammitgliedern glaubwürdig zu begegnen. Hier konnten wir ein Forum schaffen, in dem „die harten Jungs" vom ersten Moment an das tun sollten, wovor sie im dienstlichen Alltag meist auswichen. Und das mit Hilfe völlig neutraler Partner, die unseren Part des Feedbacks übernahmen und dabei gegenüber jeglicher Kritik erhaben sind:

- Sich gegenseitig qualifizierte Rückmeldung geben sowie Feedback kommentarlos annehmen.
- Die Leistung des anderen wertschätzend anerkennen.
- Eigene Misserfolge (Aktion mit dem Pferd) aushalten
- Im Falle des Misserfolgs des anderen konstruktive und aufbauende Rückmeldung geben

Darüber hinaus forderte der Umgang mit dem Co-Trainer Pferd den Teammitgliedern Verhaltensweisen ab, die dem herrschenden Umgang im Team konträr gegenüberstehen:

- Kooperative Beziehungen aufbauen und gestalten
- Achtsam mit dem Partner umgehen
- Nähe aufbauen mit dem notwendigen Maß an gegenseitigem Respekt.
- Dominanz und Vertrauen in einer Aktion kombinieren
- Dem Partner ehrlich und klar gegenübertreten.

Das Training gestaltete sich in seinen Wirkungen recht vielfältig. Wie erwartet, konnten die Teammitglieder (im Folgenden: TN) ihre Überraschung nicht verbergen, als Sie vor den Pferden standen. Niemand hatte privat intensiveren Kontakt mit diesen Tieren. Die didaktisch-methodische Strategie des Trainings ist mit dem Gesamtleiter entwickelt und entschieden worden. Leider blieb für eine entsprechende gemeinsame Vorbereitung (wie sonst üblich) mit dem gesamten Team keine Zeit. Der Kontakt zu den Pferden dagegen (ein 16-jähriger brauner Trakehner und ein achtjähriger Haflinger)

verlief reibungslos. Zur Einführung in das Thema und Gewöhnung an die Pferde ging es um zwei Aspekte:
- Beobachtung der frei laufenden Pferde. Fragestellungen:
  - Wie verhalten sich die Pferde zueinander?
  - Wer ist ranghöher und woran ist das zu erkennen?
  - Wie kommunizieren die Pferde untereinander?
- Frei laufende Pferde. Aufgabe:
  - Kontakt aufnehmen zu beiden Pferden.
  - Auswahl treffen – mit welchem Pferd will ich arbeiten?

Es war interessant zu beobachten, wie schnell sich die Charaktere der Teilnehmenden hinsichtlich der Sympathie den unterschiedlichen Charakteren der beiden Pferde zuordneten. Die stärkeren „Alphatiere" aus dem Team standen plötzlich bei dem dominanten Pferd und wollten bevorzugt mit ihm arbeiten. In einer anschließenden Reflektion dieses Phänomens konnten wir den einzelnen Teammitgliedern die Bedeutung der Pferde als Co-Trainer gut vermitteln. Die oben erwähnten Lernziele nahm die Gruppe zunächst allerdings nur zögerlich zur Kenntnis. Hier regte sich Widerstand gegenüber der Einschätzung von außen. Mit dieser nicht weiter verfolgten Ausgangssituation begannen wir die intensive Arbeit mit den Pferden. Generell ist an dieser Stelle zu erwähnen, dass in der Vorbereitung der praktischen Arbeit mit dem Pferd die relevanten Sicherheits- und Umgangsregeln besprochen wurden.

Hinsichtlich der verschiedenen praktischen Übungen mit den Pferden sowie der entsprechenden Reflektionen und (kurzen) theoretischen Einschüben würde eine Gesamtdarstellung hier sicher den Rahmen sprengen. Deshalb an dieser Stelle eine stichwortartige Auflistung der wichtigsten Übungen mit den didaktischen Zielen.

Übungen mit physischer Verbindung zum Pferd

Didaktische Ziele sind: Verbindung aufbauen und halten; durch Körpersprache die eigene Dynamik präsentieren und die des Pferdes beeinflussen; Klarheit in den eigenen Bewegungen; Selbstwahrnehmung der mentalen Befindlichkeit; Wahrnehmung der mentalen Stärke des Pferdes;
- führen mit festgelegtem Zielpunkt
- Führen durch einen Parcour
- Der „Zirkel"
- „JoJo" (weichen – folgen)

Karsten Ebeling & Christof Wiethold

Übungen ohne physische Verbindung zum Pferd im Roundpen und in ganzer Halle

Didaktische Ziele sind: Klarheit in der eigenen Aktion; Sensibilität für Nähe und Distanz; situationsgerechte Koordinierung von Nähe und Distanz; Wahrnehmung des Zusammenhangs: mentale Stärke und körpersprachliche Äußerung; Umgang mit Misserfolg;
– Präsens (Auftreten) zeigen (das Pferd weicht)
– Kontakt aufnehmen – Verbindung herstellen – führen
– Verbindung aufbauen – durch einen Hindernis-Parcour führen
– Im Team zwei Pferde dirigieren

In der gesamten Arbeit mit den Pferden galten folgende Regeln:

– Entscheide, was du willst!
– Nimm deine Position ein!
– Bringe dein Pferd in seine Position, ohne deine zu verlassen!
– Führe die geplante Aufgabe aus!
– Korrigiere dich und dein Pferd sofort!
– Schließ' ab und gib' Komfort!
Im Interesse der Übungsdichte wurde zunächst in zwei Gruppen mit jeweils einem Trainer gearbeitet. Die Gruppen wechselten immer wieder die Pferde. Unterbrochen wurde dieser Rhythmus durch gemeinsame Reflektionen des Erlebten.

Ein wesentlicher Fixpunkt unseres hier dargestellten Vorgehens war die Verbindung zwischen den übergreifenden und immer wieder eingeforderten Prinzipien bei der Ausführung dieser Übungen und den Lernzielen. Missachtete oder nicht geleistete Prinzipien führten (naturgemäß) zu Misserfolgen bei den Übungen und stellten somit ein ständiges Korrektiv dar. Hier die Prinzipien im Einzelnen, die auf einem Chart an der Bande immer präsent waren (nach Kessel/Mantler):
Die innere Haltung in der Pferdearbeit
– Habe eine klare Vorstellung vom Machbaren.
– Schaffe Klarheit über deine Ziele und verfolge sie konsequent.
– Achte immer auf Kontakt.
– Focus: Freiwilliges Folgen.
– Bringe Vertrauen und Respekt in die Balance.

– Arbeite konsequent und liebevoll an deinen Zielen.
– Gib klare Anweisungen.
– Erkläre und lasse Zeit zum Verstehen.
– Baue ggf. Druck auf – und lasse sofort nach, wenn du dein Ziel erreicht hast.
– Fordere, aber treibe niemals in den Instinkt.

Der Zusammenhang der individuellen Verhaltensstile mit der Kommunikationsstruktur im Team wurde nach und nach offensichtlich. Je anspruchsvoller und komplexer sich die Übungen gestalteten, desto mehr wurden die Teilnehmer mit ihren eigenen Verhaltensmustern konfrontiert. Äußeres Zeichen: Es wurde ruhig in der Halle. Hier das Beispiel einer Szene, die bei den Teilnehmer nachhaltige Wirkung hinterlassen hat. Es ging um eine Übung zu zweit im Team und zwei Pferden.

Die Aufgabe für die beiden Teilnehmer war, die Pferde auf dem Hufschlag im Schritt oder im Trab zu halten; und zwar in entgegengesetzter Richtung. Da gab es plötzlich Chaos und Verwirrung bei Mensch und Pferd. Die interne Abstimmung klappte nicht und es wurden plötzlich versteckte und offene Vorwürfe geäußert („... mach doch endlich mal... "; „... meiner macht, was er soll... "). Dazu kamen mehr oder weniger gut gemeinte Tipps und Hinweise von außen, die dann zur totalen Verwirrung und zum Abbruch der Übung führten. Alle nahmen es mit Humor und wir alle haben herzhaft über die Szene gelacht. Dennoch erkannte jeder „den Ernst der Lage".

In einer anschließenden längeren und sehr emotional geführten Reflektion formulierten sie letztlich selbst die individuelle Verantwortung für die beschriebene Szene und zogen eine direkte (Transfer)-Linie zu der belasteten Atmosphäre im Team. Sie verließen nach und nach ihre Komfortzone (stellten sich den Ereignissen, reflektierten bereitwillig).

Es fällt nicht schwer, die aufgeführten Prinzipien auch als allgemeine Parallele zu einer erfolgreichen und vertrauensvollen Kommunikation im Team zu erkennen. So konnten wir zwischen den Aktionen immer wieder auf den Kern der Problematik zurückkommen. Durch den neutralen Co-Trainer Pferd war es möglich, uns in den Auswertungen und Reflektionen stets auf nachvollziehbare Tatsachen zu berufen. Ein Problem mit der Glaubwürdigkeit gab es deshalb nicht. Das Gegenteil war der Fall. Die Teilnehmer stellten fasziniert fest, dass das Pferd ihr Verhalten spiegelte und es immer nur einen Verantwortlichen für den Erfolg oder Misserfolg gab: Den Menschen.

Ein zweiter wesentlicher konzeptioneller Fixpunkt stellte die oben kurz erwähnte Strategie dar, von den „harten Jungs" ein der Atmosphäre im Team zuträgliches Kommunikationsverhalten zu fordern; und zwar getragen von Ehrlichkeit und gegenseitiger Wertschätzung.

Die Übungen waren u.a. so angelegt, dass ein Teilnehmer allein mit einem Pferd im Roundpen arbeitete. Die anderen hatten die Aufgabe, die Aktion zu beobachten und anschließend gemeinsam mit dem TN zu reflektieren sowie ein dezidiertes Feedback zu geben. Diese Auswertungsgespräche verliefen stets nach einem einheitlichen Leitfaden:

1. Selbsteinschätzung des TN auf der Grundlage seines verfolgten Übungszieles
2. Fragen der Beobachter (Klärung)
3. Feedback der Beobachter
4. Empfehlungen und Beratung der Beobachter

In der Selbsteinschätzung sowie im Feedback wurden vor allem folgende Inhalte behandelt:
– Aufbau und Aufrechterhaltung der mentalen und physischen Präsens
– Balance zwischen Kontakt, Respekt und Vertrauen von Mensch und Pferd (für das Pferd muss ich das Mitdenken übernehmen)
– Einfühlung in den mentalen Status des Pferdes (Verständnis dafür was mein Gegenüber braucht, um voranzukommen)
– Umgang mit den Druckstufen gegenüber dem Pferd (gelassenes Agieren ohne negative Emotionen)
– Veränderungsthema (tauchen persönliche Themen auf?)

Als Trainer legten wir stets Wert darauf, dass diese Struktur diszipliniert eingehalten wurde. Zunächst forderte diese ungewohnte Situation für die TN eine straffe Gesprächsführung unsererseits. Art und Weise und vor allem inhaltlich lagen die Gespräche offenbar recht weit von den Vorstellungen der Betroffenen entfernt. Sie agierten jetzt in einem Rahmen, den sie als „Kontrastprogramm" zu der gewohnten Art des Umgangs miteinander empfinden mussten. Die Selbsteinschätzung nach den Übungen gestalteten sich am Anfang zähflüssig und auch in den Feedbacks gab es immer wieder Versuche, mit dem üblichen „Sprüche-Jargon" den Themen und der Ernsthaftigkeit auszuweichen. Dennoch spürte man den Spaß im Umgang mit den Pferden. Es war für alle eine positiv besetzte Herausforderung. Außerdem bildete sich im Verlauf auch eine gewisse Routine darin aus, zumal die TN in ihrer „Pferdearbeit" immer mehr erkannten, worauf es ankam.

Im Laufe der Zeit, nach wiederholtem Tausch der Pferde und der Durchmischung der beiden Teilgruppen spürte man eine zunehmende Ungeduld, die oben bereits beschriebene Erkenntnis vehement zu äußern: Es geht nicht um Pferde – es geht um uns. „Wir haben jetzt weiß Gott etwas Besseres zu tun, als uns mit Pferden zu beschäftigen. Wir müssen reden!"

Wir waren am Ziel der ersten Etappe des Trainings. Die Pferde zeigten es den Teilnehmern: Wenn du so mit mir umgehst, dann . . . Auf diese Weise konnten wir in nur eineinhalb Tagen zum beschriebenen Ergebnis kommen. Auf der Grundlage der jetzt geschaffenen Bereitschaft, die „Themen" des Teams ernst zu nehmen, setzten wir die zweite Etappe des Seminars dann in der Form des klassischen Workshops fort.

Nicht alle Themen auf der zunächst angefertigten Liste konnten wir in der verbleibenden Zeit bearbeiten. Die Arbeit mit den Pferden jedoch schaffte die Voraussetzung (Bewusstsein) für eine weitergehende selbständige Teamentwicklung.

Ausblick

Wir haben dem Team empfohlen, auch bei weiteren Entwicklungsmaßnahmen immer den Bezug vom Einzelnen zum Team herzustellen. Um die intensive (Feedback)-Arbeit mit den Pferden fortzusetzen, halten wir hier Instrumente aus dem Bereich der Persönlichkeits- und Stilanalysen für geeignet (MBTI; Lifo; Biostrukturanalyse). Auf diese Weise kann noch mehr Transparenz hinsichtlich der einzelnen Verhaltensstile im Team geschaffen werden. Gerade das schafft die nötige Orientierung für vertrauensvolle und kooperative Kommunikation im Team.

Literatur

Francis, D./Young, D. (1989): Mehr Erfolg im Team. Windmühle Verlag, Hamburg
Kohl/Brandes (2006): Persönlichkeitsentwicklung mit Islandpferden – ein Training der besonderen
Erfahrung. in: berufsbildung. Zeitschrift für Praxis und Theorie in Beruf und Schule, 2006/99.

Kreher, A. (2011): Wie funktioniert eine Gruppe? Gruppenmodelle nach Tuckmann und Cohn. Grin Verlag Jena

Senge, P. (1996): Die fünfte Disziplin. Stuttgart, Klett Cotta Verlag

Storch, M./Krause, F. (2005): Selbstmanagement - ressourcenorientiert. Grundlagen und

Maja Storch und Frank Krause (2005): Selbstmanagement – ressourcenorientiert. Grundlagen und Trainingsmanual für die Arbeit mit dem Zürcher Ressourcen Modell. 3., korr. Auflage, Huber, Bern

Weitere verwendete Materialien

Bernd Kessel, Reinhardt Mantler (2001): BeraterGruppe Hanstedt; unveröffentlichtes Manuskript.

Vertrauen statt Dominanz in Arbeitsbeziehungen

Grit Meyer

Seit dreißig Jahren beschäftige ich mich mit meinen Pferden. Seit
zehn Jahren beschäftigen sich meine Pferde nun auch mit mir –
respektvoll, vertrauensvoll, freiwillig.

Zwei junge Mädchen reiten mit ihren Pferden durch die tief verschneite, beeindruckende nordamerikanische Landschaft. Über die nahe gelegene
Landstraße rast ein LKW heran.

Dann nimmt das Unglück seinen Lauf. Eines der Pferde scheut, stürzt
mit seiner Reiterin einen Abhang hinunter und beide, Reiterin und Pferd,
werden durch den Zusammenprall mit dem LKW getötet. Das zweite Mädchen und ihr Pferd werden bei dem Unfall schwer verletzt und sind für
lange Zeit traumatisiert. So beginnt der Kinoerfolg „Der Pferdeflüsterer"
von und mit Robert Redford aus dem Jahr 1998.

Eine wahre Begebenheit zum Thema „Vertrauen"

Wahrscheinlich hatte ich die Filmszene wieder einmal im Kopf, als ich
mit meinem Schimmel „Pallagit" durch die tief verschneite, vielleicht nicht
ganz so spektakuläre aber dennoch reizvolle Landschaft des Westerwaldes
galoppierte.

Mein Pferd und ich befanden uns auf einem Feldweg, der auf der einen
Seite durch dichtes Gebüsch begrenzt wurde. Plötzlich sprangen ein paar
verschreckte Rehe aus der Deckung. Mein Pferd erschrak vor der unerwarteten Bewegung, wich mit einem Satz nach rechts aus und ich rutsch-
te mitsamt dem Sattel nach links. Der Sattel gab immer mehr nach, bis
ich schließlich gezwungen war, mich fallen zu lassen. Ich lag nun also im
Schnee und mein Pferd lief im gestreckten Galopp, so gut das mit dem

schweren und großen Westernsattel, der nun unter seinem Bauch hing, eben ging in Richtung Heimat.

Spätestens jetzt war die furchtbare Filmszene wieder präsent! Unser Zuhause lag nur knapp zwei Kilometer entfernt, für das Pferd waren also der Stallgeruch und damit die vermeintliche Sicherheit schon deutlich wahrnehmbar. Was das Pferd auf seiner Flucht nicht wahrnehmen und schon gar nicht berücksichtigen würde, war die Straße, die es auf dem Weg nach Hause zwangsläufig überqueren musste. Was könnte alles passieren? Was würde passieren? Meine Fantasie ließ die schlimmsten Bilder entstehen und dementsprechend reagierte ich zunächst.

Mit dem ersten Impuls sprang ich auf und lief „Pallagit" hinterher, laut seinen Namen rufend und wild gestikulierend, um seine Aufmerksamkeit zu bekommen. Meine Aufregung bestätigte meinem Schimmel, dass er recht damit hatte, sein Heil in der Flucht zu suchen.

Zum einen wegen des tiefen Schnees und zum anderen, weil meine Selbstreflexion nun endlich wieder einsetzte, gab ich die Verfolgung sehr bald auf. Ich war mir immer sicher gewesen, mein Pferd in jeder Situation kontrollieren zu können. Das war für mich als erfahrene Reiterin gar keine Frage - solange ich oben saß und die Zügel in der Hand hatte. Mein Schimmel war weg und damit auch die direkte Einwirkung über die Zügel. Das Pferd war noch in Sichtweite, lief aber immer noch von mir fort. Ich setzte notgedrungen auf das, was ich mir zusammen mit ihm in zwölf gemeinsamen Jahren erarbeitet hatte. Ich setzte auf unsere Beziehung und unser gegenseitiges Vertrauen. Dazu musste ich nun sehr schnell meinen Alarmmodus auf Wohlfühlmodus umstellen und zwar aus einem echten Gefühl heraus, da Pferde auch über sehr große Distanzen hinweg in der Lage sind, den Wahrheitsgehalt der gesendeten Botschaft zu überprüfen. Ich hockte mich also in den Schnee, fühlte in meinen Körper und entspannte mit Hilfe der Atmung alle verkrampften Bereiche, die ich bei mir finden konnte. Meine Botschaft kam an!

Meine kurze aber intensive Achtsamkeitsübung führte dazu, dass das Pferd unmittelbar stehen blieb und mir seinen Kopf zuwandte. Der Schimmel stand nun gute zweihundert Meter von mir entfernt, immer noch mit dem Sattel unter dem Bauch, gegen den er bei jedem Schritt mit seinen Beinen schmerzhaft angeschlagen war. Er hatte nun die Wahl zwischen dem heimatlichen Stall und mir - und er entschied sich für mich! Im Schritt kam er nun ohne zu zögern das ganze Stück zu mir zurück und weil ich mittlerweile vor lauter Erleichterung in Tränen ausgebrochen war, stupste er mich auch noch aufmunternd an. Als ich versuchte, mit eiskalten und vor Aufregung zitternden Fingern den Sattelgurt zu lösen, um meinen Partner endlich von dem Sattel zu befreien, an dem er sich die Hinterbeine bereits aufgeschlagen hatte, merkte ich, dass ich, ganz nach altem Muster, schon wieder die Zügel in der Hand hielt, in der Sorge, er könnte mir davon laufen. Ich legte also die Zügel nun locker über seinen Hals und hatte dadurch endlich beide Hände frei, um den Sattel, unser gemeinsames Problem, zu lösen. So konnten wir ja nicht weiter reiten. Als der Sattel unter ihm auf die Erde fiel, zuckte er nur kurz zusammen, blieb aber stehen, denn er hatte sich schließlich grundsätzlich dafür entschieden, nicht alleine nach Hause zu laufen.

Der Schimmel verharrte solange vollkommen ohne meine Einwirkung gelassen neben mir, bis ich alles Equipment sortiert, ihn wieder neu gesattelt hatte und aufgestiegen war. Das Wegstück nach Hause verlief sehr entspannt, denn mein vierbeiniger Mitarbeiter hatte kein Problem damit, sowohl den Sattel, als auch die Anweisungen seiner gestürzten Führungskraft auch nach diesem unangenehmen Erlebnis zu akzeptieren.

In meinen Seminaren vertrete ich die Auffassung, dass die besten Teams nicht nur miteinander, sondern vielmehr füreinander arbeiten. Das hat mir die beschriebene persönliche Erfahrung wieder einmal bestätigt.

Wenn ich die Gallup-Studie EEI 2012 auf meinen vierbeinigen Mitarbeiter anwende, dann darf ich jetzt stolz behaupten, dass er zu den gerade mal 15% der Beschäftigten gehört, die sich „emotional hoch gebunden" fühlen. Beidseitiger Respekt, beidseitige Wertschätzung und beidseitiges Vertrauen können die Basis sein für eine leistungsfähige und auch in schwierigen Situationen leistungsbereite Arbeitsbeziehung.

In den meisten Betrieben fällt heute schon das „Wir" schwer.

In den Unternehmen haben sich die Strukturen in den letzten Jahrzehnten stark verändert. Beziehungen haben einen anderen Stellenwert oder gar eine andere Bedeutung erhalten. Die Motive, Leitbilder und Werte der Menschen, egal ob Mitarbeiter oder Führungskraft, orientieren sich nicht nur im beruflichen Kontext entscheidend anders. Beschleunigung wird angestrebt, Zustände, Situationen und Innovationen sind schnelllebig und Veränderungen daher an der Tagesordnung, Freunde werden per Mausklick bestätigt oder abgelehnt und Austausch und Ersatz wird der Reparatur vorgezogen, um nur einige Aspekte zu nennen.

Früher! Früher war sicher nicht alles besser. Aber es war anders.

Womöglich erinnert sich der eine oder die andere noch an Unternehmer, die „ihre" Mitarbeiter jeden Morgen mit Namensnennung grüßten. Ich selber erinnere mich an meinen ersten Senior-Chef, der mich eines Tages in sein Büro bat, wo er sich bei mir, einer Auszubildenden (!) im zweiten Lehrjahr, in aller Form und Höflichkeit dafür entschuldigte, dass er mich die letzten vier Tage nicht gegrüßt hatte. Ich hatte meine Frisur verändert und er hatte mich deshalb nicht erkannt. Das ist nun beinahe fünfundzwanzig Jahre her und ich habe es stets in Erinnerung behalten! Wow, war ich beeindruckt von dieser Begegnung!

In diesem Unternehmen habe ich sehr gerne und mit vollem Engagement gearbeitet. Und es klang immer ein deutlich wahrnehmbarer Stolz mit, wenn der Senior von „seinen Mitarbeiterinnen und Mitarbeitern" sprach. Der gleiche Stolz, mit dem ich von „unserer" Firma erzählte.

Gerald Hüther spricht in diesem Zusammenhang von dem „Geist". Dem Geist einer Einrichtung, eines Umfeldes, dem Geist eines Unternehmens, der dem arbeitenden, lernenden und lebenden Menschen den Rahmen für Erfahrungen, Einstellungen, inneren Haltungen und Handlungen bietet.

In vielen Betrieben herrscht heutzutage der Ressourcennutzungs-Geist, der Kennzahlen-Geist oder auch der Vergleichbarkeits-Geist. Die Menschen, die in diesem Umfeld beschäftigt sind, machen ihre Erfahrungen, die in ihren Gehirnen abgespeichert werden, sofern sie denn mit einem Gefühl gekoppelt werden (Hüther 2009)

Die Menschen erfahren in vielen zeitgeistig aufgestellten Unternehmen, dass sie funktional austauschbar sind, dass sie über Kennzahlen und künstliche Profilkonstrukte und Analysetools vergleichbar sind und ihre Individualität keine Rolle spielt. Sie erfahren, dass besonderes Engagement selten und schon gar nicht zuverlässig gewürdigt wird und dass es nicht darum geht, ob die Tätigkeit, die immerhin einen erheblichen Teil der persönlichen Lebenszeit bindet, Freude bereitet. Sie erfahren auch, dass Zielvereinbarungsgespräche lediglich Zielvorgabenmonologe sind und dass eine andere Perspektive nicht erwünscht ist. Das Wort „Mitarbeitermotivation" wurde nach Ansicht Vieler nur erfunden, um den Unternehmens-Geist zu beruhigen, der ja spätestens mit Einführung eines Qualitätsmanagementsystems auf der Internetplattform eines Betriebes unter dem Stichwort „Philosophie" dokumentiert wird. In welcher Art solche und vergleichbare Erfahrungen nun an Gefühle gekoppelt sind und wie sie damit von den Gehirnen der Betroffenen abgespeichert werden, mag jeder für sich nachempfinden.

Die im Gehirn gespeicherten Erfahrungen führen zur inneren Haltung und ein Blick in die Unternehmen hinein zeigt, dass sich die Haltungen der Beschäftigten in Bezug auf den Arbeitgeber entsprechend verändert haben. In Mitarbeitergesprächen, Gesundheitszirkeln, Arbeitsschutzausschuss-Sitzungen und bei ähnlichen Gelegenheiten wird schnell deutlich, von welcher Qualität die derzeit vorherrschende Haltung der Beschäftigten ist. Zweifel, Misstrauen, Vorsicht und Zurückhaltung, Ich-Bezogenheit einschließlich Nehmer-Tendenz und eine grundlegende Distanzierung statt Identifikation sind heute in den Unternehmen die Regel.

Die daraus resultierenden Bewältigungsstrategien seitens der Mitarbeiter und Mitarbeiterinnen sind der offene Konflikt, die Kündigung oder die innere Kündigung - je nach Persönlichkeitsstruktur und Situation.

„Die große Mehrheit der Arbeitnehmer, insgesamt 66 Prozent, weist lediglich eine geringe emotionale Bindung auf – und leistet nur Dienst nach Vorschrift" (Gallup EEI 2010). Ganze 59 Prozent der emotional Ungebundenen ziehen laut dieser Studie einen Arbeitgeberwechsel innerhalb Jahresfrist in Erwägung.

Dienstleister wollen auch leben

Zwangsläufig stellen sich die Dienstleister, also auch Berater, Coaches und Trainer, auf die Rahmenbedingungen und den Geist der Unternehmen ein, für die sie tätig sind.

Unternehmensberater, Persönlichkeitsprofiler und Interimsmanager hinterlassen im Unternehmen ihre Spuren und ziehen weiter. Es wird gecoacht und trainiert, nach Hüthers Worten gar dressiert. Denn alles Verhalten, sagt er, ist durch Belohnung oder Bestrafung erlernbar und er nennt dieses Prinzip „Dressur".

Den Dienstleistern, auch den Anbietern pferdeunterstützer Personalentwicklungsmaßnahmen sollte bewusst sein, dass sie mit ihrer Arbeit entweder den Geist der Zeit in den Unternehmen stützen und stärken oder dass sie neue Wege einschlagen können und damit Perspektiven eröffnen, die einem neuen, anderen Zeitgeist das Wachstum ermöglichen.

Respekt und Vertrauen als erlernbare Führungstechnik?

Anbieter pferdeunterstützter Personalentwicklungsmaßnahmen, die ihre Arbeit auf die Methoden der Pferdetrainer aus dem besagten Film, der „Pferdeflüsterer" stützen, können den Wunsch mancher Führungskraft nach dem schnellen Erlernen von „vertrauensbildenden" und Respekt verschaffenden Techniken durchaus erfüllen.

Dem Cowboy ging es schließlich darum, in kurzer Zeit ein „arbeitswilliges", leichtrittiges Pferd zu haben, das jederzeit gut kontrollierbar war. Sie entwickelten die Methode des „Join-up". Das junge, unerfahrene oder aber auch das „unwillige" Pferd wird in einem, nach außen durch eine unüberwindbare Wand begrenzten Kreis durch den Ausbilder von der Mitte aus getrieben, bis es erkennbar seine Bereitschaft zur Kooperation äußert. Schließt es sich nach diesem Angebot zur Mitarbeit seinem Ausbilder nicht direkt an, indem es folgt, so wird das Treiben fortgesetzt. So lange, bis das Pferd „verstanden" hat, was der Ausbilder von im möchte. Der Pferdetrainer und Buchautor Monty Roberts (Roberts 1997) beschreibt, wie viele andere nach ihm, diese Methode ausführlich.

Dass das Pferd bei dieser Methode den Respekt vor seinem Ausbilder aufbaut steht außer Frage. Pferde die das nicht tun, sind nicht brauchbar und schlagen danach einen anderen, meist letzten Weg ein. Der Respekt wird hier abverlangt und ist lediglich einseitig.

Ob das Pferd Vertrauen zum Ausbilder aufbaut, hängt davon ab, wie „Vertrauen" definiert wird. Das Pferd kann bei dieser Form des Umgangs darauf vertrauen, dass es erst dann keinem Druck und Stress mehr ausgesetzt wird, wenn es das tut, was der Trainer von ihm erwartet. Das ist konsequent. Und Konsequenz gibt Sicherheit im Handeln und schafft damit insofern auch Vertrauen. Dieses Vertrauen spielt sich allerdings nicht auf Augenhöhe ab, sondern beruht auf Dominanz und Unterordnung. Es beruht wesentlich auf der Angst vor unangenehmen Konsequenzen.

Wie in der Evaluation der pferdeunterstützten Seminare und Workshops immer wieder bestätigt wird, sind diese Techniken vom Ausbilder bzw. der

Führungskraft lernbar, trainierbar und eben auch auf die Mitarbeiterführung übertragbar.

„Wir müssen uns ja nicht lieben, wir sollen ja nur miteinander arbeiten!"

Im übertragenen Sinne genügt diese Form eines Arbeitsverhältnisses den meisten Unternehmen, Ihren Managern und Führungskräften und auch den Personalentwicklern, nach dem Motto: wir müssen uns ja nicht lieben, wir sollen ja nur miteinander arbeiten.

Aussagen und sich daran orientierende Handlungen wie: „Die müssen das nicht verstehen, die müssen's nur machen!" oder „Ohne Druck passiert da gar nichts!" oder „Sobald ich denen den Rücken zuwende, läuft doch nichts mehr!" gehören zum Repertoire dieser Unternehmensführung.

In diesen Rahmen passt auch der bei einigen Anbietern pferdeunterstützter Personalentwicklungsmaßnahmen gerne verwendete und insbesondere bei Journalisten beliebte Slogan „Was lernt der Boss vom Ross". Betriebe und ihre Führungskräfte, die diesen Unternehmensgeist kultiviert haben und sich selber als Bosse verstehen, verstehen nicht nur das Pferd in den Trainings stets funktional, im Sinne des „Kriegsrosses", des „eingespannten Rosses", also als Ressource, als Nutztier, als Werkzeug, sondern auch Ihre Mitarbeiter lediglich als „Human Resources".

„Wir müssen uns ja nicht lieben, wir sollen ja nur miteinander arbeiten".

G. Hüther sagt dazu sinngemäß: wenn man jemanden dazu bringen will, dass er sich entwickelt, das er seine Potenziale entfaltet, dann muss man ihn dazu einladen. Und einladen wird man nur jemanden, den man mag. Und der Einladung folgen wird nur jemand der Vertrauen hat.

Kann es sich die Ressourcennutzungs-Gesellschaft leisten, ihre Ressourcen nicht zu nutzen?

Der Gallup-Studie EEI 2012 zufolge weisen 24 % (2010 noch 21%) der Arbeitnehmer keine emotionale Bindung an den Arbeitgeber auf und verhalten sich am Arbeitsplatz destruktiv. Weitere 61 % fühlen sich nur gering emotional gebunden und leisten lediglich Dienst nach Vorschrift.

„Im vergangen Jahr verbuchten Beschäftigte ohne emotionale Bindung im Schnitt 76% oder 3,1 Fehltage mehr als emotional hoch gebundene

Mitarbeiter. Der deutschen Wirtschaft entstehen aufgrund von Fehlzeiten durch fehlende oder geringe emotionale Bindung der Beschäftigten jährlich Kosten in Höhe von 18,3 Milliarden Euro. (...) Fakt ist: Die innere Kündigung verursacht erheblichen volkswirtschaftlichen Schaden. Gallup-Hochrechnungen beziffern die jährlichen Kosten durch Produktivitätseinbußen auf 112 bis 138 Milliarden Euro. Außerdem sind emotional ungebundene Mitarbeiter eher zum Arbeitgeberwechsel bereit: Der Aussage „Ich beabsichtige, heute in einem Jahr noch bei meiner derzeitigen Firma zu sein." stimmen 93% der emotional hoch gebundenen, aber nur 58% der ungebundenen Mitarbeiter zu. Die Folgen ungewollter Fluktuation reichen vom Aufwand für Neuausschreibung, Auswahlverfahren und Einarbeitung bis hin zum Knowhow-Verlust und Kundenabwanderung. Auch auf die Stimmung und die Motivation der verbleibenden Beschäftigten wirkt sich eine hohe Kündigungsrate negativ aus." *(Pressemitteilung Gallup, 06. März 2013)*

Ein Großteil der Mitarbeiter ist also weg, wenn nicht körperlich, dann zumindest mental, sobald etwas unvorhergesehenes, ein unangenehmes Ereignis, eine Störung auftritt. An eine gute, vertrauensvolle Zusammenarbeit ist in vielen Betrieben grundlegend nicht mehr zu denken. Die Einladung zur Entwicklung, zur Potenzialentfaltung der Mitarbeiter auf Basis einer vertrauensvollen Arbeitsbeziehung scheint für ein zukunftsfähiges Unternehmen angebracht zu sein.

Müssen wir uns also doch lieben, statt nur miteinander zu arbeiten?

Ja! - und zwar im Sinne der, möglicherweise altmodisch anmutenden, Nächstenliebe, die mit der Wertschätzung des Anderen und dem gegenseitigen Respekt auf Augenhöhe einhergeht - losgelöst davon, auf welcher Augenhöhe sich der jeweils Andere gerade befindet.

Ziel sollte es sein, dass jeder im Betrieb ein ehrliches Interesse daran hat, wie es seinem Nächsten geht, was in bewegt, ihn motiviert und was ihn gesund, leistungsfähig und vor allem leistungsbereit hält.

Möglich wird die Nächstenliebe aber nur mit einem gesunden Maß an Selbstliebe, die wiederum geknüpft ist an die Achtsamkeit gegenüber der eigenen Person, des eigenen Körpers, des eigenen Geistes. Gerald Hüther drückt das folgendermaßen aus:

„Ermutigen kann man nur, wenn man selber mutig ist, inspirieren nur, wenn man selber inspiriert ist!"

Die meisten von uns werden also grundlegend umdenken und umlernen müssen, wenn sie einen Beitrag dazu leisten möchten, dass sich unsere Gesellschaft langfristig von innen heraus gesund, leistungsfähig und leistungsbereit erhalten kann. Es wird niemand da sein, der uns diese Eigenschaften von außen beschert.

Achtsamkeit, Wertschätzung, gegenseitiger Respekt und Vertrauen – vom Kopf durch's Herz in den Bauch

Ob ein Mensch gesund und leistungsbereit ist und bleibt oder ob er krank wird, ist keine Entscheidung des Kopfes, sondern das Ergebnis des Zusammenspiels unterschiedlicher Gefühle.

Wenn Unternehmen heutzutage also modern über das „Employer-Branding" diskutieren, um Fach- und Führungskräfte anzulocken oder an sich zu binden, dann sind sie gut beraten, wenn sie genau über diese Gefühle reden und nicht über Zahlen und Fakten. Die Diskussionen werden jedoch im Wesentlichen geführt über farbenfrohe Ruheräume, freie Nutzung von und offener Umgang mit Social Media, familienfreundliche Arbeitszeiten, bessere Sozialleistungen, gar noch mehr Geld usw. Das alles ist messbar, greifbar, nachvollziehbar für den Kopf. Selbst die Farbe eines Raumes ist lediglich eine Wellenlänge und kein Gefühl.

Maßnahmen im „Employer-Branding", zum ganzheitlichen Arbeits- und Gesundheitsschutz und zum Umgang mit dem demografischem Wandel können nur wirksam werden, wenn Sie Gefühle hervorrufen, auf Gefühle eingehen und die wahrgenommenen Gefühle zuverlässig unterstützen, statt sie zu enttäuschen. Begriffe der Gefühlsebene, die in diesem Zusammenhang häufig genannt werden sind Sicherheit, Wertschätzung, gegenseitiger Respekt, Vertrauen, Freiheit, Lebendigkeit.

Und es kommt noch schlimmer: Es genügt nicht, darüber zu reden. Gefühle müssen erlebt werden! Unternehmen müssen Gefühle also erlebbar machen, wenn Sie Ihren Unternehmensgeist tatsächlich im Sinne von vertrauensvollen, langfristigen und effizienten Arbeitsbeziehungen ändern wollen. Einstellungsänderungen, Haltungsänderungen und Verhaltensänderungen werden dann möglich, so Gerald Hüther, wenn (neue) Erfahrungen gemacht werden, die für den lernenden (und arbeitenden) Menschen mit einem Gefühl verbunden sind. Die Lernerfahrung, die Verhaltensänderung ist umso stärker, je intensiver das damit verbundene Gefühl empfunden wird. Lernen, Stärken entwickeln und Potenziale entfalten muss unter die Haut gehen!

Langfristig gesunde, motivierte und engagierte Mitarbeiter auf allen Ebenen verdient sich ein Unternehmen dadurch, dass es einen Unternehmensgeist schafft, einen Raum öffnet, in dem diese Form des Arbeitens, des Erfahrens und Erlebens möglich wird. Denn nach G. Hüther steckt in jedem von uns, aus einer sehr frühen Entwicklungsphase heraus, eine Sehnsucht nach Verbundenheit, dem sog. Urvertrauen und eine Sehnsucht nach der Erlaubnis wachsen und sich entfalten zu dürfen. Und damit erklärt sich der o.g. Hinweis auf die Nächstenliebe. Jeder Beschäftigte sollte ein Interesse daran haben, dass es dem anderen gut geht, dass jeder Nächste seine Erfahrungen machen und einbringen darf, dass jeder Nächste seine Potenziale entfalten und nutzen kann, um das Unternehmen bestmöglich zu unterstützen und die Unternehmensinteressen auch dann zu vertreten, wenn Störungen auftreten.

Um diese persönliche Reife zu entwickeln bedarf es einer wesentlichen Voraussetzung: der Achtsamkeit sich selbst gegenüber! Die Achtsamkeit beginnt bei uns selbst. Wer sich selbst nicht fühlt, ständig über seine Bedürfnisse, seine Zeit hinaus arbeitet und lebt, die Signale des Köpers, wie Hunger, Durst, Müdigkeit, Unkonzentriertheit, vielleicht sogar Angstzustände oder Wutausbrüche ignoriert, der ist weit davon entfernt, im Sinne der Nächstenliebe die Bedürfnisse des Anderen wahrzunehmen, geschweige denn, sich darum zu kümmern.

Das Wort „Achtsamkeit" wird leider im Zuge des „simplify your life" und des „urban gardening" und ähnlichen Entwicklungen gerade populär. Wenn es lediglich verwendet wird, um Achtsamkeit von Anderen einzufordern oder wenn es gedankenlos mit dem Begriff der „Wertschätzung" verwechselt wird, dann sollte es besser gar nicht verwendet werden. Die Achtsamkeit ist etwas sehr Wertvolles und ausgehend von jedem Menschen selbst ist es die Basis aller Beziehungen, im beruflichen, wie auch im privaten Kontext.

Beziehungstrainer, Achtsamkeitslehrer, Lebensgefährten - Pferde!

Als Anbieterin pferdeunterstützer Personalentwicklungsmaßnahmen greife ich selbstverständlich auf meine beruflichen Qualifikationen als Beraterin, Trainerin und Coach zurück.

Weit wertvoller, weil einzigartig, sind jedoch für mich meine persönlichen Erfahrungen und Entwicklungen, die ich nur durch die jahrelangen, intensiven Beziehungen zu meinen Pferden erleben konnte. Von Kindesbeinen an haben mich die Pferde gelehrt, dass es für eine dauerhaft gute Zusammenarbeit unabdingbar ist, gegenseitigen Respekt anzustreben. Die Pferde liefen auf den großen Weiden nämlich nur umso schneller und umso weiter davon, je mehr ich den überheblichen Anspruch hatte, dass sie zu mir kommen müssten. Einige Jahre weiter verstand ich, dass ich den gegenseitigen Respekt nur aufbringen konnte, wenn ich mit mir selber im Reinen war. Meine schlechte Laune wurde von den durchaus wehrhaften Tieren umgehend quittiert. Das war der Anfang meiner Achtsamkeitsübungen, auch wenn sie damals noch niemand so nannte. Heute ist mir in jedem Augenblick bewusst, wie es meinem Körper, meinem Geist und meiner Seele geht. Ich kann rechtzeitig auf Signale meines Selbst reagieren. Das schafft Selbstbewusstsein und hält gesund!

Als ich dann dazu über ging, meine Pferde auf meinem eigenen Hof, also in unmittelbarer Nähe zu mir, zu halten, stellte ich fest, wie viel mehr möglich war. Ich ließ meinen Pferden so viel räumliche Freiheit wie möglich, ich reduzierte das Hilfs- oder besser gesagt Zwangsequipment beim Reiten auf ein Minimum und ich begrüßte meine Pferde jeden morgen mit Namen und einem wohlwollenden Blick hinter die Stirn. Danke, dass es Dich gibt! Nach wenigen Monaten lief ich meinen Pferden nicht mehr hinterher, wenn ich mit ihnen ausreiten wollte. Auf meinen Ruf hin bekam ich von irgendwo her ein Wiehern als Antwort und zwei hoch motivierte Mitarbeiter donnerten den Abhang der Weide hinunter, in der Hoffnung gesattelt zu werden und einen schönen gemeinsamen Tag zu verbringen.

Ja, einige Monate haben diese Verhaltensänderungen gedauert. Gute Beziehungen sind nicht einfach da, sie wachsen und benötigen dafür ihre ganz eigene Zeit, die sich nicht beschleunigen lässt. Sie brauchen gemeinsame Erlebnisse und Erfahrungen, die mit positiven Gefühlen belegt sind. Die Belohnung für die Geduld ist die Freude an der gemeinsamen Arbeit und das Vertrauen, von dem ich in der Geschichte am Anfang dieses Beitrags berichtet habe.

Der Potenzialentfaltungs-Geist erfordert Mut!

Bei meiner Arbeit in den pferdeunterstützten Seminaren achte ich sehr auf den „Geist" der das jeweilige Setting, das Seminar begleitet.

Ich bewahre meinen vierbeinigen Mitarbeitern eine Arbeitsatmosphäre, die von gegenseitigem Respekt, Wertschätzung und Achtsamkeit durchdrungen ist und garantiere meinen Teilnehmern dadurch eine sichere und angstfreie Lernumgebung.

Ermutigen kann ich nur, wenn ich selber mutig bin. Meinen Teilnehmern und Klientinnen lasse ich viel Raum für die gemeinsame Arbeit. Ich habe den Mut, darauf zu vertrauen, dass mein Mitarbeiter und sein Schüler, die lernende Führungskraft, miteinander erfolgreich sein werden. Dazu gehört der Mut loszulassen, die Kontrolle weitestgehend aufzugeben und dem Mitarbeiter Pferd zu vertrauen. Er wird seinen Job gut machen, weil er ihn freiwillig und gerne macht. Er kann jederzeit gehen, wenn er möchte, die Tore sind offen! Er wird also den Teilnehmer nicht bedrängen oder gar verletzen.

Weil ich mir und meinem Team die Zeit für Beziehungspflege lasse, weil ich den Potenzialentfaltungs-Geist bewahre, muss ich keine Kontrollmechanismen und Schutzmaßnahmen installieren, die mich und meine Teilnehmer vor meinen eigenen Mitarbeitern schützen, sobald die direkte Kontrolle nicht mehr möglich ist. Ich muss keine Angst haben, denn ich habe keine Angst geschürt. Und wenn meine Mitarbeiter mal unsicher werden, dann kommen sie zu mir, „fragen", ob ich die Situation unbedenklich finde und dann wenden sie sich wieder ihrem verblüfften Schüler zu.

Die Teilnehmer erfahren in unseren Seminaren nicht nur etwas über sich, über ihre persönliche Wirkung oder ihren Führungsstil. Vielmehr erleben sie auch, wie befreiend es sein kann, emotionale Berührungen zuzulassen, ohne dass es sich nachteilig auf die Glaubwürdigkeit, Souveränität und Akzeptanz auswirkt. Sie spüren, wie anders sich Beziehungen gestalten lassen und wie viel leichter dann das gemeinsame Handeln fällt. Eine Teilnehmerin drückt Ihre persönlichen Erfahrungen so aus:

Thank you for the wonderful experience with this beautiful majestic horse! I learned much about myself and how others (in this case Keno) react on my behaviour. Its hard to concentrate on the bodylanguage. Normally we have words to express what we expect from others. But also important or the most important is our appereance. The way I present myself is what others notice. Not my words are important but my behaviour and my bodylanguage. Although I know this it was hard to put it into practice.

I bet there are people who start crying when they don't know how to change themselves. When you are working with animals it's always working on your own personallity. Especially animals always know who we are, you can't lie to them. You must be able to accept wrong attitudes and change them! It's going very deep. To accept, and for some people even to find their real personality is very difficult and means hard working! You must be open for those kinds of self-experience and you must allow them.

You do a great job and I wish you all the best for your future projects! Give Keno a big big hug for me! (Nadja M., Teamleader)

All unser Tun ist nur von Erfolg gekrönt, wenn wir es freiwillig und mit Begeisterung tun.

Quellen

Gallup (2013) Engagement Index 2012
Seit zwölf Jahren führt Gallup einmal jährlich eine Befragung zur Stärke der emotionalen Bindung deutscher ArbeitnehmerInnen durch - den *Gallup Engagement Index*. Die Ausprägung der emotionalen Bindung der Arbeitnehmer wird dabei u.a. anhand von Gallups zwölf Aussagen zum Arbeitsplatz bzw. -umfeld, den so genannten Q, gemessen. Basierend auf dem Ausmaß der Zustimmung zu den Aussagen werden die für die repräsentative Befragung zufällig ausgewählten ArbeitnehmerInnen ab 18 Jahren den Kategorien „ohne emotionale Bindung", „geringe emotionale Bindung" und „hohe emotionale Bindung" zugeordnet. Gallup konnte zeigen, dass sich die Produktivität von Unternehmen durch entsprechende Maßnahmen zur Steigerung der emotionalen Mitarbeiterbindung nachweisbar und erheblich verbessern lässt.
Hüther, G. (2009) Ohne Gefühl geht gar nichts. DVD. ASIN: B0030IK1Z8

Grit Meyer

Prof. Dr. Gerald Hüther, Neurobiologe, geb. am 15.02.1951 in Emleben Gotha, Leiter der Zentralstelle für Neurobiologische Präventionsforschung der Univ. Göttingen und Mannheim/ Heidelberg, Vortrag im Stadttheater Freiburg am 20. Juni 2009 „Ohne Gefühl geht gar nichts! Worauf es beim Lernen ankommt." Roberts, M (1997): Der mit den Pferden spricht. Bergisch Gladbach : Bastei Lübbe, 1997 (engl. Originaltitel: The Man Who Listens to Horses; erschienen 1996)

Konfliktmanagement und pferdegestützte Persönlichkeitsentwicklung

Michael Jahn

Abstract:

Die Veränderungen in der Berufswelt sind allgegenwärtig: Strukturwandel, Technologisierung und Globalisierung. Und sie führen vermehrt zu Zeitdruck und Stress bei der Belegschaft. Man hat keine Zeit für Gespräche, Erklärungen oder gar freundliche Worte. Stattdessen sind Konflikte immer häufiger an der Tagesordnung. Wer aber ist geschult und erfahren darin, Konflikte mit dem Vorgesetzten oder den Kollegen konstruktiv zu lösen? Und die wenigen, die es sind, erleben es aber auch immer wieder, daß sie in bestimmten Situationen dann doch anders reagieren als geplant oder daß die Streitschlichtung doch so gar nicht funktionieren will und sie selbst plötzlich aus dem Gleichgewicht kommen. Hierbei hilft das pferdegestützte Training. Es hilft schnell und effektiv, die eigenen blinden Flecken zu erkennen. Diese können sofort in geschütztem Rahmen in veränderten Trainingssequenzen bearbeitet und aufgelöst werden. Seine eigenen Schwachstellen zu kennen, ist Grundvoraussetzung, um soziale Konflikte konstruktiv lösen zu können und ihnen vorzubeugen.

Die praktische Arbeit

Ein Unternehmen mit ca. 200 Mitarbeitern aus der IT-Branche wendet sich an uns mit der Aufgabenstellung „Ich glaube, in unserer Führungsriege gibt es ein Problem." Dies sollen wir lösen. Die Geschäftsführer dieses Unternehmens waren schon früher in unserem Pferde gestützten Training und wissen, was es vermag. Im Beratungsgespräch zwischen der Geschäftsleitung

Michael Jahn

und uns (Claudia und Michael Jahn) kommt heraus, daß die Führungsriege aus 7 teilweise sehr jungen Mitarbeitern besteht. Jung heißt Anfang 30, relativ neu im Unternehmen und schnell Karriere gemacht, da sich das Unternehmen sehr positiv entwickelt hat. Innerhalb dieser 7 Mitarbeiter „scheint" es Konflikte zu geben dergestalt, daß die gegenseitige Akzeptanz und „das Miteinander" in letzter Zeit sehr zu wünschen übrig läßt. Dies bemerken die anderen Mitarbeiter, die Stimmung in den Teams wird schlechter und dementsprechend auch die Arbeitsergebnisse. Dies wird sichtbar an Verzögerungen in den einzelnen Projekten. Der Hintergrund der Konflikte oder die Auslöser sind unbekannt. Auch das bisherige Gespräch mit den 7 Führungskräften bringt da nichts Neues. Alle merken, daß etwas nicht stimmt, aber was genau weiß keiner. Alle sind aber, trotz sehr großer Skepsis, bereit, mal „so ein völlig anderes Training" auszuprobieren, um den Dingen auf den Grund zu gehen, sich persönlich zu entwickeln und Potentiale aufzudecken. Andere Trainings haben keine Erkenntnis gebracht, da hat man schon Einiges erfolglos versucht. Aus den Bögen, die wir vorab versendet haben, fällt uns auf, daß die jüngste Führungskraft am kürzesten im Unternehmen, und die einzige Frau ist. Ihr Team besteht nur aus Männern, die alle älter und länger im Unternehmen sind. Diese Frau hinterläßt bei uns im Training, wie schon im im Vorgespräch, einen „unscheinbaren Eindruck" (und unterscheidet sich dadruch klar von den männlichen Kollegen). D.h. kleine Gestalt, beige Kleidung, leises Sprechen, wenig Blickkontakt, im Gespräch nimmt sie sich zurück und spricht nur, wenn sie angesprochen wird. Die Herren dagegen sind eher „laut", scheinen eine Klicke zu bilden, lästern unverhohlen über andere und deren Arbeit. Sie sprechen ohne Aufforderung und fallen anderen ins Wort.

Unser Auftrag lautet also: Helft uns, unsere unterschwelligen Konflikte aufzulösen, damit wir wieder effizient und erfolgreich arbeiten können.

Ablauf eines Trainingstages

Wie lief der Tag also ab? In diesem Fall kamen die Teilnehmer morgens an und wir starteten in einem Seminarraum auf dem Gestüt in entspannter Atmosphäre. Wir klärten noch einmal Ziele, Vorbehalte, Erwartungen oder Ängste. Hierbei beobachteten wir Trainer die Teilnehmer sehr genau: Körpersprache, Gestik, Mimik, was und wie wird gesprochen... Nach dem Kennenlernen und weiterem „warm werden" folgte dann die Theorie. D.h.

290

zunächst einmal der sichere Umgang mit dem Pferd und ein paar Erläuterungen zur Körpersprache des Pferdes. Danach widmeten wir uns dann bestimmten theoretischen Themen, die vorab besprochen wurden, in diesem Fall „Führungsverständnis – Vorgaben im Unternehmen und die Realität" und „Umgang mit Konflikten – Haben wir denn welche?". Dann ging's an die praktische Arbeit mit den Pferden. Hier begannen wir mit einer einfachen Übung, mit der wir immer prüfen, ob nicht doch jemand „nur Respekt" hat, oder vielleicht doch echte Angst vor dem Pferd. Dazu war das Pferd angebunden und wir baten die Teilnehmer, sich dem Pferd zu nähern, es zu berühren und danach auch zu striegeln. Dabei beobachteten wir immer sehr genau diese erste Kontaktaufnahme, die für uns schon erste Rückschlüsse zuläßt. Ist jemand ängstlich oder forsch, überheblich oder einfühlsam usw. Hier liegt der Fokus auf Kontaktaufnahme. Im Anschluß begann dann der „ernste" Teil. Die Teilnehmer durchlaufen mit verschiedenen Pferden verschiedene Übungen. Nach jeder Übung hat der Teilnehmer selbst Gelegenheit sich zu äußern, wie es ihm mit der Übung ging. Danach sagen die beobachtenden Teilnehmer, was sie wahrgenommen und sich notiert haben. Wichtig ist hier, daß sie vorab einen expliziten Auftrag zum Beobachten und Notieren bekommen haben. Zuletzt ergänzen die beiden Trainer ihre eigene Wahrnehmung. Hierbei ist uns immer wichtig klar zu machen, daß auch dies eine rein subjektive Wahrnehmung darstellt und daher nur ein Angebot ist, daß man annehmen oder ablehnen kann. Auch wenn der Tagesablauf vorher genau geplant ist, also wer mit welchem Pferd welche Übung macht, sind wir offen und flexibel und reagieren auf das, was passiert. D.h. wir schauen nach jeder Übung, was passiert und was macht als nächstes Sinn. So kommt es häufig vor, daß ein Teilnehmer sich eine bestimmte Übung mit einem bestimmten Pferd wünscht. Dies wird kurz besprochen, da ja alle interessiert, wieso dieser Wunsch auftritt, und dann wird umgesetzt. Nun zurück zu unseren Teilnehmern der IT-Firma. Wir greifen uns exemplarisch ein paar konkrete Übungen zur Veranschaulichung raus.

In der ersten Aufgabe soll jeder das Pferd am Strick im Rechteck durch die Halle führen und zwar erst mal nur „im Schritt" (d.h. beim Menschen: gehen). Ein Teilnehmer, der vorab gesagt hat, wie wichtig im Nähe ist, hält aber den Arm gestreckten und versucht das Pferd auf Distanz zu halten, was auf Dauer natürlich anstrengend ist. Ein anderer sagte, er habe eine natürliche Authorität und halte damit seine Leute auf Distanz,, hält aber das Pferd ganz eng am Halfter, ja zieht es fast zu sich heran. Die einzige Frau in der Runde findet tatsächlich eine natürliche Autorität, die Übung sieht leicht aus. Das Pferd wird nicht mit Kraft versucht auf Distanz zu halten oder näher an sich ran zu ziehen. Es gibt kein Kräfte raubendes Gezerre und das Pferd macht die Übung gut mit.

Was kann dies nun bedeuten?

Wir lesen da raus, daß die beiden Herren zweideutige Signale senden, bezüglich Ihres Nähe-Distanz-Verhaltens. Was hier in der Übung mit dem Pferd gilt, gilt auch im Unternehmen, das führt dann dazu, daß die Mitarbeiter verwirrt sind und nicht wissen, wie sie sich verhalten sollen. Dadurch kann es dann zu Konflikten kommen. Die Frau scheint genau an dieser Stelle kein Problem zu haben, verhält sich authentisch, und deshalb kostet sie diese Übung, im Gegensatz zu den Herren, auch keinerlei Kraft und Energie. Die Herren geben dann auch zu, daß ihre Führrugnsaufgabe ihnen schon häufig schwer fällt, und sie das Verhalten der Mitarbeiter oft nicht deuten können und verwirrt sind. Genau so wie sicherlich die Mitarbeiter auch verwirrt sind.

Bei der 2. Übung soll das Pferd wieder im Quarree geführt werden, diesmal soll das Tempo vom Schritt (gehen) in Trab (joggen) gesteigert werden und beibehalten werden. Die Frau läuft sehr langsam, und das Pferd macht nur verhalten mit und fällt immer wieder in das Tempo Schritt zurück und es gelingt der Teilnehmerin dann auch nicht mehr, das Pferd zu einem höheren Tempo zu motivieren. Bei den beiden Männern sieht das schon ganz anders aus. Hier scheint es leicht zu fallen, das Pferd zum traben zu bringen, einem läuft das Pferd sogar voraus und dann ist eher das Tempo drosseln und anhalten das Problem.

Das kann z.B., wenn man das auf die Projektarbeit bezieht, bedeuten, daß es den Herren, im Gegensatz zur Dame, gut gelingt, die Mitarbeiter zu höherer Leistung zu motivieren. Wobei dann natürlich auch darauf zu achten ist, daß man zu gegebener Zeit das Tempo auch wieder „rausnehmen muß". Hier ergibt sich in der Nachbesprechung, daß die Dame die Situation sehr wohl kennt und sich genau damit schwer tut. Also z.B. die Mitarbeiter drum zu bitten, länger zu arbeiten und auch am Samstag ins Büro zu kommen, damit sich keine Verzögerungen im Projekt ergeben. Das Ergebnis ist dann, daß sie alleine das ganze Wochenende durcharbeitet. Im Vorfeld hat sie ihre Erwartungen nicht klar kommuniziert und fühlt sich jetzt im Stich gelassen.

In der nächsten Übung soll das Pferd im Schritt (gehend) um kleine Pylonen geführt werden. Dabei geht das Pferd am Führstrick, und die Pylonen sind zu einem Slalom aufgebaut. Bei der Frau sehen wir, daß die Übung flüssig läuft, das Pferd gleichmäßige Bögen geht, der Strick locker durchhängt, und wenig korrigiert werden muß. Bei den Männer stoßen die Pferde die Pylonen um, sie verlieren den Rythmus und kommen ins Stocken.

Auf die Frage der anderen Teilnehmer, was sie denn „richtig" mache, weiß die Frau keine Antwort. Die Herren sind verwundert, daß die Dame diese Übung so spielerisch erledigt, sie selbst aber „unerklärliche" Probleme haben. Hier sehen wir Trainer das erste Mal bei den beiden Herren so etwas wie Anerkennung für die junge Kollegin. (Scheinbar kann sie ja doch mehr, als die beiden bisher gedacht haben.)

Bei der nächsten Übung wird dies noch deutlicher. Auf dem Boden ist mit parallel liegenden Holzstangen eine „L"-Form gelegt, durch die das Pferd rückwärts geführt werden soll. ZU beoabchten ist, daß die Frau die Übung flüssig und ohne Stocken absolviert, so als hätte sie das schon oft geübt. Den Männer gelingt diese Übung trotz mehrerer Versuche nicht, das Pferd tritt über, stolpert über die Stangen und verschiebt diese.

Nach dem der anfängliche Ärger über das „Mißlingen" verflogen ist, schlägt die Stimmung in Bewunderung für die junge Kollegin um. Sie fragen, wie sie das nur geschafft habe, das sei doch so schwierig usw. Nach und nach entsteht ein fast kameradschaftliches Gespräch, ein Austausch und die Beziehung der 3 verändert sich positiv, es wird gelacht und gescherzt.

Auch der Frau ist deutlich anzusehen, wie sie an Selbstvertrauen gewinnt und sich ihre Körperhaltung ändert.

Nachdem die Stimmung sich so verändert hatte, konnten wir uns das ein oder andere Vorkommnis in der Firma schildern lassen und auch hinterfragen. Das Ergebnis war, dass viele Situationen, die die Herren als „necken" beschrieben haben, von der Kollegin als Mobbing empfunden wurden. Da waren die Herren natürlich betreten. Diese taten sich schwer damit, diese neue und junge Kollegin als gleichwertig zu betrachten, obwohl sie hierarchisch auf einer Stufe stehen. Neid spielte, wie sie später zugegeben haben, eine große Rolle. Da die neue Kollegin nicht gleich für Missstimmung sorgen wollte, sprach sie mit niemandem über ihre Probleme mit „den alten

Hasen". So kam eines zum anderen, und der Punkt, wo sie solche Probleme noch hätte ansprechen können, war schnell vorüber, jetzt traute sie sich nicht mehr, „so ein großes Faß aufzumachen". So wuchs Misstrauen, Ärger und Frustration an, was sich natürlich auf die Stimmung im Team übertrug. Dies nahmen die anderen Teamleiter natürlich war, interpretierten es aber als Mangel an Führungsqualität, wodurch sie sich bestätigt sahen. Der Konflikt, der vordergründig um Ressourcen ging, drehte sich in Wirklichkeit um Macht, Anerkennung und Neid. Nachdem die Kollegen nun gesehen hatten, dass „die Neue ja doch was kann", konnte man sich erstmalig auf Augenhöhe begegnen und diskutieren. Es entstand ein klein wenig Vertrauen, man öffnete sich, sprach Kritisches an, es erwuchs Verständnis, noch mehr Vertrauen und schon hatten wir eine positive Spirale in Gang gesetzt. Diese ermöglichte eine offene Aussprache und das anfängliche Problem löste sich nach und nach in Luft auf.

Es ist uns ganz wichtig an dieser Stelle zu betonen, dass wir (nach Carl Rogers) möglichst non-direktiv arbeiten und wenn wir unsere Meinung oder Wahrnehmung schildern, dass wir dies dann auch als unsere subjektiv gefärbte Einschätzung auch deutlich machen. Unsere Aufgabe ist nämlich nicht, dem Teilnehmer etwas einzureden, was wir glauben gesehen zu haben. Entscheidend ist, dass zunächst der Teilnehmer von seiner Wahrnehmung in einer Übung berichtet, dies wird ergänzt von den Einsichten und Ansichten der anderen Teilnehmer. Danach ergänzen wir, was uns wichtig ist, immer mit dem Hinweis, dass dies subjektiv ist. So bekommt der Teilnehmer so eine Art „270°" Feedback (Selbsteinschätzung, Teilnehmer und Trainer).

Das Konzept

Das Konzept für unser pferdegestütztes Training hat natürlich einen fundierten theoretischen Hintergrund, den wir hier kurz erläutern wollen. Bevor wir also über ein Konflikttraining sprechen, erläutern wir zunächst, was wir unter einem sozialen Konflikt verstehen. Nach F. Glasl in Konfliktmanagement (2002) ist ein sozialer Konflikt eine Interaktion zwischen Autoren (=handelnde Person), wobei wenigstens ein Aktor Unvereinbarkeit im Denken/ Wahrnehmen/Fühlen/Wollen mit dem anderen Aktor in der Art erlebt, dass im Realisieren eine Beeinträchtigung durch einen anderen Aktor erfolge. Das heißt, wenn einer was anderes will als ein anderer, und einer der beiden dadurch beeinträchtigt wird, so sprechen wir von einem Konflikt. Bei unserem Führungsteam haben wir gesehen, dass die eine Dame, der es schwer fiel, ihre eigenen Leute zu führen, genau dadurch Probleme hatte. Sie wurde von den anderen Herren nicht akzeptiert, weil sie scheinbar die eigene Mannschaft „nicht im Griff hatte". Wollte man dann auf gemeinsame Ressourcen wie Personal zugreifen, kam es immer wieder zu Konflikten. Die männlichen Kollegen drückten ihre Forderungen durch, und übergingen die Kollegin, teilweise wurden ihr auch bewusst Informationen vorenthalten.

Konfliktarten

In diesem Zusammenhang seien die wichtigsten Arten von Konflikten erläutert. Es gibt zunächst einmal die Unterscheidung zwischen intrapersonalem Konflikt und dem interpersonalen. Ersterer besteht, wenn ein Mensch mit sich oder in sich einen Konflikt hat. So erinnere ich mich an eine Klientin, die das dringende Bedürfnis hatte, wieder in die Heimat zurück auszuwandern. Andererseits fürchtete sie sich aber davor, ihre Familie und Freunde „im Stich" zu lassen. Über diesen inneren Konflikt ist sie psychosomatisch erkrankt. Der interpersonale Konflikt, also zwischen mindestens 2 Menschen ist Gegenstand unseres Artikels. Dann gibt es noch heiße und kalte Konflikte. Ein schönes Bild für den heißen Konflikt sind 2 Menschen, die sich mit hochrotem Kopf anschreien. Beim kalten Konflikt geschieht die Austragung desselben unterschwellig, eher durch „hintenrum anschwärzen".

Konfliktursachen

Hier stellt sich nun auch die Frage, wie es überhaupt zu Konflikten kommt, wie sie entstehen. Ganz häufig sind es banale Missverständnisse bzw. unzureichende Kommunikation. Man sagt etwas, denkt, der andere hat schon verstanden. Der andere hört etwas, denkt er habe verstanden, und dabei reden und denken beide völlig aneinander vorbei. Hinterher ärgert man sich über jemand, weil der nicht richtig zuhört. Der andere ärgert sich, weil man ihm nicht genau gesagt hat, worum es geht. Keiner aber sagt etwas dem anderen, man ärgert sich „in sich hinein". Auch beim 2. Mal ist es noch nicht so schlimm, dass man was sagt, man will ja auch keinen Ärger, oder traut sich vielleicht nicht, obwohl man gern was sagen möchte. Irgendwann ist dann der Punkt, wo man was hätte sagen können, überschritten. Jetzt hält man besser den Mund, aber frisst alles in sich hinein, es gärt, brodelt und irgendwann explodiert man bei einer Kleinigkeit, die das Fass zum überlaufen gebracht hat, und das Gegenüber ist völlig verdutzt. P. Watzlawick formulierte es einmal so: Kommunikation ist nicht das, was man sagt, sondern dass, was verstanden wird.

Dies ist natürlich besonders schwierig, wenn man sich in einem Abhängigkeitsverhältnis befindet, also z.B. vom Mitarbeiter zum Vorgesetzten.

Kommt dann noch das Gefühl ungerechter Behandlung hinzu, wiegt der Konflikt doppelt schwer. In unserem konkreten Fall wollte die Dame den Vorgesetzten nichts sagen, dass sie sich von den Kollegen hintergangen und ausgebootet fühlte. Sie wollte ja niemanden anschwärzen und als neue Kollegin natürlich nicht gleich Ärger provozieren. Außerdem ging sie davon aus, dass die Chefs das ja schon merken, dazu sind sie ja Chefs (dachte sie).

Ein weiterer häufiger Grund für Konflikte ist die Verantwortungsüberschneidung, so auch in diesem Fall. In einer Matrixorganisation wie in dieser Firma gibt es einen hierarchischen und einen fachlichen Vorgesetzten, die beide zum Teil auf dasselbe Personal für Projekte zurückgreifen.

Ein weiterer wichtiger wissenschaftlicher Baustein unserer Arbeit ist die Idee des Konstruktivismus. Nach ihr erschafft jeder seine eigene Realität, es gibt also keine objektive allgemeingültige Realität. Das heißt zum einen, dass jeder von uns durch seine eigene gefärbte Brille schaut. Nahezu alles, was wir sagen ist also nicht nur subjektiv, sondern eine Wertung, Beurteilung oder Spekulation. Daher ist ja auch die Gewaltfreie Kommunikation so schwer. Sie ist – neben den wissenschaftlichen Arbeiten von Ruth Cohn, Carl Rogers, Schulz von Thun, Steve de Shazer und anderen - ein wichtiger Bestandteil unseres theoretischen Hintergrundes. Versuchen Sie selbst einmal einem anderen „die Meinung zu sagen", oder ihn auf ein (vermeintliches) Fehlverhalten hinzuweisen, ohne zu werten oder zu be- bzw. verurteilen. Wem das nach langer Übung regelmäßig gelingt, wird feststellen, dass er eine andere Sprache spricht. Wenn also jeder seine eigene Wirklichkeit erschafft, heißt es auch, dass jeder seine eigene Wahrheit hat. Im Umkehrschluss bedeutet das, dass 2 Menschen gegenteiliger Meinung sein können, aber beide Recht haben. Anders gesagt: wird z.B. in einer Besprechung ein neues Projekt vorgestellt, kann es von einem Mitarbeiter als sinnvoll, vom anderen als nicht sinnvoll erachtet werden, weil jeder seine eigene Sicht auf die Dinge oder auch Zielsetzung hat. Daraus ergibt sich die Unerlässlichkeit einer regelmäßigen Selbstreflexion und die Notwendigkeit, die eigene Meinung und Verhaltensweise in Kommunikation mit anderen auf den Prüfstand zu stellen. Dies hilft, Konflikte zu vermeiden, oder sie leichter zu lösen.

Warum das grundlegende Konzept durch den Einsatz von Pferden einzigartig wird

Unser Pferde gestütztes Führungskräfte Training dient in diesem Fall zunächst einmal der Selbstreflexion. Nur wenn ich mich selbst kenne, mir meiner selbst bewusst bin, dann kenne ich meine Stärken und Schwächen. Die Grundvoraussetzung für die Führung – und Konfliktlösung ist ein elementarer Bestandteil der Führungsarbeit - von Mitarbeitern ist nämlich sich selbst führen zu können. Daher ist unser Training eine hocheffektive Bestandsaufnahme und eine Weiterentwicklung der sozialen Kompetenz der Trainingsteilnehmer.

Aber warum sind Pferde hierzu besonders geeignet? Pferde reagieren – anders als wir Menschen - auf die Ausstrahlung des Menschen und nicht auf den sozialen Status. Es „menschelt" also nicht. Hierzu ein einfaches Beispiel von mir selbst: Unsere Kunden sind gebrieft, dass sie auf einem Pferdehof sind und sich so kleiden sollen, dass es nicht schlimm ist, wenn sie schmutzig werden, am besten so, also ob sie wandern gehen?. In einem Training kam (als letzter) dann ein Luxussportwagen auf den Hof gefahren und parkte, als ob er der Einzige sei. Der Herr stieg aus und hatte einen teuren Business-Anzug, teure Schuhe und eine Luxusuhr an. Obwohl er der letzte war, auf den wir warteten, fragte er ohne großartige Begrüßung, wann es denn endlich losginge. Da kamen mir schon die ersten Gedanken. So wie Ihnen beim Lesen dieser Zeilen vielleicht auch schon. Vielleicht tun wir dem Herrn mit unseren Vorurteilen ja Unrecht. Genau dieses Problem gibt es nicht, wenn Pferde die Trainer sind. Äußerlichkeiten spielen also keine Rolle, das Pferd reagiert auf die innere Haltung. Das Pferd ist immer authentisch, hat keine Masken, keine Vorurteile und gibt schnell ein offenes und ehrliches Feedback, das aber nie verletzend wirkt. Menschen und Pferde haben eine ähnliche soziale Struktur, deshalb sind die Ergebnisse übertragbar. Da Pferde ohne Vorbehalte auf Verhaltensänderungen reagieren, lassen sich schnell veränderte Situationen ausprobieren. Ein Pferd wundert sich nicht, nach dem Motto: „Eben hat er sich doch ganz anders verhalten, da stimmt doch was nicht!" Vielleicht der wichtigste Punkt aber ist, dass eine Übung mit einem Pferd kein Rollenspiel ist, sondern immer real. Die Gefühle, die man während der Übungen spürt sind echt. Egal ob Unsicherheit, Freude, Mut oder Stolz oder Ungeduld. Genau das macht diese Trainings so effektiv. Man hört nicht nur, oder macht nicht nur, nein man spürt und erlebt, man kommt ganz intensiv mit seinen Gefühlen in Kontakt. Für viele Teilnehmer eine ganz neue Erfahrung, weil sie ihr Gefühlsleben im Berufsleben und vor anderen so gut versteckt haben, dass sie selbst den Zugang verloren haben. Daher sind diese Trainings immer eine emotionale Sache. Und genau deshalb wirken sie lange nach, viel länger als bei normalen Frontaltrainings oder auch Rollenspielen. Genau diese Emotionalität ist wichtig, da ohne ein hohes Maß an sozialer Kompetenz erfolgreiches Führen, Konflikte lösen und Kommunizieren nicht möglich ist. Die Teilnehmer/Innen werden also dabei unterstützt, sich selbst und andere besser wahrzunehmen, ihre persönlichen Weiterentwicklungspotentiale zu erkennen und zu nutzen, klar und entschieden zu kommunizieren, authentisch zu sein, Blockaden zu erkennen und zu überwinden und Eigenverantwortung zu übernehmen.

Transfer

Um sicherzustellen, daß unser Training auf die Bedürfnisse des Unternehmens bzw. auf die Teilnehmer auch zugeschnitten ist, beginnen wir mit einer Beratung des Auftraggebers vor Ort. Hier werden die grundsätzlichen Ziele geklärt, ebenso wie die Grenzen eines solchen Trainings aufgezeigt. Einmal hatten wir den Fall, daß ein Vorgesetzter bei dem Training zuschauen wollte oder ein ander mal, daß er im Nachhinein genau berichtet haben wollte, wie sich die Teilnehmer „geschlagen" haben. In beiden Fällen konnten wir den Auftraggeber davon überzeugen, daß dies keine gute Idee ist, wenn das Training das gewünschte Ziel erreichen soll. Unter „Beobachtung" verstellen sich viele Menschen und sind weniger autenthisch. Im Idealfall können wir auch mit den zukünftigen Teilnehmer sprechen. Hier hören wir uns an, was es für Vorwissen und Erfahrungen gibt, ebenso wie Erwartungen, Befürchtungen oder Ängste. Dies muß im Vorfeld geklärt werden, mündlich ebenso wie schriftlich durch einen Fragenbogen, den wir eigens dafür entwickelt haben. So können wir uns sehr gut auf die Teilnehmer einstellen. Dies ist wichtig, weil wir danach die Pferde und die Übungen auswählen. Selbstverständlich behalten wir die nötige Flexibilität, um am Trainingstag auf aktuelle Themen reagieren zu können und im Zweifel den Ablauf anzupassen. Z.B. wenn wir merken, daß die Teilnehmer noch Zeit brauchen um „anzukommen" bzw. jemand doch mehr Respekt vor dem Pferd hat, als er zugeben möchte. Aber für eine nachhaltige Wirkung ist es nicht nur nötig, das Training auf den Kunden individuell anzupassen, sondern wir besprechen explizit, wie das gelernte in den Alltag übertragen werden kann. D. h. nach jeder Übung gibt es eine Nachbesprechung, die auch den Transfer mit einschließt. Wir besprechen also sofort, was das soeben Erfahrene oder gelernte für die berufliche Situation bedeutet oder wie es „nächste Woche im Büro" umgesetzt werden kann. Hierzu bringt sich die ganze Gruppe mit ein. Dies geschieht ausführlich meist nach der Mittagspause, damit mögliche Verhaltensänderungen gleich ausprobiert werden können, und ganz ausführlich zum Abschluß des Trainings. Hier „vergeben" wir auch Hausaufgaben und fragen ganz konkret nach, was der Teilnehmer jetzt in welcher Situation nun wie zu tun gedenkt. Dies ist wichtig im Hinblick auf unser follow up Telefonat bzw. den follow up Termin nach einigen Wochen.

Am Ende jeden Trainings teilen wir einen Evaluationsbogen aus. Manche füllen ihn sofort aus, andere senden ihn uns später zu, das überlassen wir dem Teilnehmer. Nach einigen Wochen, meist so 6-8 Wochen nach dem Training, fragen wir telefonisch nach, wie das Training gewirkt hat, ob es eine Nachhaltigkeit entfaltet oder es weiteren Trainingsbedarf gibt, um hier und da noch nachzusteuern. An dieser Stelle lassen wir nun ein paar unserer Kunden für uns sprechen:

– Es ist überraschend, wie klar relevante Führungseigenschaften und – kompetenzen adressiert und sichtbar werden. Dieses Feedback nimmt man direkt gefühlt und erlebt mit in den Alltag und man kann sein eigenes Führungsverhalten optimieren. Im Training mit den Pferden kann man sich nicht verstellen.

– Der Transfer ins Berufsleben ist zu 80-90% möglich. Das Training ist für jede Führungskraft lohnenswert.

– Mich hat der Erfolg überrascht. Ich hatte Vorbehalte, war skeptisch, aber es war das beste Seminar, dass ich je gemacht habe. Weil die Pferde tatsächlich als „Spiegel" des eigenen Verhaltens fungiert haben.

- Man bekommt sein eigenes Verhalten gespiegelt, ganz unverfälscht gespiegelt.
- Ich habe selten ein so ehrliches und schnelles Feedback für mein (Führungs-) Verhalten bekommen. Jeder Teilnehmer sieht sofort, wie er auf andere wirkt und wo er sich verbessern kann. Schön ist die Möglichkeit dies in „der zweiten Runde" sofort auszuprobieren und zu verinnerlichen.
- Hier habe ich die Möglichkeit, den Lerneffekt sofort auszuprobieren.

Ende und Anfang - der Story

Entstanden ist das Training aus unserer Erfahrung mit Hippotherapie. Hier haben wir gesehen, wie toll Pferde auf Menschen wirken. Daraus entstand ein weiteres Training, dass wir speziell für die Eltern der Kinder in der Hippotherapie entwickelt und durchgeführt haben. Auch hier haben wir sehr positive Erfahrungen gesammelt und gesehen, wie schnell Menschen ihr Verhalten ändern können, vorausgesetzt die Methode stimmt. Da ich bisher im Trainingsgeschäft mit Firmenkunden war, habe ich gesehen, daß manche Teilnehmer nicht nur sehr trainingserfahren, sondern fast schon veränderungsresistent waren. Daher war es nahe liegend, ein spezielles Führungskräftetrainings zu entwickeln, um für die besonderen Anforderungen der Führungskräfte eine effiziente und effektive Methode anzubieten, um das eigene Führungsverhalten auf den Prüfstand zu stellen und weiter zu entwickeln.

Literatur

Horn, Klaus P. und Brick, Regine; Organisationsaufstellung und systemisches Coaching; 2006
König, Eckard und Volmer Gerda; Systemisches Coaching; 2003
Rogers, Carl R.; Die nicht-direktive Beratung; 11. Auflage 2004
Rogers, Carl R.; Die klientenzetrierte Gesprächspsychotherapie; 16. Auflage 2003
Rosenberg, Marshall B.; Gewaltfreie Kommunikation; 5. Auflage 2004
Schreyögg, Astrid; Konflikt-Coaching; 2002
Schulz von Thun, Friedemann; Miteinander reden 1-3; 2003
Schulz von Thun, Friedemann; Praxisberatung in Gruppen; 5. Auflage 2003
Thomann, Christoph; Klärungshilfe 1-2; 2. Auflage 2007
Watzlawick, Paul; Wie wirklich ist die Wirklichkeit; 6. Auflage 2007

Pferde stärken Gemeinsamkeit

Anne-Kristin Kolling

Integration von Persönlichkeits- und Teamentwicklung im Dialog
mit den Pferden

„Wer Veränderung will, muss Dialogen Raum geben" so die Erkenntnis im
Führungsteam eines Automobilzulieferers.

Um was es geht...

Für dieses Führungsteam an einem deutschen Standort des Unternehmens
wurden folgende Dialogmöglichkeiten mit den Pferden im Training „Feedback by Horses®" eingerichtet, um anzustoßen und zu unterstützen:

a) den Dialog der Führungskraft mit sich selbst zur Selbstreflexion und
   Neuausrichtung auf produktivere Handlungsweisen, die die eigene
   Kongruenz (Übereinstimmung von Denken, Fühlen, Handeln) und da-
   mit die Führungswirkung steigern,

b) den Dialog der Führungskräfte im Team zur wahrgenommenen Teamleistung und Neuausrichtung auf produktivere Handlungsweisen, die
   Zusammenarbeit und Teamergebnis weiterbringen,

c) die Planung künftiger Dialoge des Führungsteams mit den Akteuren
   im Unternehmen (Mitarbeiter und Chefs), um Change-Management zu
   steuern und Zusammenarbeit zu festigen.

Verbindungsglied dieser Dialoge sind die Pferde:

Anne-Kristin Kolling

Die Pferde bieten sich als Dialogpartner an, weil sie unbestechlich, ehrlich ohne nachtragend zu sein, spiegeln, ob und in welcher Weise sie von den Teilnehmenden angesprochen und überzeugt werden. Kommunikations-, Team- und Führungsqualitäten sind deshalb schnell und zwanglos „auf dem Tisch"; sie sind 1:1 spürbar, sichtbar und im nachfolgenden Dialog unter Menschen bearbeitbar.

Die Dialoge mit Pferden sind dabei für die Übenden sowohl anspruchsvoll als auch entlastend.

Das Fluchttier Pferd stellt dem Menschen seine seismographische Wahrnehmungsfähigkeit zur Verfügung. Es spürt in eine Übungssituation und den Übungspartner hinein. Es erlebt nur diesen Menschen in diesem Augenblick, ganz präsent. Es plant und berechnet nichts, es bewertet niemanden und nichts.

Das Pferd ermöglicht uns einen Blick in den Spiegel: Selbstbegegnung und Verstehen ohne erhobenen Zeigefinger.

Das Pferd interessiert nicht, was ein Mensch vorgibt zu sein mithilfe von Statussymbolen und Maskeraden und auch nicht, was er verbergen möchte, sondern was er in dem Moment der Zusammenarbeit ist: das Pferd liest uns Menschen in unserer Köpersprache und emotionalen/seelischen Gestimmtheit.

Die Arbeit mit den Pferden wird von diesem Führungsteam als Katalysator und Beschleuniger für schwierige Selbsterkenntnis und Gruppenklärung empfunden: „Das, was wir sonst in vielen Meetings und herkömmlichen Seminaren über Monate kaum klarkriegen, erreichen wir mit Feedback by Horses in zwei Tagen".

Flip-Chart „Schichtenmodell der Persönlich-keit" aus dem Teamtraining

Zum Hintergrund der Teilnehmenden

Der Automobilzulieferer befindet sich in einem auf etwa zwei Jahre an-gelegten Personalentwicklungsprozess in Verbindung mit umfangreichen technologischen und organisatorischen Veränderungsmaßnahmen in sei-nem Unternehmen.

Die gesamte Produktion wird aufgrund der technologischen Anforde-rungen der Kunden umfassend umstrukturiert. Arbeitsvorbereitung, Ma-schinenunterhalt, Qualitätssicherung, Einkauf sowie Projektmanagement und die kaufmännische Leitung sind gefordert, passgenaue Beiträge zur Verbesserung der Wirksamkeit in den Workflow einzubringen. Integriert – mit weniger Reibung – arbeiten, nicht vor- oder nebeneinander ist das Motto. Dadurch sollen Innovation, qualitativer Output, Kundenzufrieden-heit gestärkt werden.

Geschäftsführung, Personalmanagement und Controlling steuern ge-meinsam mit dem Führungsteam das Design und die Umsetzung dieses komplexen Prozesses, wobei der Kompetenzentwicklung der beteiligten

Mitarbeiter aller Ebenen, integriert in die Organisationsentwicklung, eine hohe Bedeutung zukommt.

Die von uns betreuten Maßnahmen – hier das pferdegestützte Training – finden ganz nah an den Echtsituationen der Teilnehmenden und ihren realen Fragen statt – simulieren diese und sind kein akademisches Gespräch oder Lernen auf Vorrat. Die gefundenen Lösungen müssen den Härtetest in der dynamischen Praxis des Führungsteams bestehen.

Erster Dialog mit dem Pferd: Von der Selbstblindheit zur Selbstreflexion (Konrad, Geschäftsführer)

Im ersten Fall – einer Einzelübung namens „Respekt und Vertrauen" - erleben wir Konrad, der sich in der 1. Phase dieser Übung, in der er das frei laufende Pferd mit Tempo- und Richtungswechseln veranlassen soll, um ihn herum zu laufen, sehr macht- und druckvoll gegenüber dem Pferd. Er drischt mit dem „Führungsinstrument" Gerte (verlängerter Arm) in die Luft und auf den Boden, stampft auf und scheucht das Pferd vor sich her, das sich schon im Galopp befindet- also gar nicht mehr schneller laufen kann. Er scheint überhaupt nicht zu merken, was ihm das Pferd zurückmeldet: es hat Angst vor ihm, meidet ihn, läuft nervös und zunehmend aggressiv herum, will am liebsten das Viereck verlassen: fliehen. Konrads druckvolles Führungsverhalten erscheint dem jungen Wallach Silvano sehr „raubtierähnlich". Das ist für ihn keine Führungsstärke, erregt nicht seinen Respekt, lässt ihn nicht vertrauensvoll die Nähe von Konrad suchen, geschweige denn ihm freiwillig folgen, so wie es die zweite Phase dieser Übung eigentlich bezwecken will. Das Pferd bleibt misstrauisch fern von ihm, gibt ihm aber eine deutliche Rückmeldung:

Konrad erlebt, dass das Pferd, unmittelbar nachdem er das Viereck verlassen hat, zielsicher in die Mitte kommt und sein „Machtinstrument", die Gerte aufnimmt und zerreißt!

Konrad tat sich anfangs schwer, diese Übungserfahrung zu deuten und es war für ihn wichtig, „keine Luft" an die emotionalen Hintergründe seines Verhaltens zu lassen. Seine innere Bewegung wollte er verdrängen: „Gefühle spielen in der Führung keine Rolle".

Die Bereitschaft zur Selbstreflexion hat sich eingestellt, als andere Kollegen aus dem Führungsteam ihr eigenes Üben offen thematisiert haben und Konrad das mehrfache Signal bekam, dass seine Kolleginnen und Kollegen „. . . Dich anders brauchen: durchlässiger und bereiter, selbstkritisch hinzuschauen, um mehr an Dir selbst zu sehen und im Anschluss Dein Verhalten variieren zu können, dass wir uns wieder mehr an Dich anschließen können". „Zeige Dir selbst und uns mehr von Dir".

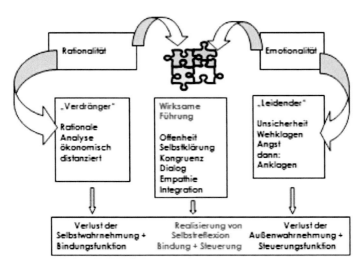

Schaubild „Konrads Verbindung von Rationalität und Emotionalität"

Konrad hat sich mit dem Feedback des Pferdes auseinandergesetzt, im Videofeedback und im Dialog mit seinen Kollegen und uns Trainerinnen die in dieser Übung gemachten Erfahrungen sorgfältig aufgearbeitet:

– Er konnte in der Übungssituation weder sich noch sein Gegenüber wahrnehmen und spüren: „es lief automatenhaft ab".
– Er hat in der Situation deshalb überhaupt nicht mitbekommen, was er macht und wie er wirkt.
– Er hat Angst gehabt zu versagen (vor den Augen seiner Mitarbeiter), das Gesicht zu verlieren und deshalb sofort Druck gemacht und „drauf gehauen" – auch auf die eigene Angst nach der Devise: das was ich mir unterwerfe macht mir keine Angst mehr, weil ich es dann beherrsche.
– Er kennt dieses Muster aus seinem Arbeitsalltag: er macht viel Druck – gerade in den neuen und unbekannten Arbeitssituationen, „um sie durchzustemmen". Er hat dadurch weniger Überzeugungskraft und wenig Vertrauen der Mitarbeiter, „die sich gut begründete Entscheidungen wün-

Anne-Kristin Kolling

schen und dass Du uns zuhörst". Die Mitarbeiter meiden Konrad dann, weil sie sich nicht angenommen und nicht gut geführt sehen. Dadurch werden die Arbeitsbeziehungen immer bröckliger und halten den Belastungsproben im Change-Prozess weniger stand. Daraus wachsen bei Konrad wiederum Selbstzweifel, die es zu verbergen gilt. Dies verlangt neue Machtproben..., ein Teufelskreis.

– Auch hat Konrad sich klar gemacht, dass wenn er etwas spürt, es eher Selbstmitleid ist und dieses „Wehklagen" ihn dazu führt, andere anzuklagen, die „schuld an der Misere" sind:

In der Übung hat er, als das „Draufhauen" nicht zum gewünschten Ergebnis führte und die Versagensangst blieb, seinem „Mitarbeiter" die Schuld gegeben und ihn verwünscht: „du dummes Vieh, warum funktionierst du nicht, wie ich es will"!

Das „dumme Vieh" hat ihm die Augen geöffnet und sein „Druckmittel" entlarvt, nun war es Konrad möglich zu sehen, was er vorher nicht sehen konnte: Respekt (= berücksichtigt werden mit legitimen Forderungen) muss er sich glaubwürdig verdienen in einer Arbeitsbeziehung, die er aber nicht knüpfen kann, wenn er immer nur „herumfuchtelt" und „draufhaut", dann geht der andere eher in die Flucht oder beginnt ihn zu bekämpfen.

Konrad konnte sich klarmachen, dass er in der Anstrengung, seine Angst zu verbergen und eine Stärke vorzugeben, die er im Innern nicht fühlte, drei wichtige Dinge verloren hat:

– Sich selbst, seine Mitte und Überzeugungskraft.
– Seinen Mitarbeiter, der daraufhin nicht mehr kooperieren wollte.
– Das gemeinsame gute Ergebnis.

Ein exaktes Spiegelbild seiner aktuellen Situation.

Im Dialog mit sich selbst und in dem von uns moderierten mit seinen Teammitgliedern, hat Konrad für sich folgende Lernziele und Transferanforderungen für die Arbeitssituation abgeleitet:

– Seine Selbstwahrnehmung besonders unter schwierigen Anforderungen und Entscheidungssituationen schärfen; spüren welches Gefühl sich einstellt und welche Botschaft es sendet, um dann mit dieser und nicht gegen sie zu arbeiten (z.B. löst empfundener Zweifel, kein reflexhaftes Anklagen anderer mehr aus, sondern die Nachfrage, worin genau der Zweifel besteht und was Konrad machen kann, um ihn abzutragen).
– Auf den Arbeitspartner achten, ihn mit seinen Reaktionen und Bedürfnissen beachten und einbeziehen: Führung bedeutet zu realisieren, wel-

306

chen Beitrag der Mitarbeiter von der Führungskraft benötigt, um selbst gut arbeiten zu können. Im Führungsteam will Konrad mehr konkrete Informationen zu Vorgängen und Hintergründen im Konzern, sowie das Kommunizieren und Begründen von Entscheidungen liefern.

– Er will sein forderndes, durchsetzendes Verhalten verbinden mit Verständnis und Empathie, weil beide Qualitäten gebraucht werden: Klarheit in der Sache und Eingehen auf andere Menschen in der Arbeitsbeziehung.

– Für Konrad geht es darum, Verbindung herzustellen zwischen Fühlen, Denken und Verhalten. Nicht vorspielen, was nicht ist und nicht alles unterdrücken, was ist. Dadurch wird Konrad authentischer und sein Umfeld kann menschlich andocken.

Sechs Wochen nach dem Teamtraining hat sich Konrad mit mir auf dem Pferdehof getroffen, um im Einzelcoaching mit „Silvano" der Umsetzung seiner Ziele Nachhaltigkeit zu verleihen: „Wenn es angstfrei gehen kann, komme ich mit dem Pferd in Kontakt und die Übermittlung meiner Anweisungen wird plötzlich leicht, worauf das Pferd sich sehr gut auf mich einlassen kann und wir in einer Arbeitsbeziehung auf Augenhöhe sind."

Dialog mit dem Pferd: Von der Inkongruenz zur Kongruenz (Ute, Abteilungsleiterin)

Wir erleben Ute (in der gleichen Übung), die im Übermaß von Verständnis für die Mitarbeiterin, diese lange schlendern und tändeln lässt, um den Preis, selbst total ignoriert zu werden. Die verständnisvoll umsorgte Mitarbeiterin lässt die Führungsfrau laufen und laufen, ohne dass sie sich wirklich bewegt. Das kostet Utes Nerven und Energie, nicht ihre.

Für Ute ist es entscheidend und befreiend, sich in dieser Situation selbst zu erleben mit ihrem Tun, ihren Emotionen, ihrer Wirkung. Dabei empfindet es Ute als Bereicherung im Kreis ihrer Teamkollegen zu üben, weil sie deren kritisch-loyales Feedback als Modell betrachtet, sich über offene Rückmeldung im gemeinsamen Alltag weiter zu bringen.

Über die Selbstbegegnung in der Arbeit mit dem Pferd gelangt Ute anschließend in ihre Klarheit und Kraft und wird dadurch handlungsfähiger. Auch hier geht der Lernprozess von innen nach außen: Erst wenn sie klar und eindeutig ist in ihrem Selbstverständnis, ihrer inneren Haltung, kann sie sich bei ihrer pferdischen Mitarbeiterin mit ihren Forderungen Gehör verschaffen: nur auf diese Weise erarbeitet sie sich ihren Respekt.

Im Einzelnen:

– nach Erfühlen / Erkennen der Situation und der eigenen (unproduktiven) Verhaltensweisen, nimmt Ute eine folgenschwere innere Umstimmung vor: „Ich darf und muss meine Stimme heben, denn ich habe etwas zu sagen, so dass ich gehört und verstanden werde und die Mitarbeiterin meine Forderung umsetzt."

– „Und weil ich diesen Zusammenhang erkannt habe, gebe ich mir die innere Erlaubnis, viel mehr Nachdruck in mein Führen hineinzulegen; klare Worte zu finden statt Bitten".

– „Führen heißt Bewegung zu erzeugen; dafür zu sorgen, dass die Mitarbeiter sich in Richtung Ziel in Bewegung setzen."

Die Angst, dafür nicht liebenswert zu sein, lässt Ute in dieser Übung und im echten Leben immer wieder vor Durchsetzungshandlungen (klaren Worten, Anleitung, Kritik) zurückschrecken. An dieser Angst konnten wir arbeiten:

Ute konnte lernen, sich zu sagen: „Mich muss nicht jeder lieben aber jeder soll mich ernstnehmen!"

Als sie beim zweiten Übungsdurchlauf Durchsetzung auf eine wirksame und souveräne Weise praktiziert (aufgerichtete Haltung, feste Schritte, eindeutige und impulshafte Körpersprache, in der kein Zweifel mehr steckt), bemerkt und respektiert sie die Stute sofort und kommt ihren Anweisungen willig nach. Für das Pferd wird die Frau an dieser Stelle erst zur wahrhaften Führungskraft, in deren Nähe es sich lohnt zu sein und der es ohne Leine völlig vertrauensvoll Seite an Seite folgt auf dem gemeinsamen Weg, den sie vorgibt.

Ute setzt auf Respekt und Vertrauen und weiß, dass die Führungskraft sich diesen Respekt verdienen muss! Das Geschenk ist dann das Vertrauen. „Vertrauen kann man nämlich nicht anweisen oder erzwingen."

Im Feedback und Dialog unter den Kollegen bekam Ute folgendes heraus:

„Meine Inkongruenz, die darin besteht, führen zu sollen aber ständig Harmonie zu wollen, niemandem wehzutun und gemocht zu werden, sendet widersprüchliche Signale an die Umwelt und verwirrt – auch mich selbst". Inkongruenz ist nicht überzeugend und auch nicht wirksam: gerade nicht in der Führungsarbeit.

Kongruenz bedeutet stattdessen: Gefühle, Gedanken und Verhalten gehen in eine Richtung. Eine solche „geklärte" Führungsfrau signalisiert Energie und die Fähigkeit, andere zu orientieren und mitzunehmen.

Ute konnte im erneuten Üben mit dem Pferd erfahren, dass die Zusammenarbeit mit kongruenten Menschen eine unwiderstehliche Anziehungskraft auf andere hat: sie folgen völlig freiwillig und ohne Zwang, weil sie überzeugt sind und vertrauen können.

In der Ableitung von persönlichen Entwicklungszielen für ihre Führungsarbeit stellt Ute die Balance von Durchsetzung und Verständnis / Empathie beim Führen in den Vordergrund. Es geht ihr jetzt um das „Sowohl-als auch", nachdem sie das „Entweder-oder" als unproduktiv erkennen konnte:

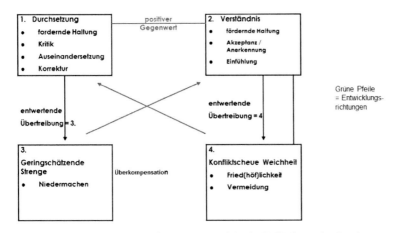

Entwicklungsquadrat: Für Ute zählt nun „Verständnis" in Verbindung mit „Durchsetzung" (vgl. auch Schulz v. Thun)

Dialog mit den Pferden: Von der Addition der Individuen zum Team (Führungsgruppe)

„Wo stehen Sie heute als Team – als Führungsmannschaft?"

„Welche Stärken setzen Sie ein?"

„Was hemmt die Zusammenarbeit und Wahrnehmung der Führungsverantwortung im Veränderungsprozess?"

„Wie wollen Sie in Zukunft miteinander arbeiten?"

Anne-Kristin Kolling

„Wie gewinnen Sie Handlungsoptionen im Umgang mit den anstehenden Herausforderungen?"

Vor dem Hintergrund unserer Fragen gingen die Führungskräfte in die Gruppenübung „Team in Aktion":

Auftrag: „Leiten Sie auf der gesamten Hallenfläche zwei freilaufende Pferde in die Figur einer „liegende Acht" und lassen sie sie auf dieser Figur im Trab gehen.

Dann ändern Sie die Laufrichtung der Pferde und organisieren erneut eine „Acht".

Im ersten Durchgang agierten acht Einzelpersonen nach eigenem Gutdünken und ohne nennenswerte Abstimmung „mehr oder weniger chaotisch". Die Pferde quittierten das durch wirres Herumrennen und waren unzufrieden.

In einer Zwischenbetrachtung haben die Teammitglieder Rollen und Aufgaben beraten, die in der Gruppe eingenommen werden sollten, um diese Aufgabe zu lösen, was im zweiten Durchgang nicht zwingend dazu führte, dass man Hand in Hand arbeitete. Dazu war den Beteiligten der Prozess „zu dynamisch und die Reaktionszeiten zu kurz" („Das ist ja wie zuhause"). Dies schlussfolgernd, kümmerten sich einige Teammitglieder um die Sollbruchstellen und die Ansatzpunkte (Positionen im Raum) aussichtsreichster Einflussnahme auf die Pferde, um diese darüber in die Figur der Acht bewegen zu können. Im dritten Durchgang war jetzt sichtbar, dass es Planer, Umsetzer auf „verschiedenen Stationen", Rückmelder („Wir müssen hierhin lenken, um den Lauf zu kanalisieren") aber auch Passive gab, die die ihnen zugedachte Funktion nicht ausübten, so dass diese vom „Nachbarn" mitübernommen werden musste. Das führte dort zu Überlastung und Ärger, der noch gesteigert wurde als in der nächsten Zwischenbetrachtung ein „stiller Beobachter" davon sprach, „dass er ja von vornherein gewusst habe, dass das so nicht funktionieren wird, weil…" – dies empfand die Mehrheit der Gruppenmitglieder als destruktiv, mit dem kritischen Hinweis, er hätte beizeiten argumentieren sollen, statt sich rauszuhalten. „Führung besteht doch im Einfluss nehmen, das erwarten die Mitarbeiter auch von uns."

Schon in dieser Phase der Übung erlebten und reflektierten die Teilnehmer starke Parallelen zu ihrer Zusammenarbeit in der Firma:

– Die Zielorientierung wird nicht kommuniziert.
– Die Anforderungen der Aufgabe bzw. die Schlüssel zur Problemlösung werden zu wenig analysiert und kommuniziert.

- Die Teilnehmer sind nicht im Bewusstsein gemeinsamen Tuns und wechselseitiger Bezüglichkeit verbunden, sondern handeln im Alleingang. „Der Blick über den Tellerrand fehlt."
- Die Führungskräfte betrachten einander zu wenig als Ressource, sondern „stehen sich im Weg und blockieren sich"; ihre Kompetenzen fallen brach.
- „Wir schauen erst sehr spät auf die Bewegungen und Bedürfnisse unserer Mitarbeiter, deren Arbeit wir organisieren sollen" – der Perspektivwechsel fehlt.
- Die Gruppen hat keine klare Führung.
- Die Kraft zu neuartigen Problemlösungen ist zu gering; „wir verharren trotz besseren Wissens auf den alten Lösungen, die es aber leider nicht bringen".

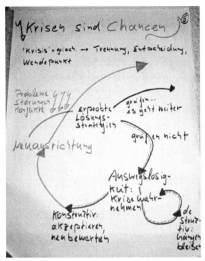

Flip-Chart „Krisen sind Chancen" aus der Reflexion der Teamübung

Nach Videofeedback und Dialog im Team arbeitete die Gruppe im vierten Durchlauf mit den Pferden dann viel homogener, vertrauensvoller und erfolgreich zusammen:
- Alle machten sich die „Logik dieser Aufgabe" aus der Perspektive der Pferde klar und bauten sich in verteilten Rollen im Raum so auf, dass

311

acht Personen mit einer fließenden Bewegung den Gang der Pferde in die Figur der Acht lenken konnten.

– Dafür erprobten sie, sich wie „ein Körper zu bewegen", dies setzte die bewusste Handhabung von Rückkopplung voraus und das Vermögen, sich stark aufeinander zu beziehen und aufeinander zu achten.

– Im ersten Erleben war das schwierig; mit weiterem Tun wurde es den Gruppenmitgliedern ganz leicht, denn die erzeugte Bewegung trug nun jeder mit und sie trug jeden weiter. Das gleichmäßige, zufriedene Traben der Pferde auf den gewünschten Linien signalisierte volle Zustimmung der nun souverän geleiteten Mitarbeiter.

Der Transfer in die Echtsituationen dieses Führungsteams ergab:

– „Unser Handeln in der Firma mit einer gemeinsamen Vorstellung und einer gemeinsamen Sprache macht uns wirksam, denn dann sind wir mehr als die Summe verschiedener Individuen."

– „Wir senden darüber eine Energie aus, die andere verstehen und die sie in die richtige Richtung in Bewegung bringt und hält."

– „Das Mehr an Gemeinsamkeit entsteht durch prägnante Zieldiskussionen, die Identifikation wesentlicher Beeinflussungsstellen sowie durch Erprobung und Umsetzung der Zusammenarbeit an den Schnittstellen – für uns jetzt besser Verbindungsstellen –, bei der wir uns immer wieder aneinander ankoppeln und uns Rückmeldung geben, was warum (nicht) funktioniert und was wir anders machen sollten."

Anschließend gelang es dem Führungsteam, die im Change-Prozess für die kommenden sechs Monate absehbaren wesentlichen Etappen unter diesen Prämissen zu analysieren und zu planen.

Die Follow-ups aus „Feedback by Horses" sehen vor, das Führungsteam zu diversen Anlässen teilnehmend zu beobachten und in oder nach der Situation coachende Rückmeldung zu geben. Darüber soll die Umsetzung des geplanten Change-Prozesses gefördert und regelmäßige Feedbackschleifen zur Optimierung eingerichtet werden.

Im Maße, wie die Teammitglieder selbst aus der Metaperspektive Feedback ausüben werden, werden sich die Trainerinnen zurückziehen.

Mit „Feedback by Horses" zur Persönlichkeits- und Teamentwicklung steht eine Methode zur Verfügung, die erfahrungsbasiert und handlungsorientiert das Erleben im Tun, dann Reflektieren sowie erneutes Probehandeln einrichtet. Durch multiples Feedback und Dialoge („sich aussprechen, Wichtiges ansprechen, miteinander sprechen") wird diejenige Form der Kommunikation trainiert, die zeitgemäß ist und die Arbeit in den Unternehmen auf allen Ebenen weiterbringt: Rückkopplung, Vorkopplung sowie vernetzte Dialoge unter den Ressorts und Hierarchieebenen, die in einem Veränderungsprozess zusammenarbeiten.

Als Anbieterin ist es mir wichtig, meinen Kunden Qualität beizusteuern. So habe ich schon 2007 eine wissenschaftliche Evaluation meines Angebots „Feedback by Horses" beauftragt.

Die Studie kommt zu dem Schluss, dass diese pferdegestützte Trainingsmethode ein „innovativer und wirksamer Mix ist aus:

– praktischen Übungen mit Pferden,

– unterschiedlichen Feedbackphasen, -ebenen und –medien und

– theoretischer, methodischer Weiterbildung

zum Training und zur Weiterentwicklung von Kompetenzen, die sowohl relevant sind für das individuelle Handeln im persönlichen und beruflichen Bereich als auch für arbeitsteilige Prozesse in Organisationen. „Feedback by Horses" nutzt dabei ganz bewusst die emotionale Lernebene des Menschen, ohne die Kognition zu vernachlässigen." (Dr. Maxi Stapelfeld, 2007; Link zur Studie: www.feedback-by-horses.de)

Die Klienten bestätigen das: „Wir sind beeindruckt von der Intensität des Feedbacks durch Pferde, das emotional tief geht und viele produktive Überlegungen in Gang setzt. Das ist ein Lernturbo."

Ohne Worte eine Kundenbeziehung herstellen

Kerstin Kruse & Anabel Schröder

Pferdisch für Vertriebsmitarbeiter

Der Personalentwickler „horsesense – training & coaching" erhielt den Auftrag, die Vertriebsmannschaft eines b2b-Unternehmens aus dem Großhandel zu trainieren. Ziel war es, deren Vertriebstätigkeit zu optimieren. Themen, die besonders berücksichtigt werden sollten, waren die Verbesserung des Beziehungsmanagements zum Kunden, Steigerung der Kundenzufriedenheit, Erhöhung der Abschlussquote und Umsatzsteigerung. Die Vertriebsmannschaft war schon mehrere Jahre regelmäßig zu inhouse Vertriebschulungen geschickt worden.

Die Idee

Die Teilnehmer/Vertriebsmitarbeiter des Auftraggebers waren dem Seminaranbieter horsesense bereits durch vorher durchgeführte Training/Coachings bekannt. In den von horsesense durchgeführten Vorcoachings, vor dem pferdegestützten Training, bestätigte sich die Vermutung der Geschäftsführung, dass unisono alle Vertriebler in einer „speziellen" Haltung ihre Vertriebsaufgabe wahrnahmen. In erster Linie nämlich waren die Kundengespräche durch eine wenig fragende Haltung dem Kunden gegenüber geprägt, durch Unterbrechen des Gegenübers im Gespräch, durch zu wenig aktives Zuhören und Absichern des Gehörten, durch einen engen Wahrnehmungsfokus, durch wenig bewussten Einsatz von Körpersprache, durch ein hohes Redetempo und durch eine geringe Reflektionsfähigkeit nach dem Verkaufsgespräch. Das pferdegestützte Seminar wurde gewählt, um in einem ungewohnten Lernumfeld die Mitarbeiter darin zu fördern, die Wahrnehmung des Kunden sowie den Beziehungsaufbau zu optimieren.

Ohne Worte eine Kundenbeziehung herstellen" oder „wie spreche ich pferdisch?"

Der Auftrag im Training an die Vertriebsmitarbeiter lautete: „Baut eine tragfähige Geschäftsbeziehung auf, überzeugt Eure Kunden (hier: überzeugt eure Pferde zur Zusammenarbeit), macht einen Abschluss (also erledigt z. B. eine Aufgabe gemeinsam mit den Pferden) und reflektiert im Nachgang euer Vorgehen und Verhalten im Prozess.

Die Vertriebsmitarbeiter waren durch das Setting des pferdegestützten Trainings in einer neuartigen Arbeitssituation. Keiner der Teilnehmer hatte Erfahrung im Umgang mit Pferden. Da es für den Menschen typisch ist, in neuen Situationen auf seine alten, bekannten Denk- und Verhaltensmuster zurück zu greifen, agierte jeder Vertriebler in seinen erlernten und vertrauten Mustern. Bei den am Boden durchgeführten Führübungen durch drei Pilonen kamen genau die im Vorcoaching ermittelten „Lernfelder" zutage:

– Beispielsweise fand keine Vorbereitung seitens der Teilnehmer vor der Interaktion mit dem Partner Pferd statt, der Mitarbeiter „stürzte" sich ohne Plan in die Übung.

– Die Kontaktaufnahme zu dem Arbeitspartner Pferd wurde sehr kurz gestaltet oder fand gar nicht statt, die Arbeit mit dem Pferd begann stets sehr schnell und ohne Beziehungsaufbau.

– Nicht zu jedem Pferd wurde Kontakt aufgenommen, obwohl die Vorgabe war, erst einmal alle „Arbeitspartner" kennenzulernen.

– Es wurde nicht derjenige „Teampartner" Pferd gewählt, welcher sich schon bereitwillig für die Aufgabe anbot oder sich am besten dafür eignete, sondern meistens das Pferd gewählt, welches persönlichen Motiven entsprach (z.B. wurde der dominante Wallach gewählt, da er die scheinbar größere Herausforderung war – oder die kleine Stute, weil sie die scheinbar Nettere war).

– Ohne Begrüßung oder Kennenlernen, und ohne ein „in der Situation Ankommen" wurde sofort versucht, die gestellte Aufgabe (hier: Führen des Pferdes) zu erledigen.

– Alte eingefahrene Muster, die die Vertriebler in Kundensituationen anwandten, wie „Zuquatschen" des Kunden (hier Pferd) und permanentes Erklären des EIGENEN Zieles, führten nicht zu einer höheren Motivation auf Seiten des Pferdes für eine Zusammenarbeit.

Diese Verhaltensweisen waren der Geschäftsführung in Kundengesprächen aufgefallen, doch die zahlreichen inhouse-Seminare stießen bei den Vertriebsmitarbeitern auf Widerstand und konnten nicht so deutlich und in so kurzer Zeit die Lernfelder live zu Tage bringen. In diesem pferdegestützten Seminar hingegen wurde in allen Führübungen deutlich, dass die fehlende Kontaktaufnahme zu Beginn der Übung die darauf folgende Beziehungsgestaltung schwierig machte. Entweder versuchte sich das Pferd der Aufgabe zu entziehen, verweigerte gänzlich die Aufgabe oder versuchte selbst die Führung im Prozess zu übernehmen. Das Ziel wurde nicht erreicht.

Durch unterschiedliche Übungen/Aufgabenstellungen wurde den Vertrieblern deutlich, dass der Beziehungsaufbau nicht gelang, wenn:
– dafür zu wenig Zeit eingeplant war,
– auf Signale des Pferdes nicht eingegangen wurde und
– Reaktionen und Bedürfnisse des Pferdes nicht wahrgenommen wurden.
Hierbei ging es keinesfalls darum, das Wissen über Verhalten von Pferden zu erweitern– es ging ausschließlich um das Beobachten und Wahrnehmen des Pferdes und darum, sich auf sein Gegenüber (Pferd) adäquat und zielfördernd einzustellen. Darüber hinaus wurde ihnen klar, welchen Einfluss die eigene innere Haltung hat in Bezug auf Absicht, Vorgehensweise, Zugewandtheit und emotionale Haltung – denn je mehr sie sich selbst in den Fokus stellten und die eigenen Bedürfnisse und Ideen wichtiger waren als die des „Kunden" Pferd, um so schwieriger gestaltete sich die Zusammenarbeit.

Die Vertriebsmitarbeiter erhielten sodann eine zweite Chance – und sollten sich in der darauffolgenden Übung mehr Vorbereitungszeit nehmen, sich länger mit dem Beziehungsaufbau auseinandersetzen und sie durften während der Übung vor allem eines nicht: SPRECHEN! Einigen Vertriebsmitarbeitern fiel es schwer, sich ganz auf ihr Gegenüber einzulassen, dem Pferd das Ziel nicht mit einem Wortschwall zu erklären, Reaktionen des Pferdes wahrzunehmen und eine gesunde Mischung aus Führung und Beziehungsaufbau zu erreichen. Bei denjenigen Vertrieblern, denen die Umstellung sofort gelang, stellte sich der Erfolg auch sofort ein: das Pferd fühlte sich bei dem Mitarbeiter sicher, schloss sich an, folgte und war aufmerksam und zugewandt.

Alle Übungen mit den Pferden wurden mit einer Videokamera aufgezeichnet und wurden im Nachgang gemeinsam analysiert. Die Körpersprache wurde dabei nur insofern berücksichtigt, als dass untersucht wurde, welche innere Haltung und Absicht in der jeweiligen Situation und Akti-

on maßgeblich die äußere Haltung beeinflusst hatte. Der Fokus der Analysen lag in der Bewusstwerdung der zugrunde liegenden Denk-, Gefühls- und Verhaltensmuster der handelnden Teilnehmer. Ihnen wurde in Analysen aller Interaktionen und geleiteten Reflektionen des Erlebten zwischen Mensch und Pferd bewusst, dass
– Zuhören mehr bringt als Zuquatschen
– ein weiter und offener Wahrnehmungsfokus zu stimmigeren Situationen führt
– sie für Beziehungsaufbau Zeit benötigen.
Die Übertragung in dem realen Verkaufsprozess wurde ständig hergestellt, um den Lerntransfer für die Mitarbeiter zu gewährleisten und es wurden zahlreiche Parallelen zum täglichen Verkaufsalltag der Vertriebler gezogen.

Fazit

Das Training „Ohne Worte" war eine schnelle und effektive Methode „alten Hasen" aus dem Vertrieb vertraute Instrumente (wie die Sprache) zu entziehen, um sie lernoffen, reflektorisch und veränderungsbereit zu machen und bisherige Vorgehensweisen und Möglichkeiten des Beziehungsaufbaus zu überdenken und zu optimieren. Das neuartige Setting des pferdegestützten Trainings bot überhaupt die Lernchance des Bewusstmachens, erfahrungsgemäß wird das Feedback und die Spiegelung des menschlichen Verhaltens durch die Pferde auf der Seite der Vertriebler als nicht so schmerzhaft empfunden, da die Rückkoppelung „nur" von Pferden erfolgt und nicht von Menschen/Kunden. So können Lernfelder leichter akzeptiert werden.

Das Konzept

De pferdegestützten Trainings von horsesense fußen dabei auf unterschiedlichen konzeptionellen Ansätzen (situatives Führen, Leadership und auch Entwicklung sozialer Kompetenzen mit Pferden). Im oben geschilderten Vertriebstraining ist der konzeptionelle Ansatz, dass Vertriebserfolg maßgeblich von der Beziehungsgestaltung zwischen Kunde und Lieferant abhängt. Dies heißt explizit, dass nicht das Produkt, die Preisgestaltung oder die Servicepolitik eines Unternehmens zu nachhaltiger Kundenbindung führt, sondern dass die „Chemie" zwischen Geschäftspartner maßgeblich ist, also wenn beide Geschäftspartner das zwischenmenschliche Miteinander positiv gestalten können Erst wenn dies gewährleistet ist, ist es sinnvoll, auch kaufmännische, quantitative Größen mit in die Betrachtung und die Beurteilung von Geschäftsbeziehungen einzubeziehen.

Dieser Aspekt wird deutlich, wenn die Ergebnisse einer Befragung der Beratungsgesellschaft Arthur D. Little aus dem Jahr 1998 zum Thema Bedeutung der Beziehungsqualität für die Kundenbindung herangezogen wird. Hier wurde unter anderem die Frage gestellt, warum Unternehmen Kunden verlieren. Aus den Ergebnissen lässt sich herauslesen, dass weder die Produkte (9%), noch der Preis (16%) die Hauptauslöser für den Lieferantenwechsel waren. Vielmehr stand mit 68% (!) die empfundene Gleichgültigkeit der Lieferunternehmung gegenüber dem Belieferten und damit Versäumnisse in der Beziehungsgestaltung zwischen Lieferant und Beliefertem weit im Vordergrund (Tillmanns/Jeschke 2000, 72f).

Vertriebsmitarbeiter nehmen eine Vermittlerrolle zwischen Ihrer Unternehmung und der Kundenunternehmung ein. Genauer: sie vermitteln zwischen Funktionsträgern der verkaufenden und der kaufenden Unternehmung.

Zwischenmenschliche Beziehungen sind als das wechselseitig aufeinander bezogene Denken, Fühlen und Verhalten, durch das wir Menschen uns miteinander in Kontakt setzen, uns aktualisieren, zu verstehen. Sie sind eine wichtige Basis des menschlichen Lebens. Ohne Beziehungen ist das psychische Überleben des Menschen schlechterdings unmöglich (Bauriedl 1993, 110; Buber 1994, 49).

Dadurch, dass Menschen in ihrem Agieren in neuen Situationen (hier pferdegestütztes Training) in für sie individuell typische Denk-, Gefühls-, und Verhaltensmustern eintauchen, kann durch die Reflektion dessen im Nachgang ein direktes Bewusstwerden dessen stattfinden. Da Pferde im Hier und Jetzt agieren und dadurch unmittelbar auf das Verhalten und die Kommunikation des Menschen in der Übung reflektieren, erhielten die Vertriebler direktes und ehrliches Feedback von dem Arbeitspartner Pferd, ob diese für eine Zusammenarbeit bereit waren, bzw. was seitens des Menschen erforderlich war einzubringen, um sie für eine Zusammenarbeit zu überzeugen.

Bei eingehenderer Betrachtung von zwischenmenschlichen Beziehungen und Beziehungsprozessen lassen sich Unterschiede in deren Entwicklung, Aufbau und den oft verdeckten Zielsetzungen feststellen. Diese Unterschiede kommen im Verhalten, aber auch in Gefühlen und im Denken der Beziehungspartner zum Ausdruck. Eine Abgrenzung von unterschiedlichen Beziehungsformen findet sich bei Sell (1996). Dieser unterscheidet sieben in der psychotherapeutischen und der psychoanalytischen Literatur diskutierte, idealtypische Beziehungsformen, wobei im Folgenden die zwei Formen kurz dargestellt werden, die für den Vertriebszusammenhang relevant sind und die Form, in der sich die Teilnehmer des Trainings überwiegend zu Beginn des Trainings befanden.

In der Ich-Es-Du-Beziehung (Quitmann, 1985, 334ff) bauen Vertriebsmitarbeiter die Interaktion mit ihren Geschäftspartnern über „Vehikel" auf. Dies können beispielsweise Gegenstände, Leistungen oder Leistungsmerkmale von Produkten und Dienstleistungen sein. Die in Beziehung tretenden Personen sehen nicht den Anderen, sondern Gegenstände, Tätigkeiten u.a.m., über die sie sich miteinander in Beziehung setzen. Die Ich-Es-Du-Beziehung ist in Interaktionsprozessen im Beziehungsgeflecht von Vertriebsmitarbeitern oft anzutreffen. Ich-Es-Du-Beziehungen sind aus Unternehmungssicht für den Vertrieb hilfreich, da sie eine sachorientierte Diskussion unterstützen. Dies gilt dann, wenn es der Vertriebsmitarbeiter schafft, sich im Gespräch auf die sachlichen Aspekte des gemeinsamen Geschäftes zu konzentrieren. Emotionale Aspekte und Erlebniswelten bleiben unberücksichtigt. Ein enger Kontakt zwischen den Partnern kommt somit nicht zustande.

In der Ich-und-Du-Beziehung stellen die Interaktionspartner bewusst eine gegenseitige Abhängigkeit her, in der sie Autonomie entfalten und Verzicht üben. Beziehungsentfaltung heißt dabei, nicht übereinander, sondern miteinander zu reden. Schwächen und/oder Abhängigkeiten werden nicht ausgenutzt. Anliegen und Wünsche werden offen ausgesprochen, ohne jedoch auf deren Akzeptanz oder Erfüllung zu beharren. Der offene Dialog bildet die Basis für eine konstruktive Auseinandersetzung und sachorientierte Problemlösung (Bauriedl, 1993, 33f, 108; Schlegel, 1995). Ich-und-Du-Beziehungen sind die Grundlage für das, was in der Literatur und der Praxis als „Geschäftsfreundschaft" (Belz, 1994, 44ff) bezeichnet wird. Für den Aufbau und das Aufrechterhalten langfristig haltbarer Geschäftsbeziehungen stellt die Ich-und-Du-Beziehung die ideale Beziehungsform dar.

In Rahmen der Arbeit an der Verbesserung zwischenmenschlicher Beziehungen ist eine Auswahl von Instrumenten zu treffen, mit denen die oben genannten Ziele (Bewusstmachung, Aufbau positiver Beziehungen etc.) erreicht werden sollen. Vor dem Hintergrund, dass die Art und Weise jedes Mitarbeiters sich mit seiner Umwelt in Beziehung zu setzen durch seine Persönlichkeitsstruktur bestimmt wird, ist es sinnvoll, Instrumente zu wählen, mit deren Hilfe sowohl die Struktur der Persönlichkeit, als auch die zwischenmenschlichen Interaktionsprozesse erfasst, erklärt und im Anschluss auch verbessert werden können

Die Ich-Ich-Beziehung ist dadurch bestimmt, dass die Partner nicht wirklich miteinander in Kontakt treten. Es wird keine „echte" Beziehung eingegangen. Vertriebsmitarbeiter, die mit ihren Beziehungspartner eine Ich-Ich-Beziehung aufbauen, nutzen ihr Gegenüber nur als „Spiegel" für ihre eigene nazistische Selbstbezogenheit. Sie nehmen es nicht als Person wahr, sondern instrumentalisieren es.

Ergebnis des Trainings

Die Vertriebsmitarbeiter im horsesense Training hielten sich zu Beginn des Trainings in der Ich-Ich-Beziehungsgestaltung auf. Sie agierten somit in den für sie typischen und im Laufe der Jahre manifestierten Denk-, Gefühls- und Verhaltensmustern. Häufig liegen auch konzeptionelle Fehler herkömmlicher Vertriebstrainings zugrunde. Stereotype Gesprächsleitfäden und standardisierten Vorgehensempfehlungen und Argumentieren gegenüber dem Kunden, kann zu unflexiblen Verhalten des Vertrieblers führen und dazu, den Kunden mit seinen Wünschen, Interessen und Bedürfnissen nicht wahr zu nehmen. Als Fazit des Trainings nannten die Vertriebler, dass sie eine Ich-und-Du-Beziehung anstreben würden, um mehr auf die Bedürfnisse des Kunden einzugehen, eine tragfähigere Beziehung zu erreichen und besser auf die Reaktionen des Gegenübers achten wollten.

Literatur

Bauriedl, Thea (1993): Wege aus der Gewalt. Herder Verlag
Belz, Christian (1994): Management von Geschäftsbeziehungen. Forschung, Stankt Gallen
Buber, Martin (1994): Ich und Du. Schneider Verlag
Quitmann, Helmut (1985) Humanistische Psychologie. Zentrale Konzepte und philosophischer Hintergrund. Verlag für Psychologie

Sell, Matthias (1996): Psychic States, Ego States, States of Relationship, in: Ego States in Transactional Analysis, Conference Reader Advances Working Conference, Designated Conference of ITAA, March 14-16, 1998 in Amsterdam.

Schlegel, Leonhard (1995): Die Transaktionale Analyse: Eine Psychotherapie, die kognitive und tiefenpsychologische Gesichtspunkte kreativ miteinander verbindet. Stuttgart

Tillmanns, Ulrich/Jeschke, Kurt (2000): Erfolgsfaktor Client Loyalty. Deutscher Fachverlag

Natur, Kultur und Persönlichkeit

Sabine Kierdorf & Detlev Lindau-Bank

Von Unterschieden und Gemeinsamkeiten

Schaut man sich das Marketing um Pferdegestützte Interventionen im Bildungsbereich und in der Personalentwicklung an, dann menschelt es gewaltig. Das Pferd ist der Trainer. Der Boss lernt vom Ross. In wunderschönen Animationen galoppieren Mustangs über Wiesen und lehren uns was Freiheit bedeutet. Die menschlichen Trainer treten in den Hintergrund und die glücklichen Teilnehmerinnen und Teilnehmer pferdegestützter Seminare würdigen die Weisheit dieser stolzen Tiere, von denen man auf ganz natürliche Art lernt. Die Pferde sind Spiegel der menschlichen Seele und zeigen den Menschen ihre Stärken und Schwächen. Ohne gleich den Menschen als Krönung der Schöpfung zu sehen, drängen sich doch Fragen auf, ob es nicht entscheidende Unterschiede zwischen Mensch und Tier gibt, ob die Pferde, mit denen in Seminaren gearbeitet wird und die Gott sei Dank keine Wildpferde sind, sich wirklich natürlich verhalten und ob es in der Natur der Pferde und uns Menschen liegt, miteinander zu lernen.

Der vorliegende Beitrag will darum die grundsätzlichen Themen erörtern und eine Denkfigur anbieten. Wenn Mensch und Pferd durch das Natürliche verbunden sind, also Gemeinsamkeiten haben, wie Reflexe, Fluchtinstinkte etc., die wir als Natur des Pferdes oder des Menschen zu bezeichnen pflegen, dann gibt es auch Gemeinsamkeiten im Kultürlichen, wenn man Kultur als erworbene Verhaltensmuster versteht, die aus dem Natürlichen erwachsen und umgekehrt auf das Natürliche in disziplinierender Weise einwirken. Frei nach Kant bezähmen Mensch und Pferd ihre Wildheit, sie disziplinieren sich. Und dies tun Mensch und Pferd in unterschiedlicher Art und Weise als Individuen, als Persönlichkeiten, die wiederum durch Gemeinsames verbunden sind.

Mit Pferden lernen, heißt auf Gemeinsamkeiten und Unterschiede von Mensch und Pferd zu achten und immer dort, wo sich Gemeinsamkeiten oder Unterschiede aufdrängen, nach der anderen Seite zu fragen. Gerne wird von dem Menschen als Jäger und Sammler gesprochen, der triebgesteuert, instinktgeleitet quasi wie ein Pferd sein Überleben sichern musste. Auch wir tun das in diesem Beitrag. Wir finden viele Gemeinsamkeiten, sind uns aber der Unterschiede bewusst, wie zum Beispiel der aufrechte Gang.

Bayertz resümmiert die anthropologischen Diskurse mit einem zwiespältigen Befund. Einerseits ist das Denkmotiv, dass sich der Mensch zum Himmel, zum Kosmos aufrichtet, den Kopf und damit den Geist über die Natur erhebt brüchig geworden. Der Mensch ist eben doch nur ein Mängelwesen, seiner eigentlichen Natur verhaftet geblieben und seine Existenz mit allerlei Risiken behaftet. Andererseits ist der Mensch sich seiner eigenen Macht bewusst, weil er sich aufgerichtet hat, was nicht ein Werk der Natur, sondern eine Leistung, die die Gattung Mensch in vielen Millionen Jahren zur Beherrschung der Natur und der Sicherung des Überlebens erbracht hat. (Bayertz 2013, 334f)

Uns geht es nicht darum die zwei Zirkelschlüsse zu wiederholen, die typisch für die populärwissenschaftliche Diskussion der Forschungsergebnisse der Humanethologie sind. Es soll weder von gegenwärtigem menschlichen Verhalten auf evolutionär ererbtes, quasi tierisches Verhalten geschlossen werden, noch umgekehrt wird an Tieren beobachtetes Verhalten als stammesgeschichtliches Naturerbe des Menschen verstanden. (Rathmeyr, 2013, 165f) Das Pferd soll weder vermenschlicht, noch der Mensch auf das Tier reduziert werden.

Max Scheler (1874-1928) spricht vom Menschen im Unterschied zu den tieren von einem weltoffenen Wesen, das nicht allein durch Trieben gesteuert und abhängig von der Umwelt ist. Der Mensch ist fähig zur Erkenntnis, zu Humor und Ironie und ist ein „Neinsagenkönner". Helmuth Plessner (1892-1985) attestiert dem Tier zwar Bewusstsein für sich selbst, aber es kann nicht wie der Mensch Distanz zu sich gewinnen, sich selbst beobachten. Die der Umgang mit der Umwelt zwingt den Menschen einerseits, sich mit seinen Problemlösestrategien anzupassen, und andererseits erfinderisch zu sein und die Umwelt zu verändern, Kultur zu schaffen. Der Mensch ist also von Natur aus kultürlich. (Rathmeyr 2013, 15-66)

Der Blick auf die Differenz zwischen Mensch und Tier ist nicht unproblematisch und führt sehr schnell dazu, den Menschen als privilegiertes Lebewesen anzusehen, das mit dem Recht ausgestattet ist, über andere Lebewesen zu bestimmen. Dies führt zu Entwertungen der tierischen Lebewesen. Auch wenn wir empirisch nichts Handfestes nachweisen können, so spüren wir, dass die Tiere Vernunft und Geist besitzen (Perler/Wild 2005). Wenn der Unterschied im freien Willen des Menschen besteht, dann muss man auch eingestehen, dass ein freier Wille empirisch ebenfalls nicht zu beweisen ist.

Der Blick auf die Gemeinsamkeiten zwischen Mensch und Tier zeigt, dass wir Menschen uns nicht bewusster sind als Tiere, was Siegmund Freud als eine der drei großen Kränkungen bezeichnet hat. Neben der kosmologischen Kränkung (Die Erde ist nicht Mittelpunkt des Universums) und der biologischen Kränkung (Der Mensch steht in einer Reihe mit den Tieren) behauptet er die psychologische Kränkung. Der Mensch ist nicht mehr Herr im eigenen Haus und er verfügt nicht über einen freien Willen. Triebe bestimmen das Handeln der Menschen. Das Seelenleben ist zum großen Teil dem Menschen nicht zugänglich. Neurobiologische Befunde scheinen dies zu bestätigen. Im bekannten Libet-Experiment hat sich gezeigt, dass der Motorkortex, also der Teil des Gehirn, der für körperliche Bewegungen zuständig ist, mehrere hundertstel Millisekunden schneller reagiert als der Teil des Neokortex, damit zeigt sich, dass der Mensch zunächst reagiert und es ihm anschließend bewusst wird. Jenseits der Kritik an der Validität der Ergebnisse des Libet-Experiments und anderer später durchgeführten Experimente, ist die Vorstellung interessant, dass auch der Mensch nicht über einen freien Willen verfügt. Warum erzeugt das Gehirn dann aber die Illusion, dass wir frei entscheiden könnten? Welchen Selektionsvorteil hat der Mensch von dieser Mimikry des Gehirns? Eine plausible Erklärung lautet, dass das Individuum der Gruppe mitteilt, bei welchen Handlungen es sich wohlfühlt und bei welchen Handlungen nicht. So wird Zusammenhalt in der Gruppe gestärkt und Kooperation ermöglicht. Die Illusion der Willensfreiheit ist umso stärker, je größer die Fähigkeit zur Empathie und Antizipation ist. Zwar ist der einzelne Willensakt vorherbestimmt, das Individuum also nicht Herr im eigenen Haus, aber in der Zusammenschau von Individuum und Gruppe, von individueller Lebensführung und gesellschaftlicher Kultur liegt der Überlebensvorteil. Der Mensch ist eben nicht bewusster Alleinverursacher der Entwicklung von Kultur. Entwicklung von Kultur ist nur möglich, wenn die Menschen sich über das was sie individuell als Bewusstheit erleben, kommunizieren, ihren persönlichen freien Willen in Bezug zu Anderen reflektieren. Der Mensch ist auf die Gruppe angewiesen, das Pferd auf die Herde. Der Mechanismus der Kulturentwicklung ist ähnlich, darum macht es Sinn von den Pferden und deren Kultur, der Ordnung, der Hierarchie in der Herde zu lernen.

Und hierin sehen wir auch den Mehrwert des Einsatzes von Pferden. Die Begegnung mit dem Pferd stärkt die Empathiefähigkeit und damit auch die Fähigkeit zur Kooperation. Das verweist auf Kultur (Lernkultur; Unternehmenskultur etc.) die den Unterschied macht, nicht nur von Mensch zu Tier sondern auch von Mensch zu Mensch.

Der Begriff „Kultur" ist weit gefächert. Die Herkunft des Wortes sagt viel über seine weitreichende Bedeutung aus. Es stammt aus dem Lateinischen, von dem Wort „cultura" ab und bedeutet übersetzt im ursprünglichen Sinn „Bearbeitung, Anbau, Landwirtschaft, Anbau und Aufzucht von Pflanzen, Bebauung des Bodens" und

im übertragenen Sinn „Die Gesamtheit der geistigen und künstlerischen Lebensäußerungen einer Gemeinschaft, eines Volkes"[1], die *(geistige)* Ausbildung; *(sittl.)* Veredelung"[2], „Erziehung zum geselligen Leben, zur Kenntnis der freien Künste und zum ehrbaren Leben"[3].

Wir sprechen von Landeskultur bei einer Gruppe von Menschen eines Landes, die von Geburt her aus der gleichen Nation stammen, die gleiche Sprache sprechen, naheliegende Verhaltens- und Denkmuster aufweisen.

„Allgemein kann Kultur als ein universell verbreitetes, für eine Gesellschaft, Nation, Organisation und Gruppe aber spezifisches Orientierungssystem betrachtet werden. Dieses Orientierungssystem beeinflusst die Wahrnehmung, das Denken, Werten und Handeln der Menschen innerhalb der jeweiligen Gesellschaft. Das Orientierungssystem wird durch bestimmte Arten von Symbolen (z.B. Sprache, nicht sprachliche Ausdrucksformen wie Mimik und Gestik und spezifische bedeutungshaltige Verhaltensweisen) repräsentiert. Es wird über den Prozess der Sozialisation an die nachfolgenden Generationen tradiert und ermöglicht den Mitgliedern der Gesellschaft ihre ganz eigene Lebens- und Umweltbewältigung."[4]

---

[1]   Duden – Das Fremdwörterbuch 1982
[2]   Langenscheidts Wörterbuch Latein 1963
[3]   Seb. Baumgärtner (Hrsg.) Herkuftswörterbuch, area, 2003
[4]   Thomas, A.:„Psychologisch-pädagogische Aspekte interkulturellen Lebens im Schüleraustausch" in: Thomas, A. (Hrsg): Interkulturelles Lernen im Schüleraustausch, SSIP-

Kultur kann sowohl verbindend als auch separierend zugleich sein. Während Kultur im Innenverhältnis in der Regel einen die Mitglieder der Kulturgruppe stärkender Zusammenhalt bieten soll, hat sie im Außenverhältnis im Laufe der Jahrhunderte in der Geschichte oft zu Streit und Ausgrenzung bis hin zu Kriegen geführt.

Kurz gesagt ist Kultur „die kollektive Programmierung des Geistes, die die Mitglieder einer Gruppe ... von Menschen einer andern unterscheidet[5]

Dabei setzt sich jede größere Kulturgruppe aus Unter-Kulturgruppen zusammen. Die Landeskulturgruppe z.b. aus Familienkulturgruppen, Jugendkulturgruppen, Firmenkulturgruppen etc... Diese Unter-Kulturgruppen sind individuell unterschiedlich, verändern und beeinflussen sich gegenseitig wie auch ihre eigenen Verhaltens- und Denkmuster, ihre Haltung, Ausdrucks- und Kommunikationsform und damit letztendlich auch wieder die Landeskultur. Jeder Mensch gehört im Laufe seines Lebens automatisch gleichzeitig mehreren Kulturgruppen an.

Jede Gruppe hat ihre eigenen Kulturtechniken, im Bezug auf z.B, die Sitten bei Tisch, Feiertage, dem Umgang mit den schwachen Mitgliedern der Gesellschaft wie Kinder, Kranken und Alten, der Jugendsprache, Verhandlungstechniken in Unternehmen, Organisationsstrukturen, der Abgrenzung gegenüber anderen Gruppen etc... Diese werden von den erfahreneren Mitgliedern der Kulturgruppe an die unerfahreneren weitergegeben, gelehrt und meist von den jungen Mitgliedern kontinuierlich weiterentwickelt.

Bevor ein Lebewesen Kulturtechniken lernt, wird es von natürlichen Reflexen wie Sattheit oder Hunger, Durst, Entspanntsein oder Angst, Schmerzempfinden etc. gesteuert. Diese Reflexe steuern das Leben und Handeln eines jeden Babys, wenn es auf die Welt kommt. Alsbald werden ihm dann Kulturtechniken beigebracht, die seine Handlungsspielräume um ein Vielfaches erweitern. Trotzdem bleiben die natürlichen Reflexe bestehen. Die Grundbedürfnisse sind auch durch Kulturtechniken nicht zu eliminieren, weil sie in der Natur aller Lebewesen verankert sind.

Das Wort „Natur" hat seine Wurzeln ebenfalls in der lateinischen Sprache und stammt von dem Wort „natura" ab mit folgender Bedeutung im ursprünglichen Sinn: Geburt, ... natürliche Beschaffenheit[6], „alles, was an

---

Bulletin Nr. 58, Breitenbach Verlag, Saarbrücken 1988, S. 82-83
[5] Geert Hofstede: Interkulturelle Zusammenarbeit, S. 19.
[6] Langenscheidts Wörterbuch Latein 1963

organischen und anorganischen Erscheinungen ohne zutun des Menschen existiert oder sich entwickelt"[7] und im übertragenen Sinn: „(auf Veranlagung beruhende) geistige, seelische, körperliche oder biologische Eigentümlichkeit, Besonderheit, Eigenart von (bestimmten) Menschen oder Tieren, die ihr spontanes Verhalten o.ä. entscheidend prägt… natürliche, ursprüngliche Beschaffenheit, natürlicher Zustand von etwas".[8]

Durch diese Übersetzung wird der Kontrast zwischen den Begriffen Natur und Kultur noch einmal besonders deutlich.

Alle Lebewesen, die über ein entsprechend ausgeprägtes Nervensystem verfügen, mit dem sie Schmerz empfinden können, egal ob Pferd, Hund oder Katze, Deutscher, Japaner oder Afrikaner sind von den natürlichen Reflexen her gleich bzw. sehr ähnlich. Alle Lebewesen - wir alle - werden gesteuert durch diese natürlichen Reflexe, egal wie groß unsere Bildung ist. Durch Kulturtechniken können wir diese natürlichen Reflexe in Grenzen kontrollieren lernen, jedoch sind sie nicht komplett abzuschalten, da sie unseren Körper steuern und unser Überleben sichern.

Das bedeutet also, dass die Kultur die Natur zwar beeinflussen kann, sie aber nicht endgültig kontrollieren kann.

„Die Erfahrungen, die wir Menschen im Laufe unseres Lebens machen, werden … in Formen bestimmter neuronaler Verschaltungsmuster in unserem Gehirn verankert. Wichtige und häufig gemachte Erfahrungen hinterlassen gewissermaßen eingefahrene Spuren im Gehirn, die unsere Wahrnehmung, unser Denken, Fühlen und Handeln bestimmen und uns auf diese Weise immer wieder zu einer ganz bestimmten Art und Weise der Benutzung des Gehirns zwingen. Durch das, was die Hirnforscher „nutzungsabhängige Plastizität" nennen, entstehen so aus anfänglich noch sehr labilen Nervenwegen allmählich immer breitere Straßen und – wenn man nicht aufpasst – womöglich gar fest betonierte Autobahnen. Auf denen kann man dann unter Umständen mit rasanter Geschwindigkeit voran kommen, aber leider führen sie bisweilen in die falsche Richtung. Es ist dann meist sehr schwer, von solchen erfolgsgebahnten Highways im eigenen Hirn wieder herunterzukommen."[9] "Was für ein Gehirn ein Kind „bekommt", hängt also

---

[7]   Duden – Das Fremdwörterbuch 1982
[8]   Duden – Das Fremdwörterbuch 1982
[9]   Gerald Hüther: Was wir sind und was wir sein könnten – Ein neurobiologischer Mutmacher, S. Fischer, S. 73/74

davon ab, wie und wofür es sein Gehirn nutzt"[10], so der deutsche Professor
für Neurobiologe Gerald Hüther.

Die Persönlichkeit eines Menschen bildet sich also aufgrund seiner Erfahrungen, die er im Leben macht. Neben den natürlichen Reflexen und der
Kultur, wäre damit die Persönlichkeit eines Menschen das dritte kommuni-
kationsbeeinflussende Merkmal.

Geert Hofstede, der emeritierte Professor für Organisationsanthropo-
logie und Internationales Management an der Universität Maastricht und
Experte für Kulturwissenschaften beschreibt diese drei Faktoren vor dem
Hintergrund der interkulturellen Kommunikation folgendermaßen:

Interkulturelle Kommunikation findet zwischen den Mitgliedern verschiedener Kulturen[11] statt. Jedes Mitglied eines Kulturkreises trägt in seinem Wesen bestimmte Merkmale, die auf unterschiedliche Ursprünge zurückzuführen sind. Aufgrund dieser Merkmale lassen sich Parallelen und
Unterschiede zwischen Individuen beschreiben. Diese Parallelen und Unterschiede sind es auch, die für den Erfolg oder Misserfolg interkultureller
Kommunikation verantwortlich sind

– Das erste Merkmal ist die menschliche Natur[12]. Sie ist universell, d.h.
bei allen Individuen gleich, ererbt und identifiziert den Menschen als solchen.

– Das zweite Merkmal ist die Kultur[13]. Sie ist gruppen- oder kategoriespe-
zifisch und erlernt.

– Das dritte Merkmal ist die Persönlichkeit[14]. Diese beinhaltet individuen-
spezifische Denk-, Fühl- und Handlungsmuster, die zum einen Teil erlernt werden und zum anderen Teil auf Erlebnissen basieren.

Der Begriff der interkulturellen Kommunikation bezieht sich hier auf die
Kommunikation zwischen Menschen verschiedener Landeskulturen. Letzt-
endlich finden sich diese Merkmale jedoch auch in der Kommunikation der
Kulturgruppen innerhalb eines Landes bzw. zwischen allen Menschen, da

---

[10] Gerald Hüther: Was wir sind und was wir sein könnten – Ein neurobiologischer Mutmacher, S. Fischer. S. 45

[11] Hier wird davon ausgegangen, dass die Kulturen unterschiedlichen Sprachgemeinschaf-
ten angehören.

[12] Geert Hofstede: Interkulturelle Zusammenarbeit, Kulturen-Organisation-Management;
Gabler, Wiesbaden, 1993, S. 19

[13] Geert Hofstede: Interkulturelle Zusammenarbeit, S 19.

[14] Geert Hofstede: Interkulturelle Zusammenarbeit, S 19.

Sabine Kierdorf & Detlev Lindau-Bank

wir alle Mitglieder unterschiedlicher Familienkulturen, Ausbildungskulturen, Unternehmenskulturen etc. sind.

Welche Auswirkung hat die Kultur auf unsere Kommunikation?

Wieder ausgehend von der lateinischen Bedeutung des Begriffes „Kommunizieren - communicare", zeigt sich, seine Vielfältigkeit. „Communicare" bedeutet weitaus mehr als nur „sprechen". „Sich verständigen, miteinander sprechen, ... zusammenhängen und miteinander in Verbindung stehen"[15], „gemeinsam machen, vereinigen, ... teilen, ... geben, gewähren"[16] sind seine übersetzten Bedeutungen und gehen damit weit über den Akt des Sprechens, des reinen Sendens einer Nachricht hinaus.

Kommunizieren ist somit im ursprünglichen Sinn ein Akt des gemeinsamen Sprechens und Handelns, des Miteinanders, des Teilens und des sich Vereinigens und bedarf daher immer mindestens zweier Partner, die miteinander gemeinsam etwas machen.

Verbinden wir diesen Begriff nun mit dem Begriff Kultur, so zeigt sich schnell, wo die Grenzen des Miteinanders entstehen.

Betrachten wir zwei unterschiedliche Landeskulturen mit unterschiedlichen Landessprachen, so ist es für jeden offensichtlich, dass zwei ihrer Vertreter mit unterschiedlichen Sprachen nur eine sehr kleine Schnittmenge haben, in der sie miteinander kommunizieren können. Diese Schnittmenge ist die Kommunikation auf der Basis von Zeichen zum einen im Sinne archaischer[17] allgemeinverständlicher Zeichen und Laute, die über alle Kulturgrenzen und Zeitepochen hinaus gelten und zum anderen von Zeichen, die sich auf Dinge beziehen, die man in beiden Kulturkreisen kennt. Vom Auto bis IPhone kann man heute davon ausgehen, dass diese Schnittmenge aufgrund der Globalisierung sogar relativ groß geworden ist. Eine flüssige Kommunikation mit zusammenhängenden Sätzen und spezifischen Sachverhalten wird jedoch trotzdem kaum möglich sein.

---

[15] Duden – Das Fremdwörterbuch 1982
[16] Langenscheidts Wörterbuch Latein 1963
[17] Archaisch (griechisch): altertümlich, aus der Urgeschichte der Menschheit stammend. Archaische Darstellungs- und Kommunikationsformen (Zeichen, Symbole, Gebärden, Rituale) sind in der Regel kulturübergreifend und von allgemeiner Verständlichkeit.

Hat einer der beiden die Sprache des anderen als Fremdsprache gelernt, so vergrößert sich die Schnittmenge und gibt den beiden einen wesentlich größeren Spielraum miteinander zu kommunizieren.

So auch in unserem folgenden Beispiel: Am Ende der Sommersaison setzt sich ein erfolgreicher deutscher Geschäftsmann und Inhaber eines weltweit agierenden Unternehmens mit einem Jahresumsatz von mehreren Millionen Euro als Tourist an die Bar eines Strandcafés in Südfrankreich, schaut kurz von seinem Smartphone auf, hebt die Hand und ruft der Kellnerin zu: „Un Café". Diese Situation wiederholt sich einige Male und nach ca. 20 min. verläßt er den kaum frequentierten Ort, ohne seinen Café erhalten zu haben.

Kurz darauf kommt eine deutsche Frau an die Bar, sucht den Augenkontakt der Kellnerin, lächelt sie an, sagt „Un café, s'il vous plaît" und wird sofort bedient.

Nun drängen sich Fragen auf, wie:
- Was hat die französische Kellnerin gedacht und gefühlt als die Bestellung von dem deutschen Geschäftsmann aufgegeben wurde und was bei der Bestellung der deutschen Frau?
- Warum hat sich die Kellnerin entschieden, die Kundin zu bedienen, und den Kunden nicht?
- Was ist die Konsequenz für die Zukunft? Wie denkt die Kellnerin in Zukunft über deutsche Touristen/ Männer/ Frauen? Wie wird dies in Zukunft ihre Kommunikation mit ihnen beeinflussen?
- Was wird ihr Chef, der vielleicht die Situation beobachtet hat über seine Mitarbeiterin, denken und über ausländische Touristen?
- Was hat der deutsche Tourist gedacht und gefühlt? Was ist die Konsequenz für die Zukunft? Als Tourist, als Geschäftsmann, dessen Firma seine Produkte, sehr erfolgreich weltweit vertreibt?
- Was hat die Deutsche Frau gedacht und gefühlt? Was ist die Konsequenz für die Zukunft?
- Etc.

Um diese Fragen beantworten zu können, ist es notwendig die kulturellen Unterschiede zu betrachten, der beiden Nachbarländer Frankreich und Deutschland und diese systematisch darzustellen, um Aufschluss zu erhalten über die jeweiligen Kommunikationsstrukturen und die Mechanismen, die Kommunikationsstörungen und Missverständnisse entstehen lassen und eine effiziente Kooperation stören. Die Betrachtung des gesamten Systems würde hier den Rahmen sprengen, trotzdem wollen wir einige Details dieses kleinen Beispiel betrachten.

Wenn ich diese Geschichte einer Gruppe erzähle, kommt in der Regel die Frage auf: Ist dies wirklich ein typisches Beispiel deutsch-französischer Kommunikation?

Hierauf gibt es dann in der Regel 3 Antworten aus der Gruppe:

1. Ja, deshalb fahre ich auch nicht nach Frankreich in Urlaub.
2. So etwas habe ich noch nie erlebt, die Franzosen sind so freundlich.
3. Das kann ich mir nicht vorstellen, das ist doch nur ein Vorurteil, nicht alle Franzosen sind gleich.

Knüpfen wir am letzten Punkt an: So wie wir Deutschen sehr unterschiedlich sind, sind es natürlich auch die Franzosen. Diese Situation, die eine wahre Begebenheit war, schildert eine Interaktion, die auf den typischen Vorurteilen und Stereotypen zwischen den beschriebenen Kulturkreisen basiert.

Um Kultur beschreibbar zu machen, ist es notwendig, sich über Vorurteile und Stereotypen an das abstrakte Gebilde KULTUR heranzutasten. Es ist notwendig, verallgemeinernde Bilder heranzuziehen, so genannte Karikaturstandards. Sie beinhalten rollen- oder situationsspezifische Verhaltensmuster, mit deren Hilfe dieser äußerst schwammige Themenbereich erfasst und die Kultur- bzw. Mentalitätsunterschiede zwischen den zu betrachtenden Ländern verglichen werden können.

Ein Stereotyp ist ein „eingebürgertes Vorurteil mit festen Vorstellungsklischees innerhalb einer Gruppe."[18] Dieser Begriff lässt sich unterteilen in Autostereotyp und Heterostereotyp.

Ein Autostereotyp ist das „Urteil, dass sich eine Person oder Gruppe von sich selbst macht"[19], also das Selbstbild.

Ein Heterostereotyp ist die „Vorstellung, (bzw. das) Vorurteil, das Mitglieder einer Gruppe oder Gemeinschaft besitzen"[20], also das Fremdbild.

Oft überschneiden sich Heterostereotypen und Autostereotypen. Ein Vorurteil, das Franzosen gegenüber uns Deutschen haben, kann durchaus mit dem Bild übereinstimmen, das wir Deutschen von uns selbst haben. Ein Beispiel ist die oft von Franzosen betonte deutsche Ordnung. Wir Deut-

---

[18] Duden: Fremdwörterbuch, 1982
[19] Duden: Fremdwörterbuch, 1982
[20] Duden: Fremdwörterbuch, 1982

schen wissen, wie wichtig sie für uns ist, denn nicht umsonst heißt es in einem alten Sprichwort: „Ordnung ist das halbe Leben." Natürlich schließt das nicht aus, dass es auch sehr unordentliche Deutsche gibt. Generell ist die Tendenz zur Ordnung in allen Lebensbereichen in Deutschland sicherlich sehr ausgeprägter im Vergleich zu in vielen anderen Nationen.

Ausschlaggebend für die Arbeit mit Stereotypen ist, dass sie keine Wertung beinhalten. Wenn die Wertungen ausgeschlossen sind, erschließt sich leicht, dass diese Verallgemeinerungen unumgänglich und notwendig sind, da es nicht möglich ist auf die Masse der in diesem Fall französischen und deutschen Individuen, mit ihren persönlichen Vorlieben und Nachteilen, einzeln einzugehen. Darüber hinaus basieren Stereotypen in der Regel auf wahren Begebenheiten. Lediglich ihr Stellenwert wird meist übertriebener dargestellt, als er in der Realität ist.

Zurück zu unserem Beispiel:

Aus Sicht der französischen Kellnerin hat der deutsche Tourist gleich mehrere Fehler begangen auch, wenn er selbst diese nicht als solche empfunden hat:

– Seine verbale Kommunikation: Auch wenn er „Un café" korrekt an die Kellnerin gesendet hat, so hat er die Höflichkeitsformel „Bitte - s'il vous plaît" nicht gesendet und sie hat damit eine, ihrer französischen Meinung nach, unhöfliche Nachricht empfangen, die auf sie mehr wie ein Befehl, als eine Bitte, ihm einen Kaffee zu bringen, wirkte. In einem deutschen Kaffee hätte man ihm diese Nachricht vielleicht nachgesehen, auch wenn man ihn nicht als besonders höflich empfunden hätte. In einem Business-café mitten in der Großstadt wäre es vielleicht sogar üblich gewesen, auf diese Art eine Bestellung aufzugeben. Bedient worden wäre er jedoch mit Sicherheit.

– Seine Körpersprache: Er hat die Augen kaum von seinem Smartphone genommen, keinen Augenkontakt mit der Kellnerin aufgenommen und ihr aus ihrer Sicht damit die Nachricht gesendet, dass sie als Person nicht wichtig für ihn ist. Damit hat er die kulturelle Wichtigkeit der persönlichen Kontakte in Frankreich zu Kommunikations- und Geschäftspartnern, so klein dieses Geschäft auch war, nicht beachtet und die Auswirkung unterschätzt.

– Im Gegensatz zu ihm, hat die deutsche Frau die o.g. Punkte beachtet und darüberhinaus die Kellnerin noch angelächelt, ein Zeichen gesendet, mit dem sich die beiden mit Wohlwollen auf Augenhöhe begegnet sind.

Betrachten wir ein weiteres Beispiel:

Eine junge bulgarische und eine junge deutsche Frau treffen sich und sprechen englisch miteinander, da sie beide die Muttersprache der anderen nicht einmal in Ansätzen beherrschen. Die Bulgarin sagt zu der Deutschen: „Du hast aber ein gut riechendes Parfum." „Ja, gefällt es Dir?" fragt die Deutsche und die Bulgarin schüttelt den Kopf.

Offensichtlich ist hier etwas falsch gelaufen. Warum schüttelt die Bulgarin den Kopf auf die Frage der Deutschen, ob ihr das Parfum gefällt, wenn sie doch vorher betont hat, es würde sehr gut riechen? Die Antwort lautet: In Bulgarien bedeutet mit dem Kopf schütteln „Ja" und mit dem Kopf nicken „Nein".

Geht man nun davon aus, dass sich zwischen Geschäftsleuten ein ähnliches Missverständnis entwickelt, natürlich über einen anderen Sachverhalt, so kann man sich vorstellen, welch schwerwiegende Folgen es nach sich ziehen kann, wenn ein deutscher Geschäftsmann glaubt, die Zustimmung eines Bulgaren zu ernten, da dieser mit dem Kopf genickt hat, dieser in Wirklichkeit den Sachverhalt jedoch ablehnt.

Es reicht also nicht, eine gemeinsame Sprache sprechen zu können, unabhängig davon, ob der eine die Muttersprache des anderen gelernt hat, oder beide eine gelernte Fremdsprache sprechen.

Die Grundlage dieser Missverständnisse bilden inkongruente Handlungsinterpretationen, die auf teilweise diametral entgegengesetzten Denk-, Fühl- und Handlungsmustern der Mitglieder einzelner Kulturkreise basieren.

Dieses Unterschiedes zwischen der bulgarischen und deutschen Kultur waren die beiden Frauen, die englisch miteinander sprachen, sich natürlich nicht bewusst.

Und genau hier liegt das Problem, bzw. die zu betrachtende Aufgabe. Das unbewusste Verhalten im Austausch mit einer fremden Kultur kann leicht zu Missverständnissen und schwerwiegenden Konsequenzen führen. Es gilt also, dieses unbewusste Verhalten bewusst zu machen, wenn Kommunikationsstörungen verhindert werden sollen.

Länder- und kulturübergreifende Beispiele sind immer sehr anschaulich, um Unterschiede in Kommunikationsstrukturen von Menschen zu verdeutlichen. Grundsätzlich bestehen Kommunikationsschwierigkeiten aufgrund unterschiedlicher Kommunikationsstrukturen jedoch nicht nur über Landesgrenzen hinaus. Diese Unterschiede innerhalb eines Kulturkreises, in dem alle die gleiche Sprache sprechen wahrzunehmen, ist meist viel schwieriger, da es viel schwieriger ist sich vorzustellen, dass zwei Menschen, die die gleiche Muttersprache sprechen mit den gleichen Worten unterschiedliches meinen können.

Wie bereits oben beschrieben, besteht jede Kultur aus Unterkulturen wie Familien-, Jugend- oder Unternehmenskulturen. Die Unterschiede dieser Kulturen sichtbar und bewusst zu machen, die eigenen Kulturkreise zu durchleuchten und die damit verbundenen Kommunikations- und Handlungsmuster zu erkennen und sich bewusst zu machen, ist das Ziel unserer Arbeit mit Pferden.

Warum nun Pferde? Pferde können doch nicht sprechen, wie soll man also mit Ihnen Kommunikationsmuster bewusst machen, geschweige denn Kommunikationsmuster verändern können?

Der Ursprung von Mensch und Pferd

Pferde sind von Natur aus Beutetiere. Sie verfu?gen u?ber ein hoch sensibles Kommunikationsverhalten untereinander mit einem ausgeprägten Sendungs- und Empfangsbewusstsein.

In der Wildnis ist unter anderem dieses Kommunikationsverhalten überlebenswichtig für sie. Ein einzelnes Pferd ist kaum überlebensfähig, u.a. deshalb, weil es im Schlaf nicht Ausschau nach potentiellen Feinden halten kann und so zu leichter Beute werden kann. Mit zu wenig oder ohne Schlaf jedoch ist das Tier auch nicht überlebensfähig. So sind sie auf den Schutz des Herdenverbandes zum Überleben angewiesen.

Klare Hierarchien, basierend auf u?berlebenswichtigen Schlu?sselqualifikationen der einzelnen Herdenmitglieder, durchziehen jede Herde, auch heute noch bei domestizierten Pferden.

Schlüsselqualifikationen sind z.B. physische Stärke die u.a. zum Schutz der Herde dient oder auch eine besondere Sensibilität für das Auffinden von Futterplätzen. Während die erste Position meist von erfahrenen, durchsetzungsfähigen und kräftigen männlichen Tieren eingenommen wird, obliegt die zweite Position in der Regel erfahrenen Stuten. So gibt es eine Art von Arbeits- und Verantwortungsteilung.

In seinem Vortrag Schmerzgrenze beschreibt Prof. Dr. Joachim Bauer, Facharzt für Innere Medizin, Psychiatrie und Psychotherapie, die Herkunft des Menschen:

„Lange Zeit ging man davon aus, dass der Mensch von Natur aus Jäger und Sammler war. Forschungen der neueren Zeit zeigten jedoch eindeutig, dass es sich bei uns Menschen nicht um „Men the Hunter" handelt, sondern um „Men the hunted". Ausgrabungen von Australopitecus Gebissen, dem Urmenschen, in der Übergangszeit vom Affen zum Menschen, zeigten, dass der Australopitecus selbst überwiegend ein Pflanzenesser war, der sich zusätzlich von kleinen Tieren (Heuschrecken etc.) ernährte, jedoch selbst keine größeren Tiere jagte. Im Gegenteil, Funde von Australopitecus Knochen zeigten, dass er zur Beute von Raubtieren wurde, denn er war nicht stark genug, sie zu dieser Zeit zu besiegen.

Bis heute ist der Mensch kein hochspezialisiertes Lebewesen, das besonders stark oder schnell ist und dadurch andere Lebewesen jagend erlegen könnte, sondern er hat im Laufe der Zeit Kulturtechniken erlernt, mit denen er sich in die Lage versetzt hat, neues zu schaffen und weiterzuentwickeln, was kein anderes Tier in dieser Art kann. So hat er später Waffen gebaut um zu jagen, sich niedergelassen, Viehzucht und Ackerbau betrieben, um sich nicht mehr nur von dem von der Natur gegebenen ernähren zu müssen.

Aufgrund seiner mangelnden Stärke, Ausdauer und Schnelligkeit, mußte der Urmensch also ständig auf der Hut sein vor natürlichen Feinden, wodurch sein Verhalten grundsätzlich geprägt wurde und bis heute geprägt ist"[21]

Im Laufe der Jahrtausende haben wir Menschen uns unsere Lebens- und vermeintlichen Sicherheitsfelder geschaffen, die uns nicht nur vor einer Vielzahl von Gefahren schützen, sondern uns auch die Möglichkeit geben, uns weiter zu entwickeln und ein komfortables Leben zu führen an vielen Orten der Erde. Letztendlich hat sich unsere Position in der Natur im Laufe der Jahrmillionen jedoch nicht grundlegend geändert.

Wo liegt die Schnittmenge in der Kommunikation von Pferden und Menschen?

Sowohl Menschen als auch Pferde, als auch viele andere Lebewesen natürlich, fühlen, Entspanntsein oder Angst, empfinden Schmerz oder Schmerzfreiheit, Müdigkeit oder Kraft, Sattheit oder Hunger bzw. Durst. Diese natürlichen Bedürfnisse prägen ihr Verhalten und ihre Kommunikation grundlegend.

Sowohl Menschen als auch Pferde sind vom Ursprung her Beutetiere und mussten sich in sozialen Netzen organisieren, um Überleben zu kön-

---

[21] Zusammengefasster Ausschnitt, Focus Vortrag, ORF, Schmerzgrenze 25.06.11 von Prof. Dr. Joachim Bauer Bauer

nen und zeigen daher ähnlich Verhaltensmuster im Hinblick auf Angst, Schmerzvermeidung etc ... Bei Aufkommen von Lebensgefahr war ihr erster Reflex, sich in Sicherheit zu bringen, mit dem Mittel der Flucht. Ob die Flucht nun das Verstecken hinter einem Baum, oder in einer Höhle bedeutet wie beim Urmenschen, oder die Flucht in die Weite der Natur aufgrund ihrer Schnelligkeit wie bei Pferden, ist erst einmal unerheblich, jedoch waren bzw. sind beide Lebewesen erst einmal darauf geeicht, einer Gefahr für ihr Leben zu entkommen. Ist es nicht möglich zu fliehen, oder ist die Gefahr nicht so groß, dass Lebensgefahr besteht, dann kamen auch andere Reaktionen in Frage.

Die hierarchische Struktur der sozialen Netzwerke von Mensch und Pferd beeinflussen ihre Denk- und Handlungsmuster im Hinblick auf Themen wie Führung, Verantwortung, Entscheidung, Positionierung etc. in ähnlicher Weise, auch wenn dies dem Menschen oft erst auf den zweiten Blick deutlich wird.

Pferde haben, sofern sie keine all zu negativen Erfahrungen mit uns Menschen gemacht haben, eine große Bereitschaft mit uns zu kommunizieren und in Interaktion zu treten. Ähnliches gilt für uns Menschen: Generell empfinden wir Pferde als schöne und faszinierende Lebewesen, im Gegensatz zu Schlangen oder Spinnen z.B. und die Interaktion mit ihnen, vorausgesetzt wir haben keine negativen Erfahrungen gemacht, als positiv.

Diese Schnittmenge nutzen wir in unserer Arbeit.

Natürlich kommunizieren Pferde nicht mit Worten im Sinne von uns Menschen und wir können keine Fachdiskussionen mit ihnen führen, aber die o.g. Beispiele der misslungenen interkulturellen Kommunikation, die beliebig erweiterbar wären, zeigen, welchen großen Stellenwert die oben beschriebenen drei kommunikationsbeeinflussenden Merkmale haben in der Interaktion mit anderen Menschen, ganz unabhängig von der Aktion des reinen Sprechens.

Nun entsprechen die Gesten, Mimik und Handlungen der Pferde natürlich auch nicht den unseren im Detail, aber auch diese sind weltweit nicht die selben, wie wir an den Beispielen gesehen haben.

Letztendlich lassen sich die Handlungs- und Interaktionsmöglichkeiten aller Lebewesen herunterbrechen auf die folgenden 4 Handlungsmöglichkeiten.

Sabine Kierdorf & Detlev Lindau-Bank

Flight – Fight – Freeze – Flirt

Die im angelsächsischen als 4 F's bekannten Handlungsmöglichkeiten stehen jedem Lebewesen sowohl als Aktions-, als auch als Reaktionsmöglichkeiten zur Verfügung.

Unabhängig davon, ob die angetragene Situation ein Gespräch oder eine Handlung, mit einer nur geringen Bedeutung ist, wie ein zu bestellender Café, es sich um die Abwicklung eines großen Geschäftes handelt oder um eine lebensbedrohliche Situation, es stehen immer nur diese vier Handlungsmöglichkeiten zu Verfügung. Lediglich die Intensität ihrer Ausübung kann variieren.

Flight – Flucht: Die Flucht ist eine Ausweichreaktion auf eine angetragene Aktion, der man sich nicht stellen will. Die Gründe können ganz unterschiedlicher Art sein, z.B. weil es absehbar ist, dass der Gegner mächtiger ist und der Sieg eines Kampfes nicht in Aussicht steht. Aber auch vor z.B. einer Verantwortung kann man flüchten.

Fight - Kampf: Eine andere Reaktionsmöglichkeit ist der Kampf, verbal oder physisch etc... Ist es absehbar, dass der Angreifer gleich stark oder schwächer ist als der Angegriffene oder besteht keine Möglichkeit zur Flucht, kann z.B. der Kampf als Handlungsmöglichkeit gewählt werden.

Freeze – „einfrieren/sich tot stellen/etwas aussitzen" – Je nach Situation kann es sich anbieten nicht zu reagieren auf die angetragene Situation, sondern „sich tot zu stellen" bzw. wie wir Menschen es eher nennen würden, etwas auszusitzen.

Flirt – flirten bzw. mit dem Gegenüber in Kontakt treten – ihn in ein belangloses oder freundliches Gespräch etc. hineinziehen ist die vierte Möglichkeit der Interaktion mit einem Kommunikationspartner.

Kommen wir zurück zu unseren beiden Ausgangsbeispielen:

Die missverständlichen Situationen, werden, sofern sie nicht aufgeklärt werden, Konsequenzen haben. In den hier relativ unbedeutenden Situationen bekommt der Geschäftsmann keinen Café und wird wahrscheinlich denken, dass die Franzosen ein unhöfliches Volk sind, vielleicht auch, ein fremdenfeindliches. Die deutsche Studentin mag denken, dass die bulgarische Studentin sie auf den Arm nehmen will. In jedem Fall wird es schwierig für diese vier Personen eine zielführende Kommunikation miteinander zu führen, wenn Sie nicht verstehen, warum ihre Interaktionen nicht reibungslos verliefen und die gesendeten Nachrichten von den Empfängern anscheinend nicht verstanden wurden bzw. sie nicht zu den Zielen bewegt haben, die vom Sender beabsichtigt waren.

Kommunikative Kompetenz und ihre Pferdefüße

Je nachdem, wie die kommunikationsbeeinflussenden Merkmale ausgeprägt sind und in Anhängigkeit der Situation, werden die o.g. Handlungsmöglichkeiten, die 4 F's eingesetzt.

Im Falle des deutschen Geschäftsmannes hatte dieser sich für die „Flucht" entschieden. Er hätte jedoch auch Kämpfen bzw. sich beschweren und diskutieren können, oder warten bis man ihn bedient oder seinen ganzen Charme zusammennehmen können, um an sein Ziel zu kommen.

Die andere Möglichkeit wäre, er würde seine eigenen Denkstrukturen verlassen und versuchen sich in die Situation/ das Denken des anderen hineinzuversetzen, also die Perspektive zu wechseln und sich in die Position seines Gesprächspartners zu begeben um herauszufinden, warum diese Kommunikation so verlaufen ist.

Das würde voraussetzen, dass er überhaupt in der Lage und bereit wäre, darüber nachzudenken, dass hier etwas schief gegangen sein könnte aufgrund seines Verhaltens.

Zusätzlich müsste er bereit sein, das Gespräch mit der französischen Kellnerin, die sich in seinen Augen „inadäquat" verhalten hat, noch einmal zu suchen und in einen neuen Austausch mit ihr zu treten. Darüber hinaus müsste er die Fremdsprache noch ausreichend beherrschen, um diesen neuen Austausch aufzunehmen.

In dieser Situation sind also eine Vielzahl von Kompetenzen gefragt:

1. Die sprachliche Kompetenz, die ihn in die Lage versetzt den grammatischen Regelapparat und die Vokabeln der Sprache korrekt zu benutzen.
2. Die kommunikative Kompetenz, die ihn in die Lage versetzt, sinnbildende Sätze zu formulieren und der Situation angemessene Äußerungen zu tätigen. Die kommunikative Kompetenz beruht auf den 3 kommunikationsbeeinflussenden Merkmalen: seiner menschlichen Natur – seiner Kultur – seiner Persönlichkeit.
3. Die kulturellen Kompetenz, d.h. das Zusammenwirken von sprachlicher und kommunikativer Kompetenz, die ihn in die Lage versetzen, sich in korrekter grammatischer Form und sinnbildenden Sätzen sowie der Situation angemessen, mitzuteilen.

Verläuft eine Kommunikation einvernehmlich, kann man davon ausgehen, dass beide Kommunikationspartner über diese drei Kompetenzen verfügen. Bei nicht einvernehmlicher Kommunikation fehlt an dieser Stelle eine entscheidende Kompetenz:

Die interkulturelle Kompetenz, die ihn in die Lage versetzt, die Kultur seines Gesprächspartners, d.h. „die kollektive Programmierung des Geistes"[22] aus der sein Gesprächspartner stammt nachzuvollziehen und darauf aufbauend eine adäquate Kommunikation mit ihm zu führen. Dazu muss er sowohl über ausreichende sprachliche und kommunikative Kompetenz verfügen, als auch über kulturelle Kompetenz des fremden Landes, d.h. er muss den Verhaltenskodex und das Wertesystem des fremden Landes kennen und sich bewusst in dieses integrieren können.

Die Interkulturelle Kompetenz ist keine absolute Fähigkeit, sondern sie wächst mit der Erfahrung, die man in der Kommunikation mit Sprechern eines anderen Landes sammelt. Sie ist lernbar, jedoch viel schwerer als die kulturelle Kompetenz, denn diese wird einem Kind ab der Geburt vermittelt. Die interkulturelle Kompetenz erwirbt man meist erst im Ansatz, sofern nicht beide Eltern aus zwei unterschiedlichen Kulturkreisen stammen, ab der Schulzeit, wenn man eine Fremdsprache lernt aber richtig erst, im Austausch mit Menschen eines anderen Landes.

Mit dem Erwerb interkultureller Kompetenz geht automatisch eine weitere Kompetenz einher, nämlich die Kompetenz Kommunikationssituationen nicht nur aus der eigenen Perspektive heraus zu betrachten, sondern auch aus einer anderen Perspektive, der des Gesprächspartners, in dem ich seine Natur, seine Kultur und seine Persönlichkeit betrachte. Diese Betrachtung kann aus der Metaperspektive geschehen, ich bevorzuge aber den Begriff „Perspektivwechsel" als Betrachtung der Situation aus der Position des Kommunikationspartners.

Betrachte ich also meine Kommunikation aus der Perspektive des Kommunikationspartners, oder versuche es zumindest, dann muss ich ein Bewusstsein dafür entwickelt haben, dass Menschen aus unterschiedlichen Kulturkreisen unterschiedliche Perspektiven haben. Dieses Bewusstsein ist der Schlüssel zur erfolgreichen interkulturellen Kommunikation aber letztendlich auch zu jeder erfolgreichen Kommunikation, egal mit welchem

---

[22] Geert Hofstede,: Interkulturelle Zusammenarbeit, S. 19

Kommunikationspartner, denn wie oben beschrieben, gehören wir auch innerhalb einer Landeskultur immer gleichzeitig mehreren Kulturgruppen an.

Zurück zu den Pferden: Die Kommunikation, oder in der deutschen Übersetzung „das gemeinsame machen"[23], die Interaktion mit Pferden, ist ebenfalls eine interkulturelle Kommunikation, denn niemand wird bestreiten, dass ein Pferd aus einem anderen Kulturkreis stammt als wir Menschen.

Sie basiert auf den 3 maßgeblichen kommunikationsbeeinflussenden Merkmalen - Natur, Kultur und Persönlichkeit - von Seiten des Menschen aber auch von Seiten des Pferdes:

Natur: Im Hinblick auf arttypisches Verhalten des Mensch und arttypisches Verhalten des Pferdes.

Kultur: „Kollektive Programmierung des Geistes"[24] der Menschen und der Pferde mit ihren gelernten Kulturtechniken.

Persönlichkeit: „Die Erfahrungen, die wir ... im Laufe unseres Lebens machen, werden ... in Formen bestimmter neuronaler Verschaltungsmuster in unserem Gehirn verankert".[25]

Erläuternd zum letzten Punkt ist zu sagen, dass dies natürlich sowohl für Pferde als auch für Menschen und andere Lebewesen gilt. Pferd ist nicht gleich Pferd, denn ein 15-jähriges Schulpferd, dass täglich zuverlässig seine Schüler trägt, agiert und reagiert anders als z.B. ein 2-jähriger junger Hengst, auf dem noch nie ein Mensch gesessen hat, und der seine Weide noch nicht verlassen hat.

Darüber hinaus haben sowohl wir Menschen als auch die Pferde 4 Handlungsmöglichkeiten in ihrer gemeinsamen Interaktion - Fight, Flight, Freeze, Flirt.

Die Kommunikation bzw. Interaktion mit dem Pferd zielführend und unmissverständlich auf der Basis der o.g. Faktoren zu betreiben, vor dem Bewusstsein der Unterschiedlichkeit der Kulturen, hilft die eigenen Kommunikationsstrukturen zu erkennen.

Über die Interaktion mit den Pferden, zu erfahren, wie wir auf nicht gewollte und nicht erwartete bzw. gewollte und erwartete Situationen reagieren, weil Pferde anders reagieren als wir, schafft ein Bewusstsein und Handwerkszeug, wie man selbst mit diesen Situationen umgehen kann, um

---

[23] Duden – Das Fremdwörterbuch 1982
[24] Geert Hofestede: Interkulturelle Zusammenarbeit, S. 19
[25] Gerald Hüther: Was wir sind und was wir sein könnten – S. Fischer S. 73/74

sein Ziel zu erreichen und welche Konsequenzen die eigene Kommunikation auf die Zielerreichung hat.

Der Transfer von der Arbeit mit Pferden in den eigenen Alltag ist dann naheliegend, aber nicht mehr kurzschlüssig: Sich bewusst zu machen, dass Andere anders „ticken", als wir und wir uns in unserer Kommunikation und mit den uns zur Verfügung stehenden Kommunikationsmitteln, darauf einstellen müssen, wenn wir mit ihnen gemeinsam ein bestimmtes Ergebnis erreichen wollen.

In der Interaktion mit den Pferden gibt es Situationen die gelingen, andere, die misslingen. Sie gelingen gezwungen mit viel Druck, mit Angst und Selbstzweifeln oder mit gemeinsamer Leichtigkeit und Freude etc... Diese Situation bewusst lenken zu können, weil man weiß, wie die eigene Kommunikation auf das Gegenüber wirkt (Selbstbild-Fremdbildabgleich) und in der Lage ist, die Beweggründe des Gegenübers zu erkennen und mit ihnen zielführend umzugehen, ist der Schlüssel zu erfolgreicher Kommunikation und Interaktion mit Pferden, wie auch mit Menschen im privaten Leben wie auch im Beruf. Persönlichkeiten begegnen Persönlichkeiten, nicht im individualistischen, im abgrenzenden Sinn, sondern im vergesellschaftenden, im kooperierenden Sinn.

Literatur

Bayertz, Kurt (2013): Der aufrechte Gang. Eine geschichte des anthropologischen Denkens. Beck-Verlag, München, 2. Aufl.

Hofestede, Geert: Interkulturelle Zusammenarbeit.

Hüther, Gerald: Was wir sind und was wir sein könnten –

Perler, Dominik/Wild, Markus (2005). Der Geist der tiere – Philosophische Texte zu einer aktuellen Diskussion. Suhrkamp Verlag, Frankfurt a.M.

Rathmayr, Bernhard (2013): Die frage nach den Menschen. Eine historische Anthropologie der Anthropologien. Verlag Barbara Budrich, Opladen, Berlin&Toronto

Thomas, Alexander (1988): Psychologisch-pädagogische Aspekte interkulturellen Lebens im Schüleraustausch in: Thomas, A. (Hrsg): Interkulturelles Lernen im Schüleraustausch. SSIP-Bulletin Nr. 58, Breitenbach Verlag, Saarbrücken

Autorenverzeichnis

Dr. Joachim Bender
http://www.LeadingRein.de

Siglinde Bender
http://www.LeadingRein.de

Anja Blankenburg
http://horseperception.org

Beate Blankenburg
http://www.blankenburg-horse.de

Irma Bonekamp
http://www.move-into-balance.de

Karsten Ebeling
http://www.bfpersonal.de

Christine Erdsiek
http://www.equi-connect.de

Wolfgang J. Fischer
http://horseperception.org

Beate Gröchenig
http://www.coaching-by-horses.de

Irene Heinen
http://www.heinenconsult.de

Oliver Heitz
http://www.rochusmummert.com/healthcare_consulting/berater/oliver_heitz/

Ilka Hempel
http://www.horseway.de

Michael Jahn
http://www.equus-training.de

Daniela Kaminski
http://www.equi-valent.de

Sabine Kierdorf
http://www.management-seminars.net

Monika Knauer
http://www.equine-impuls.de

Anne Kolling
http://www.kolling-beratung.de/index.php?id=fbh

Dr. Barbara Kolzarek
http://www.kathmannpotenziale.de

Kerstin Kruse
http://www.horsesense-training.de

Swanette Kuntze
http://www.kuntze-cundc.de

Detlev Lindau-Bank
http://www.respekt-ive.de

Katharina von Lingen
http://www.HorseCompetence-Coaching.de

Grit Meyer
http://www.kickoff-coaching.de

Sunita Mitter
http://www.sunita-mitter.de/?cmd=&mid=0&pid=2

Verena Neuse
http://www.die-pferdeakademie.de

Bernd Osterhammel
http://www.berndosterhammel.de

Regina Rodriguez Melgarejo
http://www.sternenhimmel-ev.de

Anabel Schröder
http://www.horsesense-training.de

Tanja Thomas
http://www.sonnenhof-eurich.de

Stefanie Wagner
http://www.leise-stimmen-fluestern-laut.de

Klemens Walter
http://www.innovatief.de

Christof Wiethold
http://www.bfpersonal.de

Andrea Winkel
http://www.kathmannpotenziale.de